山东省社会科学规划研究项目文丛·重点项目

动态系统论与二语习得研究

Dynamic System Theory & Second Language Acquisition Research

杨连瑞　郑咏滟　李　丽　等著

中国海洋大学出版社
·青岛·

图书在版编目(CIP)数据

动态系统论与二语习得研究 / 杨连瑞等著．—青岛：中国海洋大学出版社，2017.11

ISBN 978-7-5670-1633-0

Ⅰ.①动… Ⅱ.①杨… Ⅲ.①第二语言—外语教学—教学研究—文集 Ⅳ.① H09-53

中国版本图书馆 CIP 数据核字(2017)第 284345 号

出版发行	中国海洋大学出版社		
社　　址	青岛市香港东路 23 号	邮政编码	266071
出 版 人	杨立敏		
网　　址	http://www.ouc-press.com		
电子信箱	pankeju@126.com		
订购电话	0532-82032573（传真）		
责任编辑	潘克菊	电　　话	0532-85902533
印　　制	日照报业印刷有限公司		
版　　次	2017 年 12 月第 1 版		
印　　次	2017 年 12 月第 1 次印刷		
成品尺寸	170 mm × 240 mm		
印　　张	23		
字　　数	400 千		
印　　数	1—1200		
定　　价	48.00 元		

前言

Preface

自1997年国际著名学者Larsen-Freeman将动态系统论(Dynamic System Theory)引入二语习得研究领域以来,该理论受到学界广泛关注。动态系统论认为,语言习得既不是单纯的认知心理过程,也不是纯粹的社会文化过程,而是认知、心理、社会文化等多重资源在多层次、多维度不断互动的动态过程。这一提法打破了学界长期存在的认知与社会环境之间的壁垒,并高屋建瓴地调和了两者之间矛盾。从动态系统论的视角研究二语习得,是二语习得领域理论与方法的重要突破与创新。

近几年,王初明、杨连瑞、郑咏滟、王同顺、戴运财、王涛等学者紧跟国际学术前沿,开展了大量基于该理论的二语习得和发展研究,研究内容不断丰富,研究方法不断完善,取得了丰硕的研究成果。《动态系统论与二语习得研究》是杨连瑞教授主持的山东省社会科学规划研究重点课题"动态系统理论视角下的二语习得及发展研究"(项目编号:12BWXJ06)的成果,也是近几年来我国二语习得界基于动态系统论的二语习得研究最新成果。该书是研究该问题众多学者的共同成果,共包含28篇文章,其中大多数已发表在我国外语类CSSCI期刊上,分为两大部分:动态系统理论与方法篇和二语动态系统发展篇。

第一部分为动态系统理论与方法篇,主要从理论层面上全面、系统论述动态系统论的发展背景、核心概念及国内外最新相关研究成果,论证该理论对应用语言学和二语习得研究的阐释力,并尝试构建基于动态系统的二语习得动态模式。

杨连瑞、李绍鹏、谭欣和纪璐论证语言是一个动态系统，二语学习是一个复杂动态过程，探讨其在概念、实践、方法论层面的革命性意义，并着重介绍二语发展动态观的国内外研究状况。李兰霞从理论和方法论两方面，介绍了动态系统论的发展背景、核心概念及相关研究成果，指出该理论直面复杂、动态的第二语言学习过程，而且发展出了相应的研究方法和工具。王涛指出，语言动态观在二语习得和二语发展之间架构了一座桥梁，使两者形成了一个连续体，其意义在于使语言成为一个过程。在这一过程中，动态系统论从个体的自组织性出发，通过认知与社会的内外作用，建构起了动态、发展的复杂适应性系统；并从理论、实践和方法三个方面论述了复杂系统。

杨连瑞和李丽从动态系统论的"动态性"视角出发，以二语习得系统为例剖析动态系统论中的引子状态、初始条件和变化率等核心概念，旨在更好地了解二语习得系统的"动态性"特征。刘文宇和程永红则从动态系统论视角下综述应用语言学研究发展历程，指出动态系统论在应用语言学中的应用不仅有利于我们从动态角度更好地掌握应用语言学的基本观点，而且也有助于深入了解动态系统论。郭爱萍和李壮爱基于动态系统论，引入数学模型——逻辑斯谛函数，探讨了对外语学习过程中英汉双语的博弈及发展。韩大伟和邓奇比较了动态系统论和社会文化理论在二语习得中的具体应用、理论背景、研究视角以及方法等方面的异同，指出它们在动态、系统、互动等方面的共同点及交叉点，为构建一个融会贯通的新体系提供了可能和基础。许希阳和吴勇毅从二语习得研究中的五大争论出发，对动态系统论进行全面、系统论述。该理论从核心术语、研究对象、语言子系统的关系、情境和大脑认知机制关系以及研究方法五个方面对二语习得研究进行了反思。戴运财和王同顺依据动态系统论，尝试构建了由环境因素、学习者因素和语言因素三部分组成的二语习得动态模式，详细分析了该模式中的三组因素的作用以及它们交互影响二语习得的情况，并指出了该模式对外语教学的启示。

第二部分为二语动态系统发展篇，主要从二语词汇、句法、语篇等语言层面，运用动态系统论进行实证研究，探讨我国学习者二语习得和发展的动态过程和特征；另外，讨论了二语动态系统视角下的学能、动机、焦虑等个体差异，并在动态系统论框架下，提出个体差异研究方法；最后，指出该视角下二语习得研究存在的不足，并提出相应对策，为将来研究指明了方向。

郑咏滟以二语词汇发展为切入点，运用动态系统论进行了多项实证研究，详细讨论了动态系统论在二语习得研究中的应用。研究发现，二语词汇深度知识发展起伏波动，呈现出非线性特征，且语言输入与进展并不成正比；二语心理词库广度与深度关联不稳定，且受到频率效应的影响。这揭示了学习者自由产出词汇的跳跃式、阶段性和非匀速发展特征，并且提出若干种动态系统论特有的分析方法。段士平阐释了语块发展中的语法化、意义建构、构式浮现以及语块学习等过程中所呈现的复杂动态性、交互性，并构建了动态系统理论视域下二语语块发展研究理论模型。江韦姗和王同顺对2名中国英语学习者作文的句法动态发展进行了为期一年的跟踪。研究发现，其句法在不同方面均呈非线性发展，句法知识结构之间存在竞争和交互。王海华、李贝贝和许琳对某大学四名非英语专业学生的英语书面语进行了48周的跟踪研究，结果表明，学生在准确性、流利性、词汇复杂性和语法复杂性的变化轨迹呈非线性，具有明显的动态性和变异性。张建华以四名EFL学习者为研究对象，对他们的作文语篇连贯词汇重叠、语义连贯、时体连接和连词比率四个维度的发展变化进行了两个学期的跟踪研究。结果表明，EFL学习者在词汇重叠、语义连贯、时体连接和连词比率四个维度上的发展呈非线性态势，波峰与波谷并存，竞争与促进混合，语篇连贯的发展具有复杂性和不可预测性。

郑咏滟和温植胜从外语学能与语言动机两大主要个体差异因素入手，详细阐释个体差异的复杂动态系统特征，并提出使用反溯法、混合法进行动态系统理论框架下的个体差异研究。崔刚和柳鑫淼指出，以动态系统论为指导的综合性研究是个体差异研究的有效方法，是我国今后该领域研究的方向。赵昌芝和杨连瑞在动态系统理论视角下，探析二语学习者个体内的认知和动机两个子系统是如何交互影响并作用于二语发展。李绍鹏和杨连瑞以社会动态视角研究二语动机，全面揭示动机在个体和情境的复杂交互中的产生和发展情况，为动机研究开辟了新的方向。关晶和石运章采用个人动态法，对4名非英语专业学生进行了英语课堂焦虑的动态研究。结果表明，非英语专业学生的英语课堂焦虑具有动态系统的特征。

王初明和亓鲁霞分析和论证动态系统论用于反拨效应研究的合理性和必要性，指出反拨效应产生的过程具有动态系统的主要特征。盖淑华和周小春通过对98名非英语专业大学生进行的实验调查发现，前导性同伴小组反馈机制对二语写作有显著影响。王淼运用动态系统论诠释网络英语阅读，并尝试提出网络英语阅读动态系统模式。马建俊和黄宏指出语言能力研究必须从动态、系统和整体的多维视角加以综合探究。最后，戴运财和周琳则指出，由于系统的复杂性，致使某些原则难以用实证研究证伪，并且相关研究以描述为主，尚未能提供有效的工具来准确预测个体的二语习得结果。针对这些不足，他们提出相应的对策，为将来在动态系统论视域下进行二语习得研究指明了方向。

总体而言，该书以动态系统论的基本理论和研究方法为支撑，以二语词汇、句法和语篇习得和发展为切入点，从理论和实证两个层面，详细阐述和论证了动态系统论和二语习得研究领域中的相关问题，拓展了动态系统论的运用范围，丰富了二语习得和发展研究的相关理论和教学实践，反映了动态系统论视角下二语习得研究的最新成果，对二语习得和应用语言学感兴趣的学习者、研究者和从事外语教学的其他相关人员均有重要参考价值。

编著者于2017年11月

目录 Contents

动态系统理论与方法篇

二语动态系统发展篇

动态系统
理论与方法篇

动态系统论与第二语言发展研究

1 引言

目前学术界研究复杂动态系统的主要有复杂论（Complexity Theory）、动态系统论（Dynamic Systems Theory）、混沌论（Chaos Theory）和浮现主义（Emergentism）等相关且兼容的理论，它们可看作该研究体系的不同分支。因动态系统论（DST）能更直观地凸显研究对象的动态性及系统性，本文用其代表该理论流派。该理论流派研究者认为语言发展是一个双向动态过程——习得和损耗并存（Meara，1997; Herdina & Jessner, 2013），应当将“二语习得（SLA）”表述为“二语发展（SLD）”，但由于前者在学界已广为接受，本文中我们并不刻意区分这两个概念。

动态系统论视时间为焦点，研究随时间流逝系统的变化情况（van Geert，2008）及其对外在系统行为的影响，将语言及语言发展的复杂性和动态性纳入主流研究视野。该理论虽源于物理学和应用数学，却很快应用于其他许多学科（de Bot & Makoni，2005; Larsen-Freeman & Cameron，2008）。率先正式将动态系统论引入应用语言学领域的为美国著名学者 Larsen-Freeman（1997），她以混沌论为基础较全面地讨论了语言作为复杂自适应系统的特点和研究方法，构建了动态系统论在该领域的理论框架。2002 年 Herdina 和 Jessner 的“多语动态模型：心理语言学之变化视角”一文打破 5 年沉寂期，基于多语模型阐释了动态系统论的基本原则及其在 SLD 领域的应用。自 2007 年国际语言学核心期刊相继出版动态系统论研究专刊，（Bilingualism: Language and Cognition，2007; The Modern Language Journal，2008; Language Learning，2009），动态系统论才开始在二语发展领域受到广泛关注，有关动态系统论整合并应用于二语发展的相关研究问世。本文以动态系统论的基本概念为切入点论证将二语发展看作一个复杂动态系统可行性，然后探讨动态系统论在概念、实践及为法论层面对二语发展研究的变革，然后分类梳理了二语发展动态观的国内外实证研究成果，最后归纳其贡献、局限性，分析该领域仍待研究的问题和存在的争议，并对未来研究进行展望。

2 动态系统论、语言及二语发展

将语言作为复杂动态系统来研究的主要倡导者包括由美、英五校十人组成的研究小组“Five Graces Group”和荷兰格罗宁根大学的 de Bot、Lowie 和 Verspoor 等学者，下文以动态系统基本特征为切入点论证语言是一个复杂动态系统，二语发展为一个动态过程这一观点。

动态系统论的核心概念及理论背景已由多位学者作专门阐述（de Bot *et al*. 2007；van Geert，2008；Hohenberger & Peltzer-Karpf，2009；Verspoor *et al*. 2011；Herdina & Jessner，2013；Rosmawati，2013；李兰霞，2011）。简言之，动态系统是由一组嵌套关联、通达联动兼具时间敏感性的若干不同类型的成分构成的集合（van Geert，2008；Larsen-Freeman & Cameron，2008），因此复杂系统不应被简单表征（Lowie，2012）。数学上采用多维度状态空间表示系统全部可能的状态集合，各子系统构成其不同维度。系统复杂性及发展变化是自下而上产生的，某些子系统的运动或环境的变化可能造成系统摄动，致使状态空间的不同维度发生变化，最终子系统间交互的动态积累——自组织（self-organizing）导致该系统发生相移（phase shift），此时系统进入斥态（repellor states），但系统很快又被吸态（attractor states）所吸引。但当摄动力达到一定程度并足以将其推出临界水平时，它会再次进入斥态并停留于另一吸态，系统如此循环往复，不断生长。系统运行方式及其对初始条件的敏感性（即初始状态微扰会使状态误差随时间呈指数增长）使系统发展过程具有非线性、不可完全预测性及高度变异性特征（van Dijk *et al*.，2011 等）。从动态系统论角度看，变异性是动态系统的固有属性和核心要素（Verspoor *et al*.，2008），是阶段性转变及后续发展的前奏和指示器（Larsen-Freeman & Cameron，2008；de Bot & Larsen-Freeman，2011 等）。

动态系统论用增长（growth）表示多维度状态空间的变化（van Geert，1995），它既包括正向增长也包括负向增长即下降（van Geert，2011），而系统增长依赖于资源的可及性和最优分配。在二语发展过程中，资源应包括学习者的学能、工作记忆和动机等内在资源，以及学习者环境、时间和物质条件等外在资源（de

Bot *et al.*，2007）。为实现二语发展，一方面一些重要的学习资源如动机、输入、记忆力等必须达到一定层次，另一方面不同资源之间存在补偿关系，例如努力程度可以补偿时间的不足。

动态系统论视角下的二语学习是一个高度复杂化、非线性的不可预测过程（Larsen-Freeman，1997，2012），根据 Beckner 等（2009：14-18）所描述的复杂自适应系统（CAS）与语言相关的 7 个特征，我们总结了语言的动态系统特征及二语发展的动态系统论观，如图 1 所示。

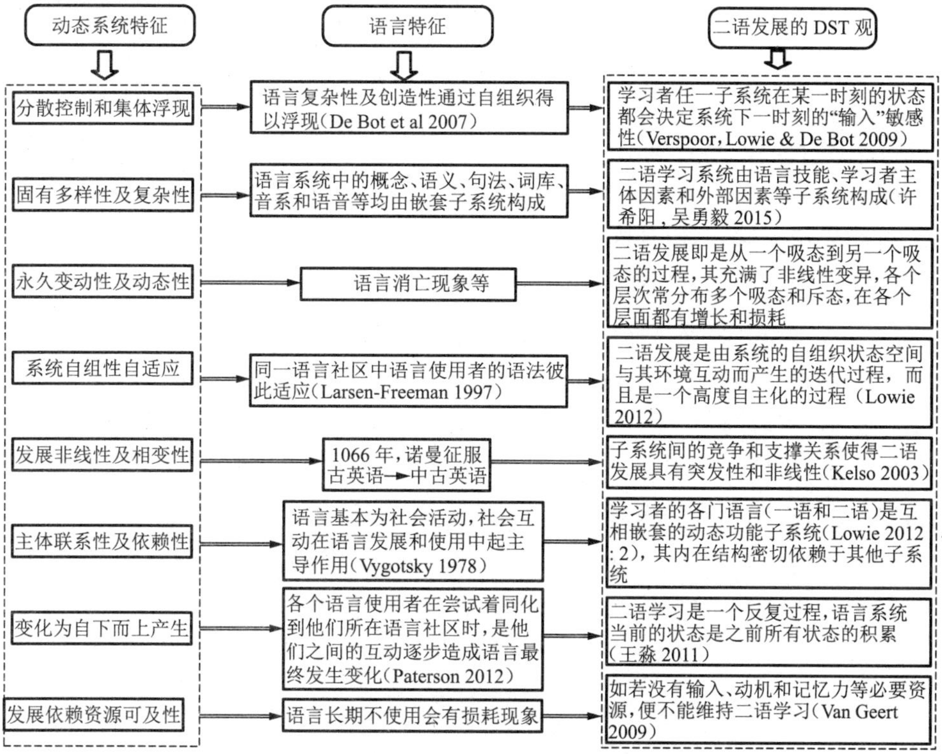

图 1　语言及二语发展的动态系统特征

动态系统论的突破性意义在于它作为一种新的研究范式向自然科学、社会科学和应用语言学中的静态观、线性观和简化论提出挑战。动态系统论视角下语言是一个包含若干子系统的复杂自适应系统，语言系统与语言使用环境之间以及语言子系统间相互作用，因此语言发展研究应当从整体论和系统论的视角出发，整合社会和认知两个维度，将语言学习者与语言使用环境结合起来综合考量；另一方面则应从探析二语发展的单向因果关系转而关注主体如何在与环境适应的同时通过内部自组织产生新类型的行为(Rosmawati, 2013)，情境不再是一个稳定的背景变量，而是系统的必要组成部分，应重视情境因素在二语发展中的作用。“控制参数”(control parameter)是动态系统论的重要概念，控制参数是指能够对系统产生推动作用的一种吸引力或多种吸引力的组合(Larsen-Freeman & Cameron, 2008)，如 Herdina 和 Jessner(2002)多语发展动态模型中的元语言意识，它能加速第三种以上语言习得进程，刺激系统向下一个阶段发展。语言系统的持续性发展可能会暂时在一些子系统上减慢，但不会永远停滞不前，即没有最终状态，即便是一门成熟的母语也不能对损耗完全免疫(Opitz, 2012)。从动态系统论的视角来看，石化只是语言发展过程中的典型吸态，是一个相对于其他状态系统更容易停留，只有通过强大力量才能克服的一种暂时状态。

动态系统论为我们观察和解释二语学习和发展现象提供了新视角，认为语言发展过程呈非线性，并将变异性视为自组织系统内在特征，进步、后退、停滞和跳跃在任何二语学习过程中都是普遍现象(Larsen-Freeman, 1997 等)。动态系统论充分考虑多重变量间的动态交互，打破传统二语习得研究以单个要素为对象、以组为单位、聚焦单向因果关系、关注整体表现的操作方法，运用纵向个案法(如 Schmid *et al.*, 2011; Verspoor *et al.*, 2008; 2011 等)为二语发展研究加入时间维度，具体操作中可采用短期(微观层面)和长期(宏观层面)视角相结合的方法，涵盖不同时间间隔，以多方位、多角度、多层面捕捉系统变异性、解析语言发展动态过程。发挥定性法宏观描绘语言发展，微观剖析个体模式，灵活运用其环境敏感性揭示特有动态类型以明晰学习者间的异质性，亦可采用定量—定性结合的混合法(郑咏滟，温植胜，2013)。

3 动态系统论与二语发展研究

3.1 国外相关研究

国外相关研究已展现出多视角跨学科的发展趋势，主要通过两种途径应用于二语发展领域：一种是用于论证动态系统论的相关假设或重新阐释研究结果；另一种是构建假设、发现类型、动态建模，进而论证二语发展规律。

3.1.1 二语发展动态观之实证验证

近年来的一系列研究都证实了动态系统论的假设，包括二语发展的变异性、自组性、自下而上性及非线性等。从动态系统论角度考察变异性是将个体差异放在学习者主体、语言与环境三大要素的交互作用中考量，全面剖析与整合语言发展模式。相关纵向研究已表明了二语发展的不确定性本质及对变异性考察的重要意义。Larsen-Freeman（2006）分析了跟踪实验结果后认为，实验设计需密切关注学习者个体变化，采用群组数据会掩盖个体数据波动，以动态的观点研究二语发展具有重要意义。Verspoor 等（2008）从动态系统论角度对早期的一项以学习者变异为主题的研究数据（Cancino *et al.*，1978）重新进行微变化分析，结果表明在进步和倒退（习得和损耗）之间可变性波动剧烈，而且发展随变异性增加而增长，进一步证实了考察学习者数据中变异的必要性。Kramsch 和 Whiteside（2008）从移民社区取材的一项关于二语使用的实证研究支持了语言的迭代性（iterative）发展。Macqueen（2009）的研究表明是“个人的交际模式促成了他们话语社区的普遍标准”。Spoelman 和 Verspoor（2010）从动态系统论视角对二语初学者书面语的准确度和复杂度进行历时性个案研究，结果印证了语言习得的非线性特征。Baba & Nitta（2013）在群体数据的基础上重点分析个案数据，发现学习者写作流利度存在显著的相移，而相变则归因于学习者个体差异。

除关注语言系统本身的复杂变化之外，许多实证性研究探究了语言发展的社会语言学因素的动态变化。如 Taguchi，Magid & Papi（2009）采用相关分析、结构方程建模这两种定量分析方法，对比分析了来自三个国家的英语学习者的自我动机各因素的差异，检验了 Dörnyei 提出的二语动机自我系统的有效性。Macintyre 和 Legatto（2011）就二语交际意愿的瞬时动态变化进行了横纵向分析后发现，交际意愿呈现非线性动态发展，符合动态系统的特征。Waninge 等（2014）采取微变化研究法跟踪观察了二语学习者学习动机的动态变化，结果发现，学习者动机变化整体呈现吸态特征，但短期内仍会波动。Chan，Dörnyei 和 Henry（2014）采用 Dörnyei（2014）提出的“反溯法”就语言课堂的学习者动机的类型进行了研究，认为动态系统论的相关观点可更好地解释学习者动机的发展变化。

3.1.2 发现类型

Meara(1997)提出词汇学习过程S型发展曲线。Herdina和Jessner(2002)的Dynamic Model of Multilingualism将语言发展模拟为S型曲线,其中骤增或骤降前后都是较为平坦的斜坡(P. 89)。Opitz(2012)证实了DMM对于研究成人移民者语言发展的可行性及相关性。Dörnyei(2009)在主体性框架下探讨学习者主体特征,认为大多数学习者特征都不是单维、固定的,而是复杂、高阶的心理混合属性(high-order mental attributes),涉及若干子成分、子过程(如认知、情感、动机)的互动协调(integrated operation),并主张将来的学习者特征研究应尝试采取系统化方法,找出认知、情感与动机更高层次组合体,Robinson(2007)的外语学能综合体模型便是一个很好范例,充分体现外语学能的系统性、动态性及复杂性特质。

3.1.3 多重变量的复杂互动

许多SLD研究的动态系统论视角聚焦于不同变量如何随时间流逝而互动,这些研究表明不同子系统的生长速度不尽相同并呈非线性发展,而且它们间的交互方式各异。Verspoor等(2008)发现平均句长和形符比的发展之间呈现不对称的竞争互动关系。Spoelman & Verspoor(2010)发现不同语言层面(尤其是在词汇、名词短语和句子复杂性方面)之间既有竞争关系也有支撑关系。同时,不同时间间隔之间亦以不同方式持续互动,如de Bot和Lowie(2010)比较了几年,几周和几毫秒层面词汇命名潜伏期的发展变化,结果表明较大时间间隔上语言使用情境发生变化会影响毫秒层面的语言加工,但目前此类研究较少。Verspoor等(2012)就二语写作进行了横向分析后发现,语言发展呈现非线性和变异性,处于不同水平层的二语学习者,语言各个子系统发展速度亦不相同。Vyatkina(2012)采取共时历时相结合、群体和个案相结合的手段,就二语写作复杂度的六个维度进行了比较分析后发现,不同维度之间的发展存在差异,如词汇复杂度和句长呈现正相关,而并列句和从句的数目基本上呈现负相关;不同语言层面的发展存在个体变异性和差异性。

3.1.4 动态建模

计算机建模可以模拟复杂系统中的自组织类型。计算机建模(computer

modeling)是指结合现代数学与计算机技术，把语言发展系统的外部输入加到既存知识中，观察引起其变化的各个变量在时间维度中的发展状况，最后建成模型。动态系统论将系统成分称为“生长点”(grower)，它们之间可能存在支持、竞争和先驱关系。如许多学者通过聚焦于有限的几组关联生长点利用先驱模型(复杂系统里的先驱增长点必须达到一个临界值才能促使其从属者的生长)模拟语言发展。Caspi 和 Lowie(2013)将英语二语学习者词汇的四个知识层面模拟为先驱互动关系的数学模型已经成功解释了实证数据。Lowie 等(2011)已经成功地利用动态建模模拟了二语词汇知识的发展类型，其突破意义在于它能够预测不同个体不同层面的学习情况。在动态建模方法方面，Larsen-Freeman 和 Cameron(2008)的五步建模法被认为是目前较合适的方法：确定系统不同成分，确定系统运行的时间维度和社会维度，描述内部成分间的关系，描述系统与环境如何相互适应和描述系统的动态运行情况。

动态模型基于动态系统基本假设，可以反复模拟整个系统随时间变化的协同运行；也可改变变量参数观察结果变化，以探索、描写动态语言系统中相关变量在语言学习、加工、使用中的互动方式，进而完善模型，也可检验我们对实证结果的理解。但动态模型具有明显的局限性，语言发展源于大量变量的动态互动，建模不可能涵盖所有的相关变量，因为超过四个变量的模型难以解释清楚。

3.2 国内相关研究

国内学术界也开始关注动态系统论在二语发展研究中的应用。相关研究主要包括以下几类：对动态系统论基本概念、研究方法及二语发展动态观相关实证研究成果与论著的引介、概述和评析(沈昌洪，吕敏，2008；李兰霞，2011；莫海文，2011；王涛，2011；徐丽华，蔡金亭，2014)；以二语发展研究成果(包括二语词汇发展；心流、动机任务处理和理想二语自我等)为切入点验证二语发展动态观的相关原则(郑咏滟，2011；赵昌芝，杨连瑞，2012；李绍鹏，杨连瑞，2015)；将动态系统论整合到二语发展相关领域以构建二语发展层面(包括语块发展、网络英语阅读、个体差异、翻译能力)动态新模式(段士平，2014；王淼，2011；郑咏滟，温植胜，2013；方红，王克非，2014)；将动态系统论与其他理论相结合，以构建二语发展的新型理论模式(韦晓保，2012；戴运财，王同顺，2012；韩大伟，邓奇，2013)等。

虽然这些研究开拓了动态系统论视域下二语发展研究领域，但大都是在理论层面的初步探讨，由于动态系统论的复杂性和难操作性，目前我国实证研究还不多见。王明新(2013)尝试在动态系统论框架下探讨动机认知因素对学习者英语语音水平的影响，并基于多元线性回归分析建立英语语音水平的动机认知因素预测模型，但该研究是建立在简化论和线性观基础上的，且在研究设计和统计方法上也都同动态系统论要求相距甚远，它并非真正意义上的动态系统论视域下的实证研究。郑咏滟(2014)开展为期一个学年的英语词汇深度知识发展追踪研究，并从动态系统论视域探析其动态发展过程，结果展现了词汇深度知识这一动态系统发展的个体差异性、非线性、复杂性及其子系统间的动态交互性，但该研究在词汇深度内涵的限定上略显不足，且测量方式单一，实验持续时间和数据采样密度都与国外同期实验存在差距。

4 动态系统论对二语发展研究的贡献和局限

动态系统论的意义在于将语言看作一个复杂开放的动态系统，它在理论和方法论层面为我们观察、研究语言发展的本质提供了全新的方法和视角(van Geert, 2011)，重新将变异性视为研究焦点并更全面地看待语言发展，丰富了我们对语言发展的理解。动态系统论，作为一个综合性理论，将看似矛盾的各种理论融为一体，由于该视角下认知是体验性的、情境化的，所以语言发展是认知心理过程、社会文化过程等多重资源在多层次、多维度不断交互的动态过程，强调学习者在不断适应多元情境下维持其学习个体性和独立性(de Bot *et al.*, 2007, 2013)。另外，动态系统论为该领域带来了许多先进的统计学计算方法和工具(van Dijk & van Geert, 2007)来研究复杂系统，能够形象地展现发展的时间和过程，而且电脑建模为我们检验理论、假设以及理解实证研究结果提供了新方法。因动态系统论假定对嵌套(子)系统任何层面的研究对理解整个系统同等有效，所以它拓展了该领域的方法论，使之包含从微观发生学到宏观发生学各个层面的发展研究。

动态系统论观点的二语发展研究对二语教学具有重大意义。动态系统论认为，二语发展是开放的动态系统，会自动对外部输入进行反应，从而肯定课堂教学对二语发展的积极作用，但鉴于学习者内在复杂性及个体差异性，从而否定所谓的“速成法”等学习秘诀的存在。动态系统论中“对初始条件的敏感性”（de Bot *et al.*，2007：7）特征表明，一门语言起初的熟练程度对语言发展速度及整个语言系统的发展都至关重要，所以教学中应重视学习者语言学习的早期阶段，从而“避免非目的语类型早期的根深蒂固”（2007：19）。同时我们应以一种全面的方式看待语言研究，在设计教学计划和评价工具时应充分考虑语言子系统间的相互关系，母语干扰等二语运用错误不应被简单视为学习不充分；在教学中充分利用二语系统中多因素的动态交互和系统的发展变化规律，重视环境、学习者、语言三组要素的交互作用，认识到二语学习过程是基于使用和基于项目的交互协同反复构建过程，从而灵活配置各种资源，运用组间变量以及组内变量的补偿策略促进各因素和资源的最佳互动，如对于语言学能较低的学习者，可通过强化他们的学习动机和增加目的语输入来补偿。

尽管该领域在理论构建和实证研究方面均取得长足进展，但仍有一些局限性（de Bot *et al.*，2007）。首先，它定义的动态系统论较为笼统，面对某一具体现象时，很难从错综复杂的处于动态变化中的要素中理出“吸引子凹地”（attractor basins），实践可操作性受限（韩大伟，邓奇，2013）。如何获得各个要素的互动和整合方式，是本领域研究所面临的主要挑战之一。其次，很难明确指出各系统之主次轻重，极易陷入系统复杂互动的混沌漩涡中，比如只是强调社会文化环境为二语发展系统的重要组成部分，却很难区分它与其他要素的主次伯仲。另外，为了能够完整捕捉动态性情况，基于动态系统论的二语发展研究最好是以个案研究视角通过纵向观察收集、分析数据，但是这种大型纵向数据难以推广使用（de Bot & Larsen-Freeman，2011）。而且动态建模仍处于起步阶段，模型的适应性调整需要时间，也需要我们对发展本体的进一步理解（de Bot，2008；van Geert，2008）。同时，这些发展性模型引用了大量数学抽象概念，包含了先进的统计学分析，对普通语言学研究者带来很大困难和挑战。至于动态系统论的理论效力，虽然在解释个体差异、二语发展非线性及二语复杂度、准确度、流利度等方面更加有效，但它本身并不能对语言如何被习得、频率对语言体系构建的作用以及系统倾向于停留于某一吸态（如石化现象）的原因等问题做出令人信服的解释。它不仅对习得规律性和共性的解释能力有限（Dörnyei，2009），也难以科学、系统地预测语言发展。最后，在实证研究设计方面，人部分实验主要依赖问卷调查或者学习者的自主反馈，因此数据的客观性往往容易受到质疑。

5 结语

正如 van Geert（2008）所言，动态系统论包罗万象，是看待语言变化的总体观。作为应用语言学界最新发展动态，动态系统论不仅拓宽了二语发展研究领域的理论视角，而且丰富了其实践方法论，颠覆了传统线性简化论理念，以超学科的另类视角从整体上透视二语发展（Larsen-Freeman，2012），为我们提供了一个全面的发展元理论，将语言发展的认知观和社会观结合起来，从而为解决二语发展问题的社会、认知因素整合提供可行性理论框架。

我们认为，该领域未来研究中应重视以下几点：首先，语言发展动态观可以超越动态系统论界限，开辟跨学科研究新领域，如将二语发展领域与语料库、神经语言学、社会语言学等诸多研究融合，以多学科结合的方式大胆创新。其次，继续优化实证性研究设计，可采取个案和群体研究相结合、共时与历时研究相结合、主客观衡量手段相结合的模式，开展更多不同时间间隔的研究，时间间隔可以是一生、几十年、几年，或几个月、几天甚至几毫秒。再次，若要研究二语发展进程，要首先确定其初始条件因素（包括母语和认知成熟性），然后找出能够推动二语发展的控制参数来聚焦，Larsen-Freeman（2006）提出系统中相互竞争资源的两个参数长期互动的逻辑表征（Logistic representation）常表现为 S 型发展路径，所以研究亦可聚焦于构成竞争关系的参数，如母语与二语、学能和学习动机等，以深入理解语言发展的非线性特征。最后，跨语言影响显示了语言子系统间的交互通达性，而语言子系统的本质，一语、二语等在不同阶段如何相互影响、互相转换都是动态系统论指导下二语习得与发展研究尚待探索的重要领域。对我国研究者来说，应立足该框架，建构适合我国国情、具有内在逻辑性、一致性以及兼具本土化特色的二语发展理论模型，以促进中国学习者二语发展。

参考文献

[1] Baba, K. & R. Nitta. 2014. Phase transitions in development of writing fluency from a complex dynamic systems perspective[J]. *Language Learning*, 64(1): 1-35.

[2] Beckner, C., Ellis, N. C., Blythe, R., Holland, J., Bybee, J., Ke, J., *et al.* Language is a complex adaptive system: position paper[J]. *Language Learning*, 2009, 59(Suppl. 1): 1-26.

[3] Cancino, H., Rosansky, E., Schumann, J., & Hatch, E. The acquisition of English negatives and interrogatives by native Spanish speakers[A]. In E. M. Hatch(Ed.), *Second language acquisition: A book of readings Rowley*[C]. MA: Newbury House, 1978, 207-30.

[4] Caspi T, Lowie W. The dynamics of L2 vocabulary development: A case study of receptive and productive knowledge[J]. *Revista Brasileira de Linguística Aplicada*, 2013, 13(2): 437-462.

[5] de Bot, K. Introduction: Second language development as a dynamic process[J]. *The Modern Language Journal*, 2008, 92(2), 166-178.

[6] de Bot, K., & D. Larsen-Freeman, Researching second language development from a dynamic systems theory perspective[A]. In M. H. Verspoor, K. de Bot, & W. Lowie(Eds.), *A dynamic approach to second language development*[C]. Amsterdam/Philadelphia: John Benjamins, 2011, 5-23.

[7] de Bot K, Lowie W. On the stability of representations in the multilingual lexicon[J]. *Cognitive processing in second language acquisition*, 2010, 13: 117-134.

[8] de Bot K, Lowie W, Thorne S, *et al.* Dynamic Systems Theory as a comprehensive theory of second language development[J]. *Contemporary approaches to second language acquisition*, 2013, (9): 41.

[9] de Bot, K., Lowie, W. & M. Verspoor, A dynamic systems theory approach to second language acquisition[J]. *Bilingualism: Language and Cognition*, 2007, 10(1): 7-21.

[10] Dörnyei Z. Individual differences: Interplay of learner characteristics and learning environment[J]. *Language Learning*, 2009, 59(s1): 230-248.

[11] Dörnyei Z. Researching complex dynamic systems: "Retrodictive qualitative modelling" in the language classroom[J]. *Language Teaching*, 2014, 47(01): 80-91.

[12] Herdina P, Jessner U. A dynamic model of multilingualism: Perspectives of change in psycholinguistics[M]. *Multilingual Matters*, 2002.

[13] Herdina P, Jessner U. The implications of language attrition for dynamic systems theory: Next steps and consequences[J]. *International Journal of Bilingualism*, 2013, 17(6): 752-756.

[14] Hohenberger A, Peltzer-Karpf A. Language learning from the perspective of nonlinear

dynamic systems[J]. *Linguistics*, 2009, 47(2):481-511.

[15] Kelso, J. A. S. Cognitive coordination dynamics[A]. In W. Tschacher & J. P. Dauwalder (Eds.), *The dynamical systems approach to cognition*[C]. Singapore: World Scientific, 2003: 45-70.

[16] Kramsch, C. & A. Whiteside. Language ecology in multilingual settings: Towards a theory of symbolic competence[J]. *Applied Linguistics*, 2008, 29(4): 645-671.

[17] Larsen-Freeman, D. Chaos/complexity science and second language acquisition[J]. *Applied Linguistics*, 1997, 18(2): 141-165.

[18] Larsen-Freeman, D. The emergence of complexity, fluency, and accuracy in the oral and written production of five chinese learners of english[J]. *Applied Linguistics*, 2006(27): 590-619.

[19] Larsen-Freeman D. Complex, dynamic systems: A new transdisciplinary theme for applied linguistics? [J]. *Language Teaching*, 2012, 45(02): 202-214.

[20] Larsen-Freeman, D. , & L. Cameron, Research methodology on language development from a complex system perspective[J]. *The Modern Language Journal*, 2008, 92(2): 200-213.

[21] Lowie W. Dynamic systems theory approaches to second language acquisition[J]. *The Encyclopedia of Applied Linguistics*, 2012.

[22] Lowie, W. , Caspi, T. , van Geert, P. , & H. Steenbeek, Modelling development and change[A]. In M. H. Verspoor, K. de Bot, & W. Lowie(Eds.), *A dynamic approach to second language development*[C]. Amsterdam/Philadelphia: John Benjamins, 2011, 99-121.

[23] Macintyre P D, Legatto J J. A dynamic system approach to willingness to communicate: Developing an idiodynamic method to capture rapidly changing affect[J]. *Applied Linguistics*, 2011, 32(2): 149-171.

[24] Macqueen, S. M. Patterns in second language writing. Ph. D. dissertation, Department of Linguistics and Applied Linguistics, University of Melbourne, Australia, 2009.

[25] Meara, P. Towards a new approach to modelling vocabulary acquisition[A]. In N. Schmitt & M. McCarthy (Eds.), *Vocabulary: Description, acquisition, pedagogy*[C]. Cambridge: Cambridge University Press, 1997.

[26] Opitz C. A dynamic perspective on late bilinguals' linguistic development in an L2 environment[J]. *International Journal of Bilingualism*, 2013, 17(6): 701-715.

[27] Paterson A. Language as a complex adaptive system[J]. 秋田大学教育文化学部研究纪要, 2012, 67: 27-36.

[28] Robinson P. Aptitudes, abilities, contexts, and practice. [c]//R. De keyer. Practice in Second Language Learning: Perspective from Linguistics and Cognitive Psychology. Cffambridge: Cambridge: Cambridge University Press, 2007: 256-286.

[29] Rosmawati. Second language developmental dynamics: How dynamic systems theory

accounts for issues in second language learning[J]. *The Australian Educational and Developmental Psychologist*, 2013(11): 1-15.

[30] Schmid, M. S., Verspoor, M., & B. MacWhinney, Coding and extracting data[A]. In M. H. Verspoor, K. de Bot, & W. Lowie(Eds.). *A dynamic approach to second language development*[C]. Amsterdam/Philadelphia: John Benjamins, 2011, 39-54.

[31] Spoelman, M., & M. Verspoor, Dynamic patterns in development of accuracy and complexity: A longitudinal case study in the acquisition of Finnish[J]. *Applied Linguistics*, 2010, 31(1): 1-22.

[32] Taguchi T, Magid M, Papi M. The L2 motivational self system among Japanese, Chinese and Iranian learners of English: A comparative study[J]. *Motivation, Language Identity and the L2 Self*. Bristol: Multilingual Matters, 2009: 66-97.

[33] van Dijk, M.; van Geert, P. Wobbles, humps and sudden jumps: A case study of continuity, discontinuity and variability is early language development[J]. *Infant and Child Development*, 2007: 7-33.

[34] van Dijk, M., Verspoor, M., & W. Lowie, Variability and DST[A]. In M. H. Verspoor, K. de Bot, & W. Lowie(Eds.), *A dynamic approach to second language development*[C]. Amsterdam/Philadelphia: John Benjamins, 2011: 55-84.

[35] van Geert, P. Growth dynamics in development[A]. In R. F. Port & T. J. van Gelder(Eds.), *Mind as motion: Explorations in the dynamics of cognition*[C]. Cambridge, MA: MIT Press, 1995: 313-338.

[36] van Geert, P. The dynamic systems approach in the study of L1 and L2 acquisition: An introduction[J]. *The Modern Language Journal*, 2008, 92(2), 179-199.

[37] van Geert, P. A comprehensive dynamic systems theory of language development[A]. In K. de Bot & R. Schrauf(Eds.), *Language development over the life span*[C]. New York: Routledge, 2009: 60-104.

[38] van Geert, P. The contribution of complex dynamic systems to development[J]. *Child Development Perspectives*, 2011, 5(4), 273-278.

[39] Verspoor M, de Bot K & W. Lowie *A dynamic approach to second language development: Methods and techniques*[M]. Amsterdam: John Benjamins Publishing, 2011.

[40] Verspoor, M. H., Lowie, W. M., & K. de Bot, Input and second language development from a dynamic perspective[A]. In T. Piske & M. Young-Scholten(Eds.), *Input matters in SLA*[C]. Bristol, England: Multilingual Matters, 2009: 62-81.

[41] Verspoor M, Lowie W, van Dijk M. Variability in second language development from a dynamic systems perspective[J]. *The Modern Language Journal*, 2008, 92(2): 214-231.

[42] Vyatkina N. The development of second language writing complexity in groups and individuals: A longitudinal learner corpus study[J]. *The Modern Language Journal*, 2012, 96(4): 576-598.

[43] Vygotsky, L. S. Mind in society: The development of higher psychological processes[A].

In M. Cole, V. John-Steiner, S. Scribner & E. Souberman (Eds), Cambridge MA: Harvard University Press, 1978.
[44] Waninge F, Dörnyei Z, de Bot K. Motivational dynamics in language learning: change, stability, and context[J]. *The Modern Language Journal*, 2014, 98(3): 704-723.
[45] 戴运财，王同顺．基于动态系统理论的二语习得模式研究——环境，学习者与语言的互动 [J]．山东外语教学，2012，33(5)：36-42.
[46] 段士平．动态系统理论视域下的二语语块发展研究 [J]．外国语文，2014，30(4)：67-71.
[47] 方红，王克非．动态系统理论下翻译能力的构成及发展模式研究 [J]．解放军外国语学院学报，2014，37(5)：124-130.
[48] 韩大伟，邓奇．动态抑或互动？——动态系统理论与社会文化理论在二语习得中的应用 [J]．外语电化教学，2013 (3)：10-15.
[49] 李兰霞．动态系统理论与第二语言发展 [J]．外语教学与研究：外国语文双月刊，2011，43(3)：409-421.
[50] 李绍鹏，杨连瑞．社会动态视角的二语动机研究 [J]．山东外语教学，2015(1)：50-56.
[51] 莫海文．二语习得：一个复杂的非线性系统 [J]．山东外语教学，2011，32(3)：91-95.
[52] 沈昌洪，吕敏．动态系统理论与二语习得 [J]．外语研究，2008(3)：65-68.
[53] 王淼．基于动态系统理论的网络英语阅读模式 [J]．外语界，2011(2)：43-49.
[54] 王明新．动态系统理论视角下英语语音水平与动机认知因素研究 [J]．中国教育学刊，2013，4.
[55] 王涛．动态系统理论视角下的复杂系统：理论，实践与方法 [J]．天津外国语大学学报，2011(6)：8-15.
[56] 韦晓保．第二语言习得理论研究的新视角：D-C-C 模式 [J]．外语界，2012(6)：18-27.
[57] 徐丽华，蔡金亭．《二语发展的动态路径：方法与技术》述评 [J]．外语教学与研究，2014，46(1)：144-148.
[58] 许希阳，吴勇毅．复杂动态系统理论：对二语习得研究的反思 [J]．语言教学与研究，2015(2)：1-7.
[59] 赵昌芝，杨连瑞．动态系统理论视角下的认知动机交互研究 [J]．当代外语研究，2012(10)：48-51.
[60] 郑咏滟．动态系统理论在二语习得研究中的应用——以二语词汇发展研究为例 [J]．现代外语，2011，34(3)：303-309.
[61] 郑咏滟．动态系统理论框架下的二语词汇深度发展研究 [J]．中国外语教育，2014，7(3)：62-73.
[62] 郑咏滟，温植胜．动态系统理论视域下的学习者个体差异研究：理论构建与研究方法 [J]．外语教学，2013，34(003)：54-58.

（作者：杨连瑞，李绍鹏，谭欣，纪璐，中国海洋大学）

动态系统理论与第二语言发展 *

1 引言

近年，国际应用语言学界三大期刊相继推出了三期专刊：2006 年 *Applied Linguistics* 第四期的浮现主义（Emergentism）专刊，2008 年 *The Modern Language Journal* 第二期的动态系统理论（Dynamic Systems Theory）专刊，2009 年 *Language Learning* 的复杂自适应系统（Complex Adaptive Systems）增刊。这三期专刊使用的名称不同，但都聚焦于动态系统理论这一新理论流派，即如何动态、系统地研究语言发展。2008 年的专刊文章来自于美国—加拿大应用语言学协会 2006 年度会议最后一天的圆桌会议，“（该会议）吸引了大量听众的积极参与，这在会议的闭幕日是很不寻常的……他们感到某个特别的事件将要发生”（de Bot, 2008）。

这个事件的特别之处，就在于这种新理论试图超越传统科学一直尊奉的简化论（reductionism）理念和均值分析法（means analysis），研究真实的、充满变异性的第二语言发展——该理论的倡导者之所以避免使用传统术语“第二语言习得”，是由于他们主张研究语言发展中不可分割的两个方面——习得和磨蚀（同上 2008），因为语言不但会增长，也会衰退。

最早在应用语言学领域提倡该理论的 Larsen-Freeman 倾向于使用复杂自适应系统这一术语，其他研究者则使用混沌论（Chaos）、复杂性（Complexity）、动态复杂系统、非线性系统等基本上可以互换的名称（同上 2008）。本文采用动态系统理论（Dynamic Systems Theory，简称 DST）来代表这一理论流派，以突出该理论所代表的研究范式的动态性和系统性。

---

* 本文在导师王若江教授的指导下完成。写作过程中还得到 M. Verspoor 博士、D. Larsen-Freeman 教授以及匿名审稿专家的帮助，谨致谢忱。

2 理论篇

2.1 对传统科学理念的超越

传统科学的研究精神和基本理念是“自牛顿以来一直统治着科学的线性、简化论思路”(Larsen-Freeman, 1997),其核心原则是认为“通过分解并考察它的部分,可以最好地了解一个物体”(Larsen-Freeman & Cameron, 2008)。简化论以分离的方式研究影响因素,然后把发现聚集起来,认为这样就能解释整体(Larsen-Freeman, 2007)。比如,以索绪尔为代表的结构主义,把语言抽象为孤立、静止的符号系统;以乔姆斯基为代表的生成语法学派把语言简化到了“语法最简方案”(grammatical minimalism)(Chomsky, 1995),语言中的诸多成分如词汇、语音、方言、成语、构式、语篇等都被放到语言的外围,只剩下核心的语法,“事实上,第二语言学习中所有实质性的东西都在语言学理论的范围之外”(Mac-Whinney, 2006)。这两种具有主导影响的理论可说是简化论在语言学领域的代表,都认为“语法规则是运算符,词汇是运算对象,换句话说,规则操作词汇项目”(Elman, 2004),语言学习是一种规则学习;都以去语境化、理想化的方式来研究语言(Larsen-Freeman, 2010)。

Larsen-Freeman(1997)认为,20 世纪德国物理学家海森堡提出的不确定性原理(Uncertainty Principle)和其后发展出的混沌论抛弃了简化论;而后者和广泛应用于本体论、管理学及心理治疗等领域的系统论(Systems Theory)(de Bot, 2008)共同构成了 DST 的理论源头。DST 本是一种纯数学范式,用来研究时间流逝中的复杂系统(同上)。由于所有复杂系统都是动态的,而动态的未必是复杂系统,DST 也可以看作复杂自适应系统理论的方法论部分(Larsen-Freeman, 个人通讯)。目前,DST 已经广泛应用于数学、物理学、经济学、气象学、海洋学等多个领域,最近更被应用于认知科学这个与应用语言学紧密相关的领域。

应用语言学领域的 DST 研究始于 Larsen-Freeman(1997),她从混沌论出发比较全面地讨论了语言作为一种复杂自适应系统的特点,基本上奠定了 DST 的理论框架。现在,DST 已吸引了一批研究者参与理论及方法的探讨,并取得了一定的研究成果。尤其是以 Larsen-Freeman 为代表的美、英五校十人组成的研究小组 FGG(Five Graces Group)和荷兰格罗宁根大学的 DBL & V(de Bot,

Lowie & Verspoor)，在 DST 的理论建构和方法论上做出了极有影响的贡献。

2.2 从 DST 的角度看语言

Larsen-Freeman(1997)分三组讨论了复杂系统的十个主要特点：动态、复杂、非线性；混沌、不可预测、初始状态敏感；开放、自组织、反馈敏感和自适应，但说明分组标准。本文结合各家观点，根据系统特性、发展过程、发展条件三个标准对其进行重新分组和讨论。

语言系统具有复杂、开放、自组织、自适应的特性。语言的复杂性首先表现在它由很多嵌套子系统组成，"即每个系统都永远是另一个系统的一部分"(de Bot, 2008)。语言在社会系统中使用，语言系统本身包括语音、词汇、语法等子系统，而每个子系统又包括更小的子系统(de Bot *et al.*, 2005: 19)。其次，这些子系统彼此之间交互作用。"一个系统的变化会导致其他系统的变化"，高层系统的"整体行为从子系统的交互作用中浮现出来。这样，对每个子系统的描写只告诉我们子系统如何，并不适合语言整体"(Larsen-Freeman, 1997)。因此，DST 倡导从整体上研究语言，因为"要孤立地把某个因素的确切作用剔除出来是不可能的"，而且"我们永远不能确切地预测某个特定的因素怎样影响某个特定的学习者，不仅是因为我们不可能知道到底牵涉了多少种因素，尤其是因为这些因素是交互作用的"(de Bot *et al.*, 2005: 3)。语言系统是开放的，意味着这个系统"对新的事物和能量输入是开放的"，它"通过吸收环境中的能量而增加秩序和复杂性"(Larsen-Freeman, 1997)。可以说，没有语言的复杂性和开放性，就没有语言作为人类最重要的交际工具这一功能。

语言是一种自组织、自适应系统。子系统的交互作用会引起自组织；外部因素通过和内部子系统的交互作用可能引起系统重组，但其能量也可能被系统吸收，系统基本维持不变。van Geert(2003: 659)认为，语言习得和其他发展中的现象一样是自组织的，语言对外部输入进行反应，并通过自组织引起复杂语言系统的浮现(emergent)，并不需要先天机制的存在。而且，正是这种自组织性可以解释语言学中的一个经典话题：人们为什么能说出从来没听到过的复杂句子？这一观点已经被浮现主义(Emergentism)观点的语言习得研究证实(Li *et al.*, 2004)。因此，语言系统是不断自我重组的，从来达不到完全静止。自组织的语言系统会自动对外部环境进行自适应，在同一社团中，语言使用者的语法彼此适应(Larsen-Freeman，1997)。

语言的发展过程是动态、非线性、混沌、不可预测的。语言是动态的，有两种比较通常的理解：一是语言在实际话语中的使用是一个动态过程，即索绪尔所说的言语(parole)或乔姆斯基所说的行为(performance)；二是语言随着时间会增长，也会衰退。但是，真正体现了DST精神，改变我们理解语言方式的，是来自于混沌/复杂性理论的第三种角度：使用语言即是改变语法系统的途径。“语言每次被使用，都会变化”，当说话者的语法被改变时，就调动了一个过程，这个过程可能导致全局的改变，即“系统行为作为一个整体是局部交互作用汇聚的结果”(同上)。这样一种动态观点主张，语言以一种有机的方式自下而上地增长和自我组织，“并不是使用规则来塑造语篇，而是规则本身在被语篇塑造”(同上)。

复杂系统的发展过程一般是非线性的。非线性是指“在这个系统中，结果和原因是不成比例的。反之，在一个线性系统中，某个力量构成的原因会产生同等力量的结果”(同上)。比如学校多年的教育也许并不能培养对某种外语的学习兴趣，而一个偶然事件则可能激发强烈的学习愿望从而导致外语水平的提高。

语言的发展对初始条件和反馈非常敏感。初始条件的细微变化可能对未来的行为有重大含义：“具有不同初始条件的系统行为，不管开始多么相似，都会随时间流逝以指数方式歧变”(同上)，即通常所说的“蝴蝶效应”。语言的初始条件是什么，是DST研究者讨论的一个重要议题，一种观点是普遍语法可能构成了语言的初始条件(Larsen-Freeman，1997；Plaza-Pust，2008)，普遍原则使得语言保持稳定，不同的参数则允许语言变异的产生。反馈是语言发展的另一个关键条件。达尔文认为反馈敏感是自然的内在属性，“积极反馈促使进化向前，同时进化中的消极反馈使得螺旋上升中的变异出局”(Briggs，1992：117)，反馈即自然选择(Larsen-Freeman，1997)。

总的来说，DST认为语言发展是自下而上的，语法并不比词汇具有优先性，这和基于使用的理论(Usage-based Theory)是兼容的；DST强调在时间和语境中研究真实语言，这和社会语言学的理念有相通之处；DST倡导以统一的方式看待语言和语言学习，结构主义对言语和语言，生成主义对表现和能力的二元区分不再重要，社会语言学、心理语言学、历史语言学、语言演变等的研究都被统一起来。虽然作为生成主义的批判者出现，DST从定义上却并不排斥把普遍语法看作习得假设的先天特性，但也不要求语言习得必须以先天特性为必要条件，因为从 DST 的观点来看，语言的复杂性和创造性是从交互作用中浮现出来的（de Bot *et al.*，2007），语言同时是认知资源和社会资源（Larsen-Freeman，2006）。因此，DST 并不是对传统理论的取代，而是对传统理论整合之后的升华。

2.3 从 DST 的角度看第二语言学习

很多第二语言习得研究把学习者语言的发展或多或少描绘成以渐变连续的步骤、从零到近似母语的线性发展（de Bot *et al.*，2005：16）。与此相反，DST 认为第二语言学习是基于使用、基于项目（item-based）的学习，这种学习不是一个线性过程，“学习者并不是掌握了这个项目，再转向下一个项目”；甚至单个项目的学习曲线也不是线性的，“这个曲线布满了峰和谷，进步和倒退”（Larsen-Freeman，1997）。从 DST 的角度观察第二语言学习，一些重要议题有了新的视角。

首先，语言习得机制是什么？生成主义认为人必须具有先天的语言习得机制（LAD），建构论者则认为环境必须提供某种信息。事实上，他们都有这样一个隐藏假设：输出的复杂性不可能超越初始状态（普遍语法）和输入（学习者接触的数据）二者之和的复杂性（同上）。也就是说，每个在输出中找到的原则要么存在于 LAD 中，要么存在于输入中。但这样一种假设显然不能解释学习者语言系统中不断增长的复杂性（同上）。DST 综合基于使用的理论和浮现主义观点，认为语言的复杂性是在使用中通过自组织浮现出来的，而频率是引起语言系统自我重组的重要因素（Bybee，2003）。

其次，一语与二语的关系是什么？传统理论强调一语对二语习得有重要影响，DST 在肯定这一点的同时，认为当学习者开始学习一种新的语言，就会影响其原有的语言系统，尤其是随着二语水平的提高，对一语的影响也会越来越大，这方面已有相关研究支持（Ransdell & Fischler，1987；Dussias，2001）。DST 反对把一语和和二语看作两个完全分离的系统，认为学习者的若干种语言都是一个动态系统的子系统，彼此之间交互影响（de Bot *et al.*，2005：27）。一语和二语在不同阶段如何相互影响，二者之间如何转换，是 DST 尚待探索的一个重要领域。

第三，语法和词汇的关系是什么？传统语言学理论都把语法看作语言和语言习得的核心，认为词汇为语法服务，二者是分离的；近年来的词汇语法理论（Hunston & Francis，2000；Sinclair，2004；Halliday，2008）都强调语法和词汇之间的统一性，这和 DST 的观点是兼容的。DST 采用基于使用的语法（The FGG，2009），把语法看作从语言使用的范畴化实例中建构起来的网络(Hopper, 1987; Bybee, 2006),是直接以语言经验为基础的,而不是仅仅和语言经验间接相联的抽象系列(Larsen-Freeman, 2009)。"因为语法是基于使用的,它包括很多同现细节以及出现和同现的几率"(同上),因此DST强调语块研究,强调频率的作用,认为学习者习得语言的关键在于使用,应该"参与到社会经验中去"(Larsen-Freeman, 2002),因为语法是一种附带现象,是交流过程的副产品(Hopper, 1987)。

最后,二语发展的过程是什么? DST认为,二语发展中常常在各个层次分布有多个吸态(attractor states)。所谓吸态,是指在时间流逝中,某个动态子系统可能会停留的某个优先状态;那些明显的非优先状态叫做"斥态"(repeller states)。就像球在一个有凹洞和隆起的平面上滚动,球的滚动路线是发展,凹洞就是吸态而隆起就是斥态。凹洞有深有浅,洞越深,就需要越多的能量把球从凹洞里取出来以到达下一个凹洞(de Bot *et al.*, 2007)。语言发展即是从一个吸态到另一个吸态的过程,这个过程充满了非线性变异,在各个层面都有增长和磨蚀(Attrition),但并不存在最终状态,因为即使一些看起来非常牢固的方面,也可能由于停用或者缺乏激活而失去(de Bot *et al.*, 2005: 26-27)。化石化是吸态的一个完美例子:"一个相对于其他状态,系统更容易停留的状态,只有通过强大的力量才能被克服"(同上:21)。从这里可以看出两概念的不同:传统观念的化石化是一种最终状态,不会再改变;而吸态则是暂时的。Larsen-Freeman(in press)认为从语言教学的角度来说,也不应该把吸态看作最终状态,而应该看到"潜力的无穷性"。毫无疑问,这对语言教学是有积极意义的。

综上所述,DST为语言学习和教学提供了积极的理论支持:二语系统作为一种动态系统,对外界能量输入是开放的,其反馈敏感性也肯定教学的重要作用;从教学法上来说,DST显然支持任务教学法,但同时认为不存在唯一正确的教学法,倡导根据实际情况采用不同的教学法(Verspoor,个人通讯)。

3 方法论

3.1 对传统科学方法的超越

和简化论理念相应,传统科学中"最有价值的解释采取的是因果关系联接的形式”(Larsen-Freeman, 1997),即原因 x 产生结果 y。研究者寻找一个决定因素,“它从因果链中的移除会改变结果”(Gaddis, 2002: 54),这样就可以说是造成结果的原因。“一个成功的设计是用很少解释很多。用单个解释性变量对大量观察进行解释是我们的最高目的”,也就是说,“简化论者暗示,确实存在自变量,而且我们知道它们是什么”(同上:55)。这样,传统科学的解释“以检验假设的形式产生预测”(Larsen-Freeman & Cameron, 2008)。

相应地,在数据的收集和分析上,则是已经发展得相当成熟的“真分数”(true score)和均值分析统计学。假设一个研究者想测量某些学习者的语言水平,典型的做法就是设计一种测试来收集数据。但语言水平是很复杂的概念,他知道收集到的数据永远不可能真正充分地反映出他寻找的概念,某些学习者由于测试本身或其他偶然因素会表现出个体差异,“这些不希望出现的差异即测量误差”(de Bot *et al.*, 2007)。为了找到测量误差之下的真分数,他就对循环测试或者群体测试产生的原始数据进行平均数处理,因为大家相信“通过消除这些变异,他们就得到了受试的共同之处,也就达到了‘真分数’”(同上)。研究者们常用的 SPSS 软件中的各种分析方法都建立在均值分析的基础上,并通过为研究者提供是否“显著”的清晰界限来解释因果关系。在这里,变异性被看作“噪音”或“误差”的来源。

当然,传统的统计学分析在进行全局性研究,即对大量个体所浮现出的一般模式进行研究时,是有用的,它提供了一个实用的方法来确定某个人的大概水平(de Bot *et al.*, 2005: 24))。但从 DST 的观点来看,要把某个变量孤立出来很难,因为系统的各个变量是彼此联系、不断交互作用的(Larsen-Freeman & Cameron, 2008)。而且,相关研究也表明,对一个群体进行均值分析所产生的描写可能与该群体中的任何一个个体都不一致(Larsen-Freeman, 2006)。因此,DST 提出从不同的角度来考察二语发展过程。

首先,变异性被作为研究核心。所谓变异,即某个语言行为在不同时间点的各种表现,主要是各种偏误,也可包括目标形式。DST 认为变异性是动态系统的固有属性,“负载着有关发展过程本质的重要信息”(van Dijk, 2003: 129),是“系统灵活性和对环境适应的结果”,是“发展的源泉和发展过程中即发展转变的情况下,某个特定时刻的指标”,这也是经典达尔文主义的看法(Thelen & Smith, 1994: 144)。de Bot 等(2007)进一步提出:“变异程度在一个(子)系统从一个吸态转入另一个吸态的时候是最大的”(同上),它体现了语言的不连续发展，是发展从一个吸态“跳跃”到另一个吸态的前奏（de Bot *et al.*，2005：32）。变异性“对于我们理解作为动态系统的 L2 发展过程是一个关键的、必不可少的步骤”，“从 DST 角度近距离地观察个体变异性能帮助我们发现发展模式，否则这种模式就是隐藏的”（Verspoor *et al.*，2008）。

其次，考察双向因果关系。由于复杂系统中的变量很难孤立出来，DST“不考察单个的变量，而是研究包括自组织和浮现在内的系统变化的模式”（Larsen-Freeman & Cameron，2008），这样一种模式常常通过互适应（co-adaption）表现出来。“互适应描写的是一种双向因果关系”（同上），即几个因素之间不是简单的 x 原因导致 y 结果，而是 x 和 y 以多种方式互相影响、互相适应。比如课堂上，教师和学生就是一种互适应关系，而不仅是教师主导或学生主导的关系。

新的考察角度需要新的研究方法，DST 研究者们建议并实践了新的数据收集和数据分析方法。

3.2 DST 理念下的研究方法

Larsen-Freeman（2008）提出了从复杂性理论的角度需要遵循的 8 个方法论原则。与这些原则相应，她建议了如下的研究方法：

第一，改进的人种学（Ethnography）方法。这是一种定性研究，考察人类语境和交互作用中的真实人群，而不是如实验和定量研究那样，把个体们聚集和平均。

第二，动态的实验设计，包括形式化实验（formative experiment）、设计实验（design experiment 或 design-based experiment）和行动研究。形式化实验中，“研究者设定一个教学目标，并根据材料、组织或干预变化来找出什么使得目的得以实现”（Reinking & Watkins，2000），考察对改变了的教学目标做出反应的互适应过程。设计实验则是随着时间变化，反复改变学习环境，以收集改变产生的效果，然后把搜集到的数据反复加入到未来的设计中去（Barab，2006：155）。这样一种实验中，老师们被鼓励灵活地对课堂上发出的一切作出反应，就像他们平时所做的一样，而不是遵从某些实验程序。行动研究则故意把“噪音”引入到系统中以观察引起的结果。

第三，纵向、个案、时间序列方法（见 §3.3.2）。

第四，微发展（microdevelopment）研究法，是纵向研究的一种。该方法在短时期内进行高强度取样得到密集语料(dense data),以“直接观察正在发生的变化”(Thelen & Corbetta, 2002)。

第五,电脑建模(见 §3.3.1)。

第六,大脑成像。大脑成像技术,如功能磁共振成像等,取得了重大进步,已经能允许对大脑活动的动态性进行细致观察。

第七,综合方法,包括语篇分析与语料库语言学的结合、二语习得语料库语言学的结合、二语习得与会话分析的结合。这三种结合使得动态的考察成为可能,可以避免语料库作为语言材料的“静态集合”带来的缺陷。

总的来说,Larsen-Freeman 认为定性方法和定量方法都适合于研究复杂动态系统,并强调避免简化论;de Bot 则认为:“从某种意义上讲,DST 可以在第二语言习得的整体论与简化论之间架起桥梁:DST 认识到人类行为的各个方面都是互相联系的……但同时 DST 也致力于简化论者所追求的最终目的,即全面量化”,他支持子系统或多或少能被孤立研究的观点,并愿意在研究中“接受某种形式的简化论”(de Bot *et al.*, 2007)。

3.3 DST 的主要研究成果

DST 在二语学习领域的应用虽然时间很短,已经产生了一批有意义的研究成果。不过从研究方法来看,应用较为成熟的是语料库、电脑建模和纵向个案研究,其中最能体现 DST 研究特点的是后两者。

3.3.1 电脑建模

电脑建模是现代数学与计算机技术相结合的成果,它“为所考察的真实世界的复杂系统建立一个电脑模型”(Larsen-Freeman & Cameron, 2008),已广泛应用于生物学、气象学、经济学、社会学等很多领域(Larsen-Freeman, 2007; de Bot, 2008)。在 DST 框架中,语言发展被看作一种交互过程,外部输入不停地加入到现有知识中;如果要设计一种实验来考察时间维度中的发展,而且要把起作用的各个变量都考虑进来,简直是不可能的。通过把模拟结果和真实数据进行比较,就可以推断各个变量如何在时间流逝中交互作用(de Bot, 2008)。

一个比较典型的模型是 van Geert(2008)按照双向因果关系的理念建立的一语发展模型。该模型中有两个重要概念:生长点(grower)和承载力(carrying capacity)。生长点是指语言系统中可以增长的子过程,如词汇多样性、语法复杂性等;承载力是一个系统在某个时间点的增长潜力。不同的增长过程会交互发生,形成"关联生长点"(connected growers)。关联生长点在某个时间点可能同时增长或下降,形成支撑关系;在另一个时间点则可能一方增长一方下降,形成竞争关系;从整个发展过程来看,则形成条件关系。这样一组概念为考察语言发展中的交互关系提供了一个全新的角度。

模型可以通过多次反复,模拟时间流逝中的变化;也可以改变参数,观察结果如何改变,以模拟变化条件。这就允许我们探索系统内的交互作用方式,并外推到真实世界。Turner(1997)认为,建模不像传统的方式那样提出一个假设,在实验中检验它;而是通过连续调整变量和它们之间的关系,以对现实进行精确复制——这在某种程度颠覆了经典科学自上而下的由理论到现象的方法,是对传统方法的极好补充。

3.3.2 纵向个案研究

变异性被看作DST研究的核心,纵向个案研究即是研究变异性的典型方法。以往的研究要么忽略语言中的变异,把变异看作发展中的噪音;要么就寻找变异原因,如把变异归因于一语的迁移、目的语的泛化等。而DST角度的变异性研究,考察的是变异本身,尤其是那些被传统研究所希望消除的自由变异。变异性研究可说是目前DST研究中最为活泼的一个领域。

在各种变异性研究中,最具有方法论意义的是Verspoor等(2008)的研究。该研究追踪了一个高级英语水平的荷兰学生在三年时间里的英文学术写作,得出多组关于词语多样性和句子复杂性的数据来描述学习者的英语发展。如何对各组数据中那些看似杂乱随意、毫无规律可言的变异性进行提炼分析,是DST研究者面对的一个重要技术性问题。在这里,Verspoor等(2008)使用了一系列极具DST特色的数据处理工具。限于篇幅,本文主要介绍其中的"移动极小—极大值图表"(moving min-max graph),简称"极值图表"。

极值图表是一语习得研究领域的领军人物van Geert(van Geert & van Dijk,2002)发展出的DST研究工具之一,Verspoor等(2008)把它们借鉴到二语研究中来。该图表的制作原理如下:假设在一个研究中共得出50次测量,那么就可以根据数据特征,划分为若干个移动的子系列。比如可以把每5次作为一个子系列，即 1-5 为系列一，2-6 为系列二，3-7 为系列三，依次类推。然后，对每个子系列进行极小、极大值计算，得出若干组数据。以这样的数据绘成图表，就能把发展过程中杂乱无章的变异性形象化地呈现出来。以该文对词语平均长度的数据处理为例：

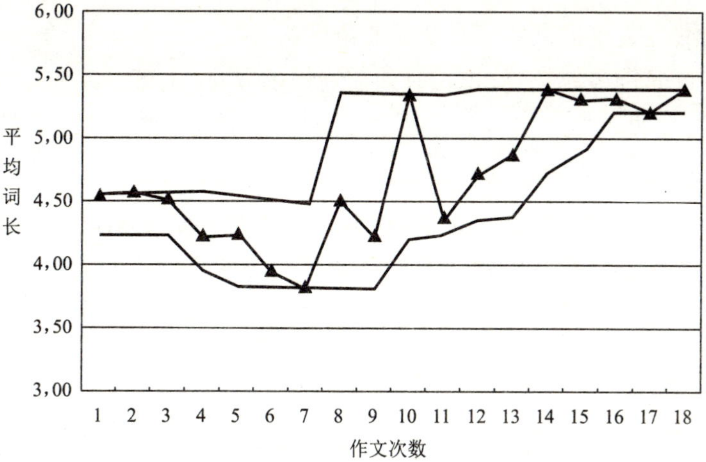

图 1　学习者写作平均词长发展的极值图 L

从上图中可以看出，这个学习者的分数变化幅度在发展轨迹中不是稳定的。开始时，分数范围非常小（前 5 个文本的平均词长非常接近），但从第 7 个文本开始增长。在第 7 和第 13 个文本之间，差异是最大的。然后从第 13 个文本开始，再次出现一个更稳定的词长表现。可以说，该学习者的词长发展经历了三个阶段：首先是一个相对稳定的时期（伴有文本 6 和 7 的轻微下降），连续的数据点彼此之间平滑连接，几乎是线性的。然后是高度多变的时期，词长表现每天都在浮动，数据点 10 附近出现一个显著的峰值，发展轨迹似乎跳跃到它的最高水平。最后，词长的表现再次稳定，几乎没有浮动，似乎停留在相同的水平。

这个图表是一个渐进式发展过程的"经典"例子，即在两个阶段之间有一个大量变异性的转变期。这种在发展跳跃附近具有大量变异的发现与其他领域的研究结果一致（Siegler, 2006）。此外，该研究还对 Cancino 等（1978）的数据进行了重新分析，发现在开始阶段使用更多样否定式策略（包括偏误和目标形式）的学习者，在以后的阶段会发展出更高级、更符合目的语形式的否定式策略。这样的发现对语言教学将有极大的指导意义：鼓励学习者尝试更多样的语言形式并予以反馈，将可能促进学习者后来的语言发展；当一个学生表现出大量变异时，可能他即将经历阶段性转变。如何促进这种转变，将是很有意义的研究课题。

参考文献

[1] Barab, S. Design-based research: A methodological toolkit for the learning scientist[A]. In R. Sawyer(ed.). *The Cambridge Handbook of the Learning Sciences*[C]. Cambridge: CUP, 2006: 153-169.

[2] Briggs, J. *Fractals: The Patterns of Chaos*[M]. New York: Simon and Schuster, 1992.

[3] Bybee, J. Mechanisms of change in grammaticalization: The role of frequency[A]. In R. Janda & B. Joseph(eds.). *Handbook of Historical Linguistics*[C]. Oxford: Blackwell, 2003: 602-623.

[4] Bybee, J. From usage to grammar: The mind' s response to repetition[J]. *Language*, 2006, 82: 711-733.

[5] Cancino, H., E. Rosansky & J. Schumann. The acquisition of English negatives and interrogatives by native Spanish speakers[A]. In E. Hatch(ed.). *Second Language Acquisition: A Book of Readings*[C]. Rowley, MA.: Newbury House, 1978: 207-230.

[6] Chomsky, N. *The Minimalist Program*[M]. Cambridge, MA.: The MIT Press, 1995.

[7] de Bot, K. Introduction: Second language development as a dynamic process[J]. *The Modern Language Journal*, 2008(92): 166-178.

[8] de Bot, K., W. Lowie & M. Verspoor. *Second Language Acquisition: An Advanced Resource Book*[M]. London: Routledge, 2005.

[9] de Bot, K., W. Lowie & M. Verspoor. Dynamic Systems Theory approach to second language acquisition[J]. *Bilingualism*, 2007, 10(1): 7-21.

[10] Dussias, P. Sentence parsing influent Spanish-English bilinguals[A]. In J. Nicol(ed.). *Two Languages: Bilingua l Language Processing*[C]. Cambridge, MA.: Blackwell, 2001: 159-176.

[11] Elman, J. An alternative view of the mental lexicon[J]. *Trends in Cognitive Sciences*, 2004(8): 301-306.

[12] Gaddis, J. *The Landscape of History*[M]. Oxford: OUP. 2002.

[13] Halliday, M. *Complementarities in Language*[M]. Beijing: The Commercial Press, 2008.

[14] Hopper, P. Emergent grammar[J]. *Berkeley Linguistics Society*, 1987(13): 139-157.

[15] Hunston, S. & G. Francis. *Pattern Grammar*[M]. Amsterdam: John Benjamins. 2000.

[16] Larsen-Freeman, D. Chaos/ Complexity science and second language acquisition[J].

Applied Linguistics, 1997(18): 141-165.

[17] Larsen-Freeman, D. Language acquisition and language use from a chaos/ complexity theory perspective[A]. In C. Kramsch(ed.). *Language Acquisition and Language Socialization*[C]. London: Continuum, 2002: 33-46.

[18] Larsen-Freeman, D. The emergence of complexity, fluency, and accuracy in the oral and written production of five Chinese learners of English[J]. *Applied Linguistics*, 2006(27): 590-619.

[19] Larsen-Freeman, D. On the complementarity of Chaos/Complexity Theory and Dynamic Systems Theory in understanding the second language acquisition process[J]. *Bilingualism*, 2007(10): 35-37.

[20] Larsen-Freeman, D. Adjusting expectations: The study of complexity, accuracy, and fluency in second language acquisition[J]. *Applied Linguistics*, 2009(30): 579-589.

[21] Larsen-Freeman, D. A presentation at the University of Groningen symposium: A dynamic perspective on language development[Z], 2010.

[22] Larsen-Freeman, D. (in press). Second language acquisition and the issue of fossilization: There is no end and there is no state[A]. In Z. Han & T. Odlin(eds.). *Studies of Fossilization in Second Language Acquisition*[C]. Clevedon: Multilingual Matters.

[23] Larsen-Freeman, D. & L. Cameron. Research methodology on language development from a Complex Systems perspective[J]. *The Modern Language Journal*, 2008(92): 200-213.

[24] Li, P., I. Farks & B. MacWhinney. Early lexical development in a self-organizing neural network[J]. *Neural Networks*, 2004(17): 1345-1362.

[25] MacWhinney, B. Emergentism[J]. *Applied Linguistics*, 2006(27): 729-740.

[26] Plaza-Pust, C. Dynamic Systems Theory and Universal Grammar: Holding Up a Turbulent Mirror to development in grammars[J]. *The Modern Language Journal*, 2008(92).

[27] Ransdell, S. & I. Fischler. Memory in a monolingual mode: When are bilinguals in a disadvantage[J]. *Journal of Memory and Language*, 1987(26): 392-405.

[28] Reinking, D. & J. Watkins. A formative experiment investigating the use of multimedia book reviews to increase elementary students' independent reading[J]. *The Reading Research Quarterly*, 2000(35): 384-419.

[29] Siegler, R. Microgenetic analyses of learning[A]. In D. Kuhn & R. Siegler(eds.). *Handbook of Child Psychology*(II) [C]. Hoboken, NJ.: Wiley, 2006: 464-510.

[30] Sinclair, J. *Trust the Text*[M]. London: Routledge, 2004.

[31] The FGG(The "Five Graces Group"). Language is a complex adaptive system: Position paper[J]. *Language Learning* 59(Supplement 1), 2009: 1-26.

[32] Thelen, E. & D. Corbetta. Microdevelopment and dynamic systems: Applications to infant motor development[A]. In N. Granott & J. Parziale(eds.). *Microdevelopment: Transition Processes in Development and Learning*[C]. Cambridge: Cambridge University Press, 2002: 59-79.

[33] Thelen, E. & L. Smith. *A Dynamic Systems Approach to the Development of Cognition and Action*[M]. Cambridge, MA. : The MIT Press, 1994.

[34] Turner, F. Foreword[A]. In R. Eve, S. Horsfall & M. Lee(eds.). *Chaos, Complexity, and Sociology: Myths, Models, and Theories*[C]. Thousand Oaks, CA. : Sage, x i–x xv iii, 1997.

[35] van Dijk, M. Child Language Cuts Capers: Variability and Ambiguity in Early Child Development[D]. Ph. D. Dissertation. University of Groningen, 2003.

[36] van Geert, P. Dynamic Systems approaches and modeling of developmental processes[A]. In J. Valsiner & J. Conlolly(eds.). *Handbook of Developmental Psychology*[C]. London: Sage, 2003: 640–672.

[37] van Geert, P. The dynamic systems approach in the study of L1 and L2 acquisition: An introduction[J]. *The Modern Language Journal*, 2008(92): 179–199.

[38] van Geert, P. & M. van Dijk. Focus on variability: New tools to study intra-individual variability in developmental data[J]. *Infant Behavior and Development*, 2002(25): 340–75.

[39] Verspoor, M. , W. Lowie & M. van Dijk. Variability in L2 development from a dynamic systems perspective[J]. *The Modern Language Journal*, 2008(92): 214–231.

（作者：李兰霞，北京大学）

从二语习得到二语发展：一个动态的观点*

1 引言

在一些二语习得(SLA)研究中，二语(L2)学习者无论个体情况如何，都被预设为在二语学习过程中经历高度相似的习得阶段，并且具有明确的起始和终止状态，每个个体都显示出线性的发展路径。这种语言学习的观点常常和信息加工模型(IP Model: Information Processing Model)相关。另一方面，越来越多的语言习得研究不再拘泥于线性的观点。认知语言学、功能语言学、突现论(emergentism)的习得理论以及竞争模型(Competition Model)的加工理论，都承认变量的相关性不但存在于语言系统之中，也存在于社会环境和个体心理认知之中。这些理论的共同之处是，承认在决定二语发展(SLD)各个层面上的语言学习、意义建构、交际行为和认知活动中众多变量之间互动所起的关键作用。不过，虽然这些理论在非线性研究方面存在诸多重叠及兼容之处，却都无法对反映真实情景的互动变量、非线性行为、不可预测性结果等问题给出令人满意的回答，而这正是动态系统理论(DST: Dynamic Systems Theory)所要回答的问题。

2 动态系统理论和信息加工理论

直到最近，动态系统理论在二语习得领域的应用还是十分有限的。在

* 本文为江苏省教育厅高校哲社基金项目“动态系统理论的语言观及其应用”(09SJD740004)及江苏省社科基金项目“动态系统理论与二语习得研究”(10YYB014)的阶段性研究成果。

Larsen-Freeman(1997: 141-165)进行了开拓性的研究之后，经过 van Geert、de Bot、Herdina、Jessner 等研究者的大量工作，动态系统理论的影响不断扩大，研究领域也逐渐拓展和深入，开始在语言研究领域引起越来越多的关注。在语言研究方面，DST 范式感兴趣的问题是：DST 和信息加工(IP)理论有何不同？DST 给 SLA 研究带来了什么样的新变化？DST 如何解释语言使用的创造性？语言习得又如何被视为反思性活动？诸多此类问题。

过去的几十年里，信息加工理论一直在认知科学以及双语和二语习得的心理语言学研究领域独领风骚。传统的语言加工方法基于以下认识：(1) 语言加工的是互不联系、不受语境约束的符号，而符号又独立于使用之外；(2)语法规则支配词的使用，而词汇是被支配的对象，即规则操纵词汇；(3) 词与句的本质表征是静态的，就像字典中的词一样，独立于使用之外，不随时间的变化而变化；(4) 造句如砌墙，词汇就是砖块，规则就是灰泥。

Elman(2004: 301-306)首先将动态系统理论应用于语言加工领域。他认为，将传统的心理加工观点应用于语言加工的思想和大脑的思维规律是相违背的，语言的表征不是静态的、脱离语境的，而是随使用而变化，是具有高度语境敏感性的，而体现语言加工表征效应的决定性要素是时间，时间伴随着心理和语言加工的整个过程。

Shanker 等人(2002: 605-626)用“传真机”(fax machine)和“舞蹈”(dance)两个隐喻对 DST 和 IP 两种方法之间的区别做了生动的说明。IP 方法如同两台相互交换信息的“传真机”，一台发送信息时，另一台接收信息；发出的信息首先要经过编码，而接收的信息则要经过解码。因此，两台传真机使用同样的编码系统发送和接收信息，同时进行编码和解码，其交际特点是双方按照事先约定的规则轮流给对方发送信息并加工接收的信息。与此相对，DST 方法则如同两个跳双人“舞蹈”的舞伴，双方的舞步需相互配合、协调，舞步的选择不是事先确定而是依照对方的变化而定。而且，随着时间的延续和其他舞伴的加入，这种多重的互动形式就变得愈加复杂，愈加无法事先预测。由于还包括了呼喊、节拍、姿态、表情等多种因素，这种互动形式就形成了一种复杂的多模态结构。和所有其他形式的交际一样，完美的舞伴之间也会出现错步，但是通过不断地修正和适应，使双方的变化达到心领神会、天衣无缝的互动同步(interactional synchrony)，谁也说不清是哪一个先变化哪一个后变化。除此以外，舞伴还在同步性互动的基础上追求协同性互动（co-regulated interaction）。两者的区别在于，前者决定了相互间理解与默契的程度，而后者不但追求同步性互动的协调，而且还通过互动性交际行为创造出新的情景意义。“舞蹈隐喻侧重协同性互动以及在此语境下创造性交际行为的突现性”（Shanker & King，2002：605-626）。

信息加工模型（IP Model）的主要问题在于把承载意义的词语当成了意义本身，恰恰相反，意义是建构的。词汇、符号、姿势和词语本身并不表达意义，它们只是建构意义的材料。意义的赋予不是通过信息的传递，而是通过意义的共构（co-construction）产生的（Waters & Wilcox，2002：644-645）。总之，信息加工模型把交际视为一个线形的、二元的、按发生时间的事件序列，而动态系统模型关注的是不同行为之间的联系及其整体型构随时间变化的状态。信息加工方法所使用的词语常常是信号（signal）和反应（response）、发送（sending）和接收（receiving）、编码（encoding）和解码（decoding）、规则约束行为（rule-governed behavior）等，而动态系统方法所使用的词语常常是连接（engagement）和脱节（disengagement）、同步（synchrony）和异步（discord）、互动的障碍（breakdown）和修补（repair）、特征的突现（emergence）等。

信息加工模型常常和普遍语法（UG：Universal Grammar）的语言方法相联系，它摒弃了行为主义的方法，认为离开了语言学习所必需的先赋机制（innate mechanisms）就无法解释语言使用的创造性。与信息加工范式把创造性看作语言系统本身的特性不同，动态系统理论把创造性看作行动者协同性互动的行为特性。Mohanan（1992：635-662）最早将动态系统理论和普遍语法结合起来应用于语言研究。他从动态的观点出发，将语言的普遍原则看作“引力场”（fields of attraction），认为动态的观点可以解释语音发展复杂性的突现原因。Cooper 的进一步研究发现，普遍原则作为“引子”（attractor）产生于随机性的过程之中而非限定性的发展或变化之中。他从动态系统观揭示出语言的历时性变化恰恰证明了英语语言的个体层次变化如何最终导致了语言系统的变化。他的结论是，如果能够将语法规则视为一个个“引力坑”（basins of attraction）的话，那么就可以建立一个新的“引子语法”（attractor grammar）（Cooper，1999：147）。

动态系统理论的贡献之一，是为二语习得的研究在其他理论之外提供了一个新的选择。它使我们能够从社会和认知两个维度来重新审视二语习得，进而了解两者的互动导致语言发展的真正原因。语言是复杂的动态系统，而动态系统的主要特征是"随时间变化"(change over time)。前次重述(iterations)的输出变为下次重述的输入,并且不断重复这一过程,最终导致语言的复杂性。舞蹈隐喻表明,认知、社会和环境因素之间的连续互动导致了协同性互动和创造性交际行为的产生。复杂系统的发展过程是由初始状态、系统的传送能力(carrying capacity)、认知系统和环境两者中的资源等因素决定的。某些次系统是其他次系统的先导,但并非所有的次系统都需要同等的能量,因为关联性生长因子(connected growers)的存在降低了对能量的需求。

3 动态系统理论在二语习得中的基本应用

引子状态(attractor states)是动态系统理论的一个十分重要的概念。其重要应用之一是引入到语言分析,如普遍语法(UG)的分析之中,以研究和了解如二语(L2)学习者语言错误机理之类的问题。引子状态是系统相对稳定的状态,而且对较小的波动敏感性也较低。同样,L2 学习者在使用语言过程中所犯的语法错误也是相对稳定的,甚至还会延续很长的时间。例如,当 L2 学习者意识到错误时,虽然能够及时纠正,但是过后往往又会回到原先的错误状态,这种回归性恰恰是因为受到了引子状态的牵引。L2 学习者所犯的错误——一种暂时稳定的特性,就可以被看作是动态系统的引子。引子状态的回归可以来自不同的起点,也就是说,L2 学习者的典型错误可能产生于不同学习者的不同习得轨迹。不过,如果系统经历了重大转换,或者,如果系统发生了显著紊乱,引子状态就会改变。例如,当学习者接受了大量的训练,或者改变语言环境,使得二语学习的条件获得了较大的改变,这些典型错误就可能消失。引子状态的改变具有突现的特征:引子会自发地出现,也具有自组织的功能。这些现象表明,所有的变量,或者说"力",都是由于相互作用的结果。这种互联性(interconnectedness)构成了动态系统的根本特征。

"有限性资源"(limited resources)、"关联性生长因子"(connected growers)和"传送能力"(carrying capacity)是解释动态系统理论的一组重要概念。"有限性资源"的概念是解释二语习得中某些方面问题的有效方法。资源是有限的,如注意时间、记忆能力等。这就解释了学习者为什么在不同的语言次系统或维度上分配不等量的注意时间。因此，在动态系统观点看来，资源既是常常相互竞争的，又往往是相互合作的。这种相关性所表现出的变化的本质是理解学习者不同的语言学习方式和语言使用的动态性、稳定性和变异性的关键。“关联性生长因子”解释了如下现象：并非所有的语言次系统都需要相同的资源，或者在同一个时间需要相同的资源，这就为理解二语习得中语言学习者在一定时间内的行为变异现象提供了新的解释。例如，有些学习者在词汇习得的复杂性和流利性方面取得了显著进步，然而这种发展轨迹并没有体现到语法习得的复杂性和流利性的提高方面。其原因在于资源的竞争导致了前者和后者发展的不平衡（Larsen-Freeman，2006：590-619）。资源竞争（resource competition）的结果决定了语言习得的结果。例如，对注意力资源（attentional resources）的竞争不是在数月之间，而可能是在一瞬之间就决定记忆的范畴或意识的内容。“传送能力”也可以称作“认知生态系统”（cognitive ecosystem），指的是关联资源结构所提供的二语学习的背景知识状态，任何对社会、文化、认知的动态过程产生旨趣的人都可以被认为进入了这种“知识状态”。

在动态语言学范式中，所有变量都是相互关联的，因此，一个变量的变化对系统内所有其他的变量都会产生影响（Pienemann，2007：43-45）。一旦对“变量”下了定义，下一步就必须定义变量的“进化法则”（evolution law），即描述变化的基本原理——这就是变量的生长模型（growth model）。它表明，变量的变化取决于变量的水平，即两者成正比关系（van Geert，2007：47-49）。在所有其他条件相同的情况下，在一定时间内二语水平的提高程度，水平高的变量要高于水平低的变量。此外，生长模型还取决于资源状况。资源包括一切能够影响二语学习的因素，如环境条件、个人天赋、训练程度、母语水平，等等。这些互联性变量（interconnected variables）的组合方式，决定了L2学习者学习水平的最终程度。例如，在所有其他条件相同的情况下，学习者受到的二语环境影响越大，或者学习者的语言天赋越好，或者此类因素的其他组合，都能决定二语学习水平的不同结果。

中介语变异（interlanguage variation）概念是动态思想在二语习得领域的又一重要应用。传统的二语习得观点仍然用线性方法解释各种语言问题和学习者的行为问题，而不是把变异性看作语言变化系统的本质特征。而动态理论认为，中介语既体现出系统性，又体现出变异性。中介语是由规则约束的，即使变异性也是和任务、言语者、语言情景等诸种因素系统性相关。Tarone（1982，

1983, 1985)在分析社会情景和规则使用概率之间的关系时发现,学习者的中介语是一个包含了不同变异程度和内在持续性的言语风格连续体。Tarone 建立的中介语模型表明,学习者的语体选择最先关注的是语言形式,然后才是变异性。各种各样的语言形式沿着连续体从低向高排列,代表中介语语法从零到最大值的变化。学习者按照对言语产出的注意量大小在连续体上上下摆动,或者随着新语言结构的习得沿着连续体逐渐上升,或者也可能随着语言损耗或损失沿着连续体下降。这种双向运动体现了动态系统随时间变化所突现的变异能力(variable competence)。这样,中介语发展的面相就可以通过其变异特性来阐释,而二语发展的动态性也就可以通过以下两个维度来描述:其一是二语习得研究的非线性;其二是和社会及认知相关联的变异性。变量的这些关键概念有助于我们从变异系统的角度进一步考察语法的发展,并将其运用于语言习得和语言变化之中。

限于篇幅,在此仅粗略介绍。动态系统理论在二语习得领域的应用才刚刚兴起,但其未来广阔的应用前景是毋庸置疑的。

4 二语发展(SLD)动态观的三个里程碑

1997 年,Larsen-Freeman 的文章《混沌 / 复杂性科学和二语习得》问世。她在文章中第一次提出了将复杂适应性系统(complex adaptive systems)作为 SLD 模型的设想。她认为,语言是动态复杂性系统。语言是动态性的,随时间发生共时和历时变化;语言是复杂性的,有众多互动的相关次系统(语音的、词汇的、句法的、文本的,等等);语言是非线性的,其发展有时是混沌的、不可预测的;语言是开放性的,具有对初始条件的敏感性;语言是适应性、自组织性和反馈性的,在发展中具有引子的状态。总而言之,SLD 是一个动态的过程。把语言看成为一整套静态的语法规则是不符合语言发展的实际情况的。语言的复杂性体现在影响学习者中介语发展的多因素性,例如 L1 和 L2 之间重合的数量和类型,输入和互动的数量和类型,还有语境、动机、年龄、才能等等;因此,二语习得过程中的非线性是显而易见的。

中介语系统是典型的自组织系统(self-organized systems),因为学习者总是根据输入状况发展出一套反映自身独特发展个性的高度自主化的系统。和语言习得的天赋观不同，动态系统理论认为，学习者由于自主能动性和个体差异性，在反复应用简单程序的过程中使得语言输出的复杂性超过了语言输入的复杂性，而且甚至导致了语言系统的多向复杂性。这一现象表明，学习的过程并非是基于输入的简单线性的增长过程，而是会出现倒退、停滞，或者前进、跳跃等等难以预测的变化。学习不但是通过复述（iterations）带来的生长（growth），而且是输入和自组织系统之间互动的结果。

经过5年的沉寂，动态系统理论迎来了第二个发展的里程碑，其标志是Herdina和Jessner的著作《多语动态模型：心理语言学的变化观点》（2002）的出版。书中通过构建的多语模型阐述了动态系统理论的基本观点及其在SLD领域的应用（Herdina & Jessner, 2002）。在模型中，多语形态构成的各种因素呈现出复杂的互动模式，其中起着关键作用的是元语言意识（metalinguistic awareness）。虽然其作用机制当时还不甚清楚，但是其后Jessner在2006年出版的书中又进行了深入的探讨和阐述。Larsen-Freeman（2002：33-46）也对动态系统理论做出了重大的推进。她在回答Firth和Wagner批评SLA研究重认知轻社会偏向的二元观点时指出，动态系统理论认为语言的社会维度和认知维度是语言发展的一体两面，两者是紧密相关、不可分割的，两者不是对立、而是合二为一的关系，从而创造性地建立起了一个新的重要维度。

动态系统理论的第三个里程碑是2007年由de Bot、Lowie以及Verspoor三人合作撰写的论文《二语习得的动态系统理论方法》。该文系统阐述了将动态系统理论应用于SLD以及多语言加工的研究和方法，引起了广泛的关注和评论，推动了SLD向更深、更广的领域拓展，如二语习得的社会和认知关系，语言的内在机制及其作用，正式与非正式话语的模型建构，语言变异性研究等（de Bot *et al.*，2007：7-21）等。这些研究不但大大丰富了动态系统理论的研究领域和范围，而且也将SLA的研究推进到了SLD的研究领域。

5 二语发展的动态特征：自组织临界性

和SLA的静态观点相反，动态系统理论将SLD置于混沌、复杂、动态的系统之中，而语言发展动态性的显著特征就是系统的自组织临界性（SOC：Self-

Organized Criticality)。丹麦著名物理学家 Bak(1996)用"沙堆"(sand pile)效应描述了系统的自组织功能和随时间变化发生的"临界性":把沙粒撒落到桌上时,会形成一个圆锥状的小沙堆;沙粒堆得越多,坡度就越陡峭,直到某个临界点。此时,只要再撒落一粒沙子,就会导致一起或多起坍塌。换句话说,此时系统到达了临界状态。处于临界状态的系统会表现出特有的性质:高度的不稳定性和不可预测性。撒落的沙粒——输入和坍塌——结果之间呈现出非线性的关系:一个沙粒可能引发或大或小的坍塌,一次坍塌可能引发连锁反应。

显现出这一临界性特征的原理叫做"力量法则"(power laws),即表明在发生变化的数量和大小之间存在着一定的关系。它可以用来表示人类认知系统自组织的临界性,由信息输入的量导致系统发生突现变化的临界值(Bak, 1996: 36)。这一临界思想和系统的状态变化以及重构所形成的关系在 SLD 中就体现为一种学习上的"突破"现象。其实际意义在于,系统到达了某一个临界值,并且在这一临界点上将接受性知识转化成了生产性知识。输入并不一定导致系统发生逐渐的变化,而更有可能的是累积到某一个临界值然后发生突然的、实质性的突变。反映在学习上,就是出现跳跃性的进步,以前凌乱的知识好像突然间沟通连贯起来。不过,"突破"既可以出现,也可以消失。一旦不再使用,系统又会倒退回原先的状况。简单地说,"力量法则"对语言发展的影响就是变异。

和"力量法则"表现的动态力相反,"阈限假设"(Threshold Hypothesis)表现的稳定力可以用来解释语言技能长期保持的条件(Bahrick, 1984: 105-118)。该假设表明,当语言发展达到某一个点,系统经过重组使得知识处于稳定状态,此时不再轻易发生语言损失的现象,即不再发生重大的状态相位(state phase)的改变,而维持状况的决定条件是系统自组织能力的大小。

"力量法则"和"阈限假设"之间并不矛盾,前者代表变化的力量,而后者代表稳定的力量。两者代表了语言发展过程中的平衡与非平衡关系:非平衡是绝对的,平衡是相对的;变异是绝对的,稳定是相对的;两者既相互依赖又相互转化。这一辩证法恰恰诠释了语言发展的根本法则。

从二语发展的临界性思想,我们可以得出一个颇有意义的启示:语言发展既是习得又是损耗,是一个双向的动态过程。因此,二语发展(SLD)被用来取代传统的二语习得(SLA)的意义在于,作为动态的发展,其方向并非总是单向的，而是朝着两个方向上展开——生长和下降，即语言习得和语言损耗。这一语言现象的事实揭示了发展的真正本质（de Bot，2008：166–178）。

6 二语发展的变异性

一般来说，SLD领域的研究方法主要有以下三种：语言学方法、心理语言学方法和社会语言学方法。从语言学的研究角度来看，上世纪60年代处于鼎盛时期的乔姆斯基语言学的研究对象是说话者的“语言能力”，而不是“语言行为”；关注的是学习者“知道”什么，而不是“做”什么。在这种背景下，语言研究主要是围绕学习者的语言生成能力，探究语法的深层结构，而并不关心个人语言的变异行为及其相互关系。相反，动态系统理论并不刻意区分“能力”和“行为”，因为语言系统就其本质而言是高度互动的，语言发展是个体使用语言的行为、认知以及外在环境共同作用的结果，而语言变异性恰恰就是在此诸多因素的合力作用下系统所表现出的发展状况和适应性。

从心理语言学的研究角度来看，虽然心理语言学也对变异性感兴趣，试图寻找变异性产生的根源并进而了解变异性对中介语（IL：Interlanguage）系统的影响及其作用机制。然而，在心理语言学的研究框架下，IL系统只是一个先赋的静态系统，变异性在这样的系统中只和孤立的因素发生联系。例如，在Krashen（1979：1–26）的监控理论中，心理语言学的研究方法就是将个体的内在变异性和注意力、语言加工、短期记忆等等孤立的因素联系在一起，观察它们之间的单一变化关系。

社会语言学方法虽然也关注变异性对SLD的影响，但和心理语言学研究方法不同的是，它更注重用“动态”范式研究IL系统的变化机制，把变异性的根源更多地归因于具体的环境或者语境因素。例如，在Gatbonton的渐进式扩散模型（Gradual Diffusion Model）中，中介语的习得机制是先将正确的变量移入相关语境之中，然后逐步地取代错误的变量，直至所有的错误变量被完全纠正（Gatbonton，1978：335–347）。在此过程中，无论习得还是取代都是通过渐进的方式。这种方法的前提是，首先要确定变异性的具体原因，这里一般都指向某个环境因素，然后再用“真实的”变量取代错误的变量。不过，另一些受Labov

理论启发的研究比起前者来涉及的范围要广的多:(L1或L2)言语者、(正式或非正式)情景语境、(阅读、写作等)任务、形式与功能关系等等可以用来观察、解释变异性的因素,都被纳入了社会语言学的研究视野。还有一些研究不再专注于变异性本身,而是把注意力转向了不同发展阶段的中介语变异情况,在语言习得研究中将个体的学习风格和社会、心理、逻辑因素结合在一起加以考虑。他们认为,发展不是线性的,而是包含了大量不同的变异性。尽管这一思想和动态系统的方法已有些许相似之处,但还不是真正意义上的动态系统理论。

动态系统理论既不局限于认知维度,也不完全偏向于社会维度。毫无疑问,认知能力对语言学习的结果起着决定性的作用,语境也对语言发展具有非常重要的意义。然而,动态系统理论并不认为变异性都是由环境因素所引起,因为这种单一维度的分析方法忽略了一个重要的事实:变异性不仅产生于和周围环境的互动,而且还来自于个体学习者自身;环境并非是影响行为的独立因素,个体学习者也能动地改变和建构着环境。这里,学习者和环境不断相互影响、相互建构,共同产生出我们所观察到的变异性。另外,变异性和引起变异的多种因素之间并非只是一一对应的关系,而是多因素相互影响的共同结果。不同因素之间存在着竞争关系,即使是同样的影响因素,在某个发展阶段可能是这个因素起主导作用,而在另一个阶段可能就是那个因素起主导作用。而且,除了属于这些“系统的”变异之外,还存在着“自由的”变异,即不归属于任何已知的语言、情景或心理因素的变异。Ellis发现,这些自由变异“产生于个体语言发展的早期阶段,然后随着学习者二语发展自组织能力的提高而逐渐消失”(Ellis, 1985: 118-131)。

对变异性的深入研究,有助于我们对SLD有更深入的认识。正是因为变异性是自组织发展系统的固有特征,它的变化水平和形式才能显示出系统发展的稳定与变化预兆的动态本质。这样,当学习者越是倾向于选择那些有助于提高他们的SLD水平的形式时,有助于他们语言发展的变异就越是可能发生;而当这种变异性越是显现出其突现的效应时,个体学习者的内在与外在的要素之间联系也就愈加紧密,可调动的资源也就愈加丰富,对SLD的导向也就愈加明显。动态的方法并不刻意区分行为、学习、发展等要素之间的差别,而是着重分析这些要素在不同的时间过程中随时间变化的样态及其相互关系,从而回答什么样的变化可能会带来什么样的发展,什么样的发展又会引起什么样的变化。

唯有如此，我们才能够避免在被扭曲的真相面前作出误判，从而更有把握去了解一个更为真实的世界，提出一个更为符合实际的解决办法。

7 结论

从传统的研究角度来看，二语发展的多数研究主要是将外部因素作为语言变异性的资源，而动态系统的方法则是从自组织性的动态系统所固有的内在变异性出发研究二语发展的机制。这种动态的变异性从初始状态出发，基于内在与外在的可利用资源，通过重述性的反复输入和输出建立起二语发展的多因素变异性关联模型。在这样的系统中，没有变异，也就没有发展；变异的数量和类型决定了语言的发展和变化的轨迹，而且无论这种发展是向前还是向后，都必然呈现出非线性的发展模式。当然，动态系统的研究方法并不排斥其他方法，揭示变异性也绝不是二语发展研究的终点。动态系统的方法是我们了解作为动态系统的二语发展过程所必不可少的一步，它有助于我们发现真实的语言发展模式。这样，通过研究个体的内在变异性及其发展和变化，我们就掌握了洞悉二语发展的实质的一把钥匙，而这恰恰是被以往传统研究方法所忽略了的。

参考文献

[1] Bahrick, H. Fifty years of second language attrition: implications for programmatic research. *Modern Language Journal*, 1984(68).

[2] Bak, P. *How nature works: the science of self-organized criticality*. New York: Copernicus, 1996.

[3] Cooper, D. *Linguistic attractors: the cognitive dynamics of language acquisition and change*. Amsterdam & Philadelphia: John Benjamins, 1999.

[4] de Bot, K. , W. Lowie, , & M. Verspoor, A Dynamic Systems Theory approach to second language acquisition. *Bilingualism: Language and Cognition*, 10. 2007.

[5] de Bot, K. Introduction: second language development as a dynamic process. *The Modern Language Journal*, 2008, 92(2).

[6] Ellis, R. Sources of variability in interlanguage. *Applied Linguistics*, 1985(6).

[7] Elman, J. An alternative view of the mental lexicon. *Trends in Cognitive Sciences*, 2004(8).

[8] Gatbonton, E. Patterned phonetic variability in second language speech: a gradual diffusion

model. *Canadian Modern Language Review*, 1978, 34(2).
[9] Herdina, P., & U. Jessner, *A dynamic model of multilingualism: Perspectives of change in psycholinguistics*. Clevedon, UK: Multilingual Matters, 2002.
[10] Krashen, S. The monitor model for second language acquisition. In R. Gingras (ed.), *Second language acquisition and foreign language teaching*. Arlington, VA: Center for Applied Linguistics, 1979.
[11] Larsen-Freeman, D. Chaos/complexity science and second language acquisition. *Applied Linguistics*, 1997(18).
[12] Larsen-Freeman, D. Language acquisition and language use from a chaos/complexity theory perspective. In C. Kramsch (ed.), *Language acquisition and language socialization: Ecological perspectives. London: Continuum*, 2002.
[13] Larsen-Freeman, D. The emergence of complexity, fluency, and accuracy in the oral and written production of five Chinese learners of English. *Applied Linguistics*, 2006, 27(4).
[14] Mohanan, K. P. Emergence of complexity in phonological development. In C. Ferguson, L. Menn & C. Stoel-Gammon (eds.), *Child phonological development*. Timonium, MD: York Press, 1992.
[15] Pienemann, M. Variation and dynamic systems in SLA. *Bilingualism: Language and Cognition*, 2007(10).
[16] Shanker, S. & King, B. The emergence of a new paradigm in ape language research. *Behavioral and Brain Sciences*, 2002, 25(5)
[17] Tarone, E. Systematicity and attention in interlanguage. *Language Teaching*, 1982(32).
[18] Tarone, E. On the variability of interlanguage systems. *Applied Linguistics*, 1983(4).
[19] Tarone, E. Variability in interlanguage use: a study of style-shifting in morphology and syntax. *Language Teaching*, 1985(35).
[20] van Geert, P. Dynamic systems in second language learning: some general methodological reflections. *Bilingualism: Language and Cognition*, 2007(10).
[21] Waters, G. & S. Wilcox, Making meaning. *Behavioral and Brain Sciences*, 2002(25).

（作者：王涛，东南大学）

动态系统理论视角下的复杂系统：理论、实践与方法*

1 复杂系统的概念、理论及其特征

复杂系统所具有的动态性、非线性、开放性特征以及所表现出的自组织性和互动性，颠覆了传统意义上的语言理论、假设、数据、分析与方法。传统概念的因果律开始让位于共适应性（co-adaptation）及突现性（emergence）；语境不再是背景因素，而是演化成了复杂系统本身，同时和其他复杂系统交叉关联；而变异性作为系统行为的体现具有越来越重要的意义。

复杂系统产生于其中的行动者及各种要素之间的互动。复杂系统是由不同的行动者及不同要素所组成，因而是异质性的；它随时间而变化，因而是动态性的；它常常是突变的、非连续的，因而是非线性的；它对外部影响具有高度的敏感性，因而是开放性的。复杂系统存在于从内向外的各个层级，即从神经层级扩展到社会层级；这些层级之间存在着各种方式的互赖与互动关系，共同构成了一个庞大复杂的生态系统（eco-system）。在语言系统中，复杂系统由无数的次系统组成，各个次系统之间相互关联、相互包容。而复杂性理论的目的，就是研究这些复杂、动态、非线性的开放系统及其相互关系。如果把言语社区看作为一个复杂系统，其中的社会文化群体就发挥着复杂系统的功能，身在其中的每个个体次系统也就成为个体复杂系统，而构成他们的大脑系统也成为个体复杂系统。复杂系统的层级架构表明，它是由无数异质性的不同层级次系统所组成，这些次系统之间既相互独立，又相互依存、相互关联；次系统既是被建构

---

* 本文为2010年江苏省社科基金项目"动态系统理论与二语习得研究"（10YYB014）的阶段性研究成果。

的对象，又是建构的主体；既被复杂系统所决定，反过来又决定了复杂系统。

复杂性理论（Complexity Theory）不仅包括复杂系统理论（Complex Systems Theory, CST），而且和混沌理论（Chaos Theory）一起成为动态系统理论（Dynamic Systems Theory, DST）的核心和基础。复杂性理论把复杂系统看作是一个复杂生态系统，用生态方法观察、分析、阐述人类的语言使用和学习系统及其机制。正是因为系统的复杂性机制及其关联特征，用传统的方法来描述这种复杂性行为变化就变得极为困难，而复杂系统的动态临界性思想为我们提供了解决这一问题的一把钥匙。

丹麦著名物理学家 Bak（1996）用“沙堆”（sand pile）效应描述了系统的自组织功能和随时间变化发生的“临界性”：把沙粒撒落到桌上，形成一个圆锥状的小沙堆；沙粒堆得越多，坡度就越大，直到某个临界点。此时，只要再撒落一粒沙子，就会导致沙堆坍塌，即系统到达了临界状态。处于临界状态的系统会表现出特有的性质，即高度的不稳定性和不可预测性。撒落的沙粒——输入和坍塌——结果之间呈现出非线性的关系。一个沙粒可能引发或大或小的坍塌，一次坍塌可能引发连锁反应。我们无法预测哪一粒沙子导致了坍塌，但可以肯定的是，不断增加的沙粒最终会导致坍塌。我们可以根据沙堆的结构和稳定性而不是个体沙粒的行为来解释沙堆坍塌现象。

这样的观点似乎和传统科学的还原论方法相悖。从一般科学的观点看，对某个事物的了解可以通过将其拆解成不同的组成部分加以观察而获得对整体的认识。而从复杂性理论的观点看，仅仅了解局部个体是远远不够的。复杂性理论所关注的问题是事物的各个组成部分之间是如何互动的？这种互动产生了怎样的新的行为模式？还原论方法无法对系统做出全面的解释，因为系统的每个个体的性征都是无法完全了解的。即使能够了解个体的行为及其互动状况，也无法确定个体在不同时间对互动参与程度的变化。系统高度的敏感性，即所谓的“蝴蝶效应”（butterfly effect），也导致了复杂系统的不可知性（unknowableness）。复杂系统的不可知性和非线性导致了非连续性和自组织变化，使传统意义上的可预测性变成了不可预测性。

复杂性理论的中心任务不是预测，而是反思性地解释系统发展的轨迹——系统发生的行为变化，即语言发生了什么样的变化，并据此重构系统的要素、互动以及变化的过程。这样的过程不是预测（prediction）而是回测（retrodiction），不是预言(forecasting)而是回顾(retrocasting)。

2 复杂系统下的因果律

传统科学的经典范式是原因x产生结果y,即所谓的因果律。根据还原论的语言研究方法,在因果链上关键要素的改变即会导致结果的改变,此要素即是结果的原因。如果某一事件出现多种前提或原因,研究就会被认为是失败的。根据还原论的观点,自变量都是客观存在的,或者说都是可以通过因变量找到并且确定的。而复杂性理论认为,系统的不可知性(unknowableness)和互联性(interconnectedness)使得自变量在因果链上即使并非不可能也很难被单独提取出来。以寻找某些单独变量为目的,以确定变化的原因或决定因素的所谓变量中心分析法(variable-centered analysis)即便不是完全误导,也会使人偏离甚至迷失正确的方向。

复杂性理论摒弃了传统的预测方法,不是通过单一变量而是通过改造后的集合变量(collective variables)描述语言系统的变化。这种模式的研究特点是把自组织(self-organization)和突现(emergence)包括在观察范围之内。当变化在社会群体水平上或者在系统的某一时段上发生时,突现性特征或现象的发生就会导致新的模式在不同的水平或时段(timescale)上发生。当一个词汇在会话中第一次在个体间使用时,会逐渐被其他人所接受,而重复行为的出现会使词汇在语言中的使用广泛化和固定化,并最终成为被词典收录的词条。复杂性理论把这种现象称为共适应性(co-adaptation),它揭示出一种互为因果性,即某一系统的变化会导致与之相关的另一系统的变化,而且这种变化会随着时间的变化不断持续下去。例如,母语言语者(Native Speakers)和非母语言语者(Nonnative Speakers)说话时会有意识地调整发音、语速和用词以适应对方的理解水平,而非母语言语者也会在语言容易理解时做出相应调整以跟上对方的速度。这种共适应现象在语言交际和语言发展的过程中是屡见不鲜的。共适应性表明,任何事物都和其他事物在某种程度上相关联,单一变量的独立性是难以立足的,更无法产生复杂系统,而且任何的转变或结果背后都存在着多种相关的原因。(Gaddis, 2002: 64-65)

复杂性理论通过解构因果律打破了认为一个好理论就必须能够描述、解释并且做出预测的传统观念，向自然科学、社会科学和应用语言学中的静态观点和法则提出了挑战，用自组织性、关联性系统下的共适应性思想取代了单因素变量思想，从而将自己的理论建立在非连续性、或然性、不可预测性和突现性的基础之上。而在此基础之上的互动模式及其动态性就成为了复杂性理论所要研究的中心任务。

3 复杂系统下语言使用与发展的三组要素

复杂性理论中的语言使用及语言发展观摒弃了传统的语言研究方法，不再把语言研究建立在假设、因果律和预测的基础之上。复杂性理论认为，一切事物都是相互关联的，处在不断的变化之中。复杂性理论改变了经验研究的方式，尤其是对语境和环境的重新认知，转向对语言变异的观察。复杂性理论认为，语言系统的复杂性特征反映在其流动性（flux）及变异性（variability）之中，语言系统的行为特征根源于系统自身的自组织性（self-organization）与突现性（emergence），即突然的相位改变（phase shifts）可能引起系统及其他相关次系统的重大变化。产生这些变化的原因主要和稳定性与变异性、语境、互动水平（interacting levels）与时段（timescales）三组要素有关。

3.1 稳定性与变异性

在复杂系统中，语言现象或系统行为发生于状态空间（state space）之中。状态空间是一个多维的发散空间，复杂系统穿越其中并被吸引到该空间的某一区域。系统在空间中的运行轨迹即代表了系统在该空间中的实际的连续性运动状态。复杂性理论认为，即使是处于稳定状态，即引子状态（attractor state）之下，系统仍然处于某个持续变化的状态之中，并和其他相关联系统保持随时变化的状态。也就是说，稳定性并非是静态的，而只是处于变异性的不同阶段而已。一般来说，我们可以通过两种方法来判断和测量变异性和稳定性之间的关联度。一种方法是将偏离稳定性中位数的变异性程度作为观察系统行为引子（behavioral attractor）的指数。如果变异性的增加同时伴随稳定性的降低，就表明系统可能开始进入变化状态并转换到新的相位。另一种方法是通过测量系统偏离稳定性状态的扰乱度（perturbation）来评估系统的稳定性。因为系统越是偏向稳定性，摆脱扰乱趋向稳定性的回归力度也就越大。稳定性较小的系统更容易改变原有的行为，在变化的过程中也就越容易受到扰乱而偏离原有的运行轨迹。（Thelen & Smith，1994：86-87）

稳定与变异之间的交互作用为系统的变化提示了潜在的有用信息。在相位变化的过程中，系统行为的变化揭示了语言的变化，变异性其实反映的是语言的发展。如果把变异性排斥于语言之外，我们就失去了发现语言突变性的重要信息。而当我们注意到稳定性和变异性相互作用所产生的变化本质时，我们就找到了理解语言学习和语言发展过程的新的方法（Larsen-Freeman，2006）。

3.2 语境

和以往理论不同的是，复杂性理论不是把语境看成为对系统施加影响的外在结构，可以据此解释系统的行为，而是把它看作为系统不可分割的一部分。语境通过物理、社会、认知和文化所反映出的语境因子（context factors）的参数变化显示和系统之间的关系。复杂系统对语境变化的敏感性指标反映在对变化的动态适应性的软集合（soft assembly）过程之中（Thelen & Smith，1994：60）。从较长期的时段来看，对语境环境的局部适应性成为突变，即发展的基础。引子通过对此时此地语境的反复适应性体验而在系统中突现，这一状况代表了从局部发展到整体的秩序过程，体现在更高水平的社会组织以及更长时段的时间过程之中。

在复杂系统的应用语言学语境中，任何语言的使用都被视为通过语言资源的软集合对特定语言活动所做出的反馈。无论在教室内还是教室外，语言的使用可以没有言语，但决不能没有活动。活动既可以是心理的，如理解活动、记忆活动，也可以是肢体的和言语的，如身体活动、会话活动、实践活动等。语言学习或者发展是随着对语言使用的适应性体验而突现的。

语言学习和语言活动的语境存在于学习者的内在动态性之中，即语境是由每一个个体所带入到学习活动中的内容的软集合。语境涵盖了以下的各个维度：（1）认知语境，如参与者的思维活动和记忆活动；（2）社会语境，如教师和学生的相互关系；（3）文化语境，如教师和学生在某一特定文化下的行为以及交际方式;(4) 教学语境,如教学材料、任务以及目标的设置;(5) 社会政治环境;(6) 物理环境。这些语境条件的集合构成了复杂的、动态的、适应性的系统。参与活动的学生将语言和这些语境条件下可资利用的资源带入活动之中,通过其他学生和教师的适应性活动实现软集合。因此,我们无法把学习者和语境截然分开去描述和测量语言活动,而是应该通过搜集参与变化的系统的数据来对学习活动的过程及状况进行描述和解释。这一方法和社会文化观点以及生态学观点颇有相似之处,只是更加倾向于将学习者和复杂语境视为互动的、共适应性的(co-adaptive)动态系统。

复杂性理论认为,学习意味着变化,它既是个人的,同时也是社会的。每个个体都是独一无二的,都处于各自发展的不同起点,都具有各自的身体我、情感我和认知我,都有各自的社会生活史和独特的生活体验。所有个体都将自己的系统带入到学习活动之中,并且对活动做出不同的行为反应,使得参与的结果反映出个体学习的差异性。每个个体自身的系统都成为了一个个独特的学习语境。而当个体参与到群体中时,群体作为一个系统既受到参与个体的影响也影响每个参与个体,两者既是适应性的关系,也是共构性的关系。因此,要研究语言学习的真实过程,不但要收集个体的数据,也要收集群体的数据;不但要了解独立的个体,也要了解作为群体中成员的个体。在研究群体活动时,我们就可以将其视为由关联个体所构成的复杂系统网络。从短期时段来看,个体与群体之间发生的即时性互动所产生出的新的语境供子(context affordances)使得个体的能力得到提高。从长期时段来看,个体会通过主动选择驾驭语境借以提高自身在其中的功能重要性,而语境反过来也会有助于个体个性和能力的提升。供子概念指的是某个物体或某种状态给予不同行动者使用或互动的机会(Clark, 1997: 172),如家庭主妇用水来洗菜烧饭,船夫用水来驾舟载物,农夫用水来浇灌土地。

3.3 互动水平与时段

从复杂系统的角度看,研究语言及其发展的另一组要素是系统的互动水平和时段。系统存在于各个层级,从微观到宏观,恰如共存于一个互生互动的生态系统之中。处于不同层级的各个系统虽然水平各不相同,但是相互关联、相互作用,构成了从微观到宏观的庞大互动网络。每个层级上的系统都受到其他系统的影响，同时又影响着其他系统；每个系统的行为都受到其他系统的行为的影响，同时又影响着其他系统的行为。虽然每个系统所处的层级、大小、功能、参与程度、施加的影响不同，但都对整体的生态系统做出自己的贡献。这些大大小小的不同系统在互构与共构的过程中所形成的作用力不但体现出整体生态系统的动态特征，也反映出系统之间的互动水平以及由此产生的差异性和适应性特征。

需要特别指出的是，时间是影响复杂系统互动水平的一个极其重要的参数。在复杂系统中，不同的事件发生在特定的时段上，因而显示出特殊的意义。发生在不同时段上的事件可能反映出不同的互动水平。发生在某个时段的互动水平上的事件可能会对发生在其他时段的互动水平上的事件产生影响。某个时段互动水平上的前事件虽然在线性时间上远离当下的某个后事件，却可能比在线性时间上接近该后事件的某个其他事件显示出更大的关联性（Lemke，2002：80）。这是因为当某一水平和时段对其他水平和时段产生影响时，由于前期时段或者较低水平上的事件的投射，使得在随后某个时段和水平上发生了突现现象，这就是课堂活动中时常发生的时间加工的变化现象。因此，在应用语言学的研究中，我们有必要用复杂系统的方法去发现发生在不同互动水平和时段之中或者之间的事件的关联性，并据此找到解开语言使用和发展的规律性的钥匙。

4 复杂系统下的语言系统特征与机制

1997年，最早提出复杂系统语言模型的应用语言学家之一——Larsen-Freeman的文章《混沌／复杂性科学和二语习得》问世。她在文章中将语言看作为动态复杂系统，认为语言是动态的，随时间发生共时和历时变化；语言是复杂的，有众多互动的相关次系统（语音、词汇、句法、文本等）；语言是非线性发展的，有时是混沌的、不可预测的；语言是开放的，具有对初始条件的敏感性；语言是适应性、自组织性和反馈性的，在发展中具有引子的状态（Larsen-Freeman，1997）。把语言看作一整套静态的语法规则是不符合语言发展的实际情况的。在二语习得和二语发展领域，语言的复杂性体现在影响学习者中介语

(Interlanguage, IL)发展的非线性和多因素性上,如一语(L1)和二语(L2)之间重合的数量和类型、输入和互动的数量和类型及语境、动机、年龄、才能等。

IL系统是典型的自组织系统(self-organized systems)。自组织系统是复杂动态系统,具有灵活性和适应性的特征,根据优化原则选择适应变化规则的路径。这种适应性由于系统的动态性而呈现出自发的特征,表现为临界的突现性,即复杂系统的动态性特征会使得新的事物自发地产生(Pessa, 2004)。每个学习者都是一个自组织系统,并由此发展出自身的IL系统,因为学习者总是根据输入状况发展出一套反映自身独特发展个性的高度自主化的系统。和语言习得的天赋观不同,动态系统理论认为,学习者由于自主能动性和个体差异性,在反复应用简单程序的过程中使得语言输出的复杂性超过了语言输入的复杂性,甚至导致了语言系统的多向复杂性(Tarone, 1983)。这一现象表明,学习的过程并非是基于输入的简单线性的增长过程,而是会出现倒退、停滞或者前进、跳跃等难以预测的变化。学习不但是通过重述(iterations)带来的生长(growth),而且是输入和自组织系统之间互动的结果。

IL复杂系统的发展还可以通过IL变异(interlanguage variation)特性加以阐释。传统的二语习得观点仍然用线性方法解释各种语言问题和学习者的行为问题,而不是把变异性看作为语言变化系统的本质特征。而动态理论认为,IL既体现出系统性,又体现出变异性。IL是由规则约束的,即使变异性也是和任务、言语者、语言情景等诸种因素系统性相关。Tarone(1985)在分析社会情景和规则使用概率之间的关系时建立的IL模型表明,学习者的IL是一个包含了不同变异程度和内在持续性的言语风格连续体,各种各样的语言形式沿着连续体从低向高排列,表示IL从零到最大值的变化。学习者按照对言语产出的注意量大小在连续体上上下摆动,或者随着新语言结构的习得沿着连续体逐渐上升,或者也可能随着语言损耗或损失沿着连续体下降。这种双向运动体现了动态复杂系统随时间变化所突现的变异能力(variable competence)(Tarone, 1985)。

虽然动态系统理论早已应用于气象学、数学、神经学和心理学,然而直到上世纪90年代才用于二语习得(SLA)研究,而Herdina & Jessner(2002)的多语动态模型(Dynamic Model of Multilingualism, DMM)的出现则被看作为是探索多语以及IL机制的第一步。Cook进一步认为,只有将整体论作为理解多语复杂系统之间动态互动关系的前提，才能发现语言发展的转化机制。这种整体论的方法就是将个体认知因素，如内在的动机、焦虑、语言能力，和外在的自尊、态度、交际意愿、行为以及其他一些社会因素一起作为测量多语系统复杂性和变异性的参数。从这一观点出发，Cook（2003）提出了在应用语言学描述双语及多语能力中使用最广泛的术语"多能力"（multicompetence），并在此基础上重点阐述了L1和L2之间的动态关系。他发现不同语言之间不是作为各自分离的系统发生互动关系，而是作为一个整体的整合连续统（integration continuum）。L2使用者在语言知识、思维方式以及语用行为等方面既不同于母语使用者也不同于L1使用者，而是呈现出跨语言的非线性变异特征。L1与IL之间的思维关系和IL与取代L1位置的L2之间的思维关系是不同的（Cook，2002）。Cook之所以指出这一差别的主要意义在于强调要用整体论方法看待语言之间的转换，而不是简单地把"多能力"看作为只是IL语码的机械转换。

复杂性理论认为，IL复杂系统就是自组织系统中受内在与外在反馈过程影响的复杂信息流（complex information flow）。任何新的输入所引起的反馈既可能给系统带来更高一级的秩序，也可能使系统进入混沌状态。此时微小的紊乱都可能引起所谓的蝴蝶效应（butterfly effect），即反馈的放大一旦超过临界值就会对系统产生重大的影响，而系统的失衡也会使局部变化演变为整体的重组。不过，正是这种表面的无序恰恰表明了系统内部的高度关联性以及系统对于外部信息的高度敏感性。值得注意的是，输入的新信息不一定会同时对所有次系统都产生同样的影响，也可能对有的次系统先影响而对有的次系统后影响，或者对有的次系统影响大而对其他的次系统影响小甚至没有影响。因为不同的次系统处于不同的界面（interfaces），因而和输入信息的关联度不同，如处于不同结构层面的语义、语音、语词、语句、语用等语境对某个新信息的敏感度差异就可能各不相同。次系统之间的影响因子既可能形成一种共存关系，也可能形成一种竞争关系，进而在这两种关系之间寻求动态的平衡。由于系统的复杂性，新的信息可能一开始只有局部的影响，随着影响从局部向整体扩大，对信息流的反馈过程不仅会具有调整、放大信息的功能，而且还会具有引起未来变化的潜在功能。

而在动态系统理论看来，L1对L2的影响、特别是对L2早期发展的引子作用，具有自我参照（self-reference）的特征，即表现出IL特征的学习者系统

(learner system)和其原有的语言知识具有明显的耦合(coupling)作用,使学习者的语言能力保持稳定的状态。而随着信息输入的不断增多,不断增加的复杂性打破了原有的平衡,引起了系统内部的冲突,导致了系统间的脱耦(uncoupling)(Plaza-Pust, 2000: 182)。此时学习者系统进入分叉区域(bifurcation regions)的不稳定状态,在L1和L2之间的替换性引子(alternative attractors)产生的摆动作用下发生显著的变化。在复杂系统的语境下,变化呈现出三个特征:第一,变化并不是即刻就发生,而是随着摆动的增加学习者系统进入不稳定状态后才出现;第二,老系统对变化的抵抗迟滞了学习者系统的相位转换(phase transition),所产生的滞后效应使得替换性引子无法对后者施加足够的影响。这一现象表明,原有系统的超稳定性只有在系统到达临界点时才能显示出变化对其所产生的影响。即前引子总是尽可能长时间地控制系统,直到被竞争性参数所替代;第三,变化的结果所产生的多样性选择表明,不稳定状态使系统具有了向整体开放的特征,标志就是系统穿越分叉区域实现转换(Briggs & Peat, 1990)。

变化是复杂动态系统的灵魂。变化代表语言的发展,没有变化也就没有语言的发展。变化的潜力来自于冲突,而冲突则产生于替换性选择(alternative options)的共存之中,冲突为变化的出现铺平了道路。没有冲突和变化,学习者系统就会面临石化。在稳定和变化的关系中,稳定是相对的、暂时的,而变化则是绝对的,永恒的。稳定只是变化的一个特殊形式,是一种暂时的平衡状态。只有不稳定状态才预示着新事物的诞生,才能使系统的自组织原则发挥作用。这就是变化的哲学,变化的辩证法。

5 复杂系统下语言研究的方法论

5.1 方法论原则

复杂系统下语言使用与发展的研究方法应遵循以下基本原则:(1) 从生态的观点出发,将语境看作为复杂系统的一部分;(2) 以复杂性观点取代还原论,以多因素影响因子研究的整体观取代单一因子的局部观;(3) 把复杂系统看作为其变量关系随时间变化的动态过程,将自组织性、反馈、突现性置于中心的地位加以考虑;(4) 坚持复杂性观点下的因果关系,用多因子因果关系取代单因子因果关系；（5）避免二元论思维，用共适应性、软集合等观点取代习得与使用、行为与能力相对立的二元思维方法；（6）将互动看作为多因子系统随时间变化产生集合变量的原因，并从中寻找变量之间的相互关系；（7）关注同水平和时段中的系统变化，更要关注不同水平和时段中的系统互动所发生的关联性及其意义；（8）从变异性的角度观察稳定和变异性之间的关系，以寻找系统发展的真正原因。

5.2 基本方法

5.2.1 形成性实验（Formative Experiments）和设计性实验（Design Experiments）

形成性实验和传统实验不同，传统实验追求的是近似的、线性的因果关系，而形成性实验从复杂性理论的生态效能观出发，观察和解释互动变量随时间变化导致的多因子因果关系。传统实验通过控制语境或情境变量获得实验数据，这种人为控制的方法往往造成数据的失真而扭曲了结果的真实性。而形成性实验避免了这一局限性，从复杂动态性的角度观察真实的场景，通过软集合和共适应性的方法研究和解释学习者对语境特殊性因子产生的变化与适应过程。在形成性实验中，研究者先设立一个教学目标，然后观察需要什么样的材料、组织或变化的参与才能实现这一目标。形成性实验所关心的不是系统的状态，而是系统的潜力；不是系统的功能，而是一个系统的变化如何引起其他系统的变化；不是个体的形成过程，而是变化所影响的互动网络为实现教学目标所形成的共适应性的过程和机制。这一思想方法和新维果茨基主义的理念十分相似。

设计性实验和传统实验的区别在于，传统实验关注的是学习的结果或者是最终的产品，而设计性实验注重的是学习的过程。复杂性理论认为，在复杂的学习环境下很难通过实验设计测量特殊变量所产生的影响，而设计性实验通过反复变化不同时间条件下的学习环境，收集影响变异的数据，并将其补充到未来的设计中去。在设计性实验中，教师不必按照事先的实验规定刻板地操作，可以根据课堂发生的实际情况做出灵活的调整，从而获得更为真实的数据。

5.2.2 行动研究（Action Research）

行动研究关注系统行为发展的可能性以及在复杂系统环境下次系统对环

境所做出的反馈。行动研究者不是系统之外的局外人，而是活动的指导者和组织者。行动研究根据教学中的问题首先有意设置一个干扰项（noise），以观察次系统可能做出的反应，然后利用列文环（Lewinian cycle）诊断、计划、行动、评估、确认系统对扰乱（perturbation）所显示的反馈特征，以更深入地了解系统的动态机制（Baskerville & Wood-Harper, 1996）。

5.2.3 纵向案例研究（Longitudinal Case-Study）与时间序列法（Time-Series Approaches）

纵向案例研究与时间序列法着眼于复杂性系统下的个案研究，和中介语研究有着显著的差别。中介语研究常常是横向研究，因而无法对个体的发展和变异性进行个案描述。而纵向和时间序列研究将个体发展放在不同时段中加以考察，通过系统之间水平及时段的关系了解个体的变异状态。在复杂系统中，不同的系统处在不同的水平及时段，其变化率是不同的。因此，要了解系统的变异轨迹，就必须根据变化率选择恰当的时段作为采样间隔来收集数据。系统越是复杂，测量的空间就靠得越近，测量的时段就越多。

5.2.4 微观发展法（Microdevelopment）

微观发展法通过在一个相对较短的时段内研究系统行为变化，以推断其后较长时段可能发生的行为变化以及多种可能发展路径的变化动因。在传统的研究中，变化常常是通过对末端测量之后推断而来。而微观发展法寻求在不同的时段上直接观察系统发生的行为演变，将多时段上的小规模变化轨迹绘制到长时段的变化规律的拼图之中，使我们能够分析并发现虽然表面上达到同一末端值而实际上却是通过多种可能性的发展途径。这一发现可以有助于我们了解不同学习者的个体差异性以及由此产生的变异性特征，并以此为基础解释系统的行为特征，最终找到符合个体学习者的最佳发展途径。

5.2.5 计算机建模（Computer Modeling）

计算机建模是研究复杂动态系统的重要方法。计算机模型模拟真实场景下的系统，对收集的实验和观察数据进行测试。目前最常用的是行动模型和神经网络模型，特别是神经网络模型的研究近年来正在获得极大的关注。神经网络模型通过模拟大脑的学习过程研究人类的学习机制。但这一方法也存在局限性，由于把个体学习者作为孤立的认知对象，割裂了人的情感属性和社会属性，用简约化的系统代替了真实的复杂系统，所以不能准确、完整地反映真实的状况。因此，计算机模拟语言发展的模型的有效性就必须通过将模型得出的结果和真实的人类复杂系统产生的结果加以分析、对比。如果模型反映了真实世界人类系统的行为机制，就可以证明其有效性，反之则要做出调整和修改。神经网络模型对初始状态的敏感性还会使得获得大量真实的数据十分困难，有时甚至常常得到错误的数据。实验条件和学科的专业性也使得神经网络模型的研究不但艰深，而且代价高昂。例如，大脑成像(Brain Imaging)技术可以被用来进行脑电图绘制和脑功能磁共振扫描图像，通过详细分析大脑活动的动态机制，将原来对大脑局部区域的学习机制和知识储存机制的静态研究转移到了大脑对关联信息触发和交互影响的加工机理的动态研究，这些研究大大推动了神经语言学的发展。

5.3 交叉研究方法

交叉使用不同的研究工具，在不同的系统水平和时段上收集数据，是尤其适合复杂系统研究的常用方法。经常使用的有以下三种：(1) 话语分析与语料库语言学交叉法。虽然语料库用静态方法收集的语料不能显示语言使用及未来发展潜力的动态性，但是它在某种程度上可以用来代表所收集来的语料的言语社区的语言资源状况。通过将语料库语言学和实际话语结合分析，能够探索语言形式的渊源及动态性特征。(2) 二语习得与语料库语言学交叉法。现今二语习得领域已经越来越依赖计算机处理的大型纵向语料库为二语学习理论研究提供实验数据的支持。(3) 二语习得与会话分析交叉法。话语分析研究微观时段层面的语料动态性特征，因而能够结合二语习得研究描述语言学习活动的发生、组织和发展机制。这种微观发展分析方法为语言共时动态性研究提供了又一个有效的手段。

6 结论

从以上论述我们不难看出，作为动态系统理论核心概念的复杂系统实际上由两个层面组成：微观层面和宏观层面。前者由个体自组织系统组成，是由个体元语言知识、意识、思维、认知、转换和能力所构成的元系统(metasystem)，表现出其独有的行为和体验。后者是由前者共同构成的互动网络，一个庞大的受内外反馈过程调节和控制的生态系统。复杂性理论认为，不能用还原论的观点把生态系统简单地还原成一个个的个体原子，而必须用整体论的观点从宏观背景的视角观察个体的行为及其原因。正是个体的不可还原性决定了复杂系统的研究方法具有纵向性和历时性的特点。即便是使用横向和共时研究方法，也一定要将它们看作为是动态过程中的不同变化阶段，这样才能真正描绘出复杂系统发展的变化轨迹。这是我们在研究中必须把握的原则。

参考文献

[1] Bak, P. *How nature works: the science of self-organized criticality*[M]. New York: Oxford University Press, 1996.

[2] Baskerville, R., & T. Wood-Harper, A critical perspective on action research as a method for information systems research[J]. *Journal of Information Technology*, 1996(11): 235-246.

[3] Briggs, J., & Peat, F. D. *Turbulent Mirror: An Illustrated Guide to Chaos Theory and the Science of Wholeness*[M]. New York: Harper Row, 1990.

[4] Clark, A. *Being There*[M]. Cambridge, MA: MIT Press, 1997.

[5] Cook, V. Background to the L2 user[A]. In V. Cook(ed.), *Portraits of the L2 User*[C]. Clevedon: Multilingual Matters, 2002: 1-28.

[6] Cook, V. *Effects of the second language on the first*[M]. Clevedon, UK: Multilingual Matters, 2003.

[7] Gaddis, J. L. *The landscape of history*[M]. Oxford: Oxford University Press, 2002.

[8] Larsen-Freeman, D. Chaos/Complexity Science and Second Language Acquisition[J]. *Applied Linguistics*, 1997(18): 141-165.

[9] Larsen-Freeman, D. The Emergence of complexity, fluency, and accuracy in the oral and written production of five chinese learners of English[J]. *Applied Linguistics*, 2006(27): 590-619.

[10] Lemke, J. Language development and identity: multiple timescales in the social ecology of learning[A]. In C. Kramsch(ed.), *Language Acquisition and Language Socialization*[C]. London: Continuum, 2002: 68-87.

[11] Pessa, E. Quantum connectionism and the emergence of cognition[A]. In G. G. Globus, K. H. Pribram, & G. Vitiello(eds.), *Brain and Being: At the Boundary between Science, Philosophy, Language and Arts*[C]. Amsterdam: John Benjamins Publishing Company, 2004: 127-145.

[12] Plaza-Pust, C. *Linguistic Theory and Adult Second Language Acquisition: On the Relation*

between the Lexicon and the Syntax[M]. Frankfurt: Peter Lang, 2000.

[13] Tarone, E. On the variability of interlanguage systems[J]. *Applied Linguistics*, 1983(4): 142-163.

[14] Tarone, E. Variability in interlanguage use: a study of style-shifting in morphology and syntax[J]. *Language Teaching*, 1985(35): 373-404.

[15] Thelen, E., & L. Smith. *A dynamic systems approach to the development of cognition and action*[M]. Cambridge: The MIT Press, 1994.

（作者：王涛，东南大学）

二语习得系统的动态性特征

动态系统理论自上世纪末引入应用语言学领域后备受国内外学者关注。语言本身就是一个动态系统，语言发展是一个动态的过程（de Bot *et al.*，2007）。Larsen-Freeman（1997）从混沌论出发，较为全面地探讨了语言作为一种复杂的自适应系统的特点，奠定了动态系统理论的基本框架。近几年混沌理论、涌现论、动态系统理论、复杂理论等一系列非线性动态系统理论接连涌现，二语习得领域研究出现了一种"动态转向"，很多学者对此产生共鸣（Dörnyei *et al.*，2015），动态系统论视角下的二语习得研究也日渐成为一个热点话题。

动态系统论的观点认为，一个系统内部某一行为的产生在于该系统内部诸要素之间的动态互动，而这些构成要素本身也不断变化，因此很多现象不能再依赖单个变量之间的因果关系来解释，忽视语言系统"动态性"的传统线性研究范式无法合理解释二语习得这一复杂机制。正如Larsen-Freeman（2014）所说，动态系统论给学者带来了一种全新的研究思路，突破传统研究中仅仅使用具有准确预测性理论和一般数据归纳方法的局限，从根本上改变了人们的研究思路和方法。这一系列新涌现的非线性动态系统理论密切关注系统的"动态性"特征，认为复杂系统中多变量在不同层面的互动对于系统的影响至关重要，系统始终随着时间而发生共时和历时变化。

本文从系统的"动态性"视角出发，以二语习得系统为例剖析动态系统论中的几个核心概念，包括引子状态（attractor states）、初始条件（initial conditions）和变化率（rates of change），旨在更好地了解二语习得系统的"动态性"特征。

1 引子状态

动态系统论的观点认为，"每一个系统总是另一个系统的一部分"

(de Bot, 2008)。随着时间发展,动态的子系统有时会相对稳定在一种特定的阶段,动态系统理论将这种相对稳定的状态描述为"引子状态(attractor states)"(或翻译为"吸态"、"非重建平衡态"),引子状态的研究对理解语言发展具有十分重要的意义。

1.1 引子状态的基本概念

Hiver (2015)明确指出,"引子状态是一种小范围内的相对稳定状态,代表了更高层次意义上的动态平衡状态"。例如,在一个二语习得的班级里这一动态系统包含以下几个子系统:学习基础、能力和目标不尽相同的二语习得者、在班级系统中制定规则、指导学生的教师、校园文化、教育体制和家长监督等。在二语习得初期阶段,整个班级会在各子系统的互动下逐渐形成一种相对固定、具有自身特点的学习模式,如学习者不愿意主动参与课堂中的二语互动练习,面对二语互动任务时常常选择沉默。此类状态会延续一段时间,这种相对稳定的状态或者模式化结果被称为引子状态。

Newman(2009)指出,引子状态可以被视为一个转折点、一种模式或是一个结果,它是系统经过一段时间的发展和演变而逐渐稳定形成的。而且,动态系统的这种相对稳定性不需要外界因素干预,系统自身通过自组织行为即可实现(Johnson, 2009)。二语习得者在学习过程中自发形成的动态集合,恰恰体现了二语习得系统在更高层次上的动态平衡(Larsen-Freeman & Cameron, 2008)。

引子状态是一种相对稳定的状态,但这种状态下的系统并不是静止的,稳定只是相对的,由于系统中各成分间不断互动,系统本身仍然处于不断的变化中。二语习得是一个持续的反稳定过程,即改变发展轨道力求远离引子状态。无论是在教师的实际教学中还是学习者的学习过程中,他们都努力探索各种有效策略,力图在系统中注入新能量来改变学习者的第二语言发展路径、远离引子状态,向更高的层次努力。

1.2 引子状态与自组织系统

1.2.1 自组织行为

自组织行为(Self-organization)是动态系统中至关重要的一种行为过程,它体现在人类方方面面的行为中(Strogatz, 2003)。以生物学为例,人类身体的构造(如骨骼、器官、血管等身体结构),机体内的各大系统(如循环系统、消化系统、神经系统等),机体周期(如睡眠周期、饮食周期等)都是系统自组织行为的体现。

正如 Van Geert(2003)的观点,语言习得和其他发展中的现象一样都是自组织的过程,语言这一开放系统对外界输入进行反应,通过自组织引起复杂语言系统的浮现。Juarrero(1999)提出,动态系统不会自动形成引子状态,引子状态的生成通常是动态系统自组织行为的产物。以二语习得的班级为例,当整个班级逐渐形成一种相对固定、具有自身特点的学习模式,或者说当教师认为一切步入正轨时,就可以说班级这一动态系统通过自组织行为进入了某种引子状态。

1.2.2 反馈

反馈(Feedback)是动态系统中的另一个关键因素。反馈在自组织行为中具有核心地位,当动态系统从一个引子状态过渡到另一个引子状态时,反馈在过程中发挥着十分关键的作用(Boschetti *et al.*, 2011)。

反馈主要有两个来源:第一是来源于外部因素,比如环境因素和其他动态系统的影响,第二是来源于动态系统内部各成分的互相作用。

反馈的类型有正反馈和负反馈两种。Banzhaf(2009)指出,负反馈是引子状态影响动态系统过程中最常见的一种反馈现象,其作用是使引子状态的变异呈最小化态势。与之相反,正反馈则会增强对动态系统的扰乱,使系统进入不稳定的模式,如果这种不稳定足够强烈,就很可能推动动态系统进入下一个引子状态(Manson, 2001)。

1.2.3 扰动

引子状态为动态系统带来了一段时间内的相对稳定,然而,由于系统自身具有开放性,会不断接受一系列的输入(Juarrero, 1999)。反馈是一种输入的形式之一,另外一种最常见的输入类型就是扰动(perturbation)。

扰动是一种干扰力,能够使动态系统跳出一个引子状态,并朝其他方向发展(Kra, 2009)。以上述二语习得班级为例,假设班级经过一段时间的学习后呈现一副“无所谓”的消极学习态势，这时学校突然下发一则考试通知（一种扰乱现象），会立马让班里的学生投入到紧张的高强度的复习过程中。紧接着，考试结束后不尽人意的成绩（作为另一种扰乱现象）会使二语习得者丧失学习信心，他们短时间内会动机不足，不想在学习二语上耗时耗力。在这种情况下，如果教师为了鼓励学习者的积极性，提供额外奖励或者奖品（又是一种扰乱现象）来鼓励学习者，班级可能又会由动机缺失的引子状态转变为积极学习和合作的状态。

另外，动态系统发展过程中输入的情境性和非线性不容忽视。较大的扰动现象有时可能并不会对整个动态系统产生多大影响，然而有时即使是微小的扰动现象也有可能对整个动态系统产生巨大的影响（Byrne, 1998），正如蝴蝶效应一般。

1.3　引子状态与状态矢量空间

状态矢量空间（state space）是一种隐喻化的概念，在这一空间中蕴含着动态系统中的引子状态，它代表着整个动态系统中所有可能的产物（Johnson, 2009）。从状态矢量空间的维度讲，动态系统的发展会产生无限多种的可能性和产物，因此可以将状态矢量空间看做一个巨大的引子状态。事实上，由于动态系统中的自组织行为，只有少量显著模型的产物可以存在于动态系统当中。

Kauffman（1995）认为，状态矢量空间是动态系统在给定时间范围内可能产生的所有配置结构的集合，动态系统在这一空间内可以按照自身轨道不断发展。以打高尔夫球为例：高尔夫球场由发球区、球道、丘陵、水障碍、沙土障碍、球洞区和球洞组合而成，动态系统正如打高尔夫球的过程，而引子状态正如球停止滚动时的状态。球洞可能是整个系统最主要的引子或者最终目标，并且会对如何打好这一场球起到十分重要的影响作用。然而，其他的一些约束条件，例如高尔夫球的规则要领，得分规则和点球几率可能会影响整个高尔夫球系统的最终结果。

这些促使系统产生改变的规矩和原则被称为系统参数（Haken, 2006）。Bak（1996）指出，动态系统中系统内部各成分相互作用，由此产生的一系列特定规律、约束或规则被称为系统参数或控制参数（system/control parameters），熟悉并了解系统参数能够让人们更好地理解和描述动态系统形成的原因。

Haken(2006)认为,如果从抽象角度来看,引子状态可以从两个方面分析:第一是宽度,也就是引子状态所能及的范围;第二是深度,也就是引子状态在动态系统中所占的比重。在状态矢量空间能够同时描述引子状态广度和深度属性的机制被称为引力坑(Nowak *et al.* ,2005)。

引力坑(attractor basin)是促使动态系统进入给定引子状态的所有初始条件的集合(Abraham & Shaw, 1992)。一个横向的引力坑意味着范围更广的初始条件和事件并且能促使动态系统轻易地进入到另一个引子状态;一个有纵向的引力坑能够为动态系统提供更多的稳定性使之能够保持在某一引子状态不改变(Kauffman, 1995)。

1.4 引子状态和变量

在动态系统理论中,系统组件(system component)应该是变量(variable)最具代表性的定义(Harvey, 2009),变量也可以被视为是“产生自组织模式的条件”(Byrne, 2002, 2009)。而引子状态只是对动态系统现有状态和行为表现的描述,或对系统自组织行为后模式化结果的预测。引子状态方便人们对动态系统所处的不同状态加以分类,然而不能将引子状态和变量混为一谈(Byrne, 2002, 2009; Byrne & Callaghan, 2014)。传统研究方法会将冷漠、倒退和学习无能等动机行为产生的结果视为变量,然而动态系统论使我们认识到,这些行为自然发生、动态可变、而且视不同语境而定,并不是绝对的,这些结果都是二语习得者在学习过程中某一时间段所达到的状态。同时,如果将维度从二语习得者个体扩大到广大二语习得者,这些动机行为的结果就可以被看做是独立的动态系统。

2 初始条件的敏感依赖性

动态系统的一个核心特征就是系统对于初始条件的敏感依赖性,它指的是动态系统发展的不可预测性(de Bot *et al.* ,2007),类似于蝴蝶效应(Lorenz, 1963)。

为了提高天气预报的准确性,Lorenz 用计算机求解仿真地球大气的 13 个方程式，他在试验中把一个中间解 0.506 取出，提高精度到 0.506127 再送回方程计算，仅有微小差异的初始值却运算得出了两个截然不同的数据，Lorenz 从而得出结论：在诸如天气的非线性复杂系统中，子系统（sub-system）在某一时刻的微小变化也可能导致其后续状态的巨大差异。换言之，在复杂的动态系统中，各类子系统随时间交互影响，子系统内部任意时刻的任意变化都可能引起连锁反应。

动态系统理论是基于数学和计算机模拟的一种科学理论。然而，二语习得研究的对象是人，测量人类发展的一大难题就是我们不能直接应用数学建模或计算机程序来重构复杂系统的运动。因此，Verspoor（2015）建议采用动态方法，而不是动态系统理论方法来研究语言发展。

下文将探讨初始条件与预测（predictions）、引子状态（attractor states）、变异性（variability）和变化（variation）之间错综复杂的互动关系，阐释初始条件对二语习得研究的重要意义。

2.1 初始条件与预测

初始条件的差异会导致个体间的差异。个体的独特性不仅关乎遗传因素，还会随着时间的变化受个人经历影响，任何关于发展的准确预测都是不存在的。然而，人类发展过程中仍存在一些可预测的发展趋势，称其为“阶段（stages）”。例如，运动发育中的常见顺序通常是“坐—站—爬行—行走”。de Bot（2015）指出，这种模式化的预测取决于测量的时间单位/时段（timescale）。如果以年作为测量单位，儿童几乎是在相同年龄习得行走能力，但无法准确确定他们具体是在哪一天，或哪一周甚至哪一个月学会坐立或行走的。

在语言发展研究中，被研究的子系统是否处于转变过程中、是否具有变异性或者是否已经达到一个非常稳定的吸引子状态，与该子系统的“初始条件”有着错综复杂的关系。子系统在一定时间段内的状态可用图 1 来说明，分别为“大量变异性”、“些许变异性”和“高度稳定性”这三种特征。图中的黑色实心球可以代表任何子系统，诸如动机、沟通意愿、自信、第一语言熟练度、第二语言熟练度等，当小球在下横线上从左到右慢慢移动时，该子系统会表现出一定程度的变异性。

图 1a 中的小球代表了一个相当中性的子系统，仅需最轻微的力它便可以

向左（负向）或向右（正向）移动。例如，一个二语习得者第一次接触匈牙利语时的态度都是完全中立的，不管是对这门语言还是对语言老师，所有初始印象都可能会改变他往后对这门语言或老师的态度，即图中的小球可能会随时间向右或向左移动。假设他觉得这门语言动听，或者他很喜欢语言老师的热情和幽默，那么小球将向右滚动，并在此压出一个"浅盆（shallow basin）"，代表一个弱势引子（weak attractor）（图 1b）。这个"浅盆"会暂时吸引该小球，但小球要离开该状态也并非难事，如该学习者接手了一项新工作，由于工作压力大而没有精力继续上课。小球在特定引子中所处的时间越长，引子状态就会陷得越深，想要从这一引子中离开就越发困难（图 1c）。由此可见，子系统处于引子状态的时间越长，就越难被改变。

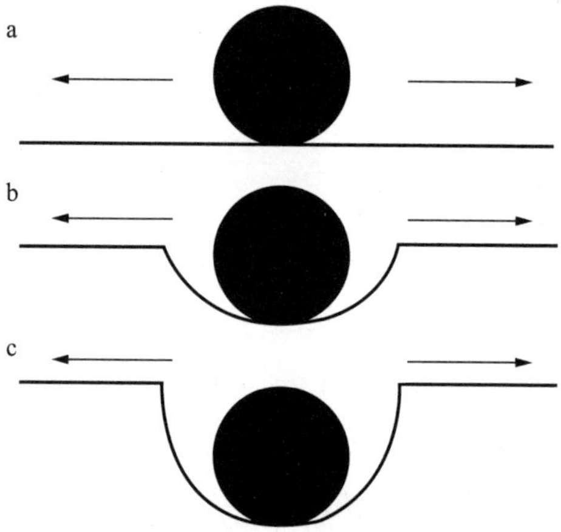

图 1　一个系统（小球）可能所处的三个不同阶段图示

2.2　引子与变异性

"引子（attractor）"这一概念类似于传统发展观中的"阶段（stage）"，发展是一个过程，过程中生成一系列的引子。语言习得过程通常用"阶段"的形式加以描述，但阶段观常常忽略各发展阶段之间存在的广泛变异性（Slavin, 2005）。基于动态视角，稳定性是变异性的一种特殊情况，它是动态系统寻求平衡状态或趋近引子的一种状态（Fogel, 1993; Thelen & Smith, 1998; van der Maas &

Molenaar, 1992; van Geert, 1998)。换言之,“稳定反映了在不断变化着的动态系统中大量变化形成的秩序,而不是简单地由个体差异和固定规范所造成的一种固有状态”(Yan & Fischer, 2002)。

从 Brown(1973)关于母语习得的研究数据,即可发现稳定性与随后变异性的现象。研究中,当使用词素的准确率达到 90%时,就表明学习者已习得该词素。图 2 显示了被试者 Eve 使用 in 和 on 的前 12 个数据样本,清楚展现了两个子系统形成初期的高度变异性(让人联想到图 1a 中的状态),然后使用频率突然在样本点 7 处急剧上升(类似于图 1b 中的状态),最后变化趋平达到引子状态(类似于图 1c 中的状态)。显然,如果从数据点 1 开始测量,此时子系统刚刚出现,即子系统的“初始条件”,在随后一段时间系统具有高度可变性;但如果从数据点 10 开始测量,此时两个子系统已经“成熟”,进入引子状态,变异性就会相对减少。

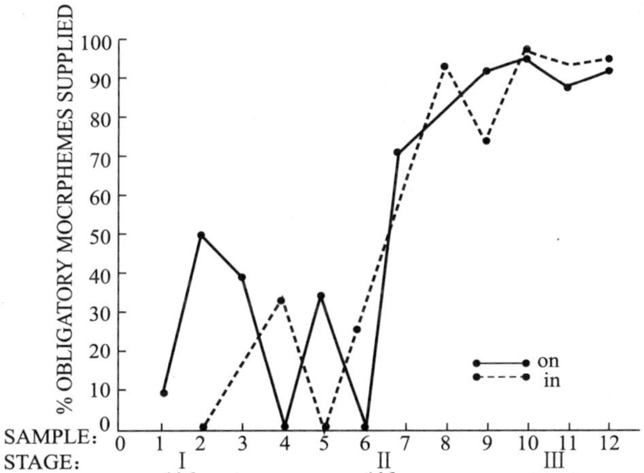

图 2 被试者 Eve 使用介词 in 和 on 的前十二个样本(来源 Brown, 1973: 263)

一个系统如果处于特定条件下,它将朝着这一特定状态演变。更确切地说,处于引子状态的子系统如果被扰动,除非它可以被一些外力非常强烈地抵消,否则将可能重新返回到之前的引子状态。这种稳定性通常涉及不同子系统的协调,比如在这一实验中的两个介词 in 和 on。任何行为的稳定性都需要大量系统组件(components)的实时协调。例如,初学者在读取单词时,脑功能、运动过程、感觉过程以及感知动作循环等组件都在运转，每一组件都反映了特定的变化。如果这些组件没有协调或协调不好，它们就可以随时间而独立变化。然而，功能行为需要这些组件的协调，例如阅读中眼动和文本处理的协调，发音和词序之间的协调。协调意味着一方面组件不再彼此独立运转；另一方面，这种相互依赖意味着指定系统的行为所需的维数减少。换句话说，一旦子系统相互协调，就会出现更高级别的子系统，这一新子系统的作用要大于原有的两个子系统作用的简单相加。

该实例再次证明"初始条件"的设定时刻对变异性的影响很大：如果"初始条件"被定义为开始测量的时刻，那么变化就很难把握，因为只要(子)系统在发展，它就存在变异性；然而当不同的子系统已经稳定和协调，并且达到新的"阶段"时，这个特定的子系统内部就不会再有很大变化。

2.3 变化

动态视角下的研究十分注重观察分析个体轨迹随时间发展的变化。研究者普遍认为，尽管不同个体间的初始条件各不相同，但是一般性的群体发展趋势仍普遍存在，比如大多数孩子都能学会走路和谈话，并且二语习得者的二语水平会随时间的推移而变得更高(Verspoor, 2015)。

Verspoor 等人(2011)使用 Cancino 等人(1978)的研究数据阐释，任何个体都不会以完全相同的方式发展。Cancino 等人研究了六名以西班牙为母语的英语学习者否定动词短语系统的发展，这些受试者在美国待的时间都不到三个月，研究者在进行试验的 10 个月内，每隔半个月便会检测一次受试者的语言发展情况。这 6 个受试者中有两个 5 岁的男孩，两个 12 ～ 13 岁的男孩和两个成年人。图 3 和图 4 绘制了受试者 don't 使用的百分比。Don't 是实验的目标形式，但早期它不仅仅被当成是 do 的否定式，而是被过度使用，比如在该使用 doesn't 和 didn't 的地方都使用了 don't。图 3 中的不同形状的点表明没有个体成员的发展方式是完全相同的，并且即使我们选择两个年龄相似的青少年(Juan 和 Jorge)作比较，他们也不是以完全相同的方式发展。

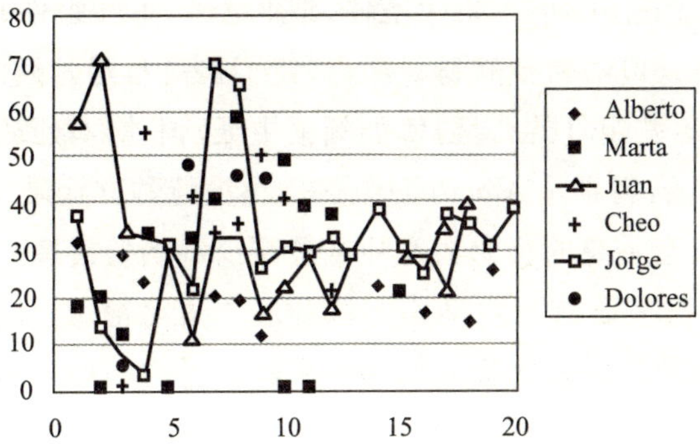

图 3　六名西班牙英语学习者在三个月内对 don' t+ 动词的使用频率图

然而，仔细观察数据就会发现两个青少年之间的一些令人惊讶的相似之处。在图 4 中，我们看到 Juan 和 Jorge 使用 don't 的峰值为 70%，这一峰值高于其他学习者的峰值，如果我们将 Juan 数据中的峰值从数据点 2 移动到数据点 7（见图 4），会看到两个学习者 don't 的使用具有非常相似（但不完全相同）的轨迹。研究者一开始以为这可能只是 Juan 学得更快（因为 Juan 过度使用 don't 发生的时间更早），但收集受试者数据时，研究人员发现这更可能是因为 Juan 比 Jorge 在英国待的时间更长。换句话说，Juan 的"初始条件"是完全不同的，并且这一特定的"初始条件"对实验结果产生了影响。

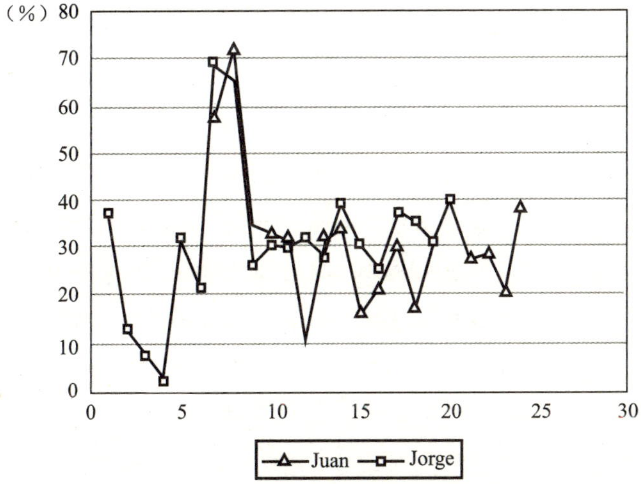

图 4　Juan 和 Jorge 对 don' t+verb 的使用情况图（Juan 的数据向右平移了 7 个单位）

尽管该子系统中存在不同初始条件，但两个学习者使用 don't 的频率最终都稳定在了 20%～40%这一范围。在六名学习者中，尽管两名年轻的学习者否定系统发展速度更慢，且否定词使用频率更低，但他们最终完全习得了否定系统；而两个成年人，特别是 Alberto，却从来没有真正习得这一用法。不难发现，研究中个体的平均值隐藏了发展过程中一些更有趣的发展模式。

由此可见，研究者若想采用动态方法开展二语习得研究，需要研究个体发展的轨迹，并考虑所有相关变量的初始条件。在考虑初始条件时，研究人员应该对所研究的子系统的固定水平进行有根据的猜测。

假设想知道一组学生在一个海外留学项目中语言综合能力得到了多大提高，个体的性格类型、出国项目初期的语言水平、语境变量，国外居住处所、态度和动机这些变量都与之息息相关。例如，出国第一年，学习者学习第二语言的积极性可能很高，但受语言学习经历以及学习者自身因素的影响，这种积极性非常脆弱且波动性很大。留学初期一个强烈的负面经历可能会对以后的学习产生很大的影响，并将学习者的态度转移到一个消极的吸引子状态；但是如果在消极经历发生之前，该个体已形成较强的积极引子状态，那么消极状态可能只是短暂的。当然，由于性格差异，不同学习者可能对同一负面事件作出不同反应。

换句话说，采取动态方法开展该项研究时，必须考虑所有相关子系统的初始条件，并在实验开始的前几周进行频繁地测量(可能每天都要测量)。

3 变化率

动态系统论赋予其研究对象以“动态性”，也就是说，复杂动态系统中的一切事物都是动态变化的。二语习得是一个动态发展的非线性复杂系统，第二语言的发展发生于不同但相互作用的时段(timescale)中，语言发展的时段可能是生命跨度几十年之长，也可能是大脑活动几毫秒之短。语言发展这一动态系统包含多个子系统，各子系统有自己的时段和变化率，而各时段间的交互作用是语言发展的核心之一。由于不同时段之间的交互作用，仅仅在一个时段观察某一语言现象往往得不到正确的答案；然而，想要在二语发展研究中囊括所有可能的时段进行研究又不现实，折中方案即针对语言发展中的重要时段进行研究（de Bot，2015）。

3.1 语言发展的时段性

时段和时间窗口（time window）是两个不同概念。时段指的是发展过程的间断性，而时间窗口指的是整个研究持续的时间。以研究人的一生为例，时间窗口指的是贯穿个体终生这一整段时期，而时段指的是不同时期阶段的发展变化。

语言发展是一个复杂的过程，不同时段之间相互作用，因此时段的选择影响着对语料的选择与解读。没有任何一项针对语言发展的研究能够囊括整个生命跨度，同样，没有任何一个时段或时间窗口能全面勾勒出语言发展的全貌。语言在某一时段的发展，受到在更小或更大的时段中发展情况的影响，不同层面的发展过程对所聚焦的时段中的发展进程产生影响。Trinh（2011）研究了一位语言专家 35 年来的作品，发现该专家作品的词汇及句法复杂度存在明显的变化，有时语言复杂度处于下降趋势，有时则相反。因此，Trinh 认为如果想要对对语言发展情况做出科学总结，则需要综合考虑时段与时间窗口因素。

在二语习得研究中，语言习得和语言损耗的研究时段就大不相同。习得和损耗具有不同的变化速度，习得可在几小时或几天内发生，而损耗的发生则需耗费更多的时间，常为数十年。因此，与语言习得的研究相比，语言损耗的研究趋于在较长时段中进行。Schmid（2011）在综述中提到，关于语言损耗的研究通常着眼于较长的时间单位，比如曾有一项历时 16 年的纵向研究，以居住在澳大利亚的荷兰移民为研究对象，旨在探求其母语损耗情况（de Bot & Clyne，1994）。

3.2 变化率

函数曲线、学习结果或发展变化的图表可以呈现出语言在不同时段的发展。因此如果以年作为时段，语用发展态势的函数形状表现为逐步上升趋势，但如果以分钟或秒作为时段，其变化情况则并不显著。

de Bot(2015)指出,用以表述语言发展情况的函数有多种形状,直线发展曲线只是其中一种特殊情况,最典型的发展曲线为S形:初始阶段发展变化微小,之后呈突升态势并逐渐趋平。这一形状反映了学习系统中各特性间的交互作用及其与环境间的相互影响。在早期阶段,需从环境输入中大量学习,但系统中还会存储部分不相关的信息于记忆中。学习曲线所对应的函数上部受限于输入量。如果环境输入或多或少的相同,学习系统将逐渐吸纳这一信息,不再继续从中获取信息。Huibregtse(2001)、Verspoor等人(2011)针对荷兰双语中学学生词汇学习速度的测试即是很好的研究例证。研究显示,双语班级中学生的学习曲线趋平,而实验对照组中,学生的学习曲线呈持续上升趋势。显然,双语班级中学习者的词汇量已达到较高水平,他们所接收的输入中新词越来越少,使得其习得速率减慢。对于不同的机体或环境而言,不存在单一的学习曲线,正如Newell等人(2001)所言,个体、环境与任务三者长时间的交互作用会使之产生特殊的函数,或引发在该任务层面上学习曲线的变化。

变化的持久性与变化的短暂性是两个不同概念。持久变化发生于较长的时段中,在此之上所获得的知识是长久记忆并相对稳定的。而短暂性显著存在于较短的时段中。以法语学习者时体系统的发展为例,在其子系统的发展过程中,比如未完成过去时,对该时态的正确使用在长时间内呈现逐渐增加的态势。而某一特定学习者在某时学完简单过去时后,可能会在一段时间内,对该新知识不加区别地使用,直到能稳定使用此时态。比起未完成过去时而言,对简单过去时的过度使用和误用将会在较短的时段中显示出巨大的变化,这是短暂的而非持久的。

3.3 时段的交互作用

动态系统理论认为,时段间具有交互作用,结合多个相关时段对语言发展情况进行研究,是科学合理的研究途径。

时段间的交互作用能达到什么程度?根据动态系统理论(Byrne & Callaghan, 2014),所有的时段间互相作用;然而此交互作用有明确的界限。Lemke(2000:279)提出了浸渐原理,该原理认为在有较快变化过程的时段中,非常缓慢的变化过程则表现为一固定背景。快速变化的过程与相对缓慢的物质过程间，无法进行有效连接，不能有效传达能量。比如，个人的奔跑对于地球的旋转速度是没有任何影响的。要想实现交互作用，两个过程应当足够相近才能影响彼此。举个例子，足球运动员运动技能的发展对其语言技能的发展是没有任何作用的，两系统间缺乏共同点，无法相互交换能量或信息。

Lemke（2000：285）还提出了异时性的概念。这一概念是指，在长时段中，产生了某个较短时段的效应。比如，全球气候变化（长时段）达到了某一临界点，该临界点对于某栖息地的存留至关重要（短时段）。再比如，全球气候变化（长时段）所引发的火山喷发效应（短时段）。举一个语言学上的例子：语言学习者发现句子加工过程中，生命度发挥了一定重要作用，即使这一认知概念在其母语中是缺失的。

语言的发展发生于不同的时段，且各时段之间相互作用，仅着眼于某一时段，无法客观认识语言发展的全貌。以 MacIntyre 、Serroul（2015）和 Waninge 等人（2015）的二语习得动机研究为例，长期的动机可能来源于职业规划，短期的动机可能源于通过考试的想法，甚至更短的动机仅仅是源于在课堂发表言论的需要。外语学习者的学习动机是不断变化的，在不同时段中动机类型可能存在差异，且不同时段中的学习动机与其他进程相互作用，长此以往可能会发生一定变化。在某一特定背景下研究学习者的动机，如以课堂作为背景，则需收集并结合不同时段中的语料，才能全面了解语言发展进程。

总而言之，第二语言的发展是一个复杂的动态过程，发生于许多相互作用的时段中，各时段间的交互作用是语言发展的核心之一。不同时段中的语言发展变化率可通过函数图或曲线图呈现。在二语习得领域，结合不同时段对学习者的语言发展进行研究，更具科学性与实际意义。

4 结语

语言本身是一个动态系统，语言发展则是一个动态的过程。本文通过介绍动态系统论中的几个核心概念，包括引子状态、初始条件和变化率，探讨了二语习得系统的动态性特征。

从理论上讲，二语习得系统的动态性特征为二语习得研究开辟了新的思路，学者力求从语言系统的动态性出发，合理解释二语习得这一复杂机制。从研究方法来看，二语习得系统的动态性特征给学者带来方法论上的思考，要求研究者突破传统研究中仅仅使用具有准确预测性理论和一般数据归纳方法的局限，关注引子状态、初始条件、时间维度以及系统各组件间的互动，推动本领域研究朝着更为科学和系统的方向发展。

参考文献

[1] Abraham, R. and Shaw, D. Dynamics: The Geometry of Behavior (2nd ed.). Redwood City, CA: Addison-Wesley, 1992.

[2] Bak, P. How Nature Works: The Science of Self-organized Criticality. New York: Springer-Verlag, 1996.

[3] Boschetti, F., Hardy, P. Y., Grigg, N. and Horowitz, P. Can we learn how complex systems work? Emergence: Complexity & Organization, 2011, 13 (4): 47-62.

[4] Brown, R. A First Language. Cambridge, MA: Harvard University Press, 1973.

[5] Byrne, D. Complexity Theory and the Social Sciences-An Introduction. New York: Routledge, 1998.

[6] Byrne, D. Interpreting Quantitative Research. Thousand Oaks, CA: SAGE, 2002.

[7] Byrne, D. Case-based methods: Why we need them; what they are; how to dothem. In D. Byrne and C. C. Ragin (eds) The SAGE Handbook of Case-Based Methods (pp. 1-13). Thousand Oaks, CA: SAGE, 2009.

[8] Byrne, D. and Callaghan, G. Complexity Theory and the Social Sciences: The State of the Art. New York: Routledge, 2014.

[9] Cancino, H., Rosansky, E. and Schumann, J. The acquisition of English negatives and interrogatives by native Spanish speakers. In E. M. Hatch (ed.) Second Language Acquisition: A Book of Readings (pp. 207-230). Rowley, MA: Newbury House, 1978.

[10] de Bot, K. and Clyne, M. A 16-year longitudinal study of language attrition in Dutch immigrants in Australia. Journal of Multilingual and Multicultural Development, 1994, 15 (1): 17-28.

[11] de Bot, K., Lowie, W., &Verspoor, M. A dynamic systems theory approach to second language acquisition. Bilingualism: Language and Cognition, 2007, 10(1): 7-21.

[12] de B, K. Introduction: Second Language Development Asa Dynamic Process [J]. The Modern Language Journal, 2008(92): 166-178.

[13] de Bot, K. Rates of Change: Timescales in Second Language Development [A]. In Z. Dörnyei, P. D. MacIntyre& A. Henry (Eds). Motivational Dynamics in Language Learning[C]. Bristol: Multilingual Matters, 2015.

[14] Dörnyei, Z. , MacIntyre, P. D. , & Henry, A. Introduction: Applying Complex Dynamic Systems Principles to Empirical Research on L2 Motivation [A]. In Z. Dörnyei, P. D. MacIntyre& A. Henry (Eds.), *Motivational Dynamics in Language Learning*[C]. Bristol: Multilingual Matters, 2015.

[15] Fogel, A. Developing Through Relationships: Origins of Communication, Self, and Culture. Chicago: University of Chicago Press, 1993.

[16] Haken, H. Information and Self-organization: A Macroscopic Approach to Complex Systems (3rd edn) . New York: Springer, 2006.

[17] Harvey, D. Complexity and case. In D. Byrne and C. C. Ragin (eds) The SAGE Handbook of Case-Based Methods (pp. 16-38) . Thousand Oaks, CA: SAGE, 2009.

[18] Hiver, P. Attractor States [A]. In Z. Dörnyei, P. D. MacIntyre& A. Henry (Eds) . Motivational Dynamics in Language Learning[C]. Bristol: Multilingual Matters, 2015.

[19] Huibregtse, I. Effecten en Didactiekvan Tweetalig Voortgezet Onderwijs in Nederland. Utrecht: University of Utrecht, 2001.

[20] Johnson, N. Simply Complexity: A Clear Guide to Complexity Theory. Oxford: Oneworld Publications, 2009.

[21] Juarrero, A. Dynamics in Action: Intentional Behavior as aComplex System. Cambridge, MA: MIT Press, 1999.

[22] Kauffman, S. At Home in the Universe: The Search for the Laws of Complexity. Oxford: OUP, 1995.

[23] Kra, B. Introduction to ergodic theory. In R. Meyers (ed.) Encyclopedia of Complexity and Systems Science (pp. 3053-3055) . New York: Springer, 2009.

[24] Larsen-Freeman, D. Chaos/complexity science and second language acquisition [J]. *Applied Linguistics*, 1997 (18) .

[25] Larsen-Freeman, D. and Cameron, L. Complex Systems andApplied Linguistics. Oxford: OUP, 2008.

[26] Larsen-Freeman, D. Ten 'Lessons' from Complex Dynamic Systems Theory: What is on Offer [A]. In Z. Dörnyei, P. D. MacIntyre& A. Henry (Eds) . Motivational Dynamics in Language Learning[C]. Bristol: Multilingual Matters, 2014.

[27] Lemke, J. Across the scales of time: Artefacts, activities and meaning in ecosocial systems. Mind, Culture and Activity, 2000, 7 (4): 273-290.

[28] Lorenz, E. N. Deterministic nonperiodic flow. Journal of the Atmospheric Sciences , 1963, 20 (2): 130-141.

[29] MacIntyre, P. D. and Gregersen, T. An Idiodynamic Approach to Studying Language Learning and Use. Paper presented at the American Association of Applied Linguistics annual conference, Dallas, TX, 2013.

[30] MacIntyre, P. D. and Serroul, A. Motivation on a Per-second Timescale: Examining

Approach-avoidance Motivation during L2 Task Performance[A]. In Z. Dörnyei, P. D. MacIntyre& A. Henry (Eds) . Motivational Dynamics in Language Learning[C]. Bristol: Multilingual Matters, 2015.

[31] Manson, S. Simplifying complexity: A review of complexity theory. Geoforum, 2001(32): 405-414.

[32] Newell, K. , Liu, Y. and Mayer-Kress, G. Time scales in motor learning and development. Psychological Review, 2001, 108(1): 57-82.

[33] Newman, L. Human-environment interactions: Complex systems approaches fordynamic sustainable development. In R. Meyers (ed.) Encyclopedia of Complexity andSystems Science (pp. 4631-4643). New York: Springer, 2009.

[34] Nowak, A. , Vallacher, R. R. and Zochowski, M. The emergence of personality: Dynamic foundations of individual variation. Developmental Review , 2005(25): 351-385.

[35] Schmid, M. Language Attrition. Cambridge: Cambridge University Press, 2011.

[36] Slavin, E. S. Educational Psychology: Theory and Practice (8th eds) . Boston, MA: Allyn and Bacon, 2005.

[37] Strogatz, S. Sync: How Order Emerges from Chaos in the Universe, Nature, and DailyLife. New York: Hyperion, 2003.

[38] Thelen, E. and Smith, L. B. A Dynamic Systems Approach to The Development of Cognition and Action. Cambridge, MA: Bradford/MIT Press, 1994.

[39] Thelen, E. and Smith, L. B. Dynamic systems theories. In R. M. Lerner (ed.) Handbook of Child Psychology (Vol. 1): Theoretical Models of Human Development (5th edn) (pp. 561-634) . New York: Wiley, 1998.

[40] Trinh, T. G. T. An Adult's Language Variability and Development. Unpublished MAthesis. University of Groningen, 2011.

[41] van der Maas, H. L. J. and Molenaar, P. C. Stagewise cognitive development: An application of catastrophe theory. Psychological Review, 1992, 99 (3): 395-417.

[42] van Geert, P. L. C. A dynamic systems model of basic developmental mechanisms: Piaget, Vygotsky and beyond. Psychological Review, 1998, 105 (4): 634-677.

[43] van Geert, P. The dynamic systems approach in the study of L1 and L2 acquisition: An introduction. Modern Language Journal, 2008(92): 179-199.

[44] Verspoor, M. , de Bot, K. and Lowie, W. (eds) A Dynamic Approach to Second Language Development: Methods and Techniques. Amsterdam: John Benjamins, 2011.

[45] Verspoor, M. , de Bot, K. and van Rein, E. English as a foreign language: The role of out-of-school language input. In A. De Houwer and A. Wilton (eds) English in Europe Today: Sociocultural and Educational Perspectives (pp. 147-166) . Amsterdam/Philadelphia: John Benjamins, 2011.

[46] Verspoor, M. Initial Conditions [A]. In Z. Dörnyei, P. D. MacIntyre& A. Henry (Eds) .

Motivational Dynamics in Language Learning[C]. Bristol: Multilingual Matters, 2015.
[47] Waninge, F. , Donyei, Z. and de Bot, K. Motivational dynamics in language learning: Change, stability and context. The Modern Language Journal, 2015.
[48] Yan, Z. and Fischer, K. Always under construction. Human Development, 2002, 45(3): 141-160.

（作者:杨连瑞,中国海洋大学;李丽,山东大学）

复杂动态系统理论视角下应用语言学研究发展综述*

1 复杂理论

近30年来，复杂理论(Complexity Theory)随着系统科学的发展而不断深入。该理论源自Von Bertalanffy于1937年提出的一般系统论，其理论基础是20世纪70年代的自组织理论(Self-organizing Theory)、Prigogine的耗散结构理论(Dissipative Structure)、H. Haken的协同论(Synergetics Theory)，以及M. Eigen的超循环论(HyPercycle)。“如果一个体系在获得空间的、时间的或功能的结构过程中，没有外界的特定干涉，我们便说该体系是自组织的”(王瑞华，2007：102)。复杂理论研究表明每一个自我组织、自我调整的复杂系统都具有某种动力，并且具有自发性、无秩序性以及活跃性，复杂系统具有将秩序和混沌融入某种特殊的平衡的能力。

分形(fractal)是复杂理论中最基本的概念，了解其概念有助于我们理解复杂理论的运作模式。分形是动态系统的产物，普遍出现在自然界中，是指一种相互重叠的、在任何层面上都是自相似的结构。它有着越来越深层次的结构，实际上却是同样模式的不断重复。也就是说，复杂事物中又包含着复杂事物，这就是分形。

在我们相互依存的、复杂的全球化世界中，坚信现代主义合理性所付出的严重的代价就是曲解了人类的意义所在。复杂理论/动态系统理论的终极目标就是“帮助人类使科学变得人文化，而不是将人变得科学化”。(Cilliers，2008：50)

---

* 本文是教育部人文社科基金项目“中国人汉、英隐喻加工神经机制研究”(12YJCZH010)的阶段性成果。

Larsen-Freeman（1997）认为，复杂理论具有以下原则：

（1）复杂系统是开放的、动态的系统；

（2）该系统只有在不平衡状态下才能运作；

（3）复杂系统之所以称为“系统”是因为其中包含了相互作用的元素或成分；

（4）变化 / 动态性是重点，该系统运作既要与周围环境相互作用，也要通过它的自组织；

（5）相互作用的力度随时间而变化，因此各成分之间会产生多种路径，通过不同的方式居于中介；

（6）复杂系统的复杂性是涌现出来的，复杂性并非植于某一成分中，而是出自各成分间相互作用中；

（7）由于该系统是开放的，涌现的结果与其成因呈非线性关系；

（8）尽管复杂系统的成分会变化，但其结构保持不变；

（9）复杂系统的运作环境也是该系统的一部分；

（10）复杂系统展现的形态取决于时间的变化和复杂性的程度，而后者是嵌入式的、相互包含的；

（11）复杂系统有时会产生混沌性变异；

（12）复杂系统做重复运动，即重复性地运动于同一区域，这意味着任何时候的发展运动水平都是依赖于先前的运动水平。

简而言之，复杂理论研究复杂性，这种复杂性来源于一个层面上的现象到另一个更高层面上的自组织性。因此，复杂系统具有开放性，自组织性处于不断变化中，这其中变化就是复杂理论的中心思想。

2 复杂理论的跨学科意义

尽管复杂理论出自物理学和数学，但它已经运用众多学科中，诸如生物学、传染病学、社会学、组织行为学、甚至哲学等。法国哲学家、社会学家 Edgar Morin（2007）认为复杂性思维可以帮助解决许多当今人类棘手的难题，南非哲学家 Paul Cilliers（2008）就将它作为哲学理据来对抗世界上所有的非公平、不正义。

社会自然学家 Raymond Miller(1982:6)将学科定义为概念化框架。一门学科的各个组成部分经过长时间的相互磨合才能够形成一个整体,所以能够“具有一种有序感,掌握真实的事物并且知道怎样获取知识”。Halliday(1991:42)认为20世纪属于那些拥有自身理论方法的学科的时代。与其观点相似,Morin(2007)提到了“分离原则”(the principle of disjunction),由此学科之间成了相互隔绝的个体。他们对于哪些知识才是合理的以及哪些理论才可以用来阐释新发现做了强制性规定。然而,如今学科间的界限正渐渐变得模糊。

基于此状况,加之新学科结合层出不穷,Larsen-Freeman(2011)提出以新的原则来替代分离原则,既要保持各学科自身的特点,又要努力建立起它们之前的联系。要达成这个目标,可以试着开展多学科分支。而鉴于每个学科对待问题都有自己的观点,它们之间只是单纯地相互叠加却没有内部相联,所以多学科分支也并不完善。

将复杂理论与应用语言学结合在一起,具有跨学科意义,这种跨学科不仅避免了单独学科知识的碎片性,同时也对知识结构进行了新的定义,能够使我们从复杂理论的动态角度更好地理解应用语言学,并在应用语言学研究中更好地了解了复杂理论的运作特点。无疑,以应用语言学为主,复杂理论为辅的跨学科活动为语言科学注入了新的血液,加速了语言科学的发展。

3 复杂理论视角下应用语言学的研究发展

3.1 复杂理论与应用语言学的跨学科结合

在复杂理论的十二个原则中,其系统动态性对于应用语言学的研究有着重大意义。

尽管在应用语言学领域,事物动态发展过程是很短暂的,但语言进化、语言过程、语言变化、语言使用、语言习得及语言发展中的动态变化对应用语言学研究却至关重要。Elman(2003:430)提出:“语言发展关乎时间,但除了一些很明显的特例,在发展研究过程中,几乎没有将重点放在有关语言发展最显著的方面上,也就是说人们没有关注语言随时间而产生的变化。”

Halliday(1990/2007)尝试将动态观点引入或者说重新引入应用语言学，指出将某一瞬间捕捉到的现象作为研究对象(即静态 synoptic)和从该现象中整理出其发展过程(即动态 dynamic)是一样有用的。同样，Ellis 和 Larsen-Freeman(2006)认为语言表征理论，即特性理论(property theories)，与语言习得和使用理论即转型理论(transition theories)是互补的。在复杂理论 / 动态系统理论中，特性理论和转型理论是相互协调的，因为发展(动态)源于一定的稳定环境(静态)。

我们在日常生活中还是很难适应复杂性和不断的变化。我们通常会试着减少复杂性，总结经验或者将变化变形，即改变动态过程，使之呈静态平衡。我们给一种语言命名，将它看做已规定成形的独立个体。同样，在学术工作中我们也希望看到简单不变的内容。我们大多认为变化是应用语言学所固有的部分，可是在理论世界中，事物发展的过程却总是被认定为是固态的。复杂理论 / 动态系统理论突出动态性，意在阐述一个复杂的系统内部各成分相互作用是如何导致系统的集体行为，以及一个系统怎样能同时与周围的环境相互作用。

此外，复杂系统对细微的变化非常敏感，这种现象被称为“蝴蝶效应”。这一点在应用语言学中十分重要。在学习应用语言学的过程中，无法确定学生会学会老师所教的全部内容，这就是“教不一定引起学”。学生对不同的老师、不同的教学方法反应不同；在周初和周末的表现及学年初和学年末的表现也不一样。而且学生学习的效果也受诸多因素影响，如动机，学能，态度等。这也体现了复杂系统中的非线性，即因素 X 未必会导致结果 Y。

复杂理论中的另一原则认为环境是复杂系统的一部分，这一点也可以应用到应用语言学中。研究者们常将环境作为重点来研究，然而，复杂理论 / 动态系统理论并不认为环境是主要研究对象的基础，而是把它看作是复杂系统的一部分。Thelen 和 Smith(1994: 217)认为：“既然世界有序很明显是源于此时此地，那么它从根本上说就是依赖于环境的。”Byrne(2005: 97)也提到：“复杂理论从根本上挑战了研究普遍性规律学科知识的计划，确定了知识确实是依赖于环境的。”

事实上，语言的稳定只有通过不断地变化才能达成。语言是复杂的、适应性的系统。Larsen-Freeman 和 Cameron(2008: 111-112)认为将语言看作一个复杂的系统，我们就不会再把语言符号看成是社会或心理上自发产生的东西，而是依赖于环境下何人何地何事的综合产物，也就是我们所说的语言资源。从逻辑上讲，人们不停地创造新的语言符号就是为了满足新需求，适应新环境。复杂理论意在将创新语言符号实时的过程与该过程中的变化结合在一起。而这种观点的价值就在于人们不会再把语言看作是理想化的，客观的，恒久不变的，机械的东西。

总的来说，复杂理论与应用语言学的研究使我们对于应用语言学的研究有了新的认识：就语言与语言进化方面，我们要将语言看作动态的复杂系统；就话语方面，从复杂理论的方向理解话语就是动态的语言使用活动；就一语和二语发展，复杂理论证明中介语并不代表学习者准确使用目标语和不准确地使用之间的独立的线性的阶段。

3.2 复杂理论及动态系统理论在第二语言发展中的实证研究

尽管复杂理论出自物理学和数学，但它提供了与同以往不同的方法来思考语言及语言发展，复杂理论正渐渐得到了主流语言学家和应用语言学家的关注。其思考问题的方式不仅挑战了语言学届主流的“预成说”范式(Preformationist Paradigms)，同时也挑战了知识结构或语言能力模式决定语言表现并导致语言恒定特征这一主流观念。

Diane Larsen-Freeman(2011)认为复杂理论将成为应用语言学的跨学科主题。跨学科研究依靠各自学科优势，促进学科创新。Smith和Thelen(1993)认为，要证明复杂理论/动态系统理论的一般性原则就必须要做一些实证研究。那么复杂理论/动态系统理论是怎样运用到第二语言发展中的呢？

上世纪后半叶，第二语言发展的研究主要依靠计算机，这一点从“输入”和“输出”这样的词汇上就能看得出来，而这类词汇表明了语言使用过程是被看作对符号的机械化操作。因此，研究者们努力地寻求着突破，以期了解获取完全语言能力的规则。在复杂理论/动态系统理论的影响下，一些研究者不再只寻求语言稳定性，他们也开始观察学习者在使用语言的过程中出现的动态不稳固的语言模式(Ellis & Larsen-Freeman, 2006)。“人们不再将语言发展看成是获得抽象规律的过程，而是即时语言能力的涌现，是日复一日，年复一年，时时变化着的。这与语言处理过程中随时的变化是一样的，只不过发生的时段不同而已”(Evans, 2007: 131)。

Ellis 与 Larsen-Freeman（2009）从语言使用角度探讨英语作为外语的学习者是如何习得英语动词语义框架。他们认为学习者们应该是从一些实例中进行分类的，这些实例都包含某个特定动词语义框架中的典型动词，而这些典型动词在学习者所听到的语言中都是非常明显的。通常，学习者们开始学会动词语义框架后，涌现出得第一个动词都是使用频率最高的那个。因此，当学习者说这类高频率动词的时候更容易进行即时理解，也有利于学习过程中更多动词的涌现。Ellis 和 Larsen-Freeman 还尝试用计算机模拟来探测是否可以用相似的方法为学习者输入动词语义框架的数据模型。尽管脱离了语境，计算机模拟仍可以研究语言学习、进化和使用过程中各因素之间动态的相互作用。学习就是通过持续不断地重复同样的东西来完成的。

既然一个正在发展中的系统是在为更深入的发展做铺垫，那么到底有没有可能把学习者与学习过程分离开来呢？ Kramsch（2002）认为"就任何一个普通的学习者而言，在二语习得过程中仅仅考虑个体差异是远远不够的。"关于符号能力的概念与复杂理论和动态系统理论中的点（对应英语）相符，因为"这种能力不仅可以让人们接近甚至挪用别人的语言，也可以塑造学习和使用语言的特定环境"（Kramsch，2008：400）。

Dörnyei（2009）发现，学习者们共同特征即个体差异的直观图是理想化的一部分，因果模式和一般性发现中寻求个体差异的原因并不符合复杂理论的观点。他认为如果我们用特定的眼光来看二语习得，就一定能意识到学习者变化特征显示出大量的语言变异。

Larsen-Freeman（2006）在对 5 名中国英语学习者的研究中发现，学习者表现的差异并不是口头上的，而是不同方向的个体在动态行为中的自发表现，这种表现源于和别人的社会关系并符合历史偶然性。从复杂理论 / 动态系统理论的观点看，变化是任何系统的必然组成部分，并不会有什么个体不遵循的准则，变异正来源于活动系统中的自组织。

Macqueen（2009）也在其对 4 名英语为外语的学习者的写作发展研究中应用了复杂理论 / 动态系统理论的观点。她的研究表明学习者有能力可以模仿、适应甚至改变语言资源。可调适的模仿可以获得适应能力甚至是创新能力。这种能力可以促使语言模式中互为因果的产生，个人的交际模式也有助于他们会话社区的主要准则的产生。

Larsen-Freeman 和 Cameron（2008：158）就第二语言发展过程提出，“学习者们所具有的语言资源与周围环境相互作用”。在此过程中，他们的语言资源也发生了变化。学习并不是单纯的记住语言的形式，更要掌握语言使用模式上不断的变化规则，而这种语言使用模式也用于意义建构，反映了动态交流情景下涌现出的现象。”因此，语言发展并不是指学习抽象的语言符号，而是要运用于现实生活中去，比如两个或多个对话人在交流过程中要相互适应。那么在相互适应的过程中，双方的语言资源都通过相互的因果关系而转化。

当然还有许多人尝试将复杂理论/动态系统理论的观点应用于其他研究。Meara（2006）使用动态模型来描述词汇发展或丢失；Herdina 和 Jessner（2002）从个体角度使用这种观点叙述了多语言熟练中的变化，并对多语现象进行了更动态的描述。

4 结语

复杂理论开拓了我们研究应用语言学的新视角。在复杂理论指导下的研究与传统研究方法的不同之处使我们明白：如何理解和解释应用语言学中所观察到的现象；从复杂理论的角度讲，研究者可以解释所观察到的现象，但不一定要预测；语言学中的非线性，即因素 X 未必会导致结果 Y。

因此，复杂理论为应用语言学研究的发展提供了新视角，也让我们对应用语言学有了全新认识，从以往“语言是静止的”观点中脱离出来，对于语言学习和掌握产生了积极的影响。

参考文献

[1] Byrne, D. Complexity, configurations and cases[J]. *Theory, Culture, & Society*, 2005, 22(5):95-111.

[2] Cilliers, P. Knowing complex systems: The limits of understanding[A]. In F. Darbellay, M. Cockell, J. Billotte & F. Waldvogel (eds.), *A vision of transdisciplinarity: Laying foundations for a world knowledge dialogue*[C]. EPFL Press & CRC Press, 2008: 43-50.

[3] Dörnyei, Z. *The psychology of second language acquisition*[M]. Oxford: Oxford University Press, 2009.

[4] de Bot, K. , W. Lowie & M. Verspoor. A dynamic systems approach to second language acquisition[J]. Bilingualism: Language and Cognition, 2007, 10, 7-21 and 51-55.

[5] de Bot, K. , W. Lowie & M. Verspoor. *Second language acquisition: An advanced resource book*[M]. London: Routledge, 2005.

[6] Ellis, N. C. & D. Larsen-Freeman. Language emergence: Implications for applied linguistics. Introduction to the special issue[J]. *Applied Linguistics*, 2006, 27(4): 558-589.

[7] Ellis, N. C. & D. Larsen-Freeman. Constructing a second language: Analyses and computational simulations of the emergence of linguistic constructions from usage[J]. *Language Learning* 59, (Supplement 1), 2009: 93-128.

[8] Elman, J. Development: It's about time[J]. *Developmental Science*, 2003(6): 430-433.

[9] Evans, J. The emergence of language: A dynamical systems account[A]. In E. Hoff & M. Shatz (eds.), *Handbook of language development*[C]. Malden: Blackwell, 2007: 128-147.

[10] Halliday, M. A. K. On the concept of "educational linguistics"[A]. In J. Webster(ed.), *The collected works of M. A. K. Halliday, Volume 9: Language and education*[C]. London: Continuum, 2007. [1990]: 354-367.

[11] Halliday, M. A. K. Towards probabilistic interpretations[A]. In E. Ventola(ed.), *Trends in linguistic studies and monographs* 55. *Systemic linguistics approaches and uses*[C]. Berlin: De Gruyter Mouton, 1991: 39-62.

[12] Halliday, M. A. K. & A. Burns. Applied Linguistics: thematic pursuits or disciplinary moorings? A conversation between Michael Halliday and Anne Burns[J]. Journal of Applied Linguistics, 2006. 3(1): 113-128.

[13] Halliday, M. A. K. New ways of meaning: The challenges to applied linguistics. The ecolinguistics reader: Language ecology and environment[J]. New York: Continuum, 175-202. First published in Journal of Applied Linguistics 6(1990), 7-36.

[14] Herdina, P. & U. Jessner. *A dynamic model of multilingualism*[M]. Clevedon: Multilingual Matters, 2002.

[15] Kramsch, C. *Language acquisition and language socialization*[M]. London: Continuum, 2002.

[16] Kramsch, C. Ecological perspectives on foreign language education[J]. *Language Teaching*, 2008, 41(3): 389-408.

[17] Larsen-Freeman, D. Chaos/complexity science and second language acquisition[J]. *Applied Linguistics*, 1997, 18(2): 141-165.

[18] Larsen-Freeman, D. The emergency of complexity, fluency and accurouy in the oral and written production of five Chinese learners of English[J]. *Applied Linguistics* , 2006(27): 590-619.

[19] Larsen-Freeman, D. & L. Cameron. *Complex systems and applied linguistics*[M]. Oxford:

Oxford University Press, 2008.

[20] Larsen-Freeman, D. A complexity theory approach to second language development/ acquisition[A]. In D. Atkinson (ed) Alternative Approaches to Second *Languaye Acquisition*[C]. London: Routledge, 2011: 48-72.

[21] Macqueen, S. M. *Patterns in second language writing*[D]. University of Melbourne, Australia, 2009.

[22] Meara, P. Emergent properties of multilingual lexicons[J]. *Applied Linguistics*, 2006, 27(4): 620-644.

[23] Miller, R. C. Varieties of interdisciplinary approaches in the social sciences: A 1981 Overview[J]. *Issues in Integrative Studies*, 1982(1): 1-37.

[24] Morin, E. Restricted complexity, general complexity. In C. Gershenson, D. Aerts & B. Edmonds (eds.). *Worldviews, science and us: Philosophy and complexity*[C]. Singapore: World Scientific, 2007: 5-29.

[25] Smith, L. & E. Thelen. *A dynamic systems approach to development: Applications*[M]. Cambridge, MA: MIT Press, 1993.

[26] Thelen, E. & L. Smith. *A dynamic systems approach to the development of cognition and action*[M]. Cambridge, MA: MIT Press, 1994.

[27] Nowotny, H., P. Scott & M. Gibbons. *Re-thinking science: Knowledge and the public in an age of uncertainty*[M]. Cambridge: Polity Press, 2001.

[28] 冀小婷，2008，关于复杂系统与应用语言学——拉尔森 弗里曼访谈 [J]. 外语教学与研究（外国语文双月刊），2008.

[29] 王瑞华．杜区自组织能力的有机构成及其提升途径 [J]. 四川大学学报（哲学社会科学版），2007(2)：101-105.

（作者：刘文宇，程永红，大连理工大学）

外语学习中英汉博弈的动态系统理论分析*

1 引言

多年来，英语学习的持续高温与“费时低效”之间的现实反差，一直成为英语改革的直接动力。2013 年北京市教委又一次吹响了“进一步改进中小学英语教学”的号角。外语学习究竟应该从何时开始？过早学习外语会不会影响母语（汉语）的水平？初高中的英语改革应该如何进行？这些问题再次引发人们的热议和关注。本文以动态系统理论为依据，通过数学模型，力求模拟过早开始外语学习对英汉双语的冲击，期望在英汉博弈中，能更好地实现语言的资源优化配置，促进英汉双语的同步提升。

2 英汉双语博弈解析

2.1 双语博弈对母语的影响

动态系统理论认为：人类的认知发展是语言发展的基础，而认知的发展要受到有限性资源的约束（van Geert，1991）。影响认知发展的资源包括生物资源和环境资源，资源的相对重要性取决于增长的特定语境与环境。资源又可以分为内部资源与外部资源。其中，内部资源包括内部空间资源、时间资源、信息资

* 本文系山西省软科学项目“支撑山西旅游业发展的人才培养与产业化研究”（2013041066-03）以及山西省回国留学人员科研资助项目“基于程式语的口语能力动态研究”（2013-042）的阶段性成果。

源、动机/精力资源以及物质资源。外部资源包括外部时间空间资源、信息资源、动机/精力资源、物质资源。认知元素之间竞争有限的时间、信息、能量、物质资源(Fogel & Thelen, 1987)。从内部资源来讲,在一定时期内,一个人可以同时处理的信息量有限,工作记忆时间有限,投入的时间、精力有限。认知资源在特定的时期是有限的,人类认知种类的起始时间和发展水平是有限性资源条件下动态发展的结果。根据达尔文的进化论原则,生物之间存在着生存斗争,适者生存,这就是自然的选择。生物正是通过遗传、变异和自然选择,从低级到高级,从简单到复杂,种类由少到多地进化着、发展着。在认知资源有限的条件下,容易学到的知识更容易留存下来。容易习得的技能不断地在认知系统中再现而得以保存下来(Long, 1990)。在认知发展过程中,增长因子之间进行时间空间、信息、动机等资源的竞争,限制了认知发展过程中某一种增长因子的发展水平。

汉语与英语的学习是基于互相竞争的动态认知系统。英汉双语的学习在同一时间内竞争这些有限的资源,如果英语获取资源较多,汉语则会相对减少。可以将语言规则和策略看作是信息管理和输出系统。如果信息处理系统达到其管理范围,通常会有两种结果:一种是两种语言保持受限制的状态,另外一种是弱势语言被更强大的强势语言信息管理系统所接管。其实,在语言习得过程中,接管现象非常普遍(Siegler, 1983)。如当单词的学习达到一定的阈值时,会促进语法的学习,也就是说,语法的学习会接管单词的学习。认知接管通常会导致发展回归现象(developmental regression),U 型行为增长或振荡增长。这种回归或是对旧的规则与原则的完全舍弃,或是某一特定语言输出规则或概念的暂时性增长下降(Bever, 1982: 14)。在认知水平有限的条件下,如果其中某种语言发展过快,则会导致另外一种语言的退化或增长缓慢。动态系统包含两个生长因子:生长因子 A 和生长因子 B。我们可以把生长因子 A 和 B 分别看作是英语与汉语的学习。原则上讲,A 和 B 的增长是共同的,两者都会从对方的成功增长中受到一定的损失。这种发展模型可以用逻辑斯谛增长函数可表示为:

$$r_{\mathrm{ai+r}} = [1+(K_{\mathrm{A}_i}-L_{\mathrm{B}_i})\cdot c]\cdot r_{\mathrm{A}_i}-(K_{\mathrm{A}_i}-L_{\mathrm{B}_i})\cdot c\cdot r_{\mathrm{A}_i}^2/K_{r\mathrm{A}i}$$

在这种增长模型中,生长因子 A 的快速增长得益于没有更强大的生长因子 B 的竞争。生长因子 B 起始的增长速度比较低,当 B 超过 A 的增长水平时,A 进入混沌的振荡状态;当 B 接近自己的最大增长水平时,A 的振幅下降,并进入自己的稳定状态。由于汉语为母语，初始发展水平较快，开始学习英语时，受到认知资源的限制，英语学习的发展会导致汉语学习过程的振荡或增长速度下降。因此，儿童早期认知水平有限，过早开始学习英语或者早期英语的过快发展会不利于母语的学习。

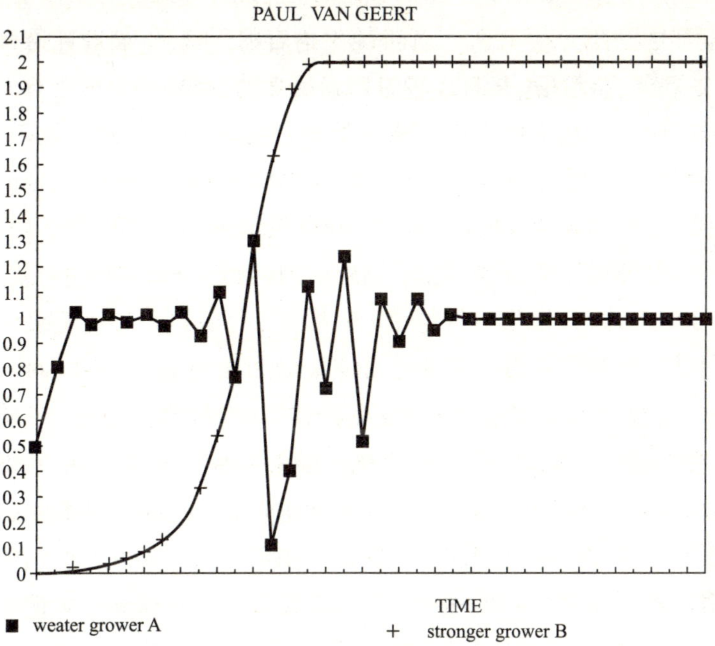

图 1　增长因子 A 和 B 的发展模型（Geert，1991：24）

2.2　双语博弈对彼此的磨损

在某一特定的时期内，人类的认知资源是有限的。双语的发展在同一时期内竞争有限的资源，包括内部和外部资源。如果很小就开始英语的学习，英语和汉语竞争有限的资源，在语言学习的过程中，还会造成语言的干扰或磨损。语言干扰也称语言影响或语言迁移，是语言学习者在学习目的语之前或之后所学习、记忆与处理的语言信息，与目的语争夺认知资源所致（钟守满，2012）。原语与目的语的语言距离越大，即原语与目的语的差异性越大，磨损越快。由于英语属于印欧语系，汉语属于汉藏语系，因此英语与汉语的语言距离较大，容易产生磨蚀(Wehens, 1982)。语言技能是因语言使用受限而逐渐磨损的过程。由于儿童的认知资源有限,如果越早开始双语的学习,越会导致双语的磨损。就表现形式而言,不仅表现在语言使用者的劣势语言技能的遗忘或丢失,还表现在他们的劣势语言在语言结构上对优势语言的借用、语码转换、直译、语义拓展、语义相关替代以及由此而导致的被磨蚀语言在词汇多样性、准确性、灵活性等的降低,同时还表现为,在处于优势地位语言的干扰下,被磨蚀语言在构词法则上的简化、替代和忽略(王湘云, 2011)。语言动态模式中,母语与外语此消彼长,产生磨蚀现象。双语博弈中母语的磨损已经得到了实验的验证。Hamideh等(2006)用回归假设、普遍语法、语言特征假设和激活阈值假设分析了年幼儿童学习外语,母语更容易磨损,并通过对母语为波斯语,外语为英语的不同年龄段的人们进行了调查。研究发现,学习外语的起始时间和母语的熟练水平影响双语的语言运用,即外语学习得越早,母语越容易磨蚀。与晚期英语和波斯语双语学习者相比,早期双语学习者母语波斯语磨蚀得越快。Fillmore (1991) 在全美范围内调查研究了国家学前教育政策对儿童母语的影响,结果发现过早接触英语会加快母语的磨损,年龄小的儿童相对于年龄大的儿童而言磨损更快。Kaufman 和 Aronoff(1991) 指出儿童年龄越小,语言能力越低,磨损越快。Hamideh 等(2006) 得出类似的结论:双语开始的年龄和磨损开始的年龄一样重要,青春期之前磨损就开始的话,母语将会遭受到很大程度的磨损。孩子的磨损比成人更加严重。孩子的年龄越小,语言能力越低,磨损越快。双语的磨损不仅仅包括对母语的磨损,同时也包含对外语的磨损。过早学习英语的双语学习者,由于认知水平有限,同时会影响到外语的习得。Seliger(1989) 指出双语使用者会失去其中一个或两个语言的语法感觉,而且不能控制好两者之间的相融。Scovel (1988) 等人的研究发现,与年长儿童相比,年幼儿童的外语磨蚀速度更快。Dromi (1986) 的调查表明,年幼儿童比年长儿童的出错率更高;5～7岁的儿童比 8～14 儿童的外语磨蚀速度更快。因此,根据动态系统理论及相关实证研究表明,过早习得英语不一定会收到很好的学习效果,造成投入和产出的不成比例。动态系统的理论研究和语言磨损的实证结果显示,年幼儿童比年长儿童的语言更容易磨损,如果过早学习英语,受到认知水平资源的竞争性,不仅影响汉语的学习,同时英语的学习也达不到预期的效果。目前外语起始年龄的超前化是基于关键期的假设,但是并不意味着外语学习越早越好。此外,母语对于个人的文化发展是极其重要的。如果早期教育中，儿童是在外语中或双语中进行的，则对母语的掌握就不能建立在坚实的基础上，汉语的语言能力就会相对比较薄弱，英语也收不到预期的效果。从语言学的观点来看，儿童启蒙教育不用母语是不科学的。然而，英语作为现代社会发展所需的一门重要工具，英语学习是时代的要求，通过外语的学习可以扩大知识的深度和广度，外语学习是非常必要的。那外语学习应该从何时开始呢？

3 外语学习反思

3.1 外语起始时间探究

Penfield 和 Roberts（1959）在语言习得“最佳年龄”设想中指出，人类的语言能力与大脑发育密切相关，习得的最佳年龄应该在 10 岁以内。人们在自然环境中，可以轻松学得一门语言。但随着青春期的到来，大脑左右半球被赋予了不同的功能，出现了侧化现象，可塑性降低。Lenneberg（1967）提出了语言习得关键期假说，他把儿童习得语言的优势归因于生理因素，认为语言是大脑的产物，必定受到生物机制的约束。他认为儿童从 2 岁至青春期（10～12 岁）到来之前，左右脑半球都参与语言学习，对语言输入格外敏感，能够最轻松、最快捷地调动内部的生理机制，实现语言习得的自然发展，之后，语言学习的效率会急速下降。受到了关键期假说的影响，外语学习的起始年龄不断超前。2013 年 11 月 3 日，21 世纪教育研究院发布《2013 年英语教育网络调查报告》。（http://learning.sohu.com/20131107/n389731810.shtml）45758 位网友参与了“学生英语学习状况的家长调查”。根据调查，儿童接触英语的年龄越来越提前。47.38%的孩子从 3 岁到 6 岁开始接触英语，12 岁及以后接触英语的孩子比例仅为 6.56%。3 岁开始接触英语的比例领跑其他年龄段，达到 16.23%。86.39%的家长称自己孩子在上幼儿园和小学低年级时学校已开设英语课。事实上，关于语言习得的最佳起始时间，不同学者有着不同的观点。刘润清等（2000）认为我国儿童学习英语的最佳年龄大约在 9 岁左右，桂诗春（1985）认为是 11 岁之后。王勃然（2011）认为我国开展英语教学的初始年龄应该定在 9～12 岁。Snow 等（1978）对母语为英语的荷兰语学习者进行了纵向研究，受试人的年龄分为：3～5岁，6～7岁，8～10岁，12～15岁以及成年人。通过对二语学习过程中发音、辨音能力、构词法、句子背诵、句子翻译、判断句子好坏、图片词汇测试、故事理解和讲故事等方面的测试，结果发现，除发音之外，年龄大的受试者在各方面较年龄小的人要相对会好一些。按年龄划分，从熟练到不熟练依次为：12～15岁，成年人，8～10岁，6～7岁，3～5岁。在所有的测试中，3～5岁年龄段表现都是最差的，而位于12～15岁年龄段的习得速度是最快的。这一结论对2～12岁是学习外语的最佳年龄进行了反驳。语法习得方面，语法习得的关键期可能比语音习得的关键期晚，在15岁左右。

为此，青春期之前，应该首先加强母语的学习，夯实母语基础，而扎实的母语基础反过来又有利于二语习得和整体学习成绩的提高。随着年龄的增长，一般认知能力成逐渐攀升的趋势，在11到20岁左右达到顶峰。这个时期，学生有着较强的模仿和记忆优势，其语言意识较为敏感，模仿力和记忆力极强，比儿童更善于利用语言交际策略，理解语言和文化的能力强，从而促进语言输入。20岁之后呈现逐步回落的趋势。而相关的研究也进一步论证了，在学校课堂教学环境下学习外语最有效的年龄应该是11～20岁（崔刚，2011）。就语言磨蚀而言，磨蚀前的语言水平与磨蚀程度成反比，因此，存在语言磨蚀的关键阈值。语言学习者的语言水平一旦达到这一关键阈值，就会保持住大部分语言能力，抵抗各种因素的磨蚀发生（李方芳，关丽娟，2009）。语言水平没有达到关键阈值的学习者，语言磨蚀速度加快，范围加大。Neisser（1984）发现达到关键阈值的学生大脑中的网络思维图式达到了一种稳定平衡的状态，对语言磨蚀有很强的抵抗作用。语言学习者应当首先使母语的学习达到稳定的水平，达到语言磨蚀的关键阈值，才开始英语的学习，这样有利于双语的学习。因此，外语学习的初始年龄应该在11～20岁之间，在早期的英语学习过程中，应将注意力集中在语音与发音方面，根据动态系统理论，语言具有初始状态的敏感度，初始状态小的变化会对未来产生巨大的影响，会产生“蝴蝶效应”。如果语音学习不好，会导致整个英语学习过程的障碍。高质量的语音输入是早期外语教育的重中之重。而英语课程的开设可以定于11岁之后，也就是小学五六年级。这样在汉语形成稳定态的同时，也有利于英语的学习与进步。

3.2 英汉双语的均衡发展

英语热潮造成英汉双语发展的不平衡。中央教育科学研究院研究员储朝晖认为，一段时间以来，国人过度重视英语教育，几代人投入了过多的时间和精力，造成极大浪费。全国政协委员、中国社科院信息情报研究院院长张树华提到，学生在学习外语的过程中深受其害，荒废正常的学业，汉语也遭遇前所未有的危机。因此，在外语学习中如何平衡好英汉双语之间的关系至关重要。根据动态系统理论原则，外语开始学习的时间应该始于母语达到稳定的状态，即形成了稳固的知识框架之后，因为儿童早期由于认知水平有限，一语和二语的同时学习会造成相互竞争、相互干扰。动态系统中增长因子的发展可以用迭代的逻辑斯谛函数表示：$L_{t+f}=(1+r)\cdot L_t-r\cdot L_t^2/K$根据逻辑斯谛函数，当$r<1$，渐进稳定性增长，增长曲线成S型或C型；$1<r<2$，渐近增长，曲线快速增长到稳定水平，而后有轻微的上下振荡，最后实现稳定的最大增长水平；$2<r<2.57$，振荡增长，增长成上下振荡的形式；$r>2.57$时，学习过程失去周期性特征而进入混沌状态（Geert, 1991）。如图2所示：

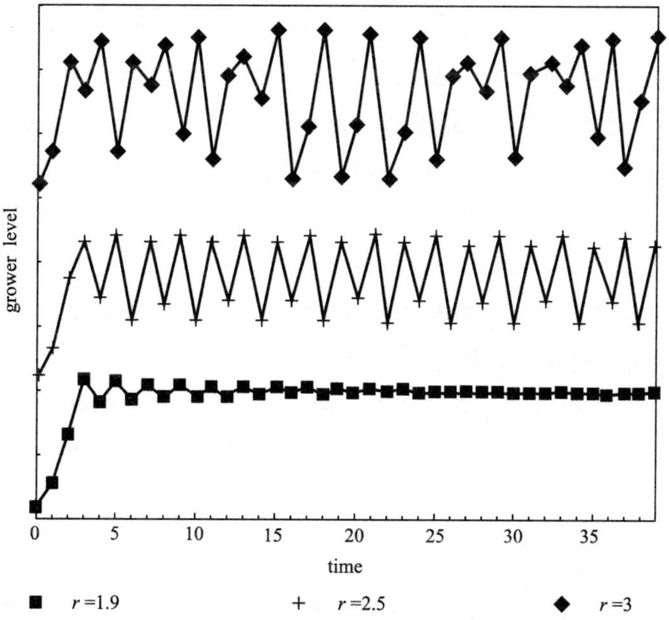

图2　逻辑斯谛增长曲线

图2显示，英语的学习应该保持在一定的增长水平之内，过快的增长不仅耗时耗力，也可能会使英语学习过程失去周期性特征而进入混沌状态，不利于学生的进一步学习。此外，激活和抑制机制解释了大脑对多种语言的控制以及支配模式的改变。经常被激活的语言需要少的刺激来重新激活。在双语记忆的环境中，一种语言被选择使用时，同时另外一种语言受到抑制，没有选择使用的语言激活阈值提高了，双语中的某一语言长期得不到刺激，就会导致语言的磨损。根据使用的频率，同一语言的不同语言元素的激活需要不同程度的刺激。动态系统理论以及激活和抑制机制都要求在双语学习的过程中，两者实现均衡的发展水平。因此在初高中的学习过程中，需要通过优化配置各种资源，如空间资源、时间资源、信息资源、动机／精力资源以及物质资源，实现英语和汉语实现相对均衡的发展，在课程安排、作业布置，考试分值的设定都应实现一种均衡发展。

4 结语

外语教学的改革一直是学者们反复探讨的问题。本文基于动态系统理论，引入了逻辑斯谛函数，探讨了双语学习的博弈，由于认知受到有限性资源的限制，语言的发展也受到内外资源的限制，过早习得英语会造成汉语学习的震荡以及汉语增长水平的下降。动态语言磨蚀相关实证研究表明，过早习得英语，不仅会造成汉语的磨损，同时英语也收不到预期的效果，不利于整个语言的学习与发展，所以英语的学习应在汉语的学习达到关键阈值之后，即形成稳定的网络图示之后。英语课程的开设可以定于11岁之后，也就是小学五、六年级。但是在英语开始学习之后，外语与汉语的学习应在内外资源配置方面保持相对均衡的增长，从而促使双语稳定的发展。

参考文献

[1] Bever, T. G. *Regression in Mental Development: Basic Phenomenon and Theories*[M]. Hillsdale, NJ: Erlbaum, 1982.

[2] Dromi, E. The one-word period as a stage in language development: Quantitative and qualitative accounts[A]. In I. Levin (ed.). *Stage and Structure: Reopening the Debate*[C]. Norwood, NJ: Ablex, 1986: 220-245.

[3] Fillmore, L. W. When learning a second language means losing the first[J]. *Early Childhood Research Quarterly*, 1991(6): 323-346.
[4] Fogel, A. & Thelen, E. Development of early expressive and communicative action: Reinterpreting the evidence from a dynamic systems perspective[J]. *Development Psychology*, 1987(23): 747-761.
[5] Hamideh, J. & Hamideh, M. L1 Persian attrition[J]. *The Linguistics Journal*, 2006 (1): 17-46.
[6] Kaufman, D. & Aronoff, M. Morphological disintegration and reconstruction in first language attrition[A]. In H. W. Seliger & R. M. Vago(eds.). *First Language Attrition*[C]. Cambridge: Cambridge University Press, 1991: 175-188.
[7] Lenneberg, E. H. *Biological Foundation of Language*[M]. New York: Wiley, 1967.
[8] Long, M. H. Maturational constraints on language development[J]. *Studies in Second Language Acquisition*, 1990(12): 251-285.
[9] Neisser, U. Interpreting Harry Barhick's discovery: What confers immunity against forgetting? [J]. *Journal of Experimental Psychology*, 1984 (1): 32-35.
[10] Newport, E. L. Task specificity in language learning? Evidence from speech perception and American sign language[A]. In E. Wanner & L. R. Gleitman (eds.). *Language Acquisition: The State of the Art*[C]. Cambridge: Cambridge University Press, 1982: 450-486.
[11] Penfield, W. & Roberts, L. *Speech and Brain Mechanisms*[M]. New York: Atheneum, 1959.
[12] Scovel, T. A. *Time to Speak: A Psycholinguistics Inquiry into the Critical Period for Human Speech*[M]. New York: Newbury House/ Harper and Row, 1988.
[13] Seliger, H. Deterioration and creativity in childhood bilingualism[A]. In K. Hyltenstam & L. K. Obler(eds.). *Bilingualism Across the Lifespan: Aspects of Acquisition, Maturity, and Loss*[C]. Cambridge: Cambridge University Press, 1989: 173-184.
[14] Siegler, R. S. Information processing approaches to development[A]. In P. H. Mussen (ed.). *Handbook of Child Development: History, Theory and Methods*[C]. New York: Wiley, 1983: 255-273.
[15] Snow, C. E. & Hoefnagel-Hoihle, M. The critical period for language acquisition[J]. *Child Development*, 1978(4): 1114-1128.
[16] van Geert, P. A dynamic system model of cognitive and language growth[J]. *Psychological Review*, 1991(98): 3-53.
[17] Wehen, B. The attrition of foreign language skills: A literature review[J]. *Applied Linguistics*, 1982(1): 22-36.
[18] 崔刚. 关于语言习得关键期假说的研究 [J]. 外语教学, 2011(3): 48-51.
[19] 桂诗春. 心理语言学 [M]. 上海: 上海外语教育出版社, 1985.

[20] 李方芳，关丽娟．语言磨蚀的相关理论及其应用［J］．黑龙江高教研究，2009（1）：174-176.

[21] 刘润清，吴一安．中国英语教育研究［M］．北京：外语教学与研究出版社，2000.

[22] 王勃然．关键期假说及其对我国英语教学初始年龄的启示［J］．东北大学学报（社会科学版），2011（4）：356-361.

[23] 王湘云．语言磨蚀原因与应对策略［J］．东北师大学报（哲学社会科学版），2011（3）：121-124.

[24] 钟守满，孙崇飞．跨学科的语言磨蚀研究——从语言磨蚀的定义谈起［J］．外语教学，2012（2）：8-12.

（作者：郭爱萍，李壮爱，太原理工大学）

基于动态系统理论的二语习得模式研究

——环境、学习者与语言的互动

1 引言

二语习得研究的不同范式之间存在根本的差异，目前大多数二语习得研究在范式上表现为注重探寻变量之间的线性因果关系，在内容上关注二语习得的某些方面，在方法上强调量化的数据分析，其结果可能是使本来复杂的研究简单化。自20世纪80年代以来，为全面了解学习者第二语言发展的特点与规律，语言学、心理学与教育学领域的研究者们创建了若干具有系统化特征的二语习得模式。由于这些模式在来源与目的上的差异，它们在内容上表现出不同的侧重点，如有的注重社会教育因素（Gardner, 1985），有的关注学习过程（Gass & Selinker, 2008），有的以认知过程和习得机制为核心（Van Patten, 1996），但是它们所具有的一个共同特点是对二语习得中多因素的交互性考虑不够。因此，本研究基于现有的二语习得综合模式以及有关实证调查的结果，并依据动态系统理论，以环境、学习者、语言因素三组变量为核心内容，尝试构建二语习得的动态模式，以期弥补本领域相关研究的不足，并指出其对外语教学的启发作用。

2 动态系统理论框架下的二语习得模式

2.1 国际上的二语习得综合模式简介

国际上的二语习得综合模式主要有Krashen（1982）的监控模式、Stern

(1983)的二语学习综合模式、Gardner(1985)的社会教育模式、Spolsky(1989)的通用模式以及Ellis(1994)的二语习得解释框架等。Krashen(1982)的二语习得监控模式强调有意识的学习和无意识的习得对语言能力发展的不同作用,提出输入(环境因素)、学能和情感过滤(学习者因素)以及监控(心理机制)在二语习得中的不同作用。Stern(1983)的二语习得综合模式可概括为学习的结果由学习者、社会环境、学习条件和学习过程交互影响所决定。Gardner(1985)的社会教育模式可概括为社会文化观念与学习者的认知与情感差异共同作用影响不同环境下的二语习得结果。Spolsky(1989)的二语学习的通用模式汇集了二语学习中除语言因素之外的各个方面,突出学习机会与学习者特征以及环境的相互作用决定了语言与非语言方面的学习结果。在Ellis(1994)的二语习得解释框架中,社会因素/环境(外在因素)、语言加工机制(内在因素)和学习者个体因素这三组因素通过不同的方式交织在一起,共同影响习得的结果,其重点是二语习得的影响因素通过怎样的过程来影响二语习得。这些模式因侧重点不同,对二语习得中多因素的交互关系考虑得不够全面和系统,结果在一定程度上不能反映出二语习得系统中不同子系统之间的动态联系。

2.2 动态系统理论的基本特征

de Bot等的动态系统理论以完全相关联(complete interconnectedness)为基本特征,即系统中所有的变量是相互关联的,因此一个变量的变化会影响到系统中其他所有的变量(de Bot, 2008; de Bot, Lowie & Verspoor, 2007)。系统对初始条件很敏感,开始时的细微差异会对长远的发展产生巨大的影响,即蝴蝶效应。系统有时是混沌的,混沌来自于多变量的交互以及初始条件的差异,但是在混沌的表象之下存在普遍的秩序。语言的发展取决于内在资源与外在资源的交互。为了取得学习上的成功,一方面一些重要的学习资源如记忆力、动机、输入等必须达到最低的要求,另一方面这些不同的资源之间存在补偿关系,例如努力程度可以补偿时间的不足。因为这些内在的或外在的资源都是互为联结的系统中的一部分,所以任何一个因素的消长都会导致与其他因素的互动发生变化,这也与Carroll(引自Skehan, 1989)的交互模式(interactional model)和Skehan(1989)的选言模式(disjunctive model)相吻合。Carroll的交互模式认为,一个变量上的差别将会影响其他变量的运行,如增加学习的时间,提高教学的质量可以弥补学能偏低的不足。Skehan 的选言模式也认为,学习的结果可以通过不同的方式达到,一个变量的增大可以导致其他变量的相应增强,也就是说,特定的结果可以通过不同的路线来完成,且不同的路线取决于各种能力的不同组合。例如,一个学习者可能通过听觉天赋取得学习上的成功,另一个学习者可能通过良好的记忆能力达到目标,他们的学习结果可能是一致的,但采用的方法可能有所不同。

Larsen-Freeman(1997)认为,复杂的非线性系统与二语习得之间存在许多类似的方面。首先,两者都是动态过程;其次,二语习得的过程是复杂的,学习者的中介语的发展轨迹受制于一系列的因素,如母语、二语、母语的标记性、二语的标记性、输入、交互和反馈的数量与类型、教学环境、语言学能、年龄、社会心理因素、认知风格、学习策略等等。不是某一个因素而是诸多因素之间的交互对二语习得的结果产生深远的影响。

由此可见,动态系统理论就是将系统作为一个整体来研究而不是仅仅关注它的组成部分。强调语言习得的某一个方面并不能反映习得的本来面目,任何对二语习得的描述只有包含所有重要因素的动态交互才能真正地解释系统的复杂性,因此,复杂系统的发展过程取决于初始状态、系统的协调性、认知系统与环境系统的资源等。

2.3 动态系统理论框架下的二语习得模式的构建

如前所述,由于学界的二语习得综合模式主要存在两个方面的不足:一是在某个研究范式下强调二语习得的某些因素,而忽略其他的因素,如综合模式基本都没有考虑语言因素在习得中的作用;二是对多因素的交互作用考虑不够,如没有明确指出变量之间的不同组合会产生不一样的结果;又由于动态系统与二语习得的发展之间存在诸多的类似,利用动态系统理论可以对二语习得从不同的视角进行诠释,因此,借鉴二语习得领域现有的综合模式,结合二语习得的研究成果,并以动态系统理论为指导,我们构建了一个二语习得的动态模式,它要求一方面能反映出制约二语习得发展的关键要素,另一方面能体现出这些要素之间的动态互动关系。根据该模式,影响二语习得的主要因素构成一个复杂的动态系统,它由环境因素、学习者因素和语言因素三个子系统组成,并且每个子系统又拥有各自的核心变量。二语习得的发展过程取决于这三个子系统内部的核心变量以及它们之间的交互作用；此外，子系统之间也发生交互作用。该模式中各子系统所包含的主要变量及动态关系如图1所示。

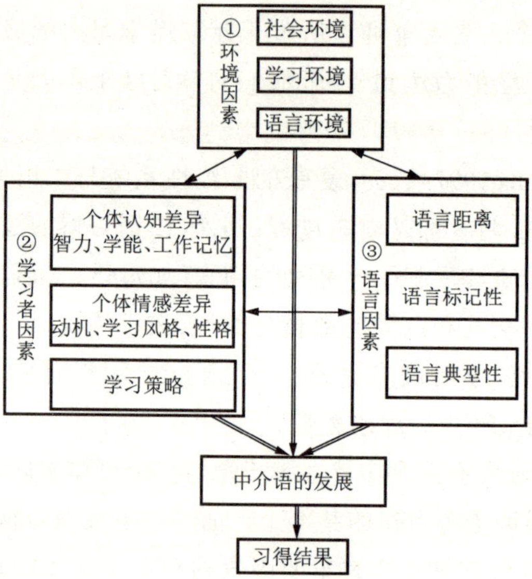

图1　二语习得的动态模式图

2.3.1　二语习得动态系统中的三个子系统

2.3.1.1　环境因素子系统它包括社会环境、语言环境、学习环境。Stern(1983)认为，社会环境包括社会语言学、社会文化、社会经济因素。在Gardner(1985)的模式中社会环境主要指文化观念，此外，接触和学习目标语的机会、地理位置、语言政策等作为外在环境因素都会影响外语学习的结果。语言环境是指单语或双语社会环境，它对接触二语的量、学习态度和动机、语言实践的机会等都产生显著的影响。学习环境主要指正式环境(课堂环境)中的和非正式环境(自然环境)中的学习。学习环境对语言输入、意义协商式的交互、推动型输出、对语言形式的注意等方面均产生重要的影响。本文列举的五个综合模式中有四个包括社会环境(Stern, 1983; Gardner, 1985; Spolsky, 1989; Ellis, 1994)，另有两个包含了学习环境(Gardner, 1985; Krashen, 1982)。在动态系统中，环境因素是语言学习的整个复杂系统中不可缺少的一个组成部分，学习者主体的内在功能与环境的各个方面都对二语习得发展动力的复杂系统作出贡献。它们之间的平衡意味着顺畅的、对环境的变化不断顺应的过程(Larsen-Freeman & Cameron, 2008)。

2.3.1.2 学习者因素子系统它主要包含个体认知差异、个体情感差异、学习策略三大类,其中个体认知差异又包括智力、语言学能、工作记忆等;个体情感差异包括学习动机与态度、学习风格、性格、焦虑感、交际意愿等(Dörnyei, 2005; Ellis, 2008; Skehan, 1989);学习策略又分为元认知策略、认知策略、情感策略等(Oxford, 1990a)。Dörnyei(2005)指出个体差异因素与二语成就的相关程度超过其他任何一个二语习得变量,并且Gardner(1985)和Skehan(1989)还研究发现,学习动机与语言学能是对二语学习结果最有预测力的两个因素。Ellis(2008)甚至认为"任何对二语习得的阐释若没有充分考虑学习者个体差异因素的作用都是不完整的。"学习者因素在二语习得的输入、交互、输出过程中对语言的理解、加工与产出机制均发挥重要的影响作用(Dörnyei, 2005; Robinson, 2002)。本文介绍的五个二语习得模式全部包含有学习者因素。学习者因素一方面独立影响二语习得的结果,另一方面还在习得的过程中与环境因素、学习任务等交互影响二语习得的成效。

2.3.1.3 语言因素子系统虽然母语习得与二语习得具有一些相似性,但两者之间存在根本的差异。首先,二语学习者带有牢固的母语样式来学习第二语言,这些样式的神经基础导致跨语言的影响,表现在二语发展顺序所经历的步骤、词汇更换过程、过度概括、回避、过度纠错等(Odlin, 1989)。其次,母语还会调节学习者的感知机制,如学习者在早期的学习中已形成的注意阻碍他们感知二语的差异。此外,虽然母语与二语习得都是社会认知过程,但是因为二语学习者在认知发展上更加成熟,且与儿童习得母语的社会环境或条件有着根本的不同。从认知语言学、心理语言学和社会语言学几个方面来看,对二语的理解比对母语的理解更复杂,因为这几个方面的因素动态地交织在一起,它导致的结果是即使最勤奋的二语学习者通常也无法达到儿童母语习得的水平(Ellis, 2008)。

母语与目标语的语言结构因素也对二语习得产生重要影响。Odlin(1989)认为,语言谱系之间的距离、语言类型都可能影响母语对目标语学习所发生的迁移。Jarvis和Pavlenko(2008)归纳出影响语言迁移的主要因素有:(1)语言学与心理语言学因素,如跨语言的共性、语言频率、感知突显度、标记性和原型性

（典型性）；（2）认知的、注意的与发展的因素，如认知成熟水平、语言认知能力、对语言的注意和意识；（3）语言经验与语言知识因素，如年龄、语言接触的时间长度、频率与强度、语言熟练水平等；（4）学习环境因素，包括自然环境下的学习与课堂环境下的学习的区分，注重形式的学习与注重意义的学习的区分等；（5）语言使用因素，包括个性化的语言、正式的程度、交谈对象、任务类型等。这些因素可能独自或与其他因素共同影响迁移的程度与方向。Ellis（2008）则归纳出社会语言学因素、语言距离和心理类型、语言标记性、语言原型性、发展因素等都影响母语在二语习得中的作用。Krashen（1982）、Stern（1983）和Gardner（1985）因注重二语习得的教育属性，因此在他们各自的模式中没有包含语言因素。二语习得终归是语言的习得，从早期二语习得研究的对比分析、错误分析到近期的二语习得的认知语言学解释均离不开对学习者语言特征的分析。动态系统理论框架下的语言习得同样重视语言因素在习得中的重要作用。因此，若不考虑母语与目标语的特征（如语言类型、标记性、原型性、语言难度）而建立的二语习得模式难免失之偏颇。

2.3.2 子系统内部之间的动态性及其对二语习得的影响

子系统内部的各要素之间存在交互作用。以学习者因素子系统为例，学习动机影响学习策略的选择；语言学能与智力这两者之间既表现出独立性，也具有交叉性（Sasaki，1993）；此外，语言学能和性别交互作用也对二语习得产生影响（戴运财，2006）。因此，Oxford（1990b）指出，语言学能、学习方式和学习策略三者之间存在一定的内在联系。为解释学习者的内在动态系统，Dörnyei（2009）根据 Plato 的观点将心智的三维（认知、情感、动机）作为三个子系统来对待，并且认为这三个子系统之间处于一种动态的互动，彼此难以割裂开来。他还主张，将来的学习者特征研究应该尝试采取一种系统化的方法来找出认知、情感与动机的更高层次的组合体，它常作为一个整体来发挥作用，学能综合体研究就是这方面做得很好的一个研究范例（Robinson，2007）。又如，在环境因素子系统中，单语或双语的语言环境不仅影响二语习得过程中获得输入、输出的机会，还影响社会对第二语言学习的重视程度，进而影响学习的态度，这又决定了对学习机会的把握以及课内与课外学习资源的分配。

从对二语习得结果的影响来看，各子系统可以对二语习得产生直接的影响。就环境因素而言，它直接影响二语输入的数量和质量、二语产出的机会等，如在一个对外开放程度高的社会环境中，学生在学校学习外语的起始年龄会相应地提前，因此接触外语的时间更长，产出外语的机会也更多；又如在双语社会的语言环境中学习第二种语言，学习者能接触到更多的目标语形式，而且质量也更高。就学习者因素而言，在认知能力，如智力、语言学能、工作记忆等方面的差异不仅决定了学习者对输入的二语的加工与存储水平，而且对中介语系统的重构与融合也产生重要的影响（Skehan, 1989; van Patten, 1996; 戴运财，戴炜栋，2010）。就语言因素而言，非标记性的母语形式更容易迁移，而标记性高的母语形式则很少迁移，此外标记性与语言差异互动来决定是否发生迁移（Ellis, 2008）。Eckman（1977）研究发现，目标语若比母语标记性更强，则更难习得，且其相对难度程度与相对标记程度对应一致。语言之间的实际距离也影响迁移，通常目标语与母语之间的距离越近，学习的难度愈小，而且学习者感知到的距离比事实距离更重要，它实际决定了迁移的内容（Kellerman, 1979）。

2.3.3 子系统外部之间的动态性及其对二语习得的影响

环境因素、学习者因素、语言因素各子系统不仅内部存在交互作用，而且它们之间还交互影响学习者中介语的发展。首先，环境因素与学习者因素互动影响二语习得的结果。例如，对于在课堂环境中的语言学习，学生的信仰、目标、价值观、感知水平、课堂组织、同学关系、物理空间、考核气氛等都影响学习者对课堂的理解（Turner & Meyer, 2000）；又如学习者的工作记忆容量与环境因素中的教学方式交互对二语习得产生影响。分析能力强、工作记忆容量大的学习者在重视语言输入、无需语言输出的教学方式中获益最多（Erlam, 2005）；另外，语言学能、工作记忆在显性与隐性的学习环境下对不同的学习任务的影响效果也不同（Robinson, 2007; 戴运财，2011）。在二语习得过程中，从语言输入变成吸收，再到语言输出都牵涉到学习者与环境的交互。因此，Ellis 和 Larsen-Freeman（2006）总结认为："将（习得结果的）原因归结为任何一个变量，甚至一组变量，而不考虑它的时间与环境因素都是误导的。"其次，环境因素与语言因素交互影响对语言加工的质量，如在高度重视语言形式的语言学习环境中，母语与目标语形式之间的差异会得到更多的关注，而注意到差异是帮助学习者减少语言迁移影响的有效措施之一；从语言距离与环境的交互来看，虽然法语和荷兰语与英语的距离接近，但由于环境因素的作用，如法国的语言政策以及法国人对英语的态度等原因，法国人学习和使用英语的积极性不高，而在荷兰，因为英语受到足够的重视，高校普遍开设全英文学位课程，结果荷兰人普遍能比较好地使用英语。再次，学习者因素与语言因素交互影响二语习得的结果，如学习者因素中的语言学能、工作记忆、注意等均影响对不同语言难度任务的加工处理（Harrington & Sawyer，1992；Robinson，1996）；又如认知成熟限制则通过母语的样式与认知机制的共同作用来制约二语习得的最终结果。

二语习得毫无疑问比母语习得更多受系统复杂性的影响，所以在讨论二语习得时，若不考虑环境因素、学习者因素和语言因素三个子系统之间的互动，就无法对二语习得的结果提供充分的解释。Dörnyei（2009）据此认为，在解释二语习得时，动态的视角比将各种因素分割和简单的线性归因的传统理念更加有效。van Geert（2008）也提出，如果我们想超越特征或变量之间静止的、结构上的关系，并希望理解个体在发展和学习上的机制，动态系统途径的理解是一个关键。因此，我们在解释二语习得的成效、构建二语习得的模型时，不仅要考虑二语习得复杂系统的多因素作用，还要考虑各子系统之间的动态交互，因为环境、学习者和语言因素之间的互动贯彻于中介语发展的全过程，它影响了二语习得的输入、输入加工、吸收、重构、融合等，并最终决定了二语习得的发展水平。

3 对外语教学的启发

如前文所述，二语习得的动态系统包括语言、学习者和环境三个子系统。首先，从环境子系统来看，中国的二语学习环境是制约学习效果的主要因素之一，因此我们在教学中要充分利用不同环境的特点，为学习者创造良好的环境条件。众所周知，中国是单一语境国家，在中国学习另外一门语言是外语学习，它不像在加拿大、新加坡等国的双语环境下学习另外一种官方语言。在双语环境中的第二语言学习，学习者有机会通过各种媒介接触到更多的目标语。这些目标语不仅包含有更复杂多样的目标语形式，而且以多模态的形式呈现，结果双语环境下的二语输入量、语言形式明显比单语环境多，而反复出现的多种语言形式不仅能满足不同水平学习者的选择，又可以促进语言自动化的形成；此外，多模态的输入不仅能加深对语言形式的印象，而且能降低学习者的疲倦感、增强学习的兴趣。为弥补单语环境的缺限，有效的办法之一是增加课外二语输入的量，以及开展多种语言活动，提供多模态的语言输入。例如，调配好课堂内、外的功能。在课堂环境中，尽量为学习者扩大有效的语言输入，提高重点内容输入的频率，提供更多语言交互的机会，加强对语言形式注意的引导；而在课外环境中，在各场所尽可能地提供双语环境，充分利用网络多媒体，使学习者有更多的机会接触多模态的目标语等。总之，要创建更好的二语学习的环境系统来增加语言输入与输出、提高语言学习的积极性以及促进学习者优势的发挥。

其次，从学习者子系统来看，它是影响学习效果的内在因素，因此发挥学习者的主观能动性与自身优势尤其重要，这方面重点要做好三方面工作：一是激发学习者的学习动机，培养积极的学习态度；二是对学习者的学习方式与学习策略进行训练，拓展他们根据不同的学习任务而采用适当的学习方式与策略的能力；三是根据学习者的特点实行因材施教，如对分析能力强的学习者采用分析型的教学方法，而对记忆能力强的学习者，则采用让学习者多读、多记的教学方法与策略。要最大限度地发挥学习者系统中语言学能、认知风格和学习策略等的优势，并弥补在其他方面的不足。

再次，从语言子系统来看，由于不同语言在类型上的差异，并且中国语境下的外语学习是在母语习得之后进行，因此，母语在二语习得中的迁移不可避免，这里出现的关键问题是要合理对待语言迁移的影响。一方面可对母语与目标语进行适当的对比分析，找出两者之间的显著差异，引起学习者的注意，提升学习者对相关语言内容的心理意识，避免母语的某些规则错误地迁移到目标语中；同时，要加强语言实践，促进语言自动化的形成。另一方面，避免进行过度的语言机械对比，因为语言迁移的影响因素还包括社会语言学因素、心理语言学因素、认知与发展因素、环境因素等，只有通过发挥多因素的协同作用才能更好地避免语言负迁移，并在一定程度上克服语言发展的成熟限制。

最后，从二语习得的宏观系统来看，要重视环境、学习者、语言三组要素的交互作用，灵活运用各组变量以及组内变量之间的补偿策略来发展学习者的中介语系统。例如，对于语言学能偏低的学习者，可采用一系列的方法来补偿，包括强化他们的学习动机，增加目标语相关内容的输入量和输入频率，实行因材施教，匹配教学方式与学习风格，在教学中提供脚手架式的扶持，引导进行语言产出等。由于学习的结果可以通过不同的路径而达到，而不同的路径取决于各种能力与环境的不同组合，因此，在教学过程中，可以根据环境、学习者与学习内容的特点，灵活地配置各种资源，促进各因素和资源的最佳组合与互动，进而促进学习者中介语系统的发展变化。正如 Larsen-Freeman（2012）所指出，语言教学的最终目的是为了发展学习者的语言水平，重要的是改变学习者的中介语系统，而不是给他们不变的系统增加知识。

4 结语

本文详细分析了影响二语习得的三个子系统：环境、学习者和语言在二语习得中的作用，对它们之间的交互作用进行了阐述，并构建了中国语境下的二语习得动态模式。根据本模式，一方面，我们可以比较全面地描述和解释二语习得中各影响因素的内在联系，另一方面，可以对外语学习与教学中的某些环节进行有效的控制，优化组合各种学习资源，达到提高学习效果的目的。然而，由于该模式虽立足于二语习得的研究成果，但动态系统中各因素之间的交互关系本身就非常复杂，因此其指导意义仍需在实证研究的层面进一步探索，具体可从三个方面入手：一是找出重要影响变量以及在其影响下可以预测的结果；二是寻找重要影响变量的最佳组合体；三是发现不同组合体可能引发的典型的结果样式（Dörnyei, 2009）。

参考文献

[1] de Bot, K. Second language development as a dynamic process[J]. *The Modern Language Journal*, 2008(92): 166-178.

[2] de Bot, K. W. Lowie, & M. Verspoor. A dynamic systems theory approach to second language acquisition[J]. *Bilingualism: Language and Cognition*, 2007(10): 7-21.

[3] Dörnyei, Z. *The Psychology of the Language Learner: Individual Differences in Second Language Acquisition*[M]. Mahwah: Lawrence Erlbaum, 2005.

[4] Dörnyei, Z. Individual differences: Interplay of learner characteristics and learning environment[J]. *Language Learning Supplement*, 2009(1): 230-248.

[5] Eckman, F. Markedness and the contrastive analysis hypothesis[J]. *Language Learning*, 1977(27): 315-330.

[6] Ellis, N. & D. Larsen-Freeman. Language emergence for applied linguistics: Introduction to

the special issue[J]. *Applied Linguistics*, 2006(27): 558-589.
[7] Ellis, R. *The Study of Second Language Acquisition* (1st edition) [M]. Oxford: Oxford University Press, 1994.
[8] Ellis, R. *The Study of Second Language Acquisition* (2nd edition) [M]. Oxford: Oxford University Press, 2008.
[9] Erlam, R. Language aptitude and its relationship to instructional effectiveness in second language acquisition[J]. *Language Teaching Research*, 2005(9): 147-172.
[10] Gardner R. *Social Psychology and Second Language Learning: The Role of Attitude and Motivation*[M]. London: Edward Arnold, 1985.
[11] Gass, S. & L. Selinker. *Second Language Acquisition: An Introductory Course*[M]. New York: Routledge, 2008.
[12] Harrington, M. & M. Sawyer. L2 working memory capacity and L2 reading skills[J]. *Studies in Second Language Acquisition*, 1992(14): 25-38.
[13] Jarvis, S. & A. Pavlenko. *Crosslinguistic Influence in Language and Cognition*[M]. New York: Routledge, 2008.
[14] Kellerman, K. Transfer and non-transfer: Where are we now? [J]. *Studies in Second Language Acquisition*, 1979(2): 37-57.
[15] Krashen, S. *Principles and Practice in Second Language Acquisition*[M]. Oxford: Pergamon Press, 1982.
[16] Larsen-Freeman, D. Chaos/complexity science and Second Language Acquisition[J]. *Applied Linguistics*, 1997(18): 141-165.
[17] Larsen-Freeman, D. & L. Cameron. *Complex Systems and Applied Linguistics*[M]. Oxford: Oxford University Press, 2008.
[18] Larsen-Freeman, D. Complexity theory[A]. In S. Gass & A. Mackey(eds.). *The Routledge Handbook of Second Language Acquisition*[C]. Abingdon, Oxon: Routledge, 2012: 73-88.
[19] Odlin, T. *Language Transfer*[M]. Cambridge: Cambridge University Press, 1989.
[20] Oxford. R. *Language Learning Strategies: What Every Teacher Should Know*[M]. Boston: Heinle and Heinle Publishers, 1990a.
[21] Oxford, R. Style, strategies, and aptitude: connections for language learning[A]. T. Parry & C. Stansfield. *Language Aptitude Reconsidered*[C]. Englewood Cliffs, N. J.: Prentice Hall, 1990b. 67-125.
[22] Robinson, P. *Consciousness, Rules, and Instructed Second Language Acquisition*[M]. New York: Peter Long, 1996.
[23] Robinson, P. Learning conditions, aptitude complexes, and SLA: a framework for research and pedagogy[A]. In P. Robinson(ed.). *Individual Differences and Instructed Language Learning*[C]. Philadelphia: John Benjamins, 2002: 113-133.
[24] Robinson, P. Aptitudes, abilities, contexts, and practice[A]. In R. M. DeKeyser(Ed.).

Practice in Second Language Learning: Perspectives from Linguistics and Cognitive Psychology[C]. Cambridge: Cambridge University Press, 2007: 256-286.

[25] Sasaki, M. Relationships among second language proficiency, foreign language aptitude, and intelligence: A structural equation modeling approach[J]. *Language Learning*, 1993(43): 313-344.

[26] Skehan, P. *Individual Differences in Second Language Learning*[M]. London: Edward Arnold, 1989.

[27] Spolsky B. *Conditions for Second Language Learning*[M]. Oxford: Oxford University Press, 1989.

[28] Stern, H. *Fundamental Concepts of Language Teaching*[M]. Oxford: Oxford University Press, 1983.

[29] Turner, J. & D. Meyer. Studying and understanding the instructional contexts of classrooms: Using our past to forge our future[J]. *Educational Psychologist*, 2000(35): 69-85.

[30] van Geert, P. The dynamic systems approach in the study of L1 and L2 acquisition: An introduction[J]. *The Modern Language Journal*, 2008(92): 179-199.

[31] van Patten, B. *Input Processing and Grammar Instruction: Theory and Research*[M]. Norwood: Ablex, 1996.

[32] 戴运财．语言学能对二语习得的影响 [J]. 外语教学与研究，2006(6)：451-459.

[33] 戴运财．工作记忆与教学方式在关系从句习得中的作用 [J]. 外语学刊，2011(2)：96-100.

[34] 戴运财，戴炜栋．从输入到输出的过程及其心理机制分析 [J]. 外语界，2010(1)：23-30.

（作者：戴运财，重庆工商大学；王同顺，上海交通大学）

动态抑或互动? *

——动态系统理论与社会文化理论在二语习得中的应用

1 引言

二语习得是人类认知的一部分,语言与认知密不可分,语言处理过程必须运用基本的认知能力已经成为主流观点(De Keyser & Juffs, 2005)。但二语习得不是一种脱离语境和语言使用的孤立活动。认知视角过分强调个体与思维过程以及语法能力的发展,忽略语言发生的社会文化环境,忽视学习者作为活动主体受到内在积淀的文化、历史、规则等诸多因素的影响(Kramsch, 2000)。很多研究者开始意识到,以往各种理论对二语习得的解释都各具合理性,却又未免偏于一隅。如何将看似矛盾的各种理论融合起来,阐释二语习得相关的纷繁变量,建立一个核心的理论体系?在这一背景下,动态系统理论(Dynamic System Theory,以下简称 DST)和社会文化理论(Sociocultural Theory,以下简称 SCT)两种理论框架脱颖而出,成为研究者们近期关注的焦点。

动态系统理论源于应用数学,是关于系统状态转移的动力学过程的理论,其中心课题是把握系统的演变规律。Larsen-Freeman(1997)首次将其应用于二语习得。她提出,系统科学与二语习得间有诸多相似之处,如都是复杂的非线性系统,都关注无序到有序间的转化等,因此可以尝试将动态系统理论应用于二语习得。在此理论框架下,语言被视为一个动态系统,语言发展则是一个动态过程。语言学习者作为一个子系统,亦是一个动态系统,由记忆力、注意力、动机等次子系统构成。这些次子系统互相影响,学习者与社会生态系统又相

* 本文是 2010 年教育部人文社科基金青年项目(10YJC740036)和 2012 年教育部人文社会科学研究青年基金项目(12YJC740012)的阶段性成果。

互关联，继而构成了各级系统互相影响关联的整体体系（de Bot *et al.*，2007）。DST 主要由四个核心概念组成：初始状态（initial states）、非重建平衡态（attractor states）、变异（variation）以及非线性（nonlinearity）。随后的研究者们利用这四个核心概念阐释了一系列二语习得中的争议问题（Meara，2004；Verspoor *et al.*，2004）。

社会文化视角代表性理论包括 Vygotsky 的社会文化理论和 Bakhtin 的对话理论（dialogism）。社会文化理论包括思维发展过程分析、人类思维的社会渊源以及符号系统在人类高级思维活动中的作用。其核心概念有临近发展区、支架式教学、中介、私语 / 内语以及活动理论，对话是 Bakhtin 思想中的核心概念，"对话关系成了人的社会存在的本质特征"（白春仁，2000：164）。尽管 Vygotsky 和 Bakhtin 的理论分别从发展心理学及文学文化的角度阐释语言，他们对语言与文化的很多基本观点却不谋而同，即两大理论均在语言使用、文化发展及自我形成三方面对二语习得有所启示。因此将两者融为一体、相辅相成，可以更好地阐释二语习得中的语言发展及交际互动（Dufva & Alanen，2005）。

DST 和 SCT 虽然之初不是基于语言教学，但两者都试图将认知与社会视角融为一体，构建理论框架模型，为二语习得理论实践所用，阐释那些单个理论视角未能解决的问题。两者在二语习得中的具体应用、理论背景、研究视角以及方法等方面各有异同。下文将逐一进行比较，希冀从比较中得到二语习得发展的新启示，为建立一个统一的理论模型奠定基础。

2 DST 和 SCT 在二语习得中的应用

本章将从学习者语言、习得过程、学习环境以及教学启示四个方面讨论比较 DST 和 SCT 两个理论框架在二语习得中的应用。

2.1 学习者语言

本节主要讨论 DST 和 SCT 对学习者在二语习得发展中的语言特征进行的解释验证。

Larsen-Freeman（2005）认为石化反映了 DST 中的非重建平衡状态。在二语习得过程中，语言系统的有些状态反映了学习者母语的结构特征以及他们对目的语的过度概括，还有些状态(即非重建平衡状态)则是由学习者内部相互影响着的各种变量形成的。它们不断发展变化，具有不可预知性。石化是学习者习得过程中的一个非重建平衡状态，而非终态。因此以往的研究者把它当作静止的现象对待，必然无法从根本上解释描述。DST 倡导以动态的视角研究与石化现象相关的各个发展变化、相互影响的变量(语言的、心理语言的、神经语言的、社会语言的等)。另一方面，SCT(Vygotsky, 1978)从心智发展的角度解释石化现象，认为石化的产生根源在于语言学习环境的社会本质，即社会互动。Washburn(1998)利用最近发展区理论比较 18 名被试大学生的习得状况，发现具有石化特征的学生与其他学生间不存在本质差异，只有定量差异，而且并不明显直接。这验证了 Vygotsky(1978: 64)对石化现象的分析，即“它们已经丧失了原貌，无法从其外部特征判断出内在本质”，因此我们要通过实验寻根溯源，在学习者的最近发展区中找寻石化的本质，而 Washburn 的研究再次验证了这一假设的可取性。此外研究还表明，与其他学生相比，具有石化特征的学生需要不同类型的外部协助。因而可以从学习者早期的外部协助情况研究他们后来石化特征的产生。总之，SCT 强调不要拘泥于学习者现有的语言表现或学习者内在的习得因素，而要在学习者的最近发展区中、在学习者的社会互动中研究石化的根源本质。

2.2 习得过程

本节主要讨论 DST 和 SCT 对二语习得发展的非线性、个体语言发展的变异性以及母语的影响进行解释验证。

以往的研究者常试图从学习者杂乱无章的自由变异中找寻系统性，剔除异质的数据或“杂音”，得出二语习得呈线性发展的结论(Dulay & Burt, 1974)。研究者们从 DST 角度出发推翻了 Dulay 与 Burt 提出的语素习得顺序呈线性的结论，发现学习者本人、学习者间都存在着语素习得顺序的差异。这是由于影响因素众多，例如语言输入中的出现频率(Larsen-Freeman, 1976)、话题以及学习者的情感因素(Verspoor *et al.*, 2004)等。不同研究者各执一词，侧重不同因素，而 DST 则认为这些单个因素都不足以解释现象，只有把这些看似矛盾的因素融合在一起，才能描述现象背后各个交错复杂的动态因素。SCT 则是从社会心理的角度构建假设进行验证。Dufva与Alanen(2005)融合Vygotsky的中介与Bakhtin的复调(polyphony)理论,研究了儿童在外语学习中的元语意识,结果发现儿童的元语意识既是个体认知现象,又是社会互动的结果。意识习得并非认知流派所描述的那种从无到有、逐渐递增直至成人期便停止的线性过程,而是一个从社会化实践到自我运用话语的质变。儿童不是一点点地构建起一座"准确系统"的语言大厦,而是内化吸纳各种言语,搭建成自身对外语学习认识的一座座关联度松散的小房子。这一发现与Bakhtin(1981)的主张一致。因为儿童元语意识是一种多元异质的构建,不仅体现了不同的方言、语域与风格,还有在各种环境(家庭、教室、媒体)中积累的价值信仰等。有的构成因素还互相排斥竞争,造成了意识习得的异质动态性。这也体现了个体语言发展的变异性。

DST也强调习得发展的复杂多变体现为学习者个体语言发展的变异性。研究者们解释了语言磨蚀(attrition)现象,认为语言磨蚀的发展不是线性过程。Meara(2004)利用网络仿真(network simulation)研究了词汇网络中的磨蚀现象,证实了语言磨蚀的发展过程呈非线性的假设,而且还凸显了个体语言发展的变异性。其他研究也表明,受蚀者的外语磨蚀的速度并不均衡,有的人语言能力仅在二语环境中生活几年就耗损很大,有的在许多年后仍能保存完好(de Bot & Clyne, 1994; Waas, 1996)。而在数据分析方面,Meara(2004)研究的结果中整体平均模式为稳步下降,而个体情况则无一例如此。因此DST倡导语言磨蚀研究不要只关注平均值,更要注意个体语言发展的变异性。

若要研究二语习得进程,就要先确定其初始条件,接着才是影响习得进程的各个因素。以往的很多研究忽视了初始条件的因素,无法准确评定习得效果,也难以合理解释习得进程。DST的关键特征之一是初始条件敏感性(sensitive dependence on initial conditions),即蝴蝶效应。动态系统的运动和变化完全由初始条件确定;初始条件相近,运动和变化也接近。近年来一系列研究都证实了DST的假设,即二语习得中存在蝴蝶效应。例如,Sparks与Ganschow(1991)发现具有母语学习困难特征的学习障碍(语言发展迟缓、短期记忆与认知困难、学习不易专心、组织摘录重点困难等)是外语学习困难的主因。语音记忆(phonological memory)及母语读写能力会影响外语学习能力(Dufva & Voeten, 1999)。学习者对母语的语音意识(phonological awareness)及词汇识别能力可以转移到其二语习得能力上(Durgunoglu *et al.*, 1993)。因此,DST从蝴蝶效应的角度解释了母语对习得效果所起的重要作用。而 SCT 认为,个体通过外部交往活动,将外部言语逐渐内化和思维结合形成内部言语(Vygotsky, 1986)。二语习得是一个中介参与的过程,母语则是其中重要的心理工具。具体来说,母语可以协助学习者相互解释学习任务,建立维持主体间性(intersubjectivity)(Rommetveit, 1985)。学习者间相互提供支架时,母语亦是不可或缺的要素(Wood *et al.*, 1976)。Antón 与 DiCamilla(1999)总结了母语在学习者进行协作型任务中的作用,并提出其在内在言语外化中的中介作用。因此,SCT 从中介的角度揭示了母语在习得过程中(尤其是协作型任务中)的必要性。

2.3 学习环境

本节主要讨论 DST 和 SCT 对学习环境的解释及主张。DST 认为语言习得环境包括学习者的认知语境(工作记忆等)、文化语境(该文化中的师生角色)、社会语境(与老师及其他学生的关系)、物理环境以及教学语境(教学任务、材料)等,是学习者内部及外部动态因素的集合。学习者与环境作为独立的系统,各自变化发展,又不断相互调整,以维持相对平衡。学习环境的变量中,研究者们尤其关注对话互动[①](conversational interaction)。以往研究发现它对学习者听说能力(Gass & Varonis, 1994)、词汇习得效果(Ellis *et al.*, 1994)以及语法习得进程(Gass, 1997)等都具有促进作用。它能为学习者提供更多的可理解性输入,增强他们对语言形式的关注,并为他们提供更多的机会进行输出以检验中介语的假设,且互动的过程也符合 DST "学习者通过与其所在环境的互动来习得语言"(Larsen-Freeman, 2002)的主张。SCT 以社会文化视角著称,因而对社会环境的解释更为系统完善。社会环境不仅是学习者语言输入的来源,也是学习者认知能力发展的源泉中。与 DST 类似,SCT 承认学习者与外部环境是密不可分且相互影响的。外部世界影响改变思维机制,思维机制也会影响改变社会文化环境。但 SCT 更侧重环境的社会文化因素,并把社会文化环境放在习得体系中更为核心的位置。SCT 的社会文化环境在二语习得的具体应用分为支架式教学与协作交互(collaborative interaction)。支架式教学为学习者在践习获得技

① 即学习者和对话者之间在预测、觉察或遇到交际障碍或需要进一步提供信息时对话语进行的修改、重构与推进。

能、概念和理解的过程中提供了不可缺少的帮助(Gibbons, 2003)。学习者间的支架不仅有助于语言输入的交换,而且充实了学习者自身的语言知识(Donato, 1998)。

2.4 教学启示

本节主要讨论DST和SCT对外语教学的启示。DST认为语法是有意义的动态系统,是语言技能和动态应用的过程,故称为语法技能(Grammaring)(Larsen-Freeman, 2003)。准确、达意、适当地使用语法结构的能力是一种需要产生式训练的技能。这种训练要求学习者参与某些交际任务,而学习者必须使用某些结构才能完成这些任务。因而,语法练习应尽量避免那些纯粹形式的无意义的单项练习。教师应让语法在语篇中“动”起来,在使用中“活”起来,即在语境、语篇的基础上把握好“时”(何时教)和“度”(教多少)。(Celce-Murcia *et al.* 1999)还在此理念上构建了包括形式、意义和使用三方面的三维语法(Three-dimensional Grammar),已在国内外语教学界应用。SCT则非常重视认知的社会性与文化的反拨作用,体现在教学形式、教学内容、测试形式等层面上。课堂作为学习者对话互动的社会文化场景,应采取日常对话的形式(Johnson, 2000)。互动是具有真实交际活动特征的对话,与其他形式相比,具有权利的平衡性,给予个体平等机会,有利于发展学习者自主性。在现代外语教育技术的环境下,把利用多媒体、虚拟现实技术创设较真实的语言情境作为教学设计的一个重要内容。教学内容要广泛吸取图片、音响、网络课件等多种素材,使教学内容的呈现与获得从单调的文字形式转变为多种直观生动的形式,使学习活动摆脱了纯文字的单一化呈现,充分刺激学生的眼、耳、手等各种感官,改善人脑获取信息的感官功能,激发学生的学习兴趣和想象力。这种方式不仅能提高学生感知新知识的速度,使学生更有效地理解所讲内容,提高课堂效率,而且会扩展学生的视野,培养学生的创新意识和创新能力,以促进学习者言语体裁的多样化发展。在测试环节,教师可充分利用计算机辅助测试软件,如WebCT、Hot Potatoes等,汲取测试软件丰富的多维语境信息的即时展示和快速加工的特点(Chapelle & Douglas, 2006),以模拟真实场景下对话形式的多项选择题的形式,从而大幅提高测试的真实性,有利于测试学生使用语言的能力(Heaton, 1998),考察学习者的潜在发展层次。

3 DST 与 SCT 的异同

首先在理论背景上，DST 与 SCT 都不是基于语言教学的理论，最初分别用于解释物理系统和人的高级心理机能。他山之石，可以攻玉。广阔的理论背景使两大理论比那些语言教学的“本土”理论具有更强的解释力(Lantolf, 2006)。二者都试图解决 Saussure 与 Chomsky 的两分法在语言教学应用中的问题，如语言能力与语言使用。但处理方式又不尽相同。Ellis(1997)认为二者都源于环境中复现的模式频率。能力是对使用的综合总结，使用是能力在动态语境中的激活。过去的种种两分法的界线不应那么泾渭分明。两分法是非此则彼，但二语习得应该是共存共生。一个以规则为基础，另一个以记忆为基础，都不能偏废(桂诗春, 2004)。SCT 则主张将语言能力与语言使用有机结合起来。二者之间是辨证的互动关系，好比一枚硬币的正反两面(Johnson, 2004)。该理论强调语言运用，因为二语习得不是普遍语言习得能力，而是一种行为。二语能力的获得并不源于语言习得机制，而在于社会环境，在于语言使用。

两大理论对习得过程的理解有相似之处。首先，二者都强调习得发展的复杂多变体现为学习者个体语言发展的变异性。数据统计中的平均值可能蒙蔽这些个体变异性，因此要注意个体因素。而且二者都认为习得发展不是简单的叠加，或是新旧更替。例如，新的语法出现了，旧的体系不会消失，可能会在特定条件下再次作用。Vygotsky 将这一特点类比为地质学中的地层，新旧共存，旧的埋于地壳中，特定条件下可能再次显露出来。二者都反对二语习得线性发展的观点(Larsen-Freeman, 2002)，但却是从不同角度解释非线性。DST 主要是从系统的角度理解，系统中元素间的相互作用主要指非线性作用，它是系统存在的内在根据，构成系统全部特性的基础。SCT 则是从社会、文化、政治、历史和制度环境的复杂多变角度出发。以往的某些理论将社会文化环境视为先验的稳定特征，SCT 则强调社会文化环境的动态发展，以及语言发展与社会文化环境发展间的相互作用。

在理论视角方面，DST 与 SCT 都试图融合认知与社会视角，反对 Chomsky 的天赋论，强调社会文化环境的作用。但社会文化环境在两个理论框架中的分量各异。前者将语言习得视为个体与他人在社会环境中的互动(de Bot *et al.*, 2007)，社会文化环境是整个动态系统的重要部分。但 DST 并没有明确指出它与其他要素的主次伯仲。SCT不仅将社会文化环境看作认知发展的要素，更是人的心理机能发展的起源(Newman & Holzman, 1993)。在SCT的二语习得模型中，社会文化环境具有明确的位置和作用。还有，DST更多是从历时和系统(例如蝴蝶效应、非重建平衡状态)的视角看待语言系统及其发展，因此还突出了其自组织功能[①]。而SCT最初侧重关注人与社会文化环境间的相互作用，因而主要从对话的角度解释语言、文化和自我。从这个角度来说，SCT更突出人本性，强调人的全身发展。

再次，DST与SCT都将语言与学习者视为一个动态系统，系统与环境的相互作用使二者组成一个更大、更高等级的系统。但前者对系统概念更为宽广，包括语言、学习者、环境等各种相关(历时与共时)的子系统。其中各要素的数量及相互关系都是变化发展的，具有不确定性。而SCT构建了更为明确具体的系统，如活动理论，包括学习者、师生、家庭媒体等社会环境、工具(语言、教学资源等)、目标、结果、劳动分工及规则。他们之间相互作用，都与学习者及社会文化环境相关。二者都突出语言习得中的互动作用。Larsen-Freeman(2002)曾强调，学习者通过与其所在环境的互动来习得语言。SCT(Johnson, 2004)认为二语习得的起源是社会文化背景下的对话互动。但它们对互动的理解又是不同的。DST的互动是各级系统间相互作用以及系统自身历时发展的综合。因此，这种互动是多极多向的。而SCT的互动受到马克思辩证唯物主义的影响，更多表现为两两间的对话或对立统一，学习者与语言、语言与环境、学习者与语言等。

研究方法方面，两者都反对纯粹的定量研究，语言习得不是计算机程序，不能仅靠数据支撑。前文提及，二者都不是基于语言教学的理论，因此不能直接应用。主要通过两种途径应用于二语习得领域。一种是用于解释或重新阐释研究结果，另一种是构建假设或理论模型，进而论证二语习得的规律。两者在具体研究手段上又各有千秋。DST强调定量与定性研究的结合，有时通过数学公式推导、数据分析的定量研究，有时则通过类比隐喻等构建模型(例如“双人舞”, de Bot *et al.*, 2007)。SCT强调从定性角度开展研究，通过个案研究、日

① 在没有外部指令的条件下，系统内按照某种默契各尽其责而又协调地自动形成有序结构。

记、个人叙述等可以更好地洞察一个人的认知发展过程。研究对象的诸多本质在言谈、日记或其他显示主体性的媒介或工具中无意识地流露、敞开、展示或显现出来，研究者因此能够认识二语习得过程中诸多被遮蔽的社会文化本质和现象。个人行为观察比通常对一群体行为观察更能代表调查的科学性(Johnson, 2004)。

4 结语

笛卡尔二元论将心理学的发展分裂为两个方向，一个趋近于内部探索(Chomsky 的天赋论)，另一个则向外延伸(社会行为主义及建构主义)。认知与社会视角的割据不能全面地解释语言习得，因此 DST 与 SCT 融合了两大视角，在二语习得领域的应用上取得了很多突破和收获。语言、环境、学习者都是动态发展的，它们之间相互作用，相互影响，构成一个更大的系统。两大理论框架在理论背景、研究视角、研究方法等方面都各有异同。比较而言，DST 的包容性与解释力更强。但它从不明确指出各系统间的主次轻重，人们极易陷入系统间复杂互动以及各系统自身动态发展的混沌漩涡中。面对某一具体现象时，很难从错综动态的要素中理清头绪，实践的可操作性因此受限。SCT 侧重人与社会文化环境间的相互作用，解释范围更为狭窄。但它的系统更具有封闭性，要素更为明确，因而具有更强的操作性。从各自特点来说，SCT 更突出人本性，强调人的全身发展，而 DST 强调了二语习得体系的自组织功能，更好地融合了习得的系统性与生物基础。二者在动态、系统、互动等方面的共同点及交叉点为构建一个融会贯通的新体系提供了可能和基础。当然，还有些问题有待进一步研究。例如，如何判定区分 DST 动态系统中各要素间的作用？如何用 SCT 的社会中介理论解释习得系统的自组织功能？动态抑或互动？希冀本文让我们更好地透析两大理论框架，把握二语习得理论的未来发展。

参考文献

[1] Antón, M. & DiCamilla, F. J. Sociocognitive functions of L1 collaborative interaction in the L2 classroom[J]. *The Modern Language Journal*, 1999, 83(2): 233-247.

[2] Bakhtin, M. M. *The Dialogic Imagination: Four Essays*[M]. Austin: University of Texas Press, 1981.

[3] Celce-Murcia, M. & Larsen-Freeman, D. *The Grammar Book: An ESL/EFL Teachers Course*[M]. Boston, MA: Heinle & Heinle, 1999.

[4] Chapelle, C. & Douglas, D. *Assessing Language Through Computer Technology*[M]. Cambridge: Cambridge University Press, 2006.

[5] de Bot, K. & Clyne, M. A 16-year longitudinal study of language attrition in Dutch immigrants in Australia[J]. *Journal of Multilingual and Multicultural Development*, 1994, 15(1): 17-28.

[6] de Bot, K., Lowie, W. & Verspoor, M. A Dynamic Systems Theory Approach to Second Language Acquisition[J]. *Bilingualism: Language and Cognition*, 2007, 10(1): 7-21, 51-55.

[7] Dekeyser, R. & Juffs, A. Cognitive considerations in L2 learning[A]. In E. Hinkel (ed.). *Handbook of Research in Second Language Teaching and Learning*[C]. Mahwah, N. J.: Erlbaum, 2005: 437-454.

[8] Donato, R. Collective scaffolding in second language learning[A]. In J. Lantolf & G. Appel (eds.). *Vygotskian Approaches to Second Language Learning Research*[C]. Norwood, N. J.: Ablex, 1998: 33-56.

[9] Dufva, H. & Alanen, R. Metalinguistic awareness in dialogue: Bakhtinian considerations[A]. In J. K. Hall, G. Vitanova & L. Marchenkova (eds.). *Dialogue with Bakhtin on Second and Foreign Language Learning: New Perspectives*[C]. Mahwah, N. J.: Lawrence Erlbaum Associates, 2005: 99-118.

[10] Dufva, M. & Voeten, M. Native language literacy and phonological memory as prerequisites for learning English as a foreign language[J]. *Applied Psycholinguistics*, 1999, 20(3): 329-348.

[11] Dulay, H. & Burt, M. Natural sequences in child second language acquisition[J]. *Language Learning*, 1974(24): 37-53.

[12] Durgunoglu, Y., Nagy, W. & Hancin-Bhatt, B. Crosslanguage transfer of phonological awareness[J]. *Journal of Educational Psychology*, 1993(85): 453-465.

[13] Ellis, R. *SLA Research and Language Teaching*[M]. Oxford: Oxford University Press, 1997.

[14] Ellis, R., Tanaka, Y., & Yamazaki, A. Classroom interaction, comprehension, and L2 vocabulary acquisition[J]. *Language Learning*, 1994(44): 449-491.

[15] Gass, S. *Input Interaction and the Second Language Learner*[M]. Mahwah, NJ: Lawrence Erlbaum Associates, 1997.

[16] Gass, S., & Varonis, E. Input, interaction, and second language production [J]. *Studies in Second Language Acquisition*, 1994(16): 283-302.

[17] Gibbons, P. Scaffolding academic language across the curriculum[R]. Presentation at the annual meeting of the American Association for Applied Linguistics. Arlington, VA, 2003.

[18] Heaton, J. B. *Writing English Language Tests*[M]. New York: Longman, 1998.

[19] Johnson, Marysia. Interaction in the Oral Proficiency Interview: Problems of Validity[J]. *Pragmatics*, 2000, 10(2): 215-31.

[20] Johnso, Marysia. *A Philosophy of Second Language Acquisition*[C]. New Haven: Yale University Press, 2004.

[21] Kramsch, C. Second language acquisition, applied linguistics, and the teaching of foreign languages[J]. *The Modern Language Journal*, 2000, 84(3): 311-326.

[22] Lantolf, J. P. Language emergence: implications for Applied Linguistics—a sociocultural perspective[J]. *Applied Linguistics*, 2006, 27(4): 717-728.

[23] Larsen-Freeman, D. An explanation for the morpheme acquisition order of SL learners[J]. *Language Learning*, 1976(26): 125-134.

[24] Larsen-Freeman, D. Chaos/complexity science and second language acquisition[J]. *Applied Linguistics*, 1997, 18(2): 141-165.

[25] Larsen-Freeman, D. Language acquisition and language use form a chaos /complexity theory perspective[A]. In C. Kramsch(ed.). *Language Acquisition and Language Socialization: Ecological Perspectives*[C]. London: Continuum, 2002: 33 -46.

[26] Larsen-Freeman, D. *Teaching Language: From Grammar to Grammaring*[M]. Boston: Heninle, 2003.

[27] Larsen-Freeman, D. Second Language Acquisition and Fossilization: There Is No End, and There Is No State[A]. In Z-H. Han & T. Olden(eds.). *Studies of Fossilization in Second Language Acquisition*[C]. Clevedon: Multilingual Matters, 2005.

[28] Meara, P. Modeling vocabulary loss[J]. *Applied Linguistics*, 2004, 25(2): 137-155.

[29] Newman, F. & Holzman, L. *Lev Vygotsky: Revolutionary scientist*[M]. London: Routledge, 1993.

[30] Rommetveit, R. Language acquisition as increasing linguistic structuring of experience and symbolic behavior control[A]. In J. V. Wertsch(ed.). *Culture, Communication, and Cognition: Vygotskian Perspectives*[C]. Cambridge: Cambridge University Press, 1985.

[31] Sparks, R. & Ganschow, L. Foreign language learning differences: Affective or native language aptitude differences[J]. *Modern Language Journal*, 1991, 75(1): 3-16.

[32] Verspoor, M., de Bot, K. & Lowie, W. Dynamic systems theory and variation: A case study in L2 writing[A]. In H. Aertsen, M. Hannay & R. Lyall(eds.). *Words in their places: A Festschrift for J. Lachlan Mackenzie*[C]. Amsterdam: Free University Press, 2004: 407-421.

[33] Vygotsky, Lev S. *Mind in Society: Development of Higher Psychological Processes*[M]. Cambridge: Harvard University Press, 1978.

[34] Vygotsky. *Thought and Language*[M]. A. Kozulin, Ed. & Trans. Cambridge, MA: MIT Press, 1986.
[35] Waas, M. *Language Attrition Downunder*[M]. Frankfurt: Peter Lang, 1996.
[36] Washburn, G. N. Working in the ZPD: Fossilized and nonfossilized nonnative speakers[A]. In J. P. Lantolf & G. Appel (eds.). *Vygotskian Approaches to Second Language Research*[C]. Norwood, N. J.: Ablex, 1998: 69-80.
[37] 白春仁. 边缘上的话语——巴赫金话语理论辨析 [J]. 外语教学与研究, 2000(3): 162-168.
[38] 桂诗春. 我国外语教学的新思考 [J]. 外国语, 2004(4): 2-9.

(作者:韩大伟,邓奇,燕山大学)

复杂动态系统理论：对二语习得研究的反思

1 引言

复杂动态系统理论是当今二语习得领域倍受瞩目的理论。作为该理论的倡导者，Larsen-Freeman 和她的合作者们撰写了一系列论文、论著：Larsen-Freeman（1997、2006、2007a、2007b、2009、2012），Cameron 和 Larsen-Freeman（2007），Larsen-Freeman 与 Cameron（2008a、2008b），Beckner 等（2009）。目前，该理论还未有统一的术语，使用频率最高的有两个：复杂理论（Complexity Theory，CT）和动态系统理论（Dynamic Systems Theory，DST）。Larsen-Freeman（2012）指出，两个理论虽然起源不同，但有很多相似之处。本文依从 Larsen-Freeman（2012）题目中的 Complex Dynamic Systems，称之为复杂动态系统理论。

国内对该理论的介绍刚刚起步。发表在外语类期刊上的论文有沈昌洪、吕敏（2008）、王涛（2010、2011）、李兰霞（2011）、郑咏滟（2011）、韦晓保（2012）以及戴运财、王同顺（2012）等。对外汉语学界还未见相关论文。

已有的论文多直接对该理论进行介绍。本文试图从传统二语习得研究中存在的五大争论出发，展开对复杂动态系统理论的介绍与论述。我们认为复杂动态系统理论正是对二语习得研究的反思。此外，本文还借助法国哲学家 Edgar Morin（埃德加•莫兰）的相关学说，希望能从新的视角来理解二语习得中的五大争论。值得一提的是，Morin 是 Larsen-Freeman（2012）特别提到的哲学家，其专著的中译本《复杂思想：自觉的科学》在 2001 年出版。

2 复杂动态系统理论:直面二语习得研究的五大争论

2.1 争论一:什么是习得?

在二语习得研究中,我们必须回答一个问题:学习者在什么情况下算是习得了某一个语言项目?也就是说,必须界定习得的标准。习得的标准至今仍存争议,目前通用的标准有两个:第一个是 Brown(1973)采用的强制语境中连续三次样本的正确率达到或超过 90%,后人对正确率的数值进行调整,定为 80% 或者 60%(转引自刘颂浩,2007:109);第二个是 Pienemann(1998)提出的初现率标准,认为初次出现是习得过程的起点(转引自刘颂浩,2007:110)。我们发现,无论是正确率还是初现率标准都存在一些问题。正确率的问题有两个:(1)要求在强制语境中使用,考察学习者在该用的时候有没有用。如果脱离了强制语境,学习者自发使用时用错了,也就是不该用时使用,这种情况应该如何看待? (2)研究者把正确率定位在连续三次达到 90%、80%或者 60%,然而习得是一个过程,达到标准后正确率可能会产生变化,如果出现倒退现象,还算是习得吗? 关于初现率,问题也有两个:(1)零起点的学生,我们可以追踪其初现率,其他学生应该如何界定初现率? (2)初现率意味着开始习得,其实之后发生的种种情况才是语言学习最真实、最精彩的部分,只关注起点舍弃过程的做法是否妥当? 如果必须在两个习得标准中分出伯仲,本文认为正确率优于初现率,因为连续三次样本正确率达到 90%、80% 或者 60%,至少能一定程度地揭示学习的过程。不过从另一方面来说,以正确率这个点来说明学习过程可能过于简单。

法国哲学家 Morin 的"进步的复杂性"学说(埃德加•莫兰,2001:43、72)提供了另一种眼界。他指出宇宙中没有简单的事物,只有简单化的行为。进步过程中充斥着倒退性、破坏性的副产品,副产品很可能在某一刻转化为主要产物。因此,"进步的复杂性"打破了传统的线性、简单、肯定、不可逆转,意味着不确定性。

回到二语习得研究,借用 Morin 的理论,习得的正确率标准忽视了语言学习的复杂性。其一,语言学习是非线性的。除了进步,学习进程中充斥着倒退、回落、对错并置的种种可能性。其二,语言学习的进程是不确定的。正确率标准是一个结果式追求:目的语标准。Larsen-Freeman 与 Cameron(2008a:141)提出：中介语与目的语永远无法重合，因为目的语本身并不存在某个同质的状态。因此，语言学习没有终点。

事实上，不论是复杂理论还是动态系统理论，在术语上都已经用“语言发展”代替了“语言习得”。一个学科核心概念表述之转变反映了该学科认识论的转变，绝对不容小觑。“语言发展”囊括了学习过程中进步、倒退、再进步、又回落的复杂性。这种复杂性是学习者使用语言时浮现出来的（Larsen-Freeman, 2012）。

如果说“复杂”凸显的是进步与倒退、稳定与破坏、肯定与否定的并存，本质上是静态的视角，那么“动态”凸显的是异质事物之间的转换，并且这种转换不可预知，具有开放性。接下来，让我们直面二语习得研究的第二个争论。

2.2 争论二：系统性还是变异性？

Selinker（1972）提出了中介语的概念，关于中介语，有两个特性值得关注：系统性和变异性。系统性强调稳定性，也就是说学习者的语言发展存在着可以遵循的规律；而变异性是对系统性的破坏，强调学习者语言发展的动态变化。Ellis（1999：76-85）将看似矛盾的两种特性进行整合，把中介语变异分为系统性变异和非系统性变异。系统性变异有两种：（1）与学习者个体因素有关，比如年龄、动机、性格、认知风格等；（2）与语境有关，比如语言语境、情境语境。非系统性变异也有两种：（1）自由变异，指学习者语言表达杂乱无章，两种或多种形式混用，没有规律可循；（2）表现变异，比如暂时的口误、笔误。由于表现变异学习者可以自己修正，因此系统性变异和自由变异成为最重要的类型。论及系统性变异和自由变异的关系，Ellis（1999：81）认为在语言学习的最初阶段自由变异频繁出现，以后系统性变异逐渐占了上风。对于两种变异的不同作用，Ellis（1999：94）的观点是系统性变异可以反映下一阶段的语言发展，自由变异对语言的发展起到推进作用。

在二语习得研究中，系统性变异占据了主导地位，因为系统性变异具有前瞻性，可以预测学习者未来的语言发展趋势。我们认为，系统性变异传达的是语言发展可预知论，也就是说，旨在寻求一个普遍性真理。Morin（2001：117）对真理的思考具有颠覆性：真理不是持久不变的，而是脆弱易逝的。对普遍真理的质疑要追溯到20世纪维也纳思想家波普尔。在波普尔以前，传统的科学思想认为科学是通过积累真理而进步的，波普尔指出，在寻求真理的过程中我们不断消除错误而实现进步，因而“可证伪性”是科学思想的本质（Morin，2001：113）。Morin（2001：117）诗意地写道：“对真理的追求只能在漂泊和巡游中实现。寻求真理的道路逃避不了犯错误甚至是致命的错误的经验。对错误的否定变成了真理。”

让我们从哲学的思考转向二语发展研究，是否可以这样认为：学习者二语发展中语言的自由变异成就了系统性变异，活跃的自由变异通过一次次否定之否定导向系统性，并且系统性也是相对的、暂时的。稳定的表面下变异在生长、积聚，激增到一定时候、一定程度，二语又会进入另一个相对稳定的状态，长此以往，循环往复，没有终点，只有永远的动态。

Larsen-Freeman 和 Cameron（2008a：87）对不同的变异观进行了论述，认为 Labov 研究的因社会阶层、正式程度等引发的系统性变异是语言固有的内在属性，变异并不指向语言的变化。而复杂动态系统理论所研究的变异是由语言的使用引起的。纵观 Larsen-Freeman 对该理论的研究历程，“动态”一直置于数个特征之首。论及复杂动态系统研究的焦点时，Larsen-Freeman 与 Cameron（2008a：148）这样表述：研究变异不是为了发现系统性变异，而是发现什么样的变异可以引发二语发展，这才是动态系统理论的视角。如果说传统二语习得研究热衷于发现静态的系统性变异，那么复杂动态系统理论更青睐于描绘从自由变异到系统性变异的真实动态过程。

系统与变异之争还牵涉另一个问题：我们研究谁的中介语？二语习得研究旨在回答群体性中介语发展态势，一般收集大样本数据，做量化研究。复杂动态系统理论认为这种可推广性规律很可能掩盖了个体的多样化发展轨迹。具体来说，量化研究以均值、标准差为手段，平均后的数值是否会遮蔽个人的真实？在个体差异较大的情况下，均值能否很好地说明问题？即便群体具有同质性，提供相似的语言资源，不同的学习者对资源的使用可能有不同的偏好，均值如何顾及这种差异性？与复杂动态系统理论相适应的研究方法有几类，其中一种是多个案纵向研究，旨在揭示个体真实的语言发展轨迹，也就是细描个体语言发展中的“杂乱微小细节”。在这方面，Larsen-Freeman，2006 年的论文可资借鉴。

研究对象为 5 名同质性（性别、国籍、语言水平、动机）的学生，让她们在 6 个月内完成 4 次同样的写作任务（教师不评价任务的完成情况），要求学生不查词典，不必太担心语言形式的问题，完成任务不限时间。关于重复同一任务的原因，作者的想法是：不想研究因任务、情境不同而产生的语言差异，想研究不同时段完成同一任务存在的差异，即使是细微的差异也可能对语言转变产生深刻的影响。

论文对数据分别进行了定量、定性分析。定量分析的结果从三个层面呈现：（1）五个学习者的平均值显示学习者在每个维度，即流利性、准确性、语法复杂度、词汇复杂度都取得了进步。（2）个体间的差异很大，有的学生进退摇摆，有的甚至一段时间内止步不前，不同学习者有着非常不同的语言发展路径。这一结论不支持中介语不断靠近目的语的假设。（3）同一个体不同时段语言发展的速率起伏波动。定性研究的结果通过分析某一学习者的9个语义单位来呈现。研究发现，学习者语言差异是多元的、不规则的，表现在语素、词、词组、从句、片段话语、抽象语义等各个层面。

通过对 Larsen-Freeman（2006）的分析，我们发现原本分离的词汇、句法研究可以一定程度地整合，这和传统二语习得研究中的第三个争论有关。

2.3 争论三：语言系统中的子系统是联系的还是隔绝的？

在二语习得研究中，语言系统被清晰地划分为语音、词汇、语法、语用研究，研究者立足于自己的研究领域，互相之间鲜有交流。然而就真实的语言使用来说，语音、词汇、语法、语用互为联系，交织为一体。于是，语言子系统的分离式研究与语言的整体性使用形成矛盾。Morin（2001：73）这样理解两者的矛盾性：不能彼此交流的专业化认识的进步会导致一般性认识的倒退。他（2001：151）认为我们应该打破事物间的界限，在被隔绝的事物之间重建联系。这是否意味着在二语发展研究中，要尽可能地打通语音、词汇、语法、语用各子系统的界限？

复杂动态系统理论在这方面显然走得更远，也更复杂。对于系统，Larsen-Freeman 与 Cameron（2008a：26-36）进行了多层面的阐释：（1）广义上来说，系统由互相作用的子系统构成。（2）各个组成部分呈现异质性。以交通系统为例，交通系统由行人、驾车者、道路、车辆、交通法规等各不相同的子系统组成。投射到二语学习系统，存在听力、口语、阅读、写作各语言技能子系统，也有学习材料、语言环境、学生—教师关系、教学法等外部因素子系统，还有学习策略、认知风格、国籍、动机、态度等学习者个体因素的子系统。（3）一些子系统还可能是动态的，比如学习者的认知过程。（4）各个相互作用的子系统本身不是一成不变的，它们之间的关系呈动态、开放状态。(5)对于不断的变化,系统具有适应性。

Larsen-Freeman非常关注子系统间的相互作用。她(2012)列出了复杂动态系统理论的12个特征,然后抽取3个加以集中阐述,"子系统间互相作用"这一特征排在第二位,仅次于变化/动态。她借用了鱼群的比喻:水中成千上万条鱼集结成群,是什么造就了这种整体性?复杂系统理论的解释是成千上万条鱼在相互作用中浮现出统一性,是一种自组织、自适应的行为,并不是一条领头鱼带着其他鱼游出来的结果。由此可见,这种浮现性不只是由外界因素所导向,也不只是由内部因素所计划。复杂系统理论反对预先定形论。

目前,对于各子系统交互关系的研究可借助于数学与计算机技术相结合的电脑建模。电脑建模可以模拟各种变量不断变化的交互关系,需要指出的是这种模拟并没有预测的目的。Turner(1997)提出电脑建模不是传统的假设检验,而是通过连续调整变量以及变量间的关系,以实现对真实情况的精确复制(转引自李兰霞2011)。关于电脑建模的实证性研究可以参看van Geert(2008)、李兰霞(2011)和Verspoor等人(2011)的相关研究。

2.4 争论四:认知派与社会文化派的论争

目前,二语习得研究领域形成两大对立的阵营:认知派和社会文化派。1997年*The Modern Language Journal*组织两派对话,双方各执己见,矛盾纷争。10年以后,*The Modern Language Journal*再次组织两派辩论,双方依旧针锋相对,没有妥协的意愿。

Larsen-Freeman(2007a)详细描述了认知派与社会派的分歧,从12个方面比较两个学派的不同,其中排在首位的是情境(环境)的作用。认知派认为即使情境发生改变,学习者内部的认知过程并不会产生变化,所以二语习得应该研究超越情境的普遍认知机制。社会文化派认为社会情境影响语言行为,因此二语习得研究的焦点是社会互动因素如何影响语言的使用。

应该如何看待情境因素?一方面,情境的存在毋庸置疑;另一方面,语言发展研究必须还原到个体内部认知的运作。两难中我们如何抉择,是否必须选择非此即彼的学术立场——认知派或者社会派? Morin屡次以黑猩猩为例,来回答环境的问题。他指出,实验研究的黑猩猩是作为孤立的个体被考察和测试,这些测试并不能解释黑猩猩固有的行为。珍妮特·古多尔与黑猩猩长期生活在一起，她发现黑猩猩具有许多不为人知的技艺，并且黑猩猩之间有着极其复杂的关系。Morin 把“自我组织”和“依赖环境的组织”联系起来，提到“自主性”的概念，认为自主性的基础是对环境的依赖，同时为了保持个体性、独特性，“自主性”又与“对环境的依赖”相对立。应用到二语习得领域，“依赖环境的组织”指学习者不断适应多元的情境；“自我组织”指学习者的学习有个体性和独立性。Morin 把两个对立的概念统一起来，打破了自笛卡尔以来的两分法，提出了一个崭新的哲学术语——两重性逻辑。（埃德加•莫兰，2001：144、145、149）两重性逻辑是既一又二，两种逻辑、两种原则统一起来，又不丧失各自的二元性。两重性逻辑认为对立的事物可能产生互相激励、调节的作用。

Larsen-Freeman（2012）在复杂动态系统理论中选出 3 个最具代表性的特征，变化 / 动态是第 1 个，子系统的互相作用是第 2 个，环境是第 3 个。传统二语习得研究中，把环境作为背景，而复杂动态系统理论认为环境不是系统之外，而是系统的一部分。她引用了诺贝尔生理学奖得主 McClintock 的精辟之言：总体而言，任何事物是一个整体。要在事物之间划定界限不那么可行，我们通常做的是把事物细分，其实事物本身并不如此。另外，Larsen-Freeman 还提到癌症研究学家 Bissell 对经典癌症归因论进行挑战（*New York Times*，2009 年 12 月 29 日）。传统观点是癌症由基因突变产生的坏细胞所致。Bissell 认为基因突变是癌变的一部分，癌症源于坏细胞与周围组织（环境）的相互作用。

复杂动态系统理论对情境的高度重视与社会文化学派不谋而合，但 Larsen-Freeman 和 Cameron（2008a：157-158）指出两者的明显差异：（1）社会文化学派强调同伴合作能促进学习，而复杂动态系统理论认为学习者的发展是学习者、同伴、其他语言资源共同作用的结果，不能仅强调学习者与他人的互动；（2）认知机制不为社会文化理论所重视，而为复杂动态系统理论所关注。

以上四大争论都是理论之争，第五个争论关乎研究方法。

2.5 争论五：实验所证实的原因是否有足够的解释力？

二语习得研究中，通常采用的方法是抽取一个变量作为自变量，对其他变量进行控制，旨在揭示自变量对学习者的二语习得是否产生重要影响。这类研究的科学性在于研究对象的选取、研究步骤的设计、研究结果的报告。这里产生了一个问题：研究的科学性是否就是研究过程的科学性？如 2. 3 所述，第二语言学习过程中各变量交互作用，形成网络，而且每个变量在不同时期会发生变化，原本的交互关系也会重新组合，因此，基于一个变量得出的结论是否有足够的解释力？对于如何看待实验，Morin 提供了一种新的思考。他认为，实验是为了推进我们对科学的认识，实验带来了操纵、控制的技术，然而这个操纵控制的活动最后从科学的副产品演变为主要产物，以致在技术应用的世界中人们不再是为了实验而操纵，而是为了操纵而实验。一言以蔽之，实验研究最初是为了认识科学，但慢慢地人们把实验当成了科学本身，实验从科学的工具论跃为科学的本体论。（埃德加•莫兰 2001：75）

传统控制性实验想找出一条因果链：因为 X，所以 Y。与之相对，Morin（埃德加•莫兰，2001：143）和 Larsen-Freeman. Cameron（2008a：232）都提到了“双向因果关系”（reciprocal cause）的概念，即原因、结果是不定的，这一刻某个变量是结果，下一刻它成为原因。Morin（同上：179）提出了环路的概念，比如从科学到技术，从技术到工业，从工业到工业化社会，再从社会到科学，在环路中还存在着复归，每个环节都可能反作用于前面的环节，各个环节相互作用，在环路中演进、变化。

事实上，在二语学习中，各个变量之间并不存在着像“科学→技术→工业→工业化社会”这样较为严格的序向性，变量之间的联系应该更开放，在特定的情境下，各变量进行适应与自适应、组织与自组织。

Larsen-Freeman 与 Cameron（2008a：242）提出在复杂动态系统的视角下有几种研究方法：（1）民族志；（2）形成性实验；（3）设计实验和行动研究；（4）个案纵向研究；（5）电脑建模；（6）大脑成像；（7）综合方法，如语篇分析与语料库语言学结合、二语习得与语料库语言学结合、二语习得与话语分析结合。对于上述方法的论述，限于篇幅，本文不具体展开。

3 结语

上文论述了二语习得研究中的五大争论，这五大争论之间有着一定的关联。习得的标准问题奠定了研究的基础，二语习得研究定位于某个点的研究，于是系统性变异成为研究的主要内容。立足于系统性变异的研究，一般考察某个变量（认知因素或社会文化因素）所起的作用，因此认知派和社会文化派成为二语习得领域的两大研究阵营。方法论上，大多采用实验研究，解释因果关系。面对这五个问题，复杂动态系统理论提出了新的研究方向：

（1）用“二语发展”代替“二语习得”，“发展”研究关注学习的动态过程。

（2）研究的焦点从群体的系统性转为个体之间以及个体内部的变异性，旨在发现什么样的变异可以引发二语发展。

（3）研究语言子系统之间的联系，借助数学与计算机技术相结合的电脑建模，模拟各变量的交互关系。

（4）整合认知学派和社会文化学派的研究，同时关注情境、环境和大脑认知机制的作用。

（5）方法论上打破单向因果分析，采取“双向因果关系”的视角。具体方法不再局限于实验研究，使用民族志、形成性实验、个案纵向研究、电脑建模等方法。

1997 年，Larsen-Freeman 第一次在应用语言学界引入复杂科学理论，近几年间复杂动态系统理论受到越来越多的关注，与之对应的研究范式、方法论还在不断完善中。

参考文献

[1] Beckner, Clay, Nick C. Ellis, Richard Blythe, John Holland, Joan Bybee, Jinyun Ke, Morten H. Christiansen, Diane Larsen-Freeman, William Croft & Tom Schoenemann . Language Is a Complex Adaptive System: Position Paper. *Language Learning* , 2009(59): Suppl. 1-26.

[2] Cameron, Lynne & Diane Larsen-Freeman. Complex systems and applied linguistics. *International Journal of Applied Linguistics*, 2007(17): 226-240.

[3] Ellis, Rod. *Understanding Second Language Acquisition*（《第二语言习得概论》），上海外语教育出版社，1999.

[4] Larsen-Freeman, Diane. Chaos/complexity science and second language acquisition. *Applied Linguistics*, 1997, 18(2): 141-165.

[5] Larsen-Freeman, Diane. The emergence of complexity, fluency, and accuracy in the oral and written production of five Chinese learners of English. *Applied Linguistics*, 2006, 27(4): 590-619.

[6] Larsen-Freeman, Diane 2007a Reflecting on the cognitive-social debate in second language acquisition. *The Modern Language Journal* 91: 773-787.

[7] Larsen-Freeman, Diane 2007b On the complementarity of Chaos/Complexity Theory

and Dynamic Systems Theory in understanding the second language acquisition process. *Bilingualism: Language and Cognition* 10(1): 35-37.

[8] Larsen-Freeman, Diane. Adjusting expectations: The study of complexity, accuracy, and fluency in second language acquisition. *Applied Linguistics*, 2009, 30(4): 579-589.

[9] Larsen-Freeman, Diane. Complex, dynamic systems: A new transdisciplinary theme for applied linguistics? *Language Teaching*, 2012(45): 202-214.

[10] Larsen-Freeman, Diane & Lynne Cameron. *Complex Systems and Applied Linguistics*. Oxford University Press, 2008a.

[11] Larsen-Freeman, Diane & Lynne Cameron 2008b Research methodology on language development from a complex systems perspective. *The Modern Language Journal* 92: 220-213.

[12] Selinker, Larry. Interlanguage. *International Review of Applied Linguistics* 1972: 209-231.

[13] van Geert, Paul 2008 The dynamic systems approach in the study of Ll and L2 language acquisition: An introduction. *The Modern Language Journal* 92: 179-199.

[14] Verspoor, Marjolijn H., Kees de Bot & Wander Lowie (eds.). *A Dynamic Approach to Second Language Development Methods and Techniques*. Amsterdam: John Benjamins Publishing Company. 2011.

[15] 埃德加•莫兰.[复杂思想:自觉的科学],陈一壮译.北京:北京大学出版社.2001.

[16] 戴运财,王同顺.基于动态系统理论的二语习得模式研究——环境、学习者与语言的互动.山东外语教学,2012(5).

[17] 李兰霞.动态系统理论与第二语言发展.外语教学与研究,2011(3).

[18] 刘颂浩.第二语言习得导论——对外汉语教学视角,世界图书出版公司.2007.

[19] 沈昌洪,吕敏.动态系统理论与二语习得.外语研究,2008(3).

[20] 王涛.从二语习得到二语发展:一个动态的观点.外语教学理论与实践,2010(4).

[21] 王 涛.动态系统理论视角下的复杂系统:理论、实践与方法.天津外国语大学学报,2011(6).

[22] 韦晓保.第二语言习得理论研究的新视角:D-C-C 模式,外语界,2012(6).

[23] 郑咏滟.动态系统理论在二语习得研究中的应用——以二语词汇发展研究为例.现代外语,2011(3).

(作者:许希阳,吴勇毅,华东师范大学)

二语动态系统发展篇

动态系统理论在二语习得研究中的应用

——以二语词汇发展研究为例*

1 引言

应用语言学界普遍认同语言发展是一个复杂、动态的过程。Larsen-Freeman(1997)最早提出语言学习不是单纯由输入引导的线性过程,而是充满倒退、停滞、甚至跳跃式前进的动态系统行为。近年来,动态系统理论在生物、气象、工商管理及发展心理学等领域炙手可热,在应用语言学界亦发展迅速,已率先运用到研究语言的磨蚀(Meara, 2004),多语言发展(Herdina & Jessner, 2002),二语动机自我系统(Dörnyei, 2009),等。为了向国内学者介绍这一理论框架,本文详细梳理了动态系统理论与应用语言学最相关的概念,并以二语词汇发展研究成果为切入点,展示该理论在二语习得领域的应用潜力,并提出若干研究方法上的建议。

2 动态系统理论的基本概念与二语习得研究

动态系统的行为通常在三个范畴内展开讨论:复杂系统(Larsen-Freeman &

* 感谢香港大学 Agnes Lam 教授、新加坡南洋理工大学 Lawrence Jun Zhang 博士及匿名审稿专家提出的宝贵修改意见。

Cameron, 2008)、动态系统理论(van Geert, 1995, 2003; de Bot *et al.*, 2007)及涌现主义(Emergentism)(MacWhinney, 1999)。复杂系统的提法多用于气象学和生物学领域,动态系统理论则多用于数学领域。尽管名称、渊源各有不同,但这些理论都指向同一个动态的、循非线性轨迹发展的复杂系统,故而不同名称在文献中常常交互使用。下文将沿用动态系统理论的提法进行讨论。

2.1 系统的全面联结性

动态系统的首要特征就是该系统由多种变量或参数构成,这些变量相互联系,并处在恒动之中。动态系统可以是城市的交通系统或森林的生态系统,也可以是一个言语社区。同时,二语学习者自身亦可视为一个动态系统,包括认知环境(如记忆能力、智力、母语和二语知识、动机和意图),社会环境(如对二语的接触、受教育程度、与老师和同学的社会交往),教学环境(如课程、教材、教法),以及社会政治环境、客观物质环境等(de Bot *et al.*, 2007; Larsen-Freeman & Cameron, 2008)。源于多重环境的多种变量在多个层面上相互联结,故而系统具有"全面联结性"(complete interconnectedness)。不难看出,与传统的强调输入-输出简单因果关系的信息处理框架不同,动态系统理论更注重系统多重成分间以及系统内外环境间的交互。环境并非孤立存在,而是系统的组成部分。与动态系统观点相呼应的是语言生态观(Van Lier, 2000)与语言参与隐喻(language participation metaphor)(Sfard, 1998)的提法,这些观点都试图纠正认知观固有的认知-环境分裂倾向,并强调语言学习并非学习者"获取"语义符号、语法规则的过程,而是"参与"到语言使用中去的过程。

那么,系统的全面联结性在二语习得研究中如何体现?以二语词汇研究为例,词汇知识具有复杂系统的所有特征(Meara, 2006)。认识一个单词是非常复杂的概念,不仅包括知道意义-形式的映射,还包括语音、拼写、词义、形态、词性、语域等多元信息(Nation, 2001),且这些维度互相影响、互相制约(Schmitt & Meara, 1997; Schmitt, 1998; 刘绍龙, 2001)。近年来兴起的二语心理词库研究表明,心理词库中的聚合型和组合型语义关系之间高度相关(张淑静, 2003, 2005; 张萍, 2010),联想反应类型与词性相联(Nissen & Henriksen, 2006; 张珊珊, 2006),而心理词库的结构表征又深度影响了单词在接受与产出方面正确、自动化的使用(Jiang, 2000)。可见,二语词汇知识是一个复杂、动态的系统,具有多种成分,且成分间相互联系。进一步说,如果把二语词汇视为一个分系统,二语能力则是一个复杂、动态的总系统。

就实证研究方法而言,选取动态系统理论视角研究二语发展需联合考察多方面的能力,并同时积极探索各方面的协同效应。例如,进行二语词汇习得研究时,我们或许需要同时考察词汇知识的宏观层面(如词汇量)和微观层面(如单个单词的多元知识),也可以考察词汇和语法之间发展是否具有同步性。我们在探究语言发展的同时,也应该积极探索环境与语言心理、认知过程间的互动关系。

2.2 系统的非线性发展

在日常学习和教学实践中我们常常发现,学习者有时付出很大的努力仍然一无所获,有时稍许改变却能带来飞速提高。这反射出的正是语言发展的非线性特征,而动态系统理论对此进行了深入阐述。由于系统的多种成分在多个层面上相互联结,交互变化,某个变量细微的变化不仅会引起其他变量的变化,甚至会引发整个系统的变化,这就是常说的"蝴蝶效应"(butterfly effect)(de Bot *et al.*, 2007)。变量之间的复杂互动使系统的行为和发展路径变得不可预测,导致系统的输入和输出不再具有恒定的比例关系(Larsen-Freeman & Cameron, 2008)。

动态系统理论框架中对系统非线性发展特征的解释是传统的认知视角所不能涵盖的。以二语词汇研究成果为例,Meara(1997)最早指出非线性二语发展:词汇学习的初始阶段比较缓慢,之后开始快速增长,到达一定阶段后又会趋缓,总体呈现出S型的发展曲线。

近年来,国内外学者针对多维度词汇知识展开了大量实证研究,从各个侧面都印证了词汇发展的非线性路径:宏观层面上,接受性词汇和产出性词汇发展不同步(Laufer, 1998; 刘绍龙, 2001),产出性词汇到一定阶段遭遇趋于停滞的词汇高原(Laufer & Paribakht, 1998; 崔艳嫣 & 王同顺, 2006; 谭晓晨, 2006; 文秋芳, 2006);微观层面上,单词各维度知识(包括词义、同义词、搭配等方面)发展不同步(Schmitt, 1998; 刘绍龙, 2001; 吴旭东 & 陈晓庆, 2000),且会经历多个半稳定状态（Churchill, 2008），同时二语心理词库中的聚合型和组合型语义关系发展不对称、不平衡（Wolter, 2001；张珊珊，2006；张萍，2010），其路径呈现某种U型态势（张淑静，2008；付玉萍，2009）。丰富的研究成果证明词汇发展并非恒定的线性过程。

然而，纵观现有的心理语言学或认知语言学模型，尚未有理论能完整解释这种语言发展的非线性特征。例如，现有的二语词汇发展模型（如 Laufer & Jiang, 2000; Hulstijn, 2001；刘绍龙，2003；张文忠 & 吴旭东，2003）虽然解释了词汇发展的某些现象，但都未能触及词汇发展的非线性路径。单单从信息处理或心理语言的过程很难解释接受性与产出性词汇、聚合型与组合型语义联系出现不同步、不对称模式的根源。相反，由于动态系统理论视二语词汇发展为二语心理词库的表征与通达、聚合型与组合型关系、心理词汇与学习者的认知、社会等多重环境之间互动变化的结果，一个参数的变化可能引起多个其他参数甚至整个系统的变化，多层面的联结持续互动致使二语系统发展的轨迹变得不可预测，由此呈现出S型路径。

从研究方法上看，如果我们想更好地理解语言发展的非线性特征，我们需要开展更多纵深式的历时研究（longitudinal study）。事实上，以上引用的研究（除 Schmitt, 1998; Churchill, 2008；张淑静，2008；付玉萍，2009）皆采用横断面设计（cross-sectional design）探索语言发展，该设计虽然也能总结语言发展的某些规律，但快照式的研究毕竟只能静态记录某个时间点一组学习者的状态。相反，历时研究能为二语发展研究加入时间这一变化维度。通过拉长研究周期，加密研究频数，我们能针对发展的动态路径获取更为深入的数据。我们在分析方法上也可以考虑采用时间序列分析（time series analysis），从而更好把握语言发展的趋势。

2.3 系统的自组性与吸引状态

在语言教学中，教师和学习者常遭遇平原现象：即使继续保持二语的输入或接触，也难以得到明显提高。这就是我们熟悉的“停滞”（stabilization）。从动态系统理论视角出发，系统的变化与发展并不仅来源于多变量多层面的互动，也来自于系统内部的自组性（self-organization）。自组性指的是“存在于开放、恒动系统内，模式与模式变化的自发产生”（Kelso，1995：xi）。由于系统的自组性，系统通常会经历两种状态：一种叫做“吸引状态”（attractor state），即系统被某种因素吸引（吸引子 attractor），从表面上看处在停滞状态。另一种叫做“相斥状态”（repeller state），此时系统会处于剧烈动荡中（Thelen & Smith，1994）。de Bot 等（2007：8）用了以下例子来解释系统的两种状态：“想象一个小球在起伏不平的平面滚动，地面坑陷就是吸引状态，地面拱起就是相斥状态。坑陷有深有浅，如果越深则需要越大的力小球才能滚出坑陷继续前进。”从这个例子不难看出，地心引力是阻止小球前进的一个吸引子。我们可以进一步假设，如果此时一阵顺风吹过，小球可能会加速，从而逃离地心引力的吸引、滚出坑陷。这阵风就代表了一种“控制参数”（control parameter），即能够对系统产生推动作用的一种吸引力或多种吸引力的组合（Larsen-Freeman & Cameron，2008）。例如，在动态行为理论中，一个人的目标或对多个目标的妥协平衡构成一种控制参数，决定了他／她的行为路径（van Geert，2008）；在 Herdina 与 Jessner（2002）的多语言发展动态模型中，元语言意识被视为控制参数，能加速第三种以上语言习得进程。而 Larsen-Freeman 与 Cameron（2008）则假设学习动机可能是一种强有力的控制参数，能够帮助学习者逃开娱乐的吸引而专注于学习。

动态系统的“吸引状态”是非常重要的概念，一旦应用到二语习得研究中，可以让我们从全新角度理解语言学习中经常出现的中介语的僵化[①]（Long，2003；Han，2004）。动态系统理论认为，停滞恰恰代表了系统的吸引状态（Larsen-Freeman，2006a）。它是系统中不同参数相互制约表现出的动态平衡（dynamic equilibrium），属于系统发展的必然。然而，停滞不等于僵化，也不是静止的终极状态，而是代表了一种“无限的潜在性”（Larsen-Freeman，2006a），因为很可能这一刻停滞的系统在下一刻又开始运动。

再以二语词汇发展研究为例：诸多研究发现多元词汇知识、尤其是词义知识的发展具有惰性，容易出现停滞（Schmitt，1998；吴旭东、陈晓庆，2000），二语搭配知识相对滞后（Bahns & Eldaw，1993；Howarth，1998；莫青杨，孙蓝，2004）。

---

① 僵化（fossilization）指的是中介语的某种语言形式在没有达到目的语状态时停止发展（Long，2003），不过近年来很多学者提倡用“停滞”（stabilization）这一概念替换僵化概念。

一些学者解释停滞、僵化现象时，多从输入、输出角度或教学因素等方面切入（如 Laufer, 1998; 刘绍龙，2003; 文秋芳，2006），也有学者将其完全归结为母语影响（Jiang, 2000）。但如果从动态系统理论视角审视停滞现象，输入、输出、母语影响等都只是词汇知识这个动态系统中的组成因素，尚有更多内容需要纳入视野，包括学习者的学习动机与微观的课堂环境、宏观社会文化环境之间如何交互、学习者如何在各类因素影响下决定各类资源的分配与利用等。鉴于此，我们面临的更迫切的议题是明确诠释各类因素间的互动关系，找出能够推动二语发展的控制参数，刺激系统向下一个阶段发展，突破停滞。

就研究方法而言，除上文提及的拉长研究周期外，我们可以采纳"情境敏感"（context-sensitive）的研究思路，有机结合定量研究与定性研究（例如个案研究或民族志研究）。只有这样，才能充分关照系统的多重组成成分，将多种参数纳入研究视野，全面理解系统的非线性发展路径。

2.4 系统的初始状态与差异性

与系统的非线性和自组性发展相关的另一概念是系统对初始状态的敏感性与系统间差异性：一方面，系统初始状态的细微差别可能会随着系统的长期发展而逐渐放大，最终导致系统间的巨大差异；系统也可能吸收巨大的扰动而并不显现出任何变化（de Bot *et al.*, 2007; Evans, 2007）。例如 Labov（1996）认为，中介语的僵化很可能是由于学习者从一开始存入长期记忆的语音就是错的，错误信息逐渐固化，最终达到吸引状态。另一方面，由于系统的多种组成成分在多层面上复杂互动，每个系统均遵循自身的轨迹自组发展。即使初始状态相似，但由于系统的发展速度、强度或时机等方面存在的微小差异可能在发展过程中产生叠加效应，最终系统行为产生显著差异（Marchman & Thal, 2005）。具体到二语习得研究，宏观层面的定量研究通常认为只要组间平均值变化，所有的个体都已经变化，但是微观层面的个案研究则揭示出学习者之间存在巨大差异（Larsen-Freeman, 2006b; 张淑静，2008）。换言之，即使学习者来自相同的母语文化背景、家庭教育背景、社会经济背景，但由于系统间的差异性，我们没有理由认为每个学习者遵循整体统一的发展模式。

从动态系统理论视角出发，我们可以将母语影响理解为一种初始状态。例如，Jiang(2000)的“母语词目中介”[①]假设认为，当母语词目占据了二语词目空间后，二语词目信息再难以融入，导致二语词汇僵化。即使高级水平的二语学习者仍持续使用母语词目信息使用和理解二语词汇(Jiang, 2002, 2004)。笔者认为，母语词目中介恰恰展现了二语词汇系统对初始状态(母语系统)的依赖与敏感，该敏感性在系统发展过程中逐渐放大，最终发展为阻碍系统进一步前进的主要因素。动态系统理论认为系统的S型发展路径很可能是相互竞争资源的两个参数的对数关系表达(Larsen-Freeman & Cameron, 2008)。笔者认为，我们在实证研究中观察到的词汇知识的跳跃、遗忘、倒退很可能是二语词目信息试图进入二语词目空间、与母语词目信息相互竞争资源的过程，二者的对数关系最终表现为词汇知识非线性的发展路径。

就研究方法而言，为了能够深入理解语言能力的S型发展路线，我们需要找出相互竞争资源的参数，例如母语与二语、学习潜能和学习动机等，不一而足。在词汇发展研究中，我们可以突出母语影响，采用对比研究或有声思维法(think-aloud protocols)探究心理词库，从实证层面揭示母语与二语之间的竞争关系，通过绘制出两者的对数曲线描述词汇发展的具体路径。另一方面，我们也应该多采用定性研究法，将个体差异置于焦点之下，探索学习速度、策略、时机等方面存在的微小差异如何叠加而导致个体行为上表现出的较大差异，从而全面理解系统发展的非线性特征。

3 展望与结语

动态系统理论是国外应用语言学界的最新发展动态。该视角既不认为语言习得是单纯的认知心理过程，也不同意将其完全归于社会文化过程，而是多重资源(包括认知资源、心理资源、社会文化资源等)在多层次、多维度不断互动的动态过程。这一提法试图打破学界长期存在的认知与社会环境之间的壁垒，

① Jiang的假设采用了Levelt(1989)句子生成模型中心理词条的结构。心理词条分为词目(lemma)和词位(lexeme)两层，词目包含了单词的语义信息(semantic specifications)及句法信息(syntactic specifications)，而词位囊括了单词的语音、拼写形式(phonological and orthographic form)和形态信息(morphological specifications)。

并高屋建瓴地调和两者矛盾。基于以上综述，笔者认为动态系统理论视角能够较为全面地诠释二语习得研究中认知过程与环境的多层互动、语言动态发展的非线性特征与停滞、及母语影响与个体差异等关键议题，尤其适合探究语言的动态发展过程。传统的语言理论或许能够充分描述语言的种种特征，可一旦针对上述议题展开讨论，往往缺乏合适的概念与词汇。鉴于此，动态系统理论视角能够全面体现语言发展的复杂性、动态性，为二语习得研究提供了全新的思维框架。

当然，我们也应该意识到，该框架迄今为止仍囿于理论探讨，几乎称得上是未开发的处女地。原因大致有二：一是理论本身较为晦涩，概念生僻，让学者很难立刻接受；二是缺乏研究方法的蓝本，真正基于该框架的实证研究凤毛麟角，研究者即使感兴趣也常感无从下手。笔者认为，未来研究可以从以下几方面入手。首先，国内学者应开始认识到动态系统理论的应用潜力，增进动态意识。可喜的是，近年来国内已有少数研究触及到语言发展的非线性动态特征（如张淑静，2005，2008；文秋芳，2006）。由于动态系统理论反对简单的线性因果关系，所以我们在今后研究设计中应力求避免还原论（reductionism）倾向，多采用互动、动态视角看待语言习得与发展。其次，我们可以立足该框架建构适合我国国情、具有本土化特色的二语发展模型，解决中国学习者特有的困难和问题。我们尤其需要将当今全球化、英语成为通用语的宏观环境，课程设置、课堂教学等微观环境与二语发展的认知心理过程相结合，以“全人”的视角研究学习者，既关注他们的心理语言过程，也关注他们的情感、动机与历史，以及多方面的交互。例如，采用动态理论视角进行外语教学课堂研究时，我们需要认识到教与学并不存在简单因果关系，但教师、课程、教材、教法等课堂环境参数与学习者的内在认知环境相互作用，左右学生的资源分配，最终影响语言发展路径。鉴于此，研究焦点可放在教学的输入输出方式、数量、质量、时机、频率与学习者的认知、注意、心理反应、目标与动机等参数之间的交互关系以及教与学相互适应的动态过程。第三，我们需要充分关注语言的多元性，联合考察不同种类、多个层面上的语言知识，联合考察语言能力与学习者个别差异，并观察是否存在协同效应。我们可以将语法与词汇结合，将二语发展与母语影响结合，将学习者的身份认同与学习动机纳入语言能力发展研究的范畴，找出构成竞争关系的参数，深入理解非线性语言发展，帮助学习者克服语言停滞。最后，我们需要把握

"情境敏感"的研究思路，更多关注能突出环境与认知动态交互与个体差异的定性研究，将定量研究与个案研究、民族志研究、有声思维法等有机结合。同时多采用历时研究，拉长研究周期，加密研究频数，多方位、多角度地解析语言发展的动态过程，并可研究全球化背景下我国外语教学课堂环境内学习者口笔语发展，学术语言与一般语言的发展等议题。

van Geert（2008）曾乐观地预测动态系统理论在未来将成为研究人类行为认知（包括语言发展）的典范框架。将该理论运用到我国二语习得研究，应能推动学科的长足发展。但作为源于自然科学领域的理论，如何在应用语言学的语境中具化、阐释该框架的概念、观点，仍需我们从多方面、多维度展开大量探讨与研究。

参考文献

[1] Bahns, J. & M. Eldaw. Should we teach EFL students collocations?[J]. *System* 21, 1993(1): 101-114.

[2] Churchill, E. A dynamic systems account of learning a word: From ecology to form relations[J]. *Applied Linguistics* 29, 2008(3): 339-358.

[3] de Bot, K., W. Lowie & M. Verspoor. A dynamic systems theory approach to second language acquisition[J]. *Bilingualism: Language and Cognition* 10, 2007(1): 7-21.

[4] Dörnyei, Z. *The Psychology of Second Language Acquisition*[M]. Oxford: Oxford University Press, 2009.

[5] Evans, J. The emergence of language: A dynamical systems account[A]. In E. Hoff & M. Shatz (eds.). *Blackwell Handbook of Language Development*[C]. Oxford: Blackwell, 128-147. 2007.

[6] Han, Z. H. *Fossilization in Adult Second Language Acquisition*[M]. Clevedon: Multilingual Matters, 2004.

[7] Herdina, P. & U. Jessner. *A Dynamic Model of Multilingualism: Perspectives of Change in Psycholinguistics*[M]. Clevedon: Multilingual Matters, 2002.

[8] Howarth, P. The phraseology of learners' academic writing[A]. In A. P. Cowie (ed.). *Phraseology: Theory, Analysis, and Application*[C]. Oxford: Oxford University Press, 161-186. 1998.

[9] Jiang, N. Lexical representation and development in a second language[J]. *Applied Linguistics* 2000(21): 47-77.

[10] Jiang, N. Form-meaning mapping in vocabulary acquisition in a second language[J]. *Studies*

in Second Language Acquisition 2002(24):617-637.

[11] Jiang, N. Semantic transfer and its implications for vocabulary teaching in a second language[J]. *Modern Language Journal*, 2004(88):416-432.

[12] Kelso, J. A. S. *Dynamic Patterns: The Self-organization of Brain and Behavior*[M]. Cambridge, MA: MIT. 1995.

[13] Labov, W. Some notes on the role of misperception in language learning[A]. In R. Bayley & D. Preston(eds.). *Second Language Acquisition and Linguistic Variation*[C]. Amsterdam: John Benjamins Publishing, 245-252. 1996.

[14] Larsen-Freeman, D. Chaos/complexity science and second language acquisition[J]. *Applied Linguistics* 1997(18):141-165.

[15] Larsen-Freeman, D. Second language acquisition and the issue of fossilization: There is no end, and there is no state[A]. In Z. H. Han & T. Odlin(eds.). *Studies of Fossilization in Second Language Acquisition*[C]. Clevedon: Multilingual Matters, 189-200. 2006a.

[16] Larsen-Freeman, D. The emergence of complexity, fluency, and accuracy in the oral and written production of five Chinese learners of English[J]. *Applied Linguistics* 27: 590-619. 2006b.

[17] Larsen-Freeman, D. & L. Cameron. *Complex Systems and Applied Linguistics*[M]. Oxford: Oxford University Press. 2008.

[18] Laufer, B. The development of passive and active vocabulary in a second language: Same or different?[J]. *Applied Linguistics* 19, 1998(2):255-271.

[19] Laufer, B. & J. H. Hulstijn. Incidental vocabulary acquisition in a second language: The construct of task-induced involvement[J]. *Applied Linguistics* 2001(22):1-26.

[20] Laufer, B. & T. Paribakht. The relationship between passive and active vocabularies: Effects of language learning context[J]. *Language Learning* 48, 3: 365-391. 1998.

[21] Levelt, W. J. M. *Speaking: From Intention to Articulation*[M]. Cambridge, MA: MIT Press. 1989.

[22] Long, M. H. Stabilization and fossilization in interlanguage development[A]. In C. Doughty & M. H. Long(eds.). *Handbook of Second Language Acquisition*[C]. Oxford: Blackwell, 487-536. 2003.

[23] MacWhinney, B. *The Emergence of Language*[M]. Mahwah, NJ: Lawrence Erlbaum, 1999.

[24] Marchman, V. & D. Thal. Words and grammar[A]. In M. Tomasello & D. Slobin(eds.). *Beyond Nature-Nurture: Essays in Honor of Elizabeth Bates*[C]. Mahwah, NJ: Lawrence Erlbaum Associates, 139-164. 2005.

[25] Meara, P. Towards a new approach to modelling vocabulary acquisition[A]. In N. Schmitt & M. McCarthy(eds.). *Vocabulary: Description, Acquisition and Pedagogy*[C]. Cambridge: Cambridge University Press, 109-121. 1997.

[26] Meara, P. Modelling vocabulary loss[J]. *Applied Linguistics* 25: 137-155. 2004.

[27] Meara, P. Emergent properties of multilingual lexicons[J]. *Applied Linguistics* 2006(27): 620-644.

[28] Nation, I. S. P. *Learning Vocabulary in Another Language*[M]. Cambridge: Cambridge University Press, 2001.

[29] Nissen, H. B. & B. Henriksen. Word class influence on word association test results[J]. *International Journal of Applied Linguistics* 16, 2006(3): 389-408.

[30] Schmitt, N. Tracking the incremental acquisition of second language vocabulary: A longitudinal study[J]. *Language Learning* 1998(48): 281-317.

[31] Schmitt, N. , & Meara, P. Researching vocabulary through a word knowledge framework: Word associations and verbal suffixes[J]. *Studies in Second Language Acquisition* 1997(19): 17-36.

[32] Sfard, A. On two metaphors for learning and the dangers of choosing just one[J]. *Educational Researcher* 1998(27): 4-13.

[33] Thelen, E. & L. Smith. *A Dynamic Systems Approach to the Development of Cognition and Action*[M]. Cambridge, MA: MIT Press. 1994.

[34] van Geert, P. Growth dynamics in development[A]. In R. Port & T. van Gelder(eds.). *Mind as Motion: Explorations in the Dynamics of Cognition*[C]. Cambridge, MA: Bradford Book, 313-337. 1995.

[35] van Geert, P. Dynamic systems approaches and modeling of developmental processes[A]. In J. Valsiner & K. Connolly(eds.). *Handbook of Developmental Psychology*[C]. London: Sage, 640-672. 2003.

[36] van Geert, P. The Dynamic Systems approach in the study of L1 and L2 acquisition: An introduction[J]. *Modern Language Journal* 92, 2008(2): 179-199.

[37] Van Lier, L. From input to affordances[A]. In J. Lantolf(ed.). *Sociocultural Theory and Second Language Learning*[C]. Oxford: Oxford University Press, 245-259. 2000.

[38] Wolter, B. Comparing the L1 and L2 mental lexicon: A depth of individual word knowledge model[J]. *Studies in Second Language Acquisition* 2001(23): 41-69.

[39] 崔艳嫣，王同顺．接受性词汇量、产出性词汇量与词汇深度知识的发展路径及其相关性研究 [J]. 现代外语 2006(29): 392-399.

[40] 付玉萍．二语心理词汇的发展模式与路径研究 [J]. 中国外语教育 2009(2): 3-15.

[41] 刘绍龙．论二语词汇深度习得及发展特征——关于词义与词缀习得的实证调查 [J]. 外语教学与研究 2001(33): 436-441.

[42] 刘绍龙．论二语词汇的习得与发展——基于实证调查的词汇知识发展差异假说 [J]. 外语教学，2003(24): 47-50.

[43] 莫青杨，孙蓝．中国学生英语高频动词语义发展的考察 [J]. 解放军外国语学院学报，2004(27): 65-69.

[44] 谭晓晨．中国英语学习者产出性词汇发展研究 [J]. 外语教学与研究，2006(38):

202-207.
[45] 文秋芳．英语专业学生口语词汇变化的趋势与特点 [J]. 外语教学与研究，2006(38)：189-195.
[46] 吴旭东，陈晓庆．中国英语学生课堂环境下词汇能力的发展 [J]. 现代外语，2000(23)：349-360.
[47] 张萍．中国英语学习者心理词库联想模式对比研究 [J]. 外语教学与研究，2010(42)：9-16.
[48] 张文忠，吴旭东．课堂环境下二语词汇能力发展的认知心理模式 [J]. 现代外语，2003(26)：373-384.
[49] 张珊珊．通过单词联想实验探索二语词汇结构 [J]. 现代外语，2006(29)：164-171.
[50] 张淑静．从反应类型看词汇习得 [J]. 外语教学与研究，2003(35)：275-281.
[51] 张淑静．从联想测试看二语心理词汇之间的联系 [J]. 解放军外国语学院学报，2005(28)：52-57.
[52] 张淑静．二语心理词汇的发展路径：一项历时研究 [J]. 四川外语学院学报，2008(24)：120-124.

（作者：郑咏滟，复旦大学）

动态系统理论框架下的二语词汇深度发展研究*

1 引言

Nation(2001)将词汇知识分为词汇广度与词汇深度。词汇广度泛指学习者认识的单词总量，词汇深度指的是学习者掌握单个单词的程度，包括一词多义、上下义词、搭配特性等。近年来二语学习者的词汇深度知识逐渐成为研究热点。国内外研究表明，词汇深度的各个方面发展并不均衡，单个单词的形态知识、词义知识、联想知识发展各有先后且相互制约(Schmitt, 1998; 刘绍龙, 2001; 吴旭东，陈晓庆，2000)；词义知识，尤其是核心词义、首要义项知识能持续进展，而搭配知识却远远落后，甚至停滞(张文忠、陈水池，2006; 莫青杨，孙蓝，2004)；心理词库研究也表明，聚合型和组合型关系发展不对称，呈现某种U型发展路径(张淑静，2008; 张萍，2010)。各类研究也表明二语词汇发展受到母语影响。高水平的中国英语学习者仍会从汉语角度理解英语词义，且难以区分同译词对的语义差别(Jiang, 2002; 崔艳嫣、刘振前，2011; 郑咏滟，2012)；二语学习者更易认出与母语一致的搭配，而对母语不一致的搭配处理时间更长，自由产出能力较低(Nesselhauf, 2003; Wolter & Gyllstad, 2011)。然而，如何理解母语与二语发展间的复杂互动，如何更深入解释词汇深度发展的不平衡、非线性特征，仍是本领域的研究难点。

近年来广受关注的动态系统理论(Dynamic Systems Theory, DST)(de Bot

---

* 本文为教育部人文社会科学研究青年基金项目“外语词汇能力与动机自我意识的动态发展研究”(12YJCT40150)的阶段性成果。

et al.，2007；Larsen-Freeman & Cameron，2008；李兰霞，2011；郑咏滟，2011）或可为上述难点提供崭新视角。动态系统语言发展观将语言（包括母语与二语）视作复杂、动态的系统，系统各个部分（如母语与二语、词汇与语法、词汇知识内部的不同方面）在多层面相互联结、交互变化。系统本身会通过自组（self-organization）进入吸引状态（attractor state）或相斥状态（repellor state），故系统的行为与发展路径变得不可预测，而语言系统常常呈现出S型或U型的发展路径。进一步说，动态系统的非线性发展可视作系统内两个参数相互竞争资源的逻辑斯特表征（Logistic representation）（Larsen-Freeman，2006；Sharwood-Smith & Truscott，2005）。Larsen-Freeman（2006）率先使用了DST框架研究二语习得，发现学习者交互使用in与at两个不同的介词形式，并将其解释为“两个深植于心理认知系统的对手”间的竞争效应。

二语心理词库亦可视作一个复杂的动态系统（Meara，2005），其关键特征在丰富的二语词汇习得实证研究中均得到印证（郑咏滟，2011）。然而，二语词汇的动态系统发展研究至今仍以理论论述为主，国内真正采用DST研究方法的实证研究凤毛麟角。基于此，本研究从DST视角出发，长期跟踪两组中国英语学习者一学年间词汇深度知识（词义与搭配）的发展，深入透视二语词汇深度知识的动态系统发展过程。具体研究问题如下：

（1）大一与大三英语专业学生的词汇深度知识（包括词义知识与搭配知识）的长期发展呈现何种态势？

（2）词汇深度知识中的词义知识与搭配知识之间如何互动？

（3）母语对二语词汇深度的两个方面产生何种影响？

2 实证研究

DST框架下的实证研究刚刚起步，笔者参考了Larsen-Freeman & Cameron（2008）的动态系统建模方法论，并借鉴文秋芳（2009）对跟踪研究的总结，采取长期跟踪的多个案研究设计，使用定量-定性混合法收集数据，从微观角度观察词汇深度不同方面的复杂互动。

2.1 研究对象

华东地区某重点综合性大学英语专业四名大一学生与四名大三学生参与了本研究。笔者采取大一学生入学初的分层考试成绩及大三学生上一学期的专业学分绩点，选取了八名成绩处于50%百分位的学生[①]。大一学生为Cheryl、Nicky、Linda、Zara，大三学生为Sharon、Muriel、Gloria、Helen（皆为化名）。由于该大学英语专业男女比例失衡，导致本研究的参与者皆为女生。她们各自为18、19岁与20、21岁，母语均为汉语，入学前教育经历相似，入学后所有的英语学习多以学校学习为主。

2.2 研究工具

本研究采用了自行修订的词汇深度测试与有声思维法。

本研究使用的词汇深度测试基于词汇深度研究普遍采用的Read（1998）设计的词汇联想测试（Word Associations Test）[②]。Read认为，词汇深度知识可以理解为词汇语义网络知识。换言之，单词融入心理词库的程度标志了学习者掌握该单词的深度。心理词库的语义网络中主要存在两种语义关系：纵聚合联系（paradigmatic connection）与横组合联系（syntagmatic connection）。纵聚合联系指的是那些属于同一词性、并且能够实现相同语法功能的词汇，包括同义词、上下义词、反义词，例如animal-dog，dog-terrier。横组合联系指的是具有修饰、搭配关系的单词，通常不属于同一词性，例如barking-dog，dog-bite。Read的词汇联想测试基于该点假设，主要考察目标词的词义与搭配知识。该测试包含40个高频形容词，信度介于.88与.93（Qian，2002；Read，1998），在研究者中得到广泛使用（Greidanus，Becks & Wakely，2005；Qian，2002；Schoonen & Verhallen，2008），并被证明是一项有效的词汇深度测试（Schmitt Ng & Garras，2011）。

为了将母语影响列为考察因素，笔者针对中国英语学习者对该测试进行了严谨的三步修订：第一步，从Read（1993）的词汇联想测试中提取了10个常用形容词，使目标词达到50个。第二步，笔者通过对比分析，找出英文目标词

① 八位参与者均自愿参加本研究，并不接受任何报酬。

② 本研究采用的词汇深度测试是在Read（1998）的词汇联想测试基础上改编的，除了插入干扰项，其余正确答案均来自该套词汇联想测试。

与其中文对译词在聚合型及组合型方面可能不一致的地方，设计了 45 个干扰项。这些干扰项与刺激词在中文中都存在说得通的词义关系或搭配联系，但在英文中则通常不存在。词义干扰项的选取一方面来自于笔者作为汉语本族语者的直觉，一方面来自于笔者多年英语教学经验中学生犯错实例（例如中国学生会混淆 critical 与 negative）。第三步，笔者将所有的组合型干扰项在两大英语语料库——British National Corpus 以及 COBUILD Concordance and Collocation Sampler——反复核对，确认在这两大语料库中未出现干扰项和目标词的搭配。之后笔者邀请了 15 位来自四个不同英语为母语国家的人完成了词汇深度测试的草稿版。结果显示，他们的回答一致性很高，平均正确率为 95%，且基本不受中文干扰项影响。个别造成英语母语者混淆的干扰项均被舍弃。

修订后的词汇深度测试在先导实验中获得较高可信度（N = 114, Cronbach's Alpha = 0. 896）。本测试含 50 个均为高频形容词的目标词，每个目标词均有 4 个正确的联想答案，总分 200 分。同时有 30 个干扰项，其中 10 个词义干扰项，20 个搭配干扰项。由于词义干扰项非常难确认，所以干扰项在词义与搭配部分分布不均，这是本研究的一个局限。每个目标词下有 8 个选项，分为左右两部分，左边为词义，右边为搭配。为避免猜测效应，4 个正确答案打乱分布于左、右两部分。这点在测试前作了详细书面说明。例如：

SENSITIVE							
feeling	interesting	forceful	weak*	clothes	**instrument**	**skin**	**topic**

上例中，目标词 sensitive 的词义答案为 *feeling*[①]，搭配答案为 *instrument*, *skin*, *topic*，而 *weak* 则为词义干扰项。

本研究使用词汇深度测试让参与者进行有声思维报告。为了避免参与者在研究过程中过于疲劳，该测试被拆分成 A、B、C 三套，每套均含 25 个目标词，100 个正确答案。A 套取自词汇深度测试的奇数号题，B 套取自偶数号题，C 套则包含了随机抽取的 A 套的 20 道题与 B 套的 5 套题，题目与答案均作乱序处理。三套测试的具体项目分布见表 1。A、B、C 三套的信度（Cronbach's Alpha）

① 有学者对 feeling 一词作为 sensitive 的词义义项表示异议。原设计者 John Read 解释说 feeling 一词在这里作为形容词使用，且在 Merriam Webster 词典中亦有此义项。在本研究的先导性试验中，大多受试都能成功选出 feeling 这一正确答案。

分别为 0.820，0.811，0.819，且无显著差异。之后参与者的有声思维报告表明，尽管他们模糊记得做过类似题目，却已记不清之前的选择，故一概重新选择。评分时，每选对一个计一分，选错不倒扣分。为了统计母语干扰项的选择情况，每选一个母语干扰项计一分，但并不计入总分。

表 1　A、B、C 三套测试的具体项目分布

	总题项	词义项	搭配项	总母语干扰项	词义干扰项	搭配干扰项
Part A	100	47	53	13	5	8
Part B	100	53	47	17	5	12
Part C	100	45	55	16	7	9

本研究同时使用有声思维法（think-aloud protocols，TAP）探索学习者的在线思维过程。TAP 属于一种内省式的数据收集法，虽然会影响完成任务的时间，但基本不会改变参与者的任务表现（Bowles，2010）。近年来 TAP 常常用于探究二语学习者在线思维活动，被有效地运用到词汇联想测试、词汇猜测策略、跨语言在线咨询等研究中。但不同参与者的内省能力、二语表达能力参差不齐。笔者采取了三项措施提高信度：第一，给予参与者足够的有声思维训练，包括对一幅漫画边看边说，对两个并不包含在词汇深度测试的目标词边选择边口头报告思维过程。第二，参与者可以随意切换母语与二语，以此补偿有声思维过程中由于语言能力限制可能导致的记忆滞后问题。第三，完成词汇深度测试时不限时间。

2.3　研究步骤

本研究跨时一学年，每三个月安排一次一对一的会面。第一次研究会面时笔者先对参与者进行 15 分钟左右的有声思维训练，她们适应该方法后开始主体研究。之后参与者拿到词汇深度测试的试卷，正式开始，一边完成测试一边进行有声思维，说明选取某些答案的原因与思考。有声思维每人每次约 30 分钟，均当场录音，事后转录。每位参与者都由笔者单独邀约，在笔者的办公室进行一对一访谈，且并无他人在场。Part A、B、C 三次会面地点相同。

2.4 数据分析

本研究结合了参与者词汇深度测试分数的定量数据与其有声思维报告的定性数据。定量数据由于人数有限，无法进行统计分析，故参照Larsen-Freeman（2006）以描述词汇深度的动态变化为主。定性数据采取持续比较法分析（Miles & Huberman, 1994），并遵循个案研究数据分析的双层分析原则（Merriam, 1998）——案例内分析与案例间分析。通过不断比较同一参与者不同时期的有声思维报告（案例内分析）与不同参与者的有声思维报告（案例间分析），其共有的词汇深度发展模式逐渐浮现。

3 结果

3.1 词汇深度的长期发展

本研究结果显示，两组参与者的词汇深度增长呈现不同模式（图1）：大一学生除Zara外均有所增长，而大三学生稍有波动与下滑。两组间差距逐渐缩小，说明大一组学生词汇深度增速快于大三组。

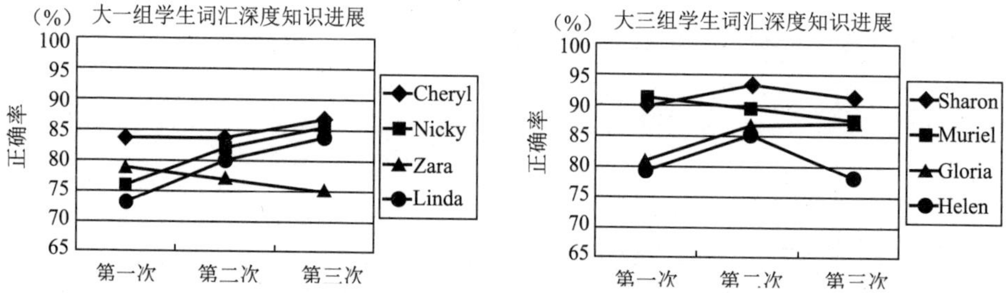

图1 两组学生的词汇深度知识进展

在词义与搭配进展方面（图2），大一组学生的词义知识进展并不明显，反而搭配知识增长明显，说明词汇深度增长大部分来自搭配知识增长。四人当中，Cheryl、Nicky、Linda均处于较稳定的上升状态，而Zara的表现却大相径庭，体现出词汇深度发展过程中的个体差异。这点将在讨论部分展开。

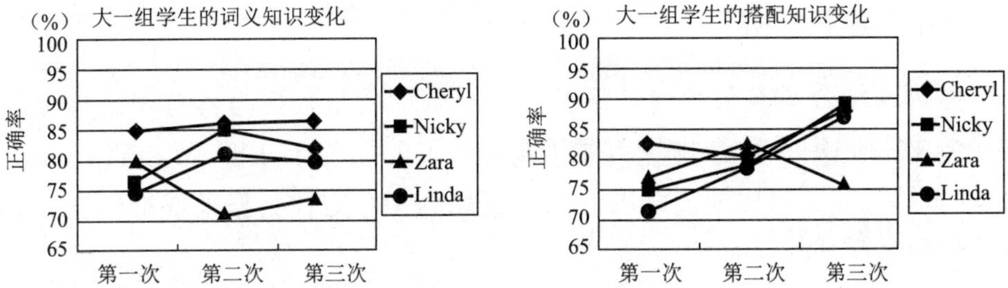

图 2　大一组学生的词义知识、搭配知识变化

图 3 显示大三组学生的词义知识趋于停滞，这可能是由于本测试的封顶效应。但搭配知识方面 Sharon 与 Muriel 趋于平稳，Gloria 与 Helen 起伏明显。

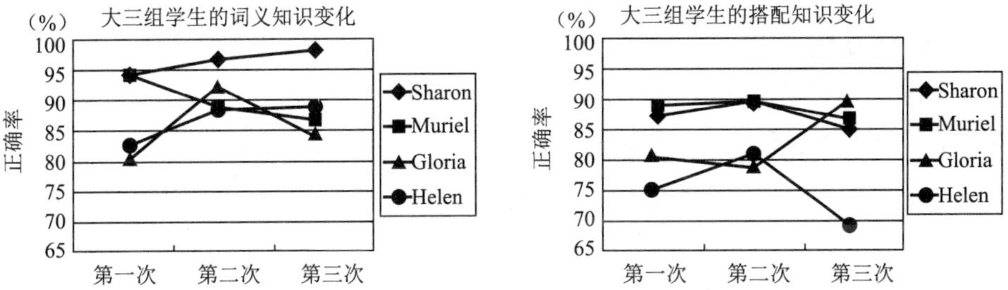

图 3　大三组学生的词义、搭配知识变化

3.2　词义与搭配的关系

针对研究问题二，笔者绘制了词义与搭配关系的散点图(图 4)，以探索词义与搭配的进展关系。

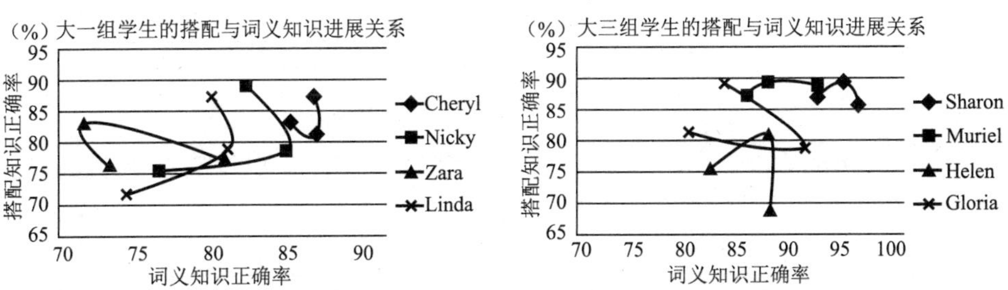

图 4　两组学生的搭配与词义知识进展关系散点图

图 4 中没有明显的正斜率曲线，表明学生的搭配知识并未与词义发展同

步。有人词义增长，搭配退步（如 Helen），有人词义倒退、搭配波动（如 Zara），还有人词义与搭配的发展峰值未出现在同一时间点（如 Gloria）。

3.3 母语对词义、搭配的影响

针对研究问题三，本研究使用了母语干扰项来调查母语影响。在计分时，参与者每选一次干扰项计一分，不倒扣分。但鉴于词义干扰项与搭配干扰项总数不同，故分析时采取选取干扰项的比例进行计算。图 5、图 6 显示，随词义知识增长，对母语干扰项的鉴别力有所加强，所选母语干扰项的比例降低（如负斜率曲线所示），在大三组更为明显。但母语与搭配知识的进展关系则更复杂：大一学生的搭配知识增长，但母语干扰项的鉴别能力并没有明显提高；大三学生选择的母语干扰项数量减少，但搭配知识并没有明显增强。然而需要承认，该结果与本测试使用的母语干扰项数量有限不无关系，且个案研究无法进行推论统计分析。这就需要使用定性数据进一步印证。

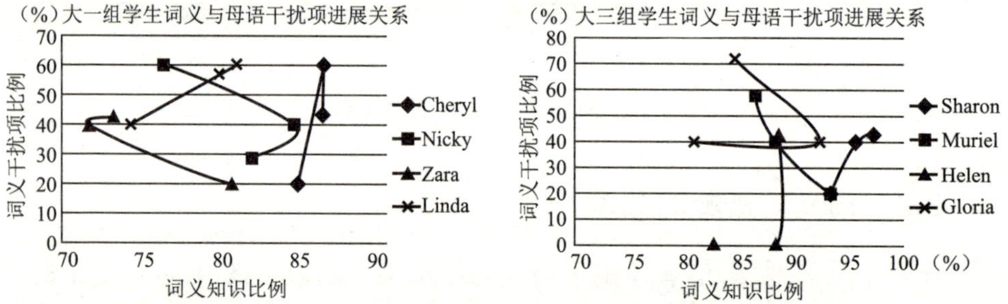

图 5 大一与大三组学生词义知识与母语干扰项的进展关系

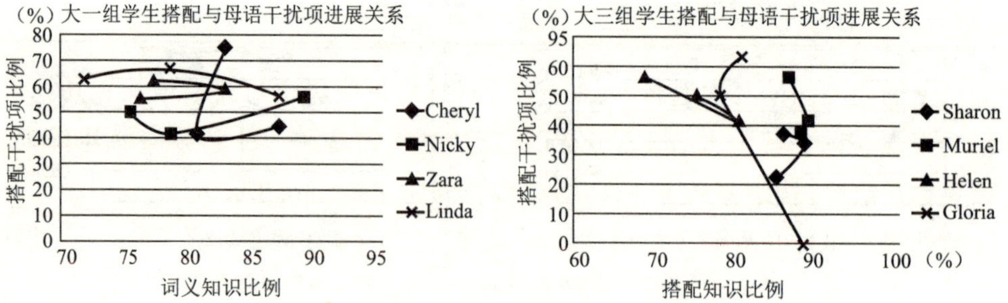

图 6 大一与大三组学生搭配知识与母语干扰项的进展关系

3.4 持续依赖母语中介

定性分析表明八名学生在词汇深度发展过程中持续依赖母语中介，跨语言鉴别意识有进步也有倒退，呈现出不规律的波动。

在词义和搭配方面，两组学生持续依赖母语中介，无法区分二语目标词与母语对译词间的细微语义差异[①]，如例 1。

<table>
<tr><td rowspan="2">例 1</td><td colspan="2">INDEPENDENT</td></tr>
<tr><td>changed equal* artificial separate</td><td>income country thinking prices</td></tr>
<tr><td></td><td colspan="2">Independent，独立的，好像意思有关系的是 separate，或者是 equal。我选 equal。equal 就是平等的，independent 是独立的，比如国家如果是独立的话，她和其他国家之间就是平等的关系。（Helen，2nd TAP）</td></tr>
</table>

先导试验中的英语母语者无人选择 equal 为 independent 的词义项，表明在母语者的心理词汇中两者并无联系。然而八名学生中六名都选择了干扰项 equal，或因汉语中“独立”（independent）与“平等”（equal）常同时出现，在外交辞令中尤为显著，故汉语中两词的频繁共现，导致中国学生混淆了其语义，并迁移到二语的理解。

持续的母语中介作用导致学生重复错选母语干扰项，如例 2。

<table>
<tr><td rowspan="2">例 2</td><td colspan="2">SENSITIVE</td></tr>
<tr><td>feeling interesting forceful weak*</td><td>clothes instrument skin topic</td></tr>
<tr><td></td><td colspan="2">1. Sensitive 就是敏感的，会感觉有比较 weak 的意思。……我觉得一般好像比较 sensitive 的人精神方面比较 weak。（Gloria，2nd TAP）
2. Sensitive，是指 feeling，……然后 sensitive 可能有 weak 的意思，因为比较敏感就比较容易 mentally hurt，被伤害。一般是指很多女性比较 sensitive，很 weak 的感觉。（Gloria，3rd TAP）</td></tr>
</table>

上例中 Gloria 两次选择 weak 的原因相似，说明母语对其二语词义知识的影响根深蒂固。其中大一学生 Zara 在选择时明确提到：“我觉得 *weak* 也算吧，如果你很敏感，就跟林黛玉一样，心中很脆弱”（Zara，3rd TAP）。这说明中国学生的选择很可能是受到了中国文化因素（例如名著《红楼梦》）的影响。这类联想在先导试验的英语母语者中未发生一例。

① 在下文引用中，目标词以大写标示，正确答案用黑体标示，星号表示母语干扰项。

母语对学生搭配知识的影响也非常明显。

例 3.	CONVENIENT	
	easy fresh **near** beautiful	**experience** sound **time** beef*
	Convenient，方便的，肯定是 easy。[……] beef 吗？不会吧。方便的牛肉吗？会不会相当于 convenient noodles 这种感觉？大概是吧。（Cheryl，1st TAP）	

上例中 Cheryl 误以为方便面的英文对应是 convenient noodles 从而错误选择了 convenient beef。其他学生也都基本选择了该干扰项。相似的例子还有 natural view（应为 natural scenery）、general people（应为 common people）等。

3.5 跨语言意识进步与倒退

一学年间，有的参与者开始能鉴别二语与其母语对译词的语义差别，跨语言意识有所提高。

例 4.	CRITICAL	
	key **dangerous** **important** negative*	festival **review** growth water
	1. Critical，critical moment，就是 important moment。Critical 有批评的意思，negative 可以算。（Nicky，2nd TAP） 2. Critical，不选 negative。中文说批评，有贬义的意思在里面。我觉得这就是歧义。比如你看了中文字典，里面说这是批评的文章，你的意思是说反对、谴责你的文章，但是实际上是站在中性的角度评价你。（Nicky，3rd TAP）	

在例 4 中，大一学生 Nicky 能明确区分二语单词与母语对译词"歧义"之处，说明在她的心理词库中 critical 这一词条已出现二语的独立词目信息。

搭配方面，有学生渐渐能摒除母语一致性的影响，作出完全属于二语搭配关系的选择。

例 5.	BARE	
	empty heavy **uncovered** useful	**cupboard** **feet** school promise*
	1. promise，bare promise，哦，我觉得有可能是 promise。我觉得 bare 可能不是那种实体的空而是精神上的空，bare promise 应该是的。（Cheryl，1st TAP） 2. [Bare promise] 也挺像的，我觉得。空的诺言。但是……我印象不是很深，好像没有这种说法吧。bare promise，bare promise，我应该不会这么说。（Cheryl，3rd TAP）	

但类似的例子较少，表明学生在搭配方面的跨语言鉴别意识进展比词义知识更困难。

本研究的长期跟踪设计使我们不仅观察到参与者在某些单词上跨语言意识的发展，也观察到在另一些单词上，尤其在次要、边缘义项上或是与母语搭配不一致的二语搭配上出现倒退。如例 6。

例 6.	CRUDE	
	clever violent* **rough** valuable	**behavior** **drawing** **oil** trade
	1. Crude, clever, violent, rough。（选择了 rough）。和 violent 没有关系，因为 crude 是比较原始的，没有经过精心打磨的。和 violent 联想不到。（Muriel，1st TAP） 2. Crude, rough, violent。我觉得这个词比较熟悉的理解就是 rough，对 violent 的理解我是通过 rough 推测出来的，可能有这个意思。（Muriel，3rd TAP）	

上例可见，Muriel 最初对 rough 的理解正确，并未与 violent 混淆，但一学年后反而混淆。这或许因为 crude 的汉语对译词（粗暴的），与 violent（残暴的）共享词素“暴”，故学生将这两个在英语中没有关联的词认为具有同义关系。

又如例 7 显示 Linda 的搭配干扰项鉴别能力出现倒退。

例 7.	TIGHT	
	close **tense** fast wet	**market** **pants** sea need*
	1. tight market，我会觉得是一个竞争力的很强，或者是近乎于饱和的市场。tight need，好像联系不起来。（Linda，1st TAP） 2. tight need，可以理解成紧急的需要吗？ tight market，怎么理解呢？（Linda，3rd TAP）	

上例中，Linda 最初能选出 tight market 这一搭配，且对 tight need 并未产生联系。但是一年之后，反而受到母语干扰，将 tight need 理解成为“紧急的需要”（更常用的英文表达应为 *urgent need* 或者 *pressing need*）。

4 讨论

本研究是在 DST 框架下对二语词汇深度发展的探索性尝试。八名学生在一学年间词汇深度测试成绩与有声思维报告相辅相成，微观刻画了词汇深度知识的非线性发展轨迹与此过程中波动的母语影响。结果表明，尽管测试词均为高频形容词，但词义与搭配知识并未同步发展（张文忠，陈水池，2006；莫青杨、孙蓝，2004），母语对词义与搭配产生的影响并不对等（崔艳嫣，刘振前，2011；郑咏滟，2012）。词义与搭配的跨语言鉴别能力有前进也有倒退，体现词汇知识发展路径波动起伏。那么，二语词义知识与搭配知识为何发展不平衡、呈现出非线性的波动？

Jiang（2000，2002）的“母语中介假设”① 认为，母语词目信息进入到二语词目空间后，二语独特的词目信息则很难再进入。由于目标词均为高频词，高输入频率保证首要义项常被激活，且核心词义常与母语对译词重叠（Dong, *et al.*，2005），所以这类语义知识不易全盘倒退。换言之，与母语对译词重叠的二语核心词义、与母语一致的搭配联系在心理词条中位置牢固，只有二语特有的词义与搭配关系出现进步与倒退。同时，由于人类的共同经验，不同语言中的词义联系会十分相近，而搭配联系却差异显著，搭配习得常需词汇重组（郑咏滟，2012），故二语搭配比词义知识更难进步。这点可以解释本研究的发现：一方面搭配并未与词义同步发展，另一方面发生倒退的词汇深度知识从未出现在核心词义或与母语一致的搭配上，而是出现在次要义项或与母语不一致的搭配上。

本研究揭示的词汇深度非线性波动则可能是因为母语与二语在同一个动态系统中相互竞争资源。DST理论认为，系统会通过自组进入稳定的吸引状态。在同一系统中相互竞争资源的两个参数长期互动的逻辑斯特表征常表现为S型发展路径（Larsen-Freeman，2006）。本研究显示，词汇深度知识系统中两个深植的对手可能是二语心理词条中的母语词目信息与二语词目信息，两者互相竞争有限的词目空间与认知资源。跨语言鉴别力的进步与倒退恰恰体现了二语词目信息试图替代母语词目信息、进入二语词目空间的动态过程。当二语词目信息暂时进入词目空间，学习者鉴别母语－二语语义差异的能力增强，词汇深度进步；当母语词目信息在竞争中占上风，则能力减退，词汇深度倒退。母语与二语的复杂互动导致母语干扰项与词汇深度知识并未呈线性反比，而是表现为不规律的发展路径。

本研究还发现，虽然这八名学生的经历、起始水平与学习环境都十分相似，一学年间仍体现出词汇深度发展上的个体差异。如大一组的Cheryl、Nicky与Linda都处在稳定的上升阶段，而Zara的词义、搭配发展大相径庭。大三组的Sharon、Muriel已达到较平稳的吸引状态，而Helen、Gloria起伏明显。但是，该

① Jiang的“母语中介假设”中将心理词条分为词目（lemma）和词位（lexeme）两层，词目包含了单词的语义信息（包括一词多义、搭配等）及句法信息，而词位囊括了单词的语音、拼写形式和形态信息。

结果未必说明 Zara、Helen、Gloria 的发展逊于其他人；相反，这或许因为她们的心理词库正处于较为动荡的分岔期（bifurcations）（Larsen-Freeman & Cameron, 2008）。DST 理论认为分岔期可视为相位转移关键期，是标志发展过程中质变即将产生的关键节点，此时系统对外力极为敏感，只需一点推动即可进入到发展的新阶段（van Geert, 2003）。因此，如在此时实施某种教学手段（如加大输入）可取得事半功倍的效果。相反，对处在吸引状态的学习者，则需考察系统内部各个因素互相制约的关系，才能找到打破平衡的参数，推动进一步发展。基于本研究结果，我们应设法提高学习者的跨语言鉴别能力，有针对性地摒除母语词目的中介影响，促进二语词汇系统长期发展。

5 结语

本研究使用 DST 框架，结合长期跟踪的多个案研究设计，突破了定量研究对组间趋势的关注，以动态描述的方式揭示出词汇深度知识发展的复杂性、非线性。结果表明二语词义与搭配的不同步发展与波动起伏可视为词汇发展过程中二语词目信息试图替代母语词目信息、进入二语词目空间、互相竞争认知资源的动态系统自组过程。学习者词汇深度系统呈现出明显的个体差异，体现了语言动态系统发展的主体性与浮现性。

本研究对二语发展研究具有重要启示。我们应意识到二语发展不仅取决于输入与输出，更是系统内部各种因素互动自组的结果，故应采取更全面的视角进行二语研究，将母语、二语、学习者个体因素等列为考察变量，综合考量学习者多个语言系统与资源交互发展的过程。语言学习并非学习者“获取”抽象的语言符号的过程，而是他们在实际使用语言过程中对语言输入作出持续反应、互相适应的复杂、动态过程（Larsen-Freeman & Cameron, 2008）。

本研究受研究方法限制，观察次数偏少，参与人数有限、性别单一，且干扰项在词义部分与搭配部分分布不均，使用的词汇深度测试还需进一步完善。然而，DST 框架下的词汇深度发展研究突破了传统认知语言学对输入与输出线性关系的假设，从系统自组性的角度揭示了母语与二语的动态竞争关系，为词汇深度不同步、非线性发展提供解释，也为使用 DST 理论研究中国学生二语发展提供借鉴。除本研究使用的长期跟踪设计与有声思维法以外，今后研究可结合自由联想测试、语义启动任务等心理语言学研究方法与民族志研究、刺激性回忆法等定性手段，并加密研究频数，多方位、多角度解析二语词汇发展的动态过程。

参考文献

[1] Bowles, M. *The Think-Aloud Controversy in Second Language Research*[M]. New York: Routledge, 2010.

[2] de Bot, K. , W. Lowie & M. A. Verspoor. A dynamic systems theory approach to second language acquisition[J]. *Bilingualism: Language and Cognition*, 2007, 10(1): 7-21.

[3] Dong, Y. P. , S. C. Gui & B. MacWhinney. Shared and separate meanings in the bilingual mental lexicon[J]. *Bilingualism: Language and Cognition*, 2005, 8(3): 221-238.

[4] Greidanus, T. , B. Becks & R. Wakely. Testing the development of French word knowledge by advanced Dutch- and English-speaking learners and native speakers[J]. *Modern Language Journal*, 2005, 89(2): 221-233.

[5] Jiang, N. Lexical representation and development in a second language[J]. *Applied Linguistics*, 2000, 21(1): 47-77.

[6] Jiang, N. Form-meaning mapping in vocabulary acquisition in a second language[J]. *Studies in Second Language Acquisition*, 2002, 24(4): 617-637.

[7] Larsen-Freeman, D. The emergence of complexity, fluency, and accuracy in the oral and written production of five Chinese learners of English[J]. *Applied Linguistics*, 2006, 27(4): 590-619.

[8] Larsen-Freeman, D. & L. Cameron. *Complex Systems and Applied Linguistics*[M]. Oxford: Oxford University Press, 2008.

[9] Meara, P. Reactivating a dormant vocabulary[J]. *EUROSLA Yearbook*, 2005(5): 269-280.

[10] Merriam, S. *Qualitative Research and Case Study Applications in Education*(2nd ed.)[M]. San Francisco, CA: Jossey-Bass, 1998.

[11] Miles, M. B. & A. M. Huberman. *Qualitative Data Analysis*(2nd ed.)[M]. London: Sage, 1994.

[12] Nation, I. S. P. *Learning Vocabulary in Another Language*[M]. Cambridge: Cambridge University Press, 2001.

[13] Nesselhauf, N. The use of collocations by advanced learners of English and some implications for teaching[J]. *Applied Linguistics*, 2003, 24(2): 223-242.

[14] Qian, D. D. Investigating the relationship between vocabulary knowledge and academic reading performance: An assessment perspective[J]. *Language Learning*, 2002, 52(3): 513-536.

[15] Read, J. The development of a new measure of L2 vocabulary knowledge[J]. *Language Testing*, 1993, 10: 355-371.

[16] Read, J. Validating a test to measure depth of vocabulary knowledge[A]. In A. Kunnan (ed.). *Validation in Language Assessment*[C]. Mahwah: Lawrence Erlbaum. 41-60. 1998.

[17] Schmitt, N. Tracking the incremental acquisition of second language vocabulary: A longitudinal study[J]. *Language Learning*, 1998, 48(2): 281-317.

[18] Schmitt, N., J. W. C. Ng. & J. Garras. The word associates format: Validation evidence[J]. *Language Testing*, 2011, 28(1): 105-126.

[19] Schoonen, R. & M. Verhallen. The assessment of deep word knowledge in young first and second language learners[J]. *Language Testing*, 2008, 25(2): 211-236.

[20] van Geert, P. Dynamic systems approaches and modeling of developmental processes[A]. In J. Valsiner & K. Connolly (eds.), *Handbook of Developmental Psychology*[C]. London: Sage. 2003: 640-672.

[21] Wolter, B. & H. Gyllstad. Collocational links in the L2 mental lexicon and the influence of L1 intralexical knowledge[J]. *Applied Linguistics*, 2011, 32(4): 430-449.

[22] 崔艳嫣，刘振前．第二语言词汇语义自主性发展研究 [J]. 外语教学，2011(5): 39-42.

[23] 李兰霞．动态系统理论与第二语言发展 [J]. 外语教学与研究，2011(3): 409-421.

[24] 刘绍龙．论二语词汇深度习得及发展特征—关于词义与词缀习得的实证调查 [J]. 外语教学与研究，2001(6): 436-441.

[25] 莫青杨，孙蓝．中国学生英语高频动词语义发展的考察 [J]. 解放军外国语学院学报，2004(1): 65-69.

[26] 文秋芳．二语习得跟踪研究的三个基本问题：分类、设计与可比性 [J]. 中国外语，2009(2): 54-60.

[27] 吴旭东，陈晓庆．中国英语学生课堂环境下词汇能力的发展 [J]. 现代外语，2000(4): 349-360.

[28] 张萍．中国英语学习者心理词库联想模式对比研究 [J]. 外语教学与研究，2010(1): 9-16.

[29] 张淑静．二语心理词汇的发展路径：一项历时研究 [J]. 四川外语学院学报，2008(6): 120-124.

[30] 张文忠，陈水池．EFL 学习者习得英语形 -- 名搭配知识的定量研究 [J]. 外语教学与研究，2006(4): 251-258.

[31] 郑咏滟．动态系统理论在二语习得研究中的应用—以二语词汇发展研究为例 [J]. 现代外语，2011(3): 303-309.

[32] 郑咏滟．母语在二语词汇深度知识中的角色 [J]. 解放军外国语学院学报，2012(3): 51-55.

（作者：郑咏滟，复旦大学）

二语心理词库的动态系统发展与频率效应

1 引言

语言发展是一个复杂、动态的过程。Larsen-Freeman（1997）最早提出语言学习是充满倒退、停滞甚至跳跃式前进的动态系统行为。近几年动态系统理论进入二语习得研究视野，在国际学界蓬勃发展（de Bot *et al*. 2007；Larsen-Freeman & Cameron，2008），在我国外语界亦引起关注（李兰霞，2011；郑咏滟，2011，2015）。动态系统语言观认为，语言可视作一个复杂、动态的系统，由其内部相互联结的子系统组成，其发展是多重资源（包括认知资源、心理资源、社会文化资源等）在多层次、多维度不断互动的非线性过程。由于系统的有限资源并非平均分配给各子系统，故子系统发展并不均衡。有些子系统互相支持、协同发展，称作关联生长点（connected growers），具体表现为高度正相关。相反，有些子系统相互竞争、此消彼长，称作竞争生长点（competitive growers），表现为负相关（van Geert，1991）。不同子系统相互竞争资源致使系统并不循直线匀速发展，呈现 S 型曲线（Sharwood-Smith & Truscott，2005）。

Meara（1997）很早便提出二语词汇知识增长呈 S 型曲线，二语心理词库种种发展特点符合复杂、动态系统的特征（郑咏滟，2011），故本研究采用该理论视角，重新审视二语心理词库广度与深度的动态发展轨迹。

2 研究背景

二语词汇习得研究传统将词汇知识分为词汇广度与词汇深度两个维度

(Nation, 2001; Read, 2000),本研究沿用该分类考察二语心理词库。词汇广度通常指学习者认识的单词总量,词汇深度则指学习者对词汇知识理解的质量。鉴于以往研究对词汇深度知识多采用词汇的语义网络知识建构(Qian, 2002; Read, 1998; 李晓, 2007; 王瑛, 2013; 郑咏滟, 2012, 2014),本研究将词汇深度知识定义为单个单词在心理词库中与其他单词语义联系的强度,具体表现为学习者掌握的单个单词的词义知识与搭配知识。

以往文献中词汇广度与词汇深度之间的关系存在一定争议。一方面,研究者认为词汇广度与词汇深度呈现高度正相关(Qian, 2002; Stæhr, 2009; 王瑛 2013)。这些研究均发现两者呈显著正相关,相关性介于 0.70 与 0.80 之间。由于任何词汇知识的核心都是单词的主要词义,而"认识"一个单词通常指的就是能够从单词形式反射出该单词的主要词义,因此就不难理解词汇广度与深度高度相关,表明在二语心理词库这个动态系统中两者是一对关联生长点。

然而,实际并非如此简单。Nurweni 和 Read(1999)认为,两者相关性取决于学习者的语言水平:语言水平越高,两者之间越相关。李晓(2007)则报告了与之矛盾的结果:受试的词汇水平测试成绩与词汇联想测试成绩总体呈高度正相关($r = 0.649, p < 0.05$),但当把受试按照词汇量分为低、中、高 3 组时,两者相关性出现变化:词汇量与词汇深度知识在词汇量低组无显著关系,在词汇量中组呈现显著正相关($r = 0.512, p < 0.05$),在词汇量高组却呈现负相关。这一结果说明词汇广度与深度并非同步增长,该趋势与学习者水平相关。郑咏滟(2012)发现,词汇量的增长伴随着词汇深度中词义部分的增长,搭配部分却并未增长,反而停滞。Arnold 和 Savignon(1997)指出高级学习者在低频词方面的知识完全可以与本族语者媲美,然而在搭配知识方面则大为逊色。

可见,词汇广度与词汇深度的关联取决于学习者的不同水平与词频,考察二语心理词库的广度与深度发展不应忽视这两个因素。然而,以往研究多以同一组水平的学习者作为研究对象,未能对此深入探究。鉴于此,本研究拟采用新的测试工具与分析手段,深入探讨二语心理词库广度与深度的动态发展。具体研究问题如下:

(1) 处于不同学习阶段的中国英语学习者词汇广度如何发展?不同词频级的词汇量是否呈现出不同的发展特征?

(2) 他们的词汇深度发展呈现何种特点?词义知识与搭配知识如何发

展？

（3）词汇广度知识与词汇深度知识在发展过程中呈现何种关联趋势？

3 研究方法

3.1 研究对象

考虑到词汇发展的渐进性，本研究采用了横截面设计，选取高一、大一、大三和研一的学生，跨度达 7 年。英语专业学生作为研究对象是基于两点考虑：第一，以往国内对学习者词汇量的研究多以英语专业学生为主，研究结果便于比较。第二，非英语专业学生词汇量差异过大，而英语专业的学生起点本身较高。

大一、大三、研一的研究对象均来自上海某重点综合性大学英语专业就读学生。然而就高一组而言，我国教育系统并未做出明确的英语专业与非英语专业的区别。为统一起见，笔者选取了上海某市级重点中学在国际教学中心就读的高一学生。该国际教学中心以国际课程为主，英语授课比重较大：就读学生的英语课时每周 10 节，其他主课如数学、物理、世界历史全由外教上课，教学语言为英语。该组学生可视为英语特长的高中生，与大学英语专业学生具有可比性。

所有受试（155 人）母语均为汉语，没有留学生。其中少数学生有过国际交流经验，但为期均为一个月内，应不会影响词汇测试的总体结果。

3.2 研究工具

3.2.1 词汇量测试

为了考察词频效应，本研究选取了对词频级更敏感的词汇量测试（Vocabulary Size Test）（Nation & Beglar, 2007）。Nation 通过总结大英国家语料库（BNC）中最常用的 14 000 个单词，从第一个 1 000 词到第 14 个 1 000 词中每 1000 词中选取了 10 个，共计 14 个词频级、140 个目标词。该测试采取多项选择形式。目标词置入一个简单的语境中，用以标识其基础词性。后跟具有一定关联的 4 个释义选项，受试需要从中选择一个最合适的释义。计分时，选对一个答案得一分，选错不扣分，共计 140 分。该测试在本研究的信度达到 Cronbach Alpha = 0. 934。

3.2.2 词汇深度测试

本研究使用了一套词汇深度测试测量词汇深度知识。该测试基于Read(1998)的词汇联想测试。词汇联想测试在国内外的词汇研究中广泛使用,信度Cronbach Alpha介于0.88到.96之间(Qian,2002;Read,1998;Stæhr,2009;王瑛2013;郑咏滟,2012),且与另一项释义任务的结果之间具有较高的共时效度($r=0.80$)(Schmitt *et al.*,2011)。笔者基于以往研究,从该测试中剔除了分辨度不高的10个目标词,选取其中30个目标词。之前两轮先导性试验得到较高信度(Cronbach Alpha = 0.89),在本研究中达到0.895。

词汇深度测试包含30个目标词,均为形容词,每个目标词下有8个选项,分为左右两部分,左边为词义,右边为搭配。每个目标词均有4个正确答案,但打乱分布于左右两部分,以降低猜测效应(Qian,2002)。这在测试前做了详细书面说明。共有120个正确的联想选项(词义联想60个,搭配联想60个),选对一个得一分,选错不扣分,共计120分。

3.3 研究步骤与数据分析

研究期间,笔者请各组学生的任课教师在两周内分两次课发放了词汇量测试与词汇深度测试,分别在30分钟内当堂独立完成。由于学生缺课导致有的学生只完成了一项测试,因此这些学生并不计入最后统计。最后纳入统计的学生人数为:高一38人,大一40人,大三37人,研一40人。数据分析使用社会科学统计软件包SPSS 21.0版本。

本研究为考察词频效应,使用了一款名为Change-Point Analyzer的软件(Taylor,2000)。该软件针对时间序列数据分析,通过一系列自展输入引导程序(bootstraps)确认显著变化发生的具体节点[①]。在二语发展研究中Baba和Nitta(2014)率先使用该软件研究了二语学习者限时作文长度的发展变化,并成功确认作文长度发生实质变化的时间点。本研究使用该软件确认词汇量测试结果是否在不同词频级产生明显差异。

① 该软件可以在http://www.variation.com/cpa/下载购买。

4 结果与讨论

4.1 词汇量的发展与词频效应

高一、大一、大三、研一4组学生的词汇量测试及各个词级得分详见表1。每个词级满分10分，词汇量测试满分为140分，得分乘以100即为估算的词汇量。单因素方差分析显示，4组词汇量差别具有显著差异($F = 74.039$, $p = 0.000$)。Tukey事后检验显示，该差异在4组之间均达到显著性($p = 0.000$)。

表1 高一、大一、大三、研一学生的词汇量成绩

	高一 (N = 38)		大一 (N = 40)		大三 (N = 37)		研一 (N = 40)	
词汇量总分 (Max = 140)	分数	标准差	分数	标准差	分数	标准差	分数	标准差
	64.47	13.013	79.08	15.431	92.30	13.566	109.05	12.936
		增长：1 461个 ($p = 0.000$)		增长：1 322个 ($p = 0.000$)		增长：1 675 ($p = 0.000$)		

本研究使用了更为准确估算词汇量的词汇量测试，直观呈现从高一到研一7年间学生的词汇量进展：高一到大一词汇量增长了1 461个词族，大一到大三增长1 322个词族，大三到研一增长1 675个词族，每年平均增长637个词族。不过从大三到研一的增长幅度更大，可能因为大三的学生接触到了更多的文学、语言学专业书，故词汇量增长更明显。

不同词频级单词增长情况详见表2：4组学生的词汇量均受到词频影响：词频级越低，该词频掌握的单词越少。同时在高频词方面、尤其是最常用1 000、2 000词级，4组差别不大，但随年级升高，低频词增长加快。

表2 高一、大一、大三、研一学生14个1 000词级的成绩

	高一		大一		大三		研一	
	分数	标准差	分数	标准差	分数	标准差	分数	标准差
1 000词级	8.74	0.554	9.03	0.357	9.03	0.499	9.08	0.267
2 000词级	7.68	0.962	8.50	0.987	8.95	0.998	8.68	0.829
3 000词级	6.37	1.965	8.20	1.203	8.89	1.149	8.70	1.224
4 000词级	6.21	1.436	7.90	1.582	8.43	1.237	8.78	0.862

续表

	高一		大一		大三		研一	
	分数	标准差	分数	标准差	分数	标准差	分数	标准差
5 000 词级	4. 79	2. 107	7. 53	1. 339	8. 19	1. 023	9. 08	0. 944
6 000 词级	4. 18	1. 929	5. 65	2. 070	7. 05	1. 810	7. 73	1. 339
7 000 词级	4. 53	1. 856	5. 33	2. 030	6. 73	1. 503	8. 43	1. 551
8 000 词级	4. 42	2. 113	6. 13	1. 870	7. 27	1. 484	8. 60	1. 150
9 000 词级	2. 58	1. 588	4. 33	1. 940	5. 46	1. 677	7. 00	2. 000
10 000 词级	3. 08	1. 302	4. 50	1. 881	5. 35	1. 719	6. 95	1. 907
11 000词级	3. 11	1. 573	3. 43	1. 466	4. 81	1. 998	6. 73	2. 532
12 000 词级	3. 03	1. 668	3. 90	2. 251	4. 59	2. 034	6. 45	1. 663
13 000 词级	2. 79	1. 562	2. 05	1. 768	3. 38	2. 419	6. 75	1. 629
14 000 词级	2. 97	1. 684	2. 63	1. 917	4. 16	2. 115	6. 13	2. 015

为进一步确认组别与词频造成的差异，本研究采用了 4x14 设计的混合模型的方差分析，学习者的学习阶段作为受试间因素（组别：高一、大一、大三、研一），词频级作为受试内因素（词频：1 000 级到 14 000 级）。数据分析结果显示所有效应均达到显著水平：词频的主效应显著（$F = 146.208$，$p = 0.000$），组别的主效应显著（$F = 74.039$，$p = 0.000$）；词频与组别具有显著的交互效应（$F = 7.898$，$p = 0.000$）。Bonferroni 事后检验显示，4 个组别间均具有显著差异。该结果表明，学习者词汇量的确随学习阶段升高而递增，同时词频级越高，学习者认识的单词越少。

为确认词汇量在词频级这个维度上的发展变化趋势，笔者使用了 Change-Point Analyzer 软件进行分析，设定了 5 000 次自展输入引导（bootstraps）并且选取了“不替换”（without replacement），置信水平设定为 95%（即 $p < 0.05$）。结果证明总体词汇量在 6 000 词级产生明显分化，置信水平达到了 99%，即 $p < 0.01$（见图 1）。换言之，本研究受试 6 000 级以下的单词掌握较好，而 6 000 级以上的词汇量知识则有欠缺。

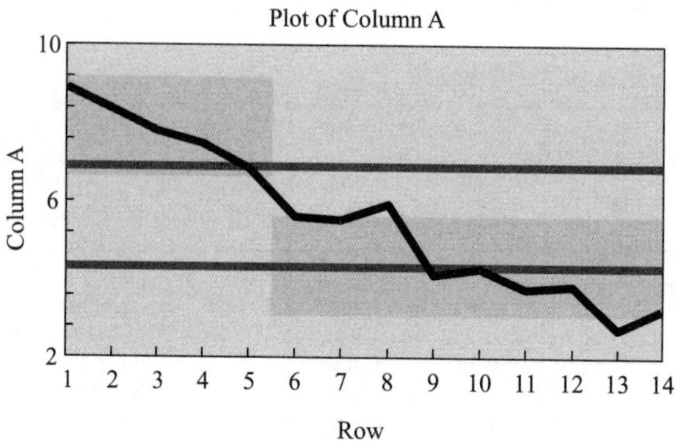

图 1　词汇量成绩以词频为轴的变化点分析

4.2　词汇深度的发展

4 组学生的词汇深度测试成绩详见表 3。高一到大一的词汇深度知识增长较快，增幅达到 20.7%，但大一到大三的增幅只有 6.8%，大三到研一几乎没有增长。单因素方差分析检测显示，4 组的词汇深度成绩存在显著差异。Tukey 事后检验进一步揭示，高一组与大一组差别显著（$p = 0.000$），大一组与大三组差别显著（$p = 0.004$），但大三组与研一组无显著差异，说明词汇深度的增长由快到慢，在大三后停滞。对词义知识与搭配知识的具体分析也表明，词义知识在高一到大三期间增长显著，但大三到研一期间不存在显著差异，出现停滞；搭配知识只有在高一、大一组存在显著差异，之后便不存在显著差异，出现停滞。

表 3　高一、大一、大三、研一学生的词汇深度测试结果

学生年级 / 项目	高一（N = 38）		大一（N = 40）		大三（N = 37）		研一（N = 40）	
	平均分	标准差	平均分	标准差	平均分	标准差	平均分	标准差
词汇深度测试（Max = 120）	76.29	10.503	92.08	7.800	98.38	4.838	99.20	8.061
词义部分（Max = 60）	39.82	6.633	48.35	5.011	52.11	2.246	52.30	3.625
搭配部分（Max = 60）	36.45	5.218	43.73	4.512	46.27	4.344	46.90	5.615

4.3 词汇广度与词汇深度的互动发展

针对研究问题三，笔者计算了4组学生的词汇量成绩与词汇深度测试成绩的 Pearson 相关系数（见表4）。

表4 高一、大一、大三、研一学生词汇广度、词汇深度的相关性

		词汇深度测试
高一	词汇量测试	0.329*
大一	词汇量测试	0.05
大三	词汇量测试	−0.28
研一	词汇量测试	0.16

* $p < 0.05$

表4显示，词汇量与词汇深度只有在高一学生组显著相关（$r = 0.329$，$p < 0.05$），而在其他组别均不具显著性，与以往研究结果不一致。然而，这可能由于词频效应的介入。词汇量测试囊括了14个词级的单词，而词汇深度测试仅仅包括3 000词级单词与位于5 000～6 000词级的学术词汇（详见 Read，1998）。鉴于此，笔者重新计算了4组学生在6 000词级以下的高频词词汇量，并与词汇深度测试做相关性分析见表5。选取6 000词级是因为之前 Change-Point Analyzer 分析表明词汇量在6 000词级出现显著分化。

表5 高一、大一、大三、研一学生词汇深度与词汇量高频词的相关性

		词汇深度测试
高一	高频词词汇量	0.368*
大一	高频词词汇量	−0.048
大三	高频词词汇量	−0.334*
研一	高频词词汇量	0.096

*. $p < 0.05$

表5显示，高一组高频词词汇量与词汇深度测试成绩显著正相关（$r = 0.368$，$p < 0.05$），说明在较低水平组中，词汇广度和词汇深度关联生长、相互支持。但该趋势从大一开始变化（$r = -0.048$，$p =$ NS），至大三变为显著负相关（$r = -0.334$，$p < 0.05$）。换言之，大三的学生高频词知识越强，其词汇深度知识反而越弱。该趋势到了研一再次改变，两者关系不再显著（$r = 0.096$，$p =$

NS)。假如本研究纳入更高水平的学习者，或许又能观察到显著正相关的趋势。总之，分析结果显示二语心理词库的广度与深度两个维度发展不同步，受到词频效应影响，且随学习者的水平增长呈现支持—竞争的转化。

4.4 讨论

本研究揭示了二语心理词库发展过程中广度与深度的不稳定关联，且与目标词的词频与学习者所处的学习阶段密切相关。词汇广度与深度的正相关或许更多反映两个维度间重叠的高频词词义知识：词汇广度考察的是单词的形式-意义映射，尤其是主要词义。相反，词汇深度试图测量单词的多重词义，包括次要词义及搭配知识。掌握形式—意义映射并不能保证他们具有同等水平的对相关单词的一词多义或搭配方面的知识。这一点推测与以往研究相符。赵晨(2012)的心理语言学实验表明，低水平英语学习者对次要词义的习得并不充分，所以即使有充分线索的语境也不能帮助他们激活次要词义；相反，高水平英语学习者更受到语境的影响，同时激活主要词义与次要词义并完成词义选择。相关二语词汇习得研究也表明，多义词各义项的习得中，主要词义与最高频词义的习得率远远高于次要词义(苗丽霞，王文斌，2010；莫青杨，孙蓝，2004)。

动态系统理论认为非线性发展的S型曲线可能是两个参数相互竞争有限资源的逻辑斯特表征(Sharwood-Smith & Truscott，2005)。由此推断，本研究发现的词汇广度与深度的变化性关联可能是单词的主要词义与次要词义互相竞争认知资源导致的二语心理词库发展态势。中级水平学习者(例如高一组学生)词汇量与词汇深度互相支持、关联生长，此时单词主要词义的发展能够带动其他次要词义与搭配知识的发展。然而一旦跨越一个阈限，代表词汇广度的主要词义知识与代表词汇深度的多词义知识渐渐转变为竞争关系，互相竞争有限的认知资源，导致两者关系在中高水平(例如大三组学生)呈负相关。从本研究结果推测该阈限可能是6 000词级。

那么，词汇广度与词汇深度为何由支持转为竞争？第一种解释是词频效应。在日常二语输入材料中，高频词出现的几率相对更高，而且以各种形式、各种意义在各种搭配形式中出现。学习者潜移默化习得了单词的主要词义、次要词义及搭配关系。随着词频降低，日常接触机会减少，就需要花费额外的认知资源。由于动态系统中资源有限，只能花更多资源在记忆形式—意义映射的主要词义上，而相应忽视了对标志着词汇深度的边缘词义、搭配知识的探索。主要词义与次要词义的竞争导致广度与深度之间的不同步发展，导致二语心理词库呈现出S型发展曲线。词频在心理词库发展中的中介效应符合近年来兴起的基于用法的理论（usage-based theories）（Bybee，2008；Ellis & Larsen-Freeman，2006）。该观点特别强调频率在语言使用中的作用，语言学习被视作一个归纳性、经验性的过程，某个语法结构或用法的频率决定了该形式在语言系统中的浮现。在词汇习得研究中，赵晨（2012）发现频率在高、低水平中国英语学习者词汇歧义加工中作用显著，Wolter与Gyllstad（2013）也发现高水平的二语学习者对搭配的词频更为敏感，且词频影响了他们的反应时间。

第二种解释是学习者本人的词汇意识也可能产生影响。学习者或许认为只要能说出一个单词的意义，尤其是其主要词义的对应词，就表示已认识该词，便不会再花更多精力去探索词义的不同方面。词汇深度意识不足，致使他们没有再向前多走一步，引发词汇深度知识停滞。

5 结论与启示

本研究考虑到学习者的不同水平与词频效应，考察了中国英语学习者7年间词汇广度与深度的动态关联发展，通过使用对词频更加敏感的词汇量测试与Change-Point Analyzer分析工具得出以下主要结论：（1）学习者从中级水平到高级水平发展过程中，词汇广度逐渐增长，且在大三后略微提速；但是词频效应对词汇广度的影响显著，词汇量在6 000词级出现明显分化。（2）词汇深度7年间发展由快到慢、逐渐停滞。（3）词汇广度与词汇深度的关联并不恒定，而是随着学习者水平提高出现支持—竞争的转化。从动态系统理论看，二语心理词库的广度与深度的不稳定关联可能体现了二语单词主要词义与次要词义竞争有限认知资源的动态过程。

本研究对二语词汇教学有几点启示。首先，本研究结果显示英语专业学生大三之后才达到9 000词汇量。Nation（2006）表明至少需要8 000～9 000的词汇量才能充分理解书面语篇，但从本研究看，英语专业基础阶段（大一、大二）学生的词汇量尚不足以让他们享受自由阅读。一方面单词量不够，导致无法广泛阅读；另一方面缺乏广泛阅读，导致低频词习得滞后、词汇量增长幅度较慢。本研究表明，学习者词汇量提高的潜力还很大，教师应从教材、课程、阅读材料等多方面促进词汇量增长。其次，扩大各类书面材料的阅读量也能够有效促进次要词义与搭配知识的习得，从而帮助词汇深度知识打破停滞。再次，在词汇教学中应培养学生的一词多义意识与搭配意识，提高他们主动探索词汇深度的意愿，再辅以频率效应，促进词汇深度知识的有效增长。

本研究限于客观条件，只涵盖了4组学生，且横截面设计无法追踪同一组学习者长期的词汇发展。以后研究可采用历时研究与定性分析，或许能更深入理解二语心理词库的复杂、动态发展。

参考文献

[1] Arnaud, P. J. L., & Savignon, S. J. Rare words, complex lexical units and the advanced learner[C]. //J. Coady & T. Huckin. *Second Language Vocabulary Acquisition*. Cambridge: Cambridge University Press, 1997: 157-173.

[2] Baba, K. & R. Nitta. Phase transition in development of writing fluency from a complex dynamic systems perspective[J]. *Language Learning*, 2014, 64(1): 1-35.

[3] Bybee, J. Usage-based grammar and second language acquisition[C] //P. Robinson & N. Ellis. *Handbook of Cognitive Linguistics and Second Language Acquisition*. London: Routledge, 2008: 216-236.

[4] de Bot, K., W. Lowie & M. Verspoor. Dynamic systems theory approach to second language acquisition[J]. *Bilingualism: Language and Cognition*, 2007, 10(1): 7-21.

[5] Ellis, N. C. & D. Larsen-Freeman. Language emergence: Implications for applied linguistics[J]. *Applied Linguistics*, 2006, 27(4): 558-589.

[6] Larsen-Freeman, D. Chaos/complexity science and second language acquisition[J]. *Applied Linguistics*, 1997, 18(2): 141-165.

[7] Larsen-Freeman, D. & L. *Cameron. Complex Systems and Applied Linguistics*[M]. Oxford: Oxford University Press, 2008.

[8] Meara, P. Towards a new approach to modelling vocabulary acquisition[C] //N. Schmitt & M. McCarthy. *Vocabulary: Description, Acquisition and Pedagogy*. Cambridge: Cambridge University Press, 1997: 109-121.

[9] Nation, I. S. P. *Learning Vocabulary in Another Language*[M]. Cambridge: Cambridge University Press, 2001.

[10] Nation, I. S. P. How large a vocabulary is needed for reading and listening? [J]. *Canadian Modern Language Review*, 2006, 63(1): 59-82.

[11] Nation, I. S. P. & D. Beglar. A vocabulary size test[J]. *The Language Teacher*, 2007, 31(7): 9-13.

[12] Nurweni, A. & J. Read. The English vocabulary knowledge of Indonesian University students[J]. *English for Specific Purposes*, 1999, 18(2): 161-175.

[13] Qian, D. D. Investigating the relationship between vocabulary knowledge and academic reading performance: An assessment perspective[J]. *Language Learning*, 2002, 52(3): 513-536.

[14] Read, J. Validating a test to measure depth of vocabulary knowledge[C]//A. Kunnan. *Validation in Language Assessment*. Mahwah, NJ: Lawrence Erlbaum, 1998: 41-60.

[15] Read, J. *Assessing Vocabulary*[M]. Cambridge, England: Cambridge University Press, 2000.

[16] Schmitt, N., J. W. C. Ng & J. Garras. The word associates format: Validation evidence[J]. *Language Testing*, 2011, 28(1): 105-126.

[17] Sharwood-Smith, M. & J. Truscott. Stages or continua in second language acquisition: A MOGUL solution[J]. *Applied Linguistics*, 2005, 26(2): 219-240.

[18] Stæhr, L. S. Vocabulary knowledge and advanced listening comprehension in English as a foreign language[J]. *Studies in Second Language Acquisition*, 2009, 31(4): 577-607.

[19] Taylor, W. A. Change-poing analysis: A powerful new tool for detecting changes[CP]. http://www.variation.com/cpa/tech/changepoint.html, 2000.

[20] van Geert, P. A dynamic systems model of cognitive and language growth[J]. *Psychological Review*, 1991, 98(1): 3-53.

[21] Wolter, B. & H. Gyllstad. Frequency of input and L2 collocational processing: A comparison of congruent and incongruent collocations[J]. *Studies in Second Language Acquisition*, 2013, 35(3): 451-482.

[22] 李兰霞. 动态系统理论与第二语言发展 [J]. 外语教学与研究, 2011(3): 409-421.

[23] 李晓. 词汇量、词汇深度知识与语言综合能力关系研究 [J]. 外语教学与研究, 2007, (5): 352-359.

[24] 苗丽霞, 王文斌. 大学生多义词词义知识发展考察 [J]. 外语界, 2010(5): 58-66, 86.

[25] 莫青杨, 孙蓝. 中国学生英语高频动词语义发展的考察 [J]. 解放军外国语学院学报, 2004(1): 65-69.

[26] 王瑛. 词汇知识对二语词汇推理的影响研究 [J]. 外语界, 2013 (6): 32-38.

[27] 赵晨. 中国英语学习者词汇歧义加工中的语境效应 [J]. 外语与外语教学, 2012(2): 55-59.

[28] 郑咏滟. 动态系统理论在二语习得研究中的应用——以二语词汇发展研究为例 [J]. 现代外语, 2011(3): 303-309.

[29] 郑咏滟. 母语在二语词汇深度知识中的角色 [J]. 解放军外国语学院学报，2012(3)：51-55.

[30] 郑咏滟. 动态系统理论框架下的二语词汇深度发展研究 [J]. 中国外语教育，2014(3)：62-73.

[31] 郑咏滟. 基于动态系统理论的自由产出词汇历时发展研究 [J]. 外语教学与研究，2015(2)：276-288.

（作者：郑咏滟，复旦大学）

基于动态系统理论的自由产出词汇历时发展研究

1 研究背景

自由产出词汇指的是一个人在不受限制的情况下可以使用的词汇。实际操作中通常使用“词汇丰富度”(lexical richness)衡量(Read, 2000)。根据 Read 的分类,词汇丰富度分为词汇密度(即文本中实词占总词数的比例)、词汇多样性(即文本中单词的形符-类符之比,简称 TTR)、词汇复杂度(即文本中低频单词占总词数的比例)以及词汇错误。近年来,随着外语界二语词汇习得研究升温,众多学者也开始关注二语自由产出词汇的发展,发现产出词汇发展缓慢,到一定阶段会趋于停滞,称为“词汇高原”(Horst & Collins, 2006; Laufer, 1998; Laufer & Nation, 1995; Laufer & Paribakht, 1998; Muncie, 2002)。

我国学者对自由产出词汇的研究大致分为两类:一类使用横截面设计与语料库方法分析不同水平组学习者的产出词汇。谭晓晨(2006)发现词汇复杂度与多样性在英语专业大三之后均产生停滞,进入词汇高原。鲍贵(2008)的研究显示词汇多样性、独特性与词汇密度在相邻组间不存在显著差异,均呈非直线性发展,而词汇复杂性却始终保持线性增长。万丽芳(2010)发现英语专业学生的词汇复杂度从大二到大四有了显著提高,但多样性指标则趋于停滞,其中高起点的学生组甚至明显下降。另一类研究采用历时研究设计,结合语料库方法追踪同一组学习者在观察期间(1 年至 4 年)的产出词汇发展。例如,王海华、周祥(2012)的研究表明,虽然非英语专业学生词汇丰富性的各项指标均呈逐渐增长趋势,但词汇复杂度却经历了三次低谷,并非线性增长,由此提出词汇复杂性发展的非线性、动态特点。Zheng(2012)的研究发现英语专业大三学生词汇复杂度在一年间不断下降，且与研究对象各自不同的学习目标、动机意识息息相关。朱慧敏、王俊菊(2013)针对英语专业学生从大一到大四的同题议论文分析显示，词汇多样性在大四遭遇了词汇高原；词汇密度缓慢上升，但相邻年级并无显著差异。相反，词汇复杂性随年级升高显著提升，呈线性发展趋势。由此她们提出学习者词汇丰富性不同维度的习得规律和发展轨迹不尽相同。

从以上研究不难看出，产出词汇丰富性波动起伏，有停滞也有倒退，且不同维度发展各具特点，体现出复杂、动态系统发展特征。为深入讨论这些重要特征，本研究采用历时设计，使用动态系统分析法具体分析了16名英语专业大一学生一学年间8次共128篇作文中的自由产出词汇，揭示了自由产出词汇跳跃式、阶段性的发展模式，及词汇丰富性不同维度间的支持与竞争关系。

2 动态系统理论的相关观点与实证研究

近年来广受关注的动态系统理论(Dynamic Systems Theory)(de Bot, Lowie, & Verspoor, 2007; Larsen-Freeman & Cameron, 2008; 李兰霞, 2011; 郑咏滟, 2011; 郑咏滟、温植胜, 2013)认为，语言(包括母语与二语)可视作复杂、动态的系统，系统各个部分(如母语与二语、词汇与语法、词汇知识内部的不同维度)相互联结、交互变化。由于系统的有限资源并非平均分配给各子系统，故子系统发展并不均衡。有些子系统互相支持，称作关联性生长点(connected growers)，例如词汇增长支持听力理解的增长。相反，有些子系统会呈现出竞争关系，称作竞争性生长点(competitive growers)，即某一子系统的发展会导致另一个子系统的倒退(van Geert, 1991)。有限的实证研究表明，在二语学习者的学术写作能力发展的不同阶段，其词汇多样性与句子长度此消彼长(Verspoor, Lowie, & van Dijk, 2008)，名词词组复杂度与句子复杂度之间也存在竞争关系(Spoelman & Verspoor, 2010)，均可视为发展阶段中的竞争性生长点。Caspi与Lowie(2010)发现当控制性产出词汇增长时，自由产出词汇明显下降，但两者关系从负相关慢慢发展成为正相关，表明两种产出词汇经历了竞争—支持的转移。

动态系统通过自组交替经历两种发展状态：一种叫做“吸引状态”(attractor state)，从表面上看系统处于停滞。另一种叫做“相斥状态”(repeller state)，此时系统处在剧烈动荡中(Thelen & Smith, 1994)。动态系统理论认为系统的变化并非连续、匀速产生，而是跳跃式、阶段性增长。当系统从相斥状态进入到下一个较稳定的吸引状态时，往往出现显著的内部波动，个体间、个体内差异均会增大，标志质的变化产生(Baba & Nitta, 2014; Spoelman & Verspoor, 2010)。在此基础上，Verspoor、Lowie 与 van Dijk(2008)认为发展往往伴随系统行为的剧烈波动，提出"发展伴随变化"这一观点。

尽管动态系统研究往往使用传统的数据收集方法，但其独特之处在于一系列分析方法，例如移动极小—极大值图表法(Moving min-max graph)来观测表面上杂乱无章的变化数据，或者通过再抽样法(resampling)与蒙特卡罗模拟(Monte Carlo simulations)确定小样本、不规则数据的统计意义。本研究使用了这些方法，并在下文详细介绍。

3 研究设计

3.1 研究问题

基于以上文献回顾，本研究试图解决以下问题：

(1) 英语专业大一学生一学年间自由产出词汇总量如何发展？

(2) 他们的自由产出词汇的复杂度、多样性、密度如何发展？

(3) 他们的自由产出词汇总量、词汇复杂度、多样性、密度之间在发展过程中是否存在相关关系？如果存在，相关关系有何变化特征？

3.2 研究对象

本研究采用历时设计，以华东地区某重点综合性大学英语专业一年级一个自然班 16 名学生一学年间 8 次作文为语料，探索其自由产出词汇发展特征。其中男生 2 名，女生 14 名，母语皆为汉语。为了保护学生隐私，皆用化名。他们开始学习英语的平均年龄为 10. 7 岁，入学前接受了平均 8 年左右的在校英语学习。由于生源地不同，学生的起点水平参差不齐。

3.3 研究步骤

自由产出词汇的研究数据为 16 名学生的不限时作文。笔者在研究期间担任该班级的精读老师，根据教科书的内容每个月布置一篇作文。学生课后不限时完成作文，可查字典及参考书。每篇作文长度约 400 词，体裁均为议论文。在 9 个月期间共收集 8 次共计 128 篇作文(16 人 ×8 篇 = 128 篇)，每篇作文间隔为 1 ～ 1.5 个月。具体作文题见下表：

第一次	What is your reaction to the official-English movement in the US ? Do you see it as something will unite or divide the nation ?
第二次	What are your expectations of the working world ? What else do you hope to get out of a job besides a regular paycheck ?
第三次	How does the Internet affect our daily life ?
第四次	How would you predict family relationship in the 21st century ?
第五次	What role does television play in your life ?
第六次	Please write a review on a movie or a book that has influenced your personal growth.
第七次	What is the purpose of arts education ? Shall we encourage all our children to learn to appreciate arts ?
第八次	According to the author of the text, clichés are something that good writers should get rid of. But do clichés have commonsensical values ? What is your position on using clichés ?

3.4 词汇测量工具

本研究使用 V_size 工具(Meara & Miralpeix，2007)估测学习者自由产出词汇总量。该软件基于齐夫定律 Zipf's law，事先生成一套理论上的词汇频率分布曲线，并与文本中实际单词频率分布曲线比较两者的拟合度，推测出学习者实际的产出词汇量。V_size 生成的词汇量数值非常直观，且能够捕捉到学习者产出词汇中的细微变化，同时对文本长度没有特别要求(Meara，2005)。

本研究使用 Tom Cobb 依据词汇频率概览(LFP)(Laufer & Nation，1995)设计的在线分析软件 VocabProfile(网址 http://www.lextutor.ca)(Cobb，2000)测量词汇丰富度。VocabProfile 通过内置的词表将文本单词分归于四个词表：最常用 1 000 词、次常用 1 001-2 000 词、学术词汇及归于以上三个词表之外的表外词汇。同时使用“学术词汇＋表外词汇”的方法计算出 Beyond-2 000 值。VocabProfile 同时计算词汇密度(即实词占总词数的比例)。

本研究采用 Uber 指标计算词汇多样性。词汇多样性一般是类符(type)与形符(token)之间的比例(TTR)，但传统计算 TTR 的方式受到文本长度的影响

(Jarvis, 2002)。文本越短,TTR 数值越高,而文本越长,TTR 反而降低。为解决这个问题,研究者使用一系列数学算式转换原始 TTR 数据以增强词汇多样性的测量信度,并提出 D(Malvern, Richards, Chipere, & Durán, 2004)与 Uber index(Jarvis, 2002)等计算方法[①]。有研究表明,Uber index 对不同长度的文章更适应,且对实词为主的文章或普通词汇的文章都比较合适(Jarvis, 2002; Vermeer, 2004),故本研究采用 Uber index 标识词汇多样性,计算公式如下:

$$U = \left(\frac{(\log Tokens)^2}{\log Tokens - \log Types} \right)$$

3.5 数据分析

数据分析前笔者清除了文本中的词汇错误与引用段落。对文本进行 V_size 或 VocabProfile 分析时,笔者手动将国家、地名、人名等专有名词及作文题中出现单词调整为高频单词,避免产出词汇量或复杂度指标虚高。例如,在分析时 China 作为高频词处理,作文题中出现的 internet 、cliché 等词也手动调为高频词。

本研究旨在揭示二语产出词汇发展的动态系统特征,故数据分析时采用了与之对应的分析手段。首先,笔者采用了移动极小 - 极大值图表(moving min-max graph),简称极值图,以提炼表面上杂乱无章的数据中值得关注的模式(Verspoor, de Bot, & Lowie, 2011:166-167)。此为儿童母语习得研究领域的领军人物 van Geert(van Geert & van Dijk, 2002)首创,于近年引入二语发展研究(Spoelman & Verspoor, 2010; Verspoor, *et al.* , 2008)。该图表的制作原理如下:假设研究中共得出 20 次测量,那么根据数据特征,划分为若干个移动的子系列,称为移动窗口。比如可以把每 5 次测量点作为一个移动窗口(a moving window of 5 data points),并对其进行极小、极大值计算,得出两组对应的数据。例如:

第一组数据:最小值(*t1-t5*),最小值(*t2-t6*),最小值(*t3-t7*), …最小值(*t16-t20*)

第二组数据:最大值(*t1-t5*),最大值(*t2-t6*),最大值(*t3-t7*), …最大值(*t16-t20*)

---

① 篇幅所限,此处未详述 D 以及其他 TTR 的计算方法,有兴趣的读者可参看 Kojima 与 Yamashita (2014)。

将以上两组数据绘成线性图表就能反映观察指标的波动变化规律。

移动相关系数图的制作亦为同理。例如，我们需要计算 20 次测量中词汇复杂度与多样性的移动相关系数，可以每 5 次测量点为一个移动窗口，计算这 5 次之内的复杂度与多样性移动相关系数，以此类推：相关系数（*t1-t5*），相关系数（*t2-t6*），相关系数（*t3-t7*），… 相关系数（*t16-t20*）。将这组数据绘制成线性图标，即得复杂度与多样性的移动相关系数图，检视子系统之间关联度的变化趋势。

由于动态理论实证研究往往进行个案研究，小样本数据的统计意义常遭到学界质疑。这点在近年来得到重点突破。de Bot 与 Verspoor 等动态系统研究的前沿学者借鉴了 van Geert 与 van Dijk（2002）儿童发展研究中使用的再抽样技术（resampling）与蒙特卡罗模拟（Monte Carlo simulations），以确定小样本、不规则数据的统计意义（Verspoor, *et al.*, 2011: 167-176）。蒙特卡罗模拟的基本原理来源于数学领域，又称统计模拟法、随机抽样技术，是一种以概率和统计理论方法为基础的计算方法。通过几千次随机从原始数据中再抽样，重新模拟计算数据间的关系（例如差异关系或关联关系），并与原始数据的相关关系进行比较。模拟数据中得到的相关关系数值大于或等于原始数值的相关系数的次数除以模拟的次数（例如 5000 次）即为 p 值。以下是一个蒙特卡罗模拟计算结果的范例：

Mean	Variance	Lower CL	Upper CL	>= 0. 756	Valid iterations	Time taken
−0. 00253	0. 142131	−0. 71949	0. 71421	112	5000	13 sec

此例中，原始数据中观察到的相关系数为 0. 756。经过 5000 次蒙特卡罗模拟后，模拟数据的相关系数大于或等于原始相关系数 0. 756 的次数仅为 112 次，除以 5000 次得出 p 值 $= 112/5000 = 0.022 < 0.05$，达到显著水平，说明原始数据观察到的高度相关性有 95% 以上的可能不是出于偶然①。

动态系统研究的分析方法在二语研究界尚属前沿内容，并未广为熟知。Verspoor 等人于 2011 年编著了方法论论著《二语发展的动态路径：方法与技术》，并已引起我国学者注意（徐丽华、蔡金亭，2014；李兰霞，2011）。本研究所用研究方法皆出于该书，供有兴趣的读者参考。

① Spoelman 与 Verspoor（2010）介绍了一套叫做 Poptools 的可内嵌入 Excel 软件的数据统计工具（Hood, 2004），简单易操作。本研究便使用了这套工具。

4 结果

4.1 自由产出词汇总量的发展

V_size 分析结果显示，16 名学生一学年期间自由产出词汇总量呈上升趋势（见表 1）。图 1 直观描绘了自由产出词汇总量的波动发展。为更直观表现发展趋势，笔者使用了平滑技术（Verspoor *et al.*，2011），在图中加入了一条二元多项趋势线（a second-order polynomial trendline）。该趋势线显示，这组学生的产出词汇总量在波动中上升。

表 1　16 名学生一学年间自由产出词汇总量的发展

学生	第 1 次	第 2 次	第 3 次	第 4 次	第 5 次	第 6 次	第 7 次	第 8 次
AG	5200	3400	4800	3800	4800	5200	5200	5200
AN	2400	3800	3800	3900	3600	4800	3600	4300
CD	5800	5200	4800	3800	6400	7900	6400	4800
CN	6800	7100	12400	3900	9900	9900	8700	7900
FC	4300	4300	5200	6800	9900	7900	5200	6800
FY	4300	3800	7900	3900	5200	7900	4800	3600
FL	3600	3800	3800	4300	4800	6800	3800	5800
JT	9900	7900	13700	6800	7100	7100	6800	9600
KT	5800	3800	5200	6400	5200	3900	3600	6800
LV	2400	3600	4300	3900	3900	4800	3600	3600
LN	3900	3600	5200	4300	4800	6800	4800	6400
OR	4800	3800	6400	7100	5200	7100	8700	7100
ML	2600	3800	3800	3800	2600	3800	4300	3800
SL	5200	6800	6800	5200	5800	7900	6400	7900
ZY	10900	5200	6800	6400	5200	6800	4800	6800
NA	3900	3900	6800	4800	5200	4800	5800	13700
平均值	5112. 5	4612. 5	6356. 25	4943. 75	5600	6462. 5	5406. 25	6506. 25
标准差	2420. 71	1427. 29	2899. 65	1290. 46	1975. 18	1727. 76	1644. 17	2582. 37

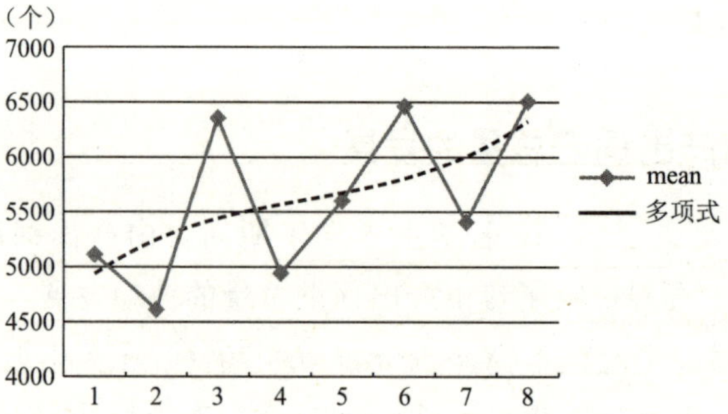

图 1　16 名学生自由产出词汇总量平均值的发展趋势图

不过，从标准差看 16 名学生的产出词汇量具有较大个体间差异，表明即便总体呈现增长趋势，并非每个学生都遵循该趋势。由图 2 可见，学生 JT 的表现异于组间平均趋势，说明个体的语言发展很可能并不遵循组间平均趋势（Larsen-Freeman, 2006）。基于此，以下分析将首先呈现组间趋势，再选取具有代表性的个体学生深入分析。

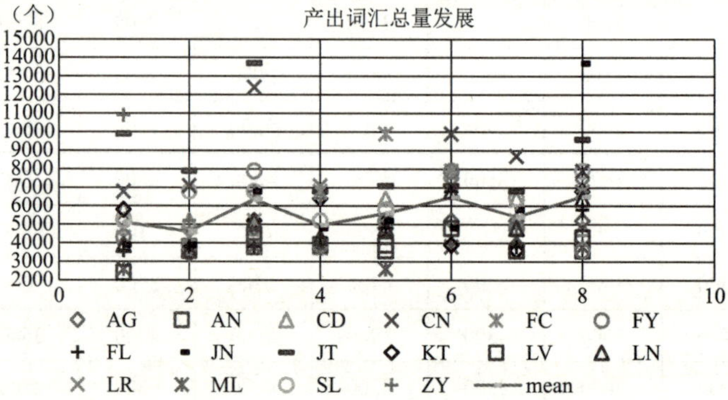

图 2　16 名学生一学年间自由产出词汇总量的发展

笔者依据 Baba 与 Nitta（2014）的做法，计算了 16 名学生产出词汇总量与数据采集次数之间的相关性，并筛选出相关性最高的学生 OR（$r = 0.755$）与最低的学生 JT（$r = -0.330$）。相关性越高，说明学生产出词汇量的增长幅度越大，反之表示词汇量呈下降趋势。接着，笔者使用移动极值图法描绘两名学生的动态发展轨迹。由于本研究总的测量次数有限，共计 8 次，故将 3 次测量点算作一个移动窗口，得出以下两组数据并绘制移动极值图（图 3 与图 4）。

第一组数据：最小值（$t1$-$t3$），最小值（$t2$-$t4$）…最小值（$t6$-$t8$）以此类推；

第二组数据：最大值($t1$-$t3$)，最大值($t2$-$t4$) …最大值($t6$-$t8$)以此类推。

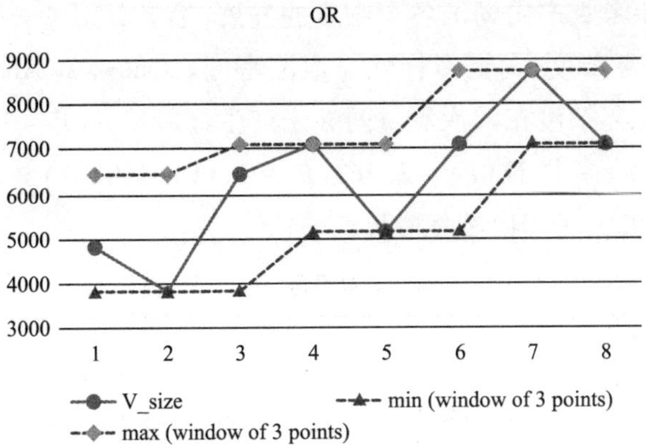

图 3　OR 的产出词汇总量发展极值图

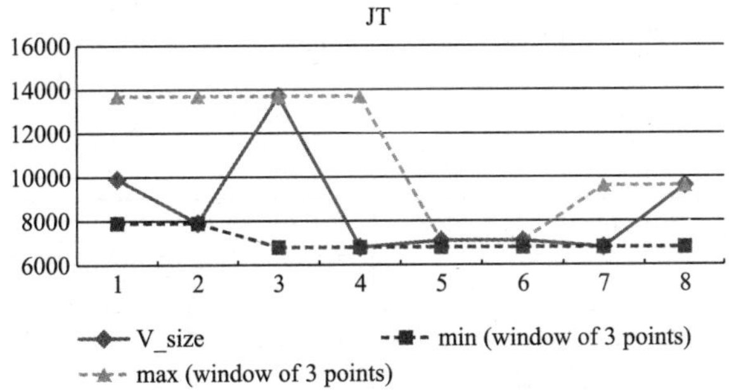

图 4　JT 的产出词汇总量发展极值图

图 3 中的最小值线与最大值线(上下两条虚线)表明，OR 的产出词汇基本经历了两个阶段：第 1 次到第 5 次处在较低水平，从第五次开始上升，之后三次趋于稳定。相反，图 4 显示 JT 的产出词汇总量起点较高，在第 3 次跳跃至顶点，但之后骤降并趋于平稳，最小值线与最大值线的间距缩小。那么，JT 产出词汇量的第 3 次跳跃是否具有统计意义？这就需要用到检验小样本数据的蒙特卡罗模拟。5 000 次重复的蒙特卡罗模拟结果显示 $p = 0.53 > 0.05$，说明观察到的跳跃出于偶然。换言之，JT 的产出词汇总量未有显著发展，预示出现了词汇高原。

4.2 词汇丰富度的发展

为了进一步考查产出词汇各个维度的发展，笔者分别考查了词汇丰富度的三个指标：词汇复杂度、词汇多样性与词汇密度。One-way ANOVA 检验表明，16名学生的词汇复杂度在八次测量间并未产生显著差异（$F = 1.118, p = 0.357 > 0.05$），但词汇多样性（$F = 3.363, p = 0.001 < 0.01$）与词汇密度（$F = 3.078, p = 0.002 < 0.01$）显著增长。

表2　16名学生一学年间词汇复杂度、词汇多样性与词汇密度的发展

测量次数	词汇复杂度（Beyond-2000）均值（标准差）		词汇多样性（Uber index）均值（标准差）		词汇密度（Content word ratio）均值（标准差）	
第一次	10.42	（3.47）	22.57	（3.39）	0.52	（0.03）
第二次	10.81	（2.47）	24.91	（2.79）	0.48	（0.04）
第三次	12.33	（3.51）	27.04	（3.20）	0.52	（0.03）
第四次	10.04	（2.54）	24.64	（2.56）	0.53	（0.03）
第五次	11.08	（3.04）	25.76	（2.21）	0.52	（0.03）
第六次	12.08	（2.85）	26.08	（2.76）	0.53	（0.03）
第七次	10.36	（3.72）	24.83	（2.88）	0.53	（0.04）
第八次	11.85	（4.23）	26.01	（3.37）	0.52	（0.04）
One-way ANOVA	$F = 1.118, p = 0.357 > 0.05$		$F = 3.363, p = 0.001 < 0.01$		$F = 3.078, p = 0.002 < 0.01$	

4.2.1 词汇复杂度的发展

就组间趋势而言词汇复杂度基本处于停滞状态，但进一步分析表明个体发展路径大相径庭。通过计算16名学生的词汇复杂度与数据采集次数之间的相关性，筛选出相关性最高的LN（$r = 0.574$）与最低的ZY（$r = -0.664$）（详见图5、图6）。图5显示，LN的起点不高，前三次略微上扬，在第4次跌至谷底，之后缓慢上升。从极值图上看，第6次之后最小值线与最大值线之间的差距逐渐缩小，可能预示较稳定发展即将到来。如果本次历时研究能继续下去，或许能观察到较稳定的吸引状态。

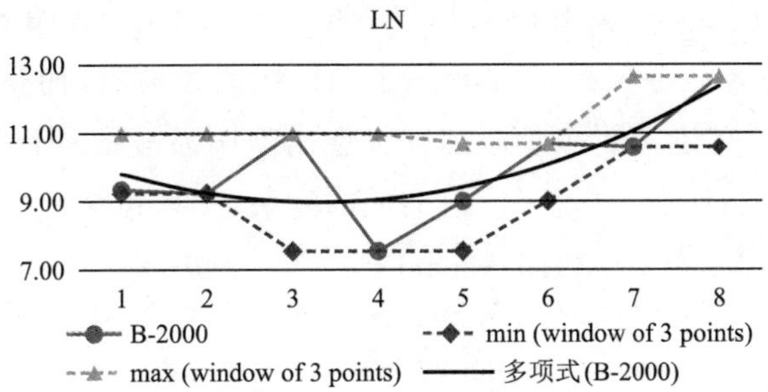

图 5 LN 的词汇复杂度发展极值图

相反，图 6 中 ZY 的词汇复杂度缓慢下降，并在第 7 次骤降。5000 次重复的蒙特卡罗模拟结果显示 $p = 0.37 > 0.05$，表明第 7 次骤跌并未达到显著水平，只能归为系统偶然波动。同样，如果研究继续下去，或许能观察到 ZY 的词汇复杂度由平稳的吸引状态进入到波动的相斥状态。

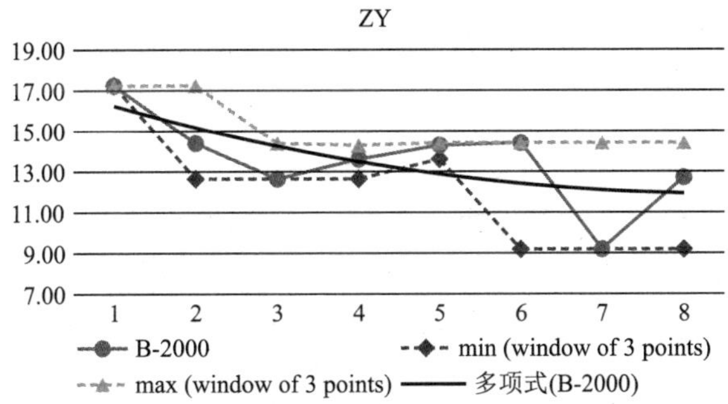

图 6 ZY 的词汇复杂度发展极值图

4.2.2 词汇多样性与词汇密度的发展

组间趋势分析表明，词汇多样性与词汇密度在一学年间均呈显著上涨趋势。通过筛选出词汇多样性与测量次数相关性最高的 NA（$r = 0.665$）与最低的 JT（$r = -0.341$）进一步分析发现（见图 7），尽管 NA 的词汇多样性上升而 JT 下降，JT 的词汇多样性显然在 NA 水平之上，两人实际上处在不同的发展阶段。

特别值得关注的是 NA 的发展趋势。NA 的词汇多样性发展极值图（图 8）表明，前 3 次波动明显，但在第 4 次之后最大值线与最小值线差距缩小，表明多样性进入到更稳定、更高水平的发展阶段。结合上文分析中 OR 的产出词汇量

(图 3)、LN 的词汇复杂度(图 5)及这里 NA 的词汇多样性(图 8)结果,不难看出学习者的产出词汇各项指标发展并非沿直线匀速前进,而是在波动中阶段性提升或下降,且在进入更高阶段前往往会出现明显波动,印证了以往研究中"发展伴随变化"的观点,体现了产出词汇的复杂、动态系统特征(Baba & Nitta, 2014; Spoelman & Verspoor, 2010; Verspoor *et al.*, 2008)。

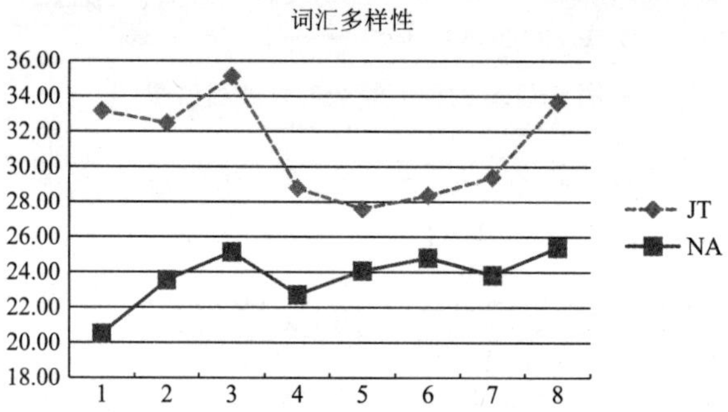

图 7　NA 与 JT 的词汇多样性发展趋势图

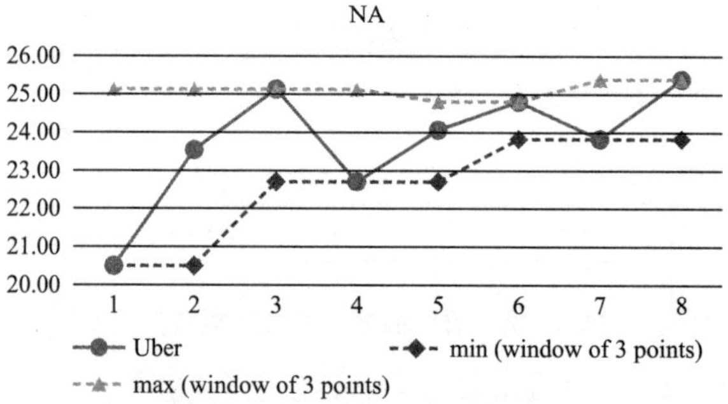

图 8　NA 的词汇多样性发展极值图

词汇密度与测量次数的相关性最高的是 OR($r = 0.716$),最低的依旧是 JT($r = -0.716$)(详见图 9)。与词汇复杂性相比,词汇密度发展较为平稳,从第三次开始基本进入稳定状态。尤其值得关注的是 OR 第二次作文的词汇密度从第一次 0.55 骤跌至观察期间最低值 0.45,之后才继续攀升。但 5 000 次重复的蒙特卡罗模拟结果显示 $p = 0.38 > 0.05$,说明观察到的骤跌不能排除偶然因素,并非系统固有的波动行为。这个结果可能是因为观察次数偏少,也可能因为词汇密度这一维度本身较稳定,学习者在自由产出词汇中能够使用的实词（动词、名词、形容词）数量趋稳，已提前进入吸引状态。

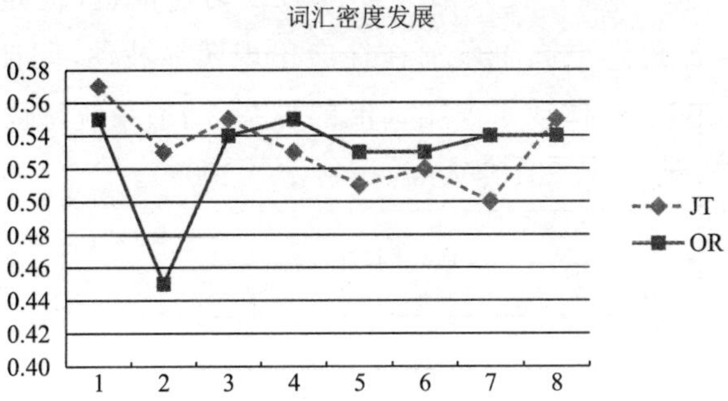

图 9　OR 与 JT 的词汇密度发展趋势图

4.3　自由产出词汇不同指标间的关联发展

针对研究问题三，笔者首先考察了 16 名学生的自由产出词汇总量 V_size，Beyond-2000 词汇复杂度，Uber 词汇多样性与词汇密度四组指标组间均值的 Pearson 双尾相关性，结果见表 3。不难看出，词汇丰富度内部三个指标均呈显著正相关，自由产出词汇总量却未与其他指标产生显著相关性。该结果可能是由于产出词汇量内部存在较大的个体间差异造成的。

表 3　16 名学生产出词汇总量、词汇复杂度、词汇多样性、词汇密度之间的 Pearson 相关性

	Beyond-2000	Uber	词汇密度
Uber	0. 773**		
词汇密度	0. 579*	0. 519*	
V_size	－0. 195	－0. 220	－0. 408

**. Correlation is significant at the 0. 01 level（2-tailed）. ** $p < 0.01$

*. Correlation is significant at the 0. 05 level（2-tailed）. * $p < 0.05$

接着，笔者筛选出产出词汇总量与测量次数间相关度最高的 OR 与最低的 JT，详细考察产出词汇不同维度的关联发展。分析发现，虽然组间趋势中自由产出词汇总量与词汇复杂度并不存在显著相关，但 OR 的自由产出词汇复杂度与词汇总量呈同步发展。由于 V_size 与 Beyond-2000 计算单位不同，为将两项指标放在一张图中比较，笔者根据 Verspoor 等人（2011：162）介绍的公式（观察数值－序列最小值）/（序列最大值－序列最小值），将原始数据转换成 0 ～ 1

之间的标准值。

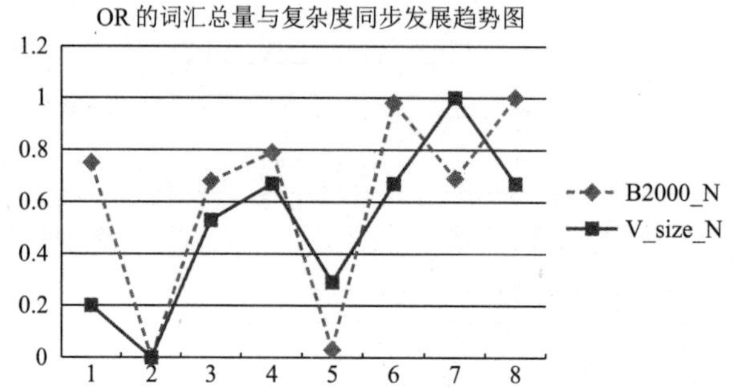

图 10　OR 的产出词汇总量与词汇复杂度同步发展趋势图

OR 的 V_size 与 Beyond-2000 间相关系数为 $r = 0.677$，蒙特卡罗模拟（5000 次重复）得出 $p = 0.027 < 0.05$，说明 OR 的 V_size 与 Beyond-2000 的正相关趋势达到显著水平。

其次，JT 的词汇多样性与词汇密度相互支持发展。JT 的词汇多样性与词汇密度相关系数达到 $r = 0.786$，蒙特卡罗模拟（5 000 次重复）得出 $p = 0.022 < 0.05$，说明 JT 的词汇多样性与词汇密度正相关也达到显著水平。

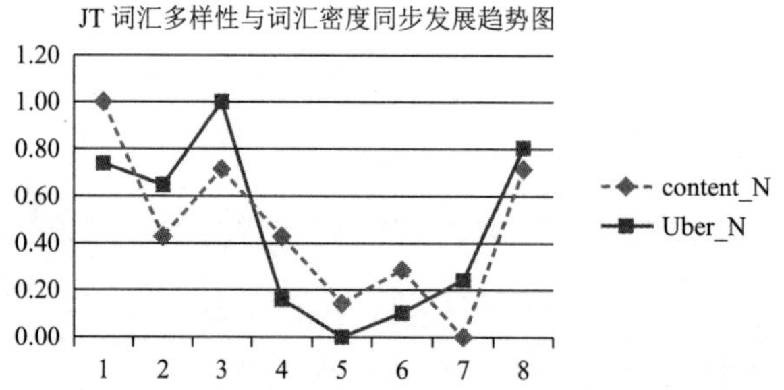

图 11　JT 的词汇多样性与词汇密度（标准值）同步发展趋势图

以上结果说明，OR 的产出词汇总量与词汇复杂度在产出词汇这个动态系统内（至少在观察期间）呈现出互相支持的关系，可视作一对关联生长点。自由产出词汇总量的增加带动了学习者使用更复杂单词的能力，同时使用更复杂单词能力的增长也使得可使用的词汇总量扩大。JT 词汇密度与多样性可视作一对关联生长点，其能使用的实词越多，也帮助促进了词汇多样性。这点不难理解，两名学习者的英语水平处在中到高级，能够使用的最常用的 1 000、2 000 词已经比较稳定，潜力有限；而自由产出词汇总量的增长更主要产生于其对低频词的使用方面，故而在数据中我们观察到了 Beyond-2000 指标与 V_size 较高的相关性。同时，词汇中虚词数量有限，所以词汇增长主要产生在实词方面，而实词掌握程度越高，词汇多样的可能性就越大，故而在数据中观察到了 Uber index 与实词比例之间较高的相关性。

那么，在自由产出词汇系统中是否存在相互竞争的子系统？对 OR 数据仔细观察后发现，其词汇复杂度与词汇多样性呈负相关。

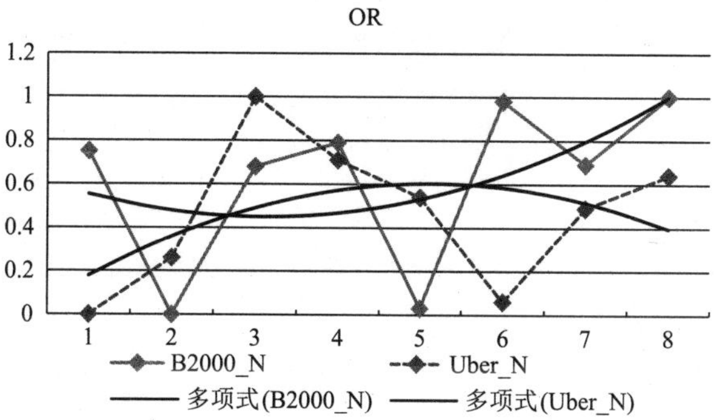

图 12　OR 的 Beyond-2000 与 Uber Index 同步发展趋势图

然而，两条趋势线的走向表明两项指标均处在上升趋势，两者的竞争关系可能会被此种上升趋势掩盖[①]。故笔者去除了原始数据中的上升趋势（detrend the data），两项指标均从原始值转换成了残差（residuals）（Verspoor *et al.*，2011：176-181）。计算两者残差的相关系数 $r=-0.08$，说明 OR 的词汇复杂度与词汇多样性微弱负相关。但是蒙特卡罗模拟（5 000 次重复）结果显示 $p=0.62>0.05$，并未达到显著水平。该结果一方面可能因为竞争趋势太微弱，另一方面该趋势随时间而改变。

OR 的词汇复杂度与多样性之间竞争关系随时间改变的趋势在移动相关系数图（以 3 次数据点为一个移动窗口）中得到进一步揭示（图 13）：第 3 次、第 4 次测量中两者高度正相关，但从第 5 次开始转为负相关，意味着虽然在观察后期 OR 能够使用更多低频单词，但她可能更倾向于在有限的词库中重复使用这些低频单词，词汇多样性指数并未如期发展。

① 事后数据分析也证明了这点。OR 的 Beyond-2000 与 Uber index 原始数据相关性 $r=0.02$，但两组数据去趋势化的残差之间相关性为 $r=-0.08$，变为微弱负相关。

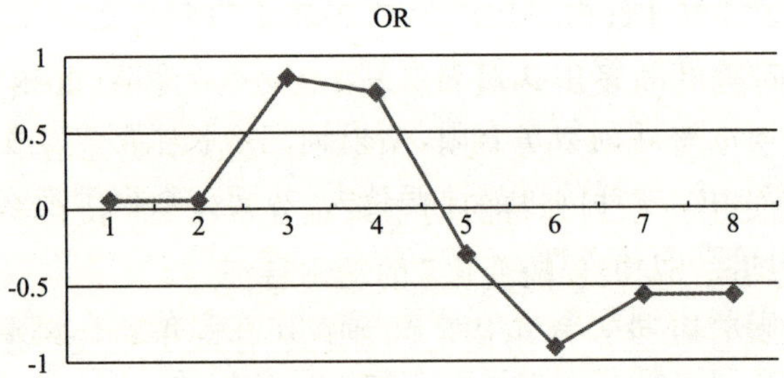

图 13　OR 的 Beyond-2000 数值与 Uber Index 的移动相关系数图

然而，对 JT 的分析却未发现类似的竞争生长点，可能因为 JT 的自由产出词汇已经趋于稳定，各个层面互相协调，进入到动态平衡状态。JT 词汇丰富性三个维度协同发展进入到动态平衡状态见下图。

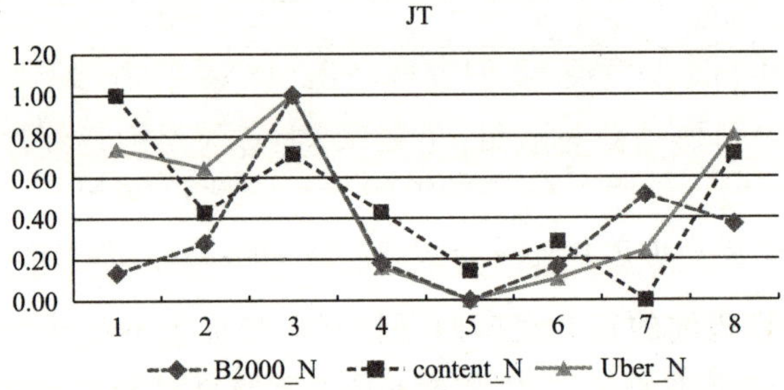

图 14　JT 词汇丰富性不同维度的协同发展趋势图

以上分析表明，即使在同一个产出词汇系统内，词汇产出总量与词汇复杂度、词汇复杂度与词汇密度、词汇复杂度与词汇多样性的发展并不同步，但这取决于个体学习者所处的学习阶段。OR 的例子说明当产出词汇剧烈变化时，其内部不同维度间的关系可能会经历支持—竞争—支持的转化。相反，JT 的例子显示当系统处于词汇高原时，其内部维度会呈现协同发展模式，表明系统内部达到了动态的平衡，可看做系统的一种吸引状态。

5 结论与启示

本研究使用了动态系统理论的分析方法考察一组英语专业大一学生的自由产出词汇发展，有两点创新。一方面在于研究方法的突破。虽然已有学者提出二语词汇发展具有非线性、动态特点(王海华、周祥,2012;郑咏滟,2011),且词汇丰富度不同维度的发展各具特点(朱慧敏、王俊菊,2013),但囿于研究方法,这些维度间究竟如何联动发展并不清晰。尽管本研究沿用了传统的数据采集方法,但通过使用一系列独特的动态系统分析法,揭示了学习者产出词汇发展中的跳跃、波动与"发展伴随变化"的动态特征。

另一方面,以往研究对产出词汇的理解往往限于单一维度,将不同层面分割对待,但本研究采用系统性的全面思维考察其长期发展,结果表明产出词汇也可视作一个具有若干层面的动态系统,子系统间互相联结。由于资源有限,子系统的发展时而竞争、时而支持,发展轨迹呈现出不可预测性、非线性特征。本研究结果从侧面印证了语言的浮现性(Lewis, 2000; MacWhinney, 2005)。浮现主义反对模块化的语言发展,认为语言发展是多个因素(例如频率效应与认知机能)交互的结果,复杂的语法形式是在使用过程中通过语法系统内部重组逐渐产生。运用于词汇发展,我们发现产出词汇系统内部不同层面相互制约,伴随系统内部的剧烈动荡与重组,更复杂、丰富的用词逐渐浮现,最后趋于稳定。

本研究作为一次将动态系统理论运用于二语发展研究的大胆尝试,不免存在若干局限:观察周期较短,数据测量偏少,样本有限。以后研究应拉长观察周期,针对处在不同阶段的学习者,研究焦点可扩展语法系统与词汇系统间、母语与二语间的动态变化关系,亦可结合定性数据,全面、深入理解语言的动态发展过程。

参考文献

[1] Baba, K., & R. Nitta. Phase transition in development of writing fluency from a complex dynamic systems perspective[J]. *Language Learning*, 2014, 64(1): 1-35.

[2] Caspi, T., & Lowie, W. A dynamic perspective on L2 lexical development in academic English[A]. In R. Chacón-Beltrán, C. Abello-Contesse & M. Torreblanca-López (eds.), *Insights into Non-native Vocabulary Teaching and Learning*[C]. Bristol: Multilingual Matters, 2010: 41-58.

[3] Cobb, T. The complete lexical tutor[Web site], from http://www.lextutor.ca. 2000.

[4] de Bot, K., Lowie, W., & Verspoor, M. A dynamic systems theory approach to second language acquisition[J]. *Bilingualism: Language and Cognition*, 2007, 10(1): 7-21.

[5] Hood, G. Poptools[Computer software]. Pest Animal Control Co-operative Research Center(CSIRO). 2004.

[6] Horst, M., & Collins, L. From faible to strong: How does their vocabulary grow? [J] *Canadian Modern Language Review*, 2006, 63(1): 83-106.

[7] Jarvis, S. Short texts, best-fitting curves and new measures of lexical diversity[J]. *Language Testing*, 2002, 19(1): 57-84.

[8] Kojima, M., & Yamashita, J. Reliability of lexical richness measures based on word lists in short second language productions[J]. *System*, 2014, 42(1), 23-33.

[9] Larsen-Freeman, D. The emergence of complexity, fluency, and accuracy in the oral and written production of five Chinese learners of English[J]. *Applied Linguistics*, 2006, 27, 590-619.

[10] Larsen-Freeman, D., & Cameron, L. *Complex Systems and Applied Linguistics*[M]. Oxford: Oxford University Press, 2008.

[11] Laufer, B. The development of passive and active vocabulary in a second language: Same or different? [J] *Applied Linguistics*, 1998, 19(2): 255-271.

[12] Laufer, B., & Nation, I. S. P. Vocabulary size and use: Lexical richness in L2 written production[J]. *Applied Linguistics*, 1995, 16(3): 307-322.

[13] Laufer, B., & Paribakht, T. The relationship between passive and active vocabularies: Effects of language learning context[J]. *Language Learning*, 1998, 48(3): 365-391.

[14] Lewis, M. D. The promise of Dynamic Systems Approaches for an integrated account of human development[J]. *Child Development*, 2000, 71(1): 36-43.

[15] MacWhinney, B. The emergence of linguistic form in time[J]. *Connection Science*, 2005 (17): 119-211.

[16] Malvern, D., B. Richards, B., Chipere, N., & Durán, P. *Lexical Diversity and Language Development: Quantification and Assessment*[M]. New York, NY: Palgrave Macmillan, 2004.

[17] Meara, P. Lexical frequency profiles: A monte carlo analysis[J]. *Applied Linguistics*, 2005, 26(1): 32-47.

[18] Meara, P., & Miralpeix, I. *Vocabulary Size Estimator*[Computer software]. Swansea: Lognostics, 2007.

[19] Muncie, J. Process writing and vocabulary development: Comparing Lexical Frequency Profiles across drafts[J]. *System*, 2002, 30(2): 225-235.

[20] Read, J. *Assessing Vocabulary*[M]. Cambridge, England: Cambridge University Press, 2000.

[21] Spoelman, M., & Verspoor, M. Dynamic patterns in development of accuracy and complexity: A longitudinal case study in the acquisition of Finnish[J]. *Applied Linguistics*, 2010, 31(4): 532-553.

[22] Thelen, E., & Smith, L. *A Dynamic Systems Approach to the Development of Cognition and*

Action[M]. Cambridge, MA: MIT Press, 1994.

[23] van Geert, P. A dynamic systems model of cognitive and language growth[J]. *Psychological Review*, 1991, 98: 3-53.

[24] van Geert, P., & van Dijk, M. Focus on variability: New tools to study intra-individual variability in developmental data[J]. *Infant Behavior and Development*, 2002(25): 340-374.

[25] Vermeer, A. The relation between lexical richness and vocabulary size in Dutch L1 and L2 children[A]. In P. Bogaards & B. Laufer(eds.), *Vocabulary in a Second Language*[C]. Philadelphia, PA: John Benjamins, 2004: 173-190

[26] Verspoor, M., de Bot, K., & Lowie, W. (eds.). *A Dynamic Approach to Second Language Development*[C]. Amsterdam: John Benjamins, 2011.

[27] Verspoor, M., Lowie, W., & van Dijk, M. Variability in second language development from a Dynamic Systems perspective[J]. *The Modern Language Journal*, 2008, 92(2): 214-231.

[28] Zheng, Y. Exploring long-term productive vocabulary development in an EFL context: The role of motivation[J]. *System*, 2012, 40(1): 104-119.

[29] 鲍贵. 二语学习者作文词汇丰富性发展多维度研究 [J]. 外语电化教学, 2008(5): 38-44.

[30] 李兰霞. 动态系统理论与第二语言发展 [J]. 外语教学与研究, 2011(3): 409-421.

[31] 谭晓晨. 中国英语学习者产出性词汇发展研究 [J]. 外语教学与研究, 2006(3): 202-207.

[32] 万丽芳. 中国英语专业大学生二语写作中的词汇丰富性研究 [J]. 外语界, 2010(1): 40-46.

[33] 王海华, 周祥. 非英语专业大学生写作中词汇丰富性变化的历时研究 [J]. 外语与外语教学, 2012(2): 40-44.

[34] 徐丽华, 蔡金亭.《二语发展的动态路径: 方法与技术》述评 [J]. 外语教学与研究, 2014(1): 144-148.

[35] 郑咏滟. 动态系统理论在二语习得研究中的应用——以二语词汇发展研究为例 [J]. 现代外语, 2011(3): 303-309.

[36] 郑咏滟, 温植胜. 动态系统理论视域下的二语习得个体差异研究: 理论构建与研究方法 [J]. 外语教学, 2013(3): 54-58.

[37] 朱慧敏, 王俊菊. 英语写作的词汇丰富性发展特征——一项基于自建语料库的纵贯研究 [J]. 外语界, 2013(6): 77-86.

（作者：郑咏滟，复旦大学）

动态系统理论视域下的二语语块发展研究 *

1 引言

认知语言学及语料库语言学的发展，打破了结构主义语言学词汇语法二分法的观点，而二者连续体中的接口结构——语块，受到语言学界的日益重视，成为二语习得领域的研究热点。近十年来学界普遍认同语块是语言习得的中心，语言学习本质上就是学习和理解语块，并提出了“基于使用的语言发展理论”。然而，之前的语块研究大多从单一视角开展的，对二语习得中多因素的交互性考虑不够（戴运财、王同顺，2012：36），缺乏与语言学前沿理论、语言哲学理论交叉等等，常常忽视语块本体的复杂性、整体性及语块发展的动态性，国外的研究虽有所涉及，但鲜有系统化的理论模型。因此，需要丰富和完善语块理论，从认知心理、社会文化、语料库语言学等多维视角认识语块的句法接口。将认知理论的优势和社会文化理论的优势有机结合起来，形成具有内在逻辑性和一致性的语块习得理论模型。并将认知语言学的“基于使用”的语言习得理论的基本原则作为理论建设的基石，确立语块在主流语言学理论中的位置（刘正光等，2013），结合语言学的最新理论开展多维视角下的语块研究。

近年应用语言学领域兴起的动态系统理论可为语块发展研究提供新思

* 本文是教育部重点人文社科基地第六批中国外语教育基金项目“基于动态系统理论的二语语块习得模式构建”（ZGWYJYJJ2012A53）、第七批中国外语教育基金项目“独立学院 2014 级新生英语水平综合调查与英语能力研究”（ZGWYJYJJ2014Z03）和河南省科技厅 2014 年度软科学项目“中原经济区相关英语新闻语料库的创建与应用研究”（142400410548）的阶段性研究成果。

路。该理论视语言发展为一个复杂、动态系统，将逐渐成为国内外的研究热点。Larsen-Freeman 和 Cameron（2013：80）已对动态系统理论视角下语块研究的可行性进行论证，并将其取名为“语言使用型式”（language using patterns）。鉴于此，本文拟尝试着基于动态系统理论视域，构建系统化的基于使用的语块发展理论框架模型，以期弥补本领域相关研究的不足，并指出其对语块教学的启发作用。

2 动态系统理论基本特征

动态系统理论（Dynamic Systems Theory，简称 DST）作为一种新型跨学科研究范式，突破了传统线性简化论的理念，倡导以系统的复杂性和变异性为研究核心，采用整体论的范式考察双向因果关系，旨在诠释复杂系统内各子系统之间如何相互作用从而导致了系统的整体行为及系统本身与环境之间的互动关系。

DST 的复杂动态性是指复杂系统内部具有异质性的各构成要素之间不断相互影响，并随时间变化而产生变化，并且这种变化往往是复杂的、非线性、涌现的、不可预知的。DST 已广泛应用自然科学领域。鉴于 DST 与认知语言学、心理语言学、社会文化及语言哲学等理论具有很高的融合度，近年国内外学者已开始将其应用于语言学领域。（李兰霞，2011）DST 拓展了应用语言学跨学科研究的新思路，将语言发展的认知观和社会观融于一身，为解决二语习得问题的社会层面和认知层面提供框架，并展示出这两个层面的互动，最终促成了语言的发展。（戴运财、王同顺，2012）因此，DST 代表了应用语言学界的最新发展动态。

在此理论框架下，二语语块学习被视为是基于使用、基于项目的学习，其过程是非线性的；语块是认知、文化和使用之间互动涌现的结果，是二语学习的中心，语块发展具有复杂动态性。（Larsen-Freeman & Cameron，2008）

3 DST 与语块本体的复杂系统观

从动态系统理论的角度来看，语块是一个形式和意义结合的复杂语言系统。首先，语块的复杂性体现在概念上的复杂多变。纵观国内外语块的研究发现，其名称多达50多个，如程式语（Formulaic language / sequence）、词块 / 词束 / 词串（lexical bundle）、多词单位 / 序列 / 表达（multi-word expression）、构式（construction）、型式（pattern）、框架（frame）、结构（structure）、搭配（collocation）、短语（phrase）习语（idiom）等。为此，美国应用语言学协会于2012年编撰专刊，题名为《程式语面面观》（*Topics in Formulaic Language*）（*Annual Review of Applied Linguistics* 第32卷），倡导从多重视角探讨语块这一主题，语块概念的复杂性由此可窥见一斑。探究发现，原因有二：一是研究的视角和侧重点不同造成的，如有从认知语言学视角下开展的，称其为构式，即形式与意义 / 功能的结合体（Goldberg, 1995），也有从社会学的角度进行的，称其为言语交际惯例中反复出现的多词单位（Burdelski & Cook, 2012），还有不少从语料库语言学的角度界定的，称其为高频出现的多词单位（Ellis *et al.*, 2008）；二是由于语块本体结构的复杂性造成的，语块因其结构复杂而被当作整体来存储提取、来学习使用。语块或套语复杂多样：有的套语不遵循语法规则无法分解，总是作为固定的整体出现，而有的套语含有可替换的成分，套语实为结构框架，或者也可称其为构式。因此，语块的复杂性决定了对其定义的难度，目前几乎不可能下一个全面的定义。（戴曼纯，2012）

其次，语块系统的复杂性还表现在它是由诸多子系统组成的，"即每个系统永远是另一个系统的一部分"（de Bot, 2008）。语块在社会文化系统中使用，语块系统本身包括结构、韵律、意义、频率等子系统，而每个子系统又包括更小的子系统。例如，语块的结构长短不齐，具有连续与不连续之分，即包括两词词块，也含有三个或三个以上单词的短语搭配、框架结构等多词单位；语块的韵律有押韵和不押韵之分、语调结构有完整性和缩减性之别；语块的意义更是一个复杂多变的连续统，在语义透明的可分析性到语义晦涩的习语性之间变化。

另外，组成语块的这些子系统彼此之间产生交互作用。动态系统理论综合基于使用的理论和浮现主义观点，认为语言的复杂性是在使用中通过自组织浮现出来的，而频率是引起语言系统自我重组的重要因素（Bybee, 2008）。语块使用的频率和语块的意义交互在一起，它们内在自组性的交互变化引起语块整体系统的变化，直接影响英语教学中语块的选取。Martinez（2013）构建的多词单位（语块）选取框架——使用频率和语义透明度框架FTF（Frequency and

Transparency Framework)，如图 1 所示，清晰展示了语块系统内部频率子系统与语义子系统之间交互作用所导致的上层系统语块选取框架的变化。

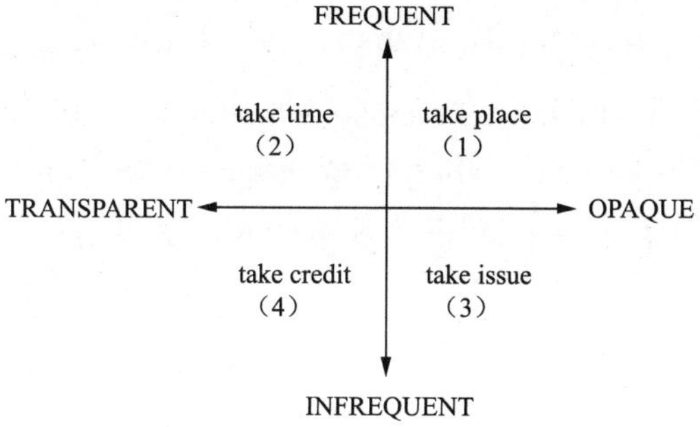

图 1　使用频率和语义透明度框架
(Frequency and Transparency Framework，简称 FTF)(Martinez，2013：190)

4 DST 与语块发展的动态性

变化是 DST 的本质属性。DST 理论认为，语言系统处于不断变化之中，是动态的，变化最基本的特征就是非线性。如上文所述，语块也是由各种相关联的变量组成的复杂系统，这些变量会随着语块使用和语境变化产生相应的变化。语法化和构式发展序列体现了语块发展的动态性，这两种现象可从哲学诠释学视域下理解的历史性和基于使用的涌现论找到解释。

4.1　语块的语义变化和语音缩减——语法化

语块发展是动态的，有两种理解：一是语块在实际话语中的使用是一个动态过程；二是随着时间会增长，语块也会衰退(李兰霞，2011：412)。这种理解可以从哲学中得到解释，伽达默尔的哲学诠释学视域下的“主体理解的历史性”使语块具有动态性(李继民等，2012)。尽管语块的结构和语义在一定时期内具有相对的稳定性，但是从宏观的历史长河来看，语块的特性会随着主体知识经验、认知资源、参与的社会实践等不同而变化。“旧词新意”就是语块理解的历史性中的常见现象。另外，基于使用的语言观认为，语块是交互使用涌现的结果。Larsen-Freeman 和 Cameron(2008：101)认为，语言的使用不仅会导致语块或语言使用型式的改变，还会引起语言使用型式的其他属性的改变，如语义变化和语音缩减和融合的发生。

Bybee(2008)认为语法化是一个典型的例子，它是使用频率影响的结果。例如："be going to"原始意义是方向的标识语"走向"，后来演变成为一般将来时，表示"打算和意图"(Larsen-Freeman & Cameron, 2008: 101)。由于高频使用，"be going to"逐渐演变成一个可以整体加工使用的语块。与此同时，"be going to"形式上的打包整体化引起了语音缩减和融合效应，"be going to"的发音最终演变为缩略词"gonna"。语块的语音缩减变化主要是由于语块的使用频率较高而引起的，这与说话者的心智过程和神经运动过程有关，高频率语块的重复使用大大提高了说话者对这一动作的熟悉程度，为方便大脑内部的传输过程，提高发音效率，说话者就会采用语音弱化的手段，符合省力原则。

4.2 基于使用的构式语块发展序列的浮现

基于使用(usage-based view)的构式语法认为，构式是语言的基本单位，是后天人们在语言交际体验中学得的形式和规约意义的配对(Goldberg, 1995: 4)。涌现主义理论认为，语言学习就是构式学习，学习者最初以语块的方式逐一接触具体的语言实例，然后逐渐地从实例体验中抽绎出带规律性的语言型式(pattern)，最后渐进为抽象构式(Behrens, 2009; 王初明, 2011)。因此，构式的发展序列总结为从"惯用语、低域型式到构式"的发展顺序，这符合构式习得的认知心理机制。

动态系统理论将基于使用的构式语法理论更向前推进了一步，强调语块系统的多种成分在多个层面上相互联结、交互变化。DST认为语言型式是不断变化的，因此，对语言型式的任何命名和描述过程都是临时的、不完整的，由于它们均含有简化和理想化的成分。为概括语块的稳定性和变化多样性，Larsen-Freeman 和 Cameron(2008: 81)构建了一个统称的术语"语言使用动态型式"(dynamic patterns of language using，缩略为 language-using pattern)，这个术语与传统语言学的范畴不完全一致，但是被作为约定俗成的结构而被人们接受，它包含构式(construction)。Goldberg(1995)把构式定义为形式和意义的结合体型式(form-meaning pattern)，它的功能无法从其构成成分推导出来。为强调基于使用的语块发展的动态性，Larsen-Freeman 和 Cameron(2008: 82)又构建了一个更为宽泛的术语“形式意义使用结合体:语言使用动态型式”(form-meaning-use dynamic patterns of language using)。该术语不仅包含有形式或功能不可预测的结构,也包括可以通过常规语法规则组合而形成的具有理据性的结构,而且该术语突出了语块的使用或语用特征。从认知语用的视角来看,语块这种认知语言形式会随着交际情景的各种变化呈动态发展。

另外,语块的发展过程是非线性的,有时无法预料的,学习过程不是简单的直线,而是波浪型的曲线,中间有山峰、也有低谷,语块习得过程的U型曲线和“高原现象”(段士平,2007:27)就是一个典型的例子。为捕捉到习得过程的各种复杂变量,可采用微变化研究法高频直接观察正在变化的过程。

5 DST与语块发展的交互性

动态系统理论的基本特征之一就是系统中所有的成分彼此联系、相互交互(de Bot, 2008)。复杂系统的重要原则认为环境也是复杂系统的一部分。DST认为,语言是一种自组织、自适应系统。子系统的交互作用为引起自组织;外部环境可通过内部子系统的交互作用自动调整进行自适应(李兰霞,2011:411)。由此可见,DST强调环境系统在语言学习中的作用。因此,在研究语言发展时,不能把某个变量孤立出来,应当采用整体论的视角,把语言学习者与语言使用的生态环境结合起来综合考虑。语言的社会维度和认知维度是语言发展的一体两面,是合二为一的关系,两者之间的交互作用是语言发展的动力(Larsen-Freeman & Cameron, 2008)。因此,动态系统理论既不能局限于认知维度,也不完全偏向于社会维度。

语块作为复杂的适应性系统,在认知、文化和使用之间的互动。语块的交互性主要体现在两个方面:一是语块的意义建构;二是语块习得。两种现象均包括认知、语言使用环境和语言等在内的多个因素不断交互、相互协同、相互适应而整体涌现的结果。现代认知语言学也认为,“语块不是封闭性的,而是依赖性的、开放的,是社会文化、认知能力、生理基础等多种因素综合的产物。语块的动态交互性不仅具有语言哲学基础,而且应用语言学的涌现论、交互论及社会认知语用理论均能给予充分的理论阐释。

5.1 语块意义建构的交互性

基于使用的语言观认为，语块意义的建构重点在于其使用过程（Bybee，2010），重复使用的频率是触发组块的首要条件，组块机制促使了特殊形态句法结构——语块之意义与语境意义的结合（李计伟，2013：497）。语言学上的这一大进步，应归功于基于哲学视角的研究。语块研究的基于使用语言观是以体验哲学为基础，认为语块的意义源自对语言实际使用的认知体验和社会体验；这种认知体验受人类所参与的社会文化环境的影响。因此，语块用例对语块意义构建及其在心智中的表征均产生影响（李继民等，2012：75）。事实上，基于使用的语言观与 Wittgenstein（1953）的“意义即使用”语言哲学观是一致的、相容的。在阐述“语言游戏”理论时，Wittgenstein（1953：20）将“语言使用”视为“有规则的游戏”并反复强调：参与语言交际双方所拥有的共同语言使用语境对于构建和理解语言意义具有重要作用。（何安平，2013：44）

上述论点反映出 Wittgenstein 在语言意义问题上的更彻底的语境决定论。基于“意义即使用”的哲学层面上的支持，Firth（1957）提出了“语境意义论”；英国人类学家 Malinoswki（1993：1-10）也强调语言的意义来自其使用的情景语境和文化语境，并对上述语境进行细化指出：情景语境指说话的时间、地点和对象；文化语境指当地的文化习俗。随着语料库的发展，基于语料库的“意义单位”事实上是对“意义即使用”和“语境意义论”的哲学理念的拓展和实践方法的创新（何安平，2013：45）。总之，语块的意义建构来自于“意义即使用”，使用脱离不了语境，因此，只有基于语境才能观察到一种典型的、反复出现的语言范例，并通过功能分析方能认识和构建语块的意义。

5.2 语块习得的交互性

动态系统理论综合基于使用的构式语法、联结主义、交互论和涌现主义观点，认为二语语块习得是一个复杂的动态系统，其运作受认知、心理与情境语境等子系统的交互影响。基于使用的语言涌现（language emergence）理论认为，语言的发展是以词语使用为基础的长期过程，语言使用型式即语块是交互的结果，是自组织涌现出的稳定性（Hopper，1998），而频率是引起语言系统自我重组的重要因素（Bybee，2008）。它能够激活语言处理，促使大脑表征数据库形成各种联系，帮助学习者对语言信息进行“语块化”处理，形成语言原型和语言范畴，归纳出关于形式/意义或功能之间匹配的相对概率搭配(probabilistic patterns)。

但是,仅从认知语言学的角度研究语块的心理表征显得不够充分,过于狭窄,还要考察社会文化等因素对语言使用的影响(Croft & Cruse, 2004: 329)。随着当代认知科学从颅内认知到跨颅认知的研究转向,以及社会认知语用学的兴起,我们应当重视基于 DST 的语块习得交互性研究。作为一种新的研究视角,它能够有机融合认知和社会文化的优势,强调社会—认知因素的制约作用以及交际双方对共同背景的动态建构。社会认知派的互动论认为二语学习者用目的语与他人交流,同周围的环境互动,获得情景认知。动态系统理论认为,语块的发展是学习者外部的社会因素、内部心理认知因素以及语块本体的因素交互作用的结果。Bakhtin 的对话理论认为,对话是促成语块发展的重要工具,因为对话的双方均在学习者的"最近发展区"搭建"脚手架",合作互动交互,共同推进语块的学习,符合 Vygotsky 的社会文化观。语言涌现理论(Ellis & Larsen-Freeman, 2009)认为,语言是相互作用的限制条件产生的,语言发展和语言使用的模式是在语言行为的主体和主体所处的环境相互作用中涌现出来的。

另外,语块学习的交互影响因素可以从张建琴(2013: 83)的语言习得模型(Ellis 等,2008 补充修订版,见图 2)可见一斑:

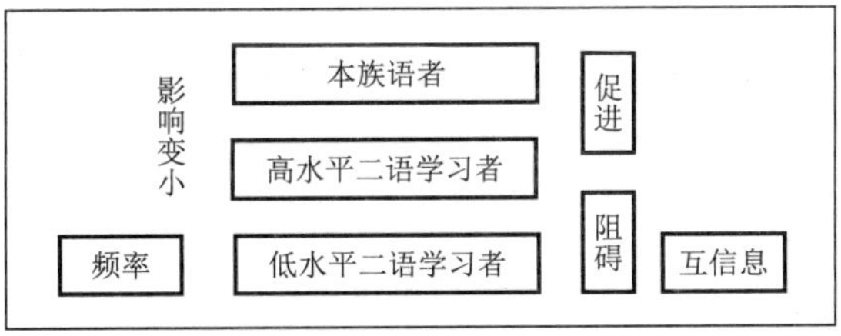

图 2　语言习得加工模型(张建琴, 2013: 83)

图 2 模型表明,语言水平与语块的频率和互信息值交互影响,学习者语言水平决定语块学习的影响因素:对于较低水平的二语学习者而言,语块的频率越高,加工速度越快;语块的互信息值越大即语义越不透明,加工速度越慢。对于高水平的学习者来说,互信息值的影响逐渐从阻碍变为促进。另外,Burdelshi 和 Cook(2012: 173)基于语言社会化理论对母语和二语学习者如何通过程式语使用达到语言社会化进行了综述研究,期待未来的研究与社会学及语用学结合起来,开展更多有关语块社会化的实证研究。

6 DST 视阈下二语语块发展研究的理论模型构建

为揭示语块发展的复杂动态性(Ellis *et al.*, 2008; 戴曼纯, 2012; 张建琴, 2013),凸显动态语境观,我们拟将本文中所涉及的林林总总的理论纳入动态系统理论视域下,对此进行"打包",构建一个系统完整的二语语块发展研究理论体系,该体系所包含的子系统及交互关系如图 3 所示:

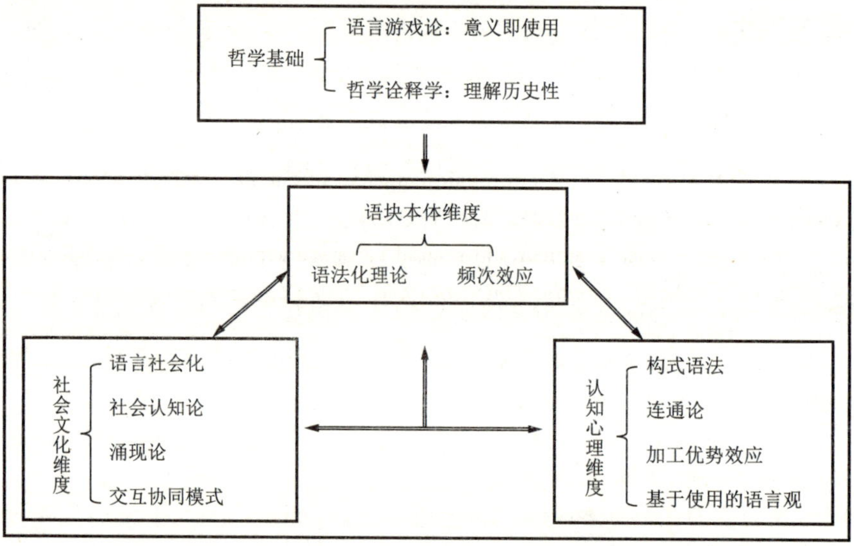

图 3　动态系统视阈下的二语语块发展研究理论模型

该理论模型站在哲学的高度,以 Wittgenstein 的"意义即使用"的语言哲学观(何安平, 2013)及伽达默尔的哲学诠释学(李继民, 2012)为基础,有效吸收认知语言学的"基于使用"的语言习得观,顺应二语习得的社会认知观,形成具有内在逻辑性和一致性的跨学科的二语语块习得理论模型。

7 结语

动态系统理论是应用语言学领域内新研究范式,突破了传统线性简化论的理念,运用整体论研究语块发展的复杂动态性,从跨学科的另类视角透视语块,站在体验哲学的高度,融合社会语言学、认知心理学等便利原则,与基于使用的构式语法理论交叉,形成动态视阈下的的二语语块习得理论模型,并将“基于使用”的语言习得基本原则作为理论建设的基石,确立语块在主流语言学理论中的位置。本研究只是采用 DST 理论视角和研究范式,整合社会文化环境、学习者的认知心理以及语块本体三因素的一个尝试,不少细节尚需处理,期待更多的心理学实验、实证研究及电脑建模对其探讨和验证。

参考文献

[1] Behrens, H. First language acquisition from a usagebased perspective[C]//de Bot & R. Schrauf. *Language Development over the Lifespan*. New York: Routledge, 2009: 40-59.

[2] Burdelski, M. & H. M. Cook. Formulaic language in language socialization[J]. *Annual Review of Applied Linguistics*, 2012(32): 173-188.

[3] Bybee, J. Usage-based grammar and second language acquisition[C] //P. Robinson & N. Ellis. *Handbook of Cognitive Linguistics and Second Language Acquisition*. New York: Taylor & Francis, 2008: 216-236.

[4] Croft, W. & A. Cruse. *Cognitive Linguistics* [M]. Cambridge: Cambridge University Press, 2004.

[5] de Bot, K. Introduction: second language development as a dynamic process[J]. *The Modern Language Journal*, 2008(92): 166-178.

[6] Ellis, N. C. & D. Larsen-Freeman. Language as a complex adaptive system [J]. *Language Learning*, 2009(59)(Special issue, Supplement 1).

[7] Ellis, N. C. , Simpson-Vlach, R. & C. Maynard. Formulaic language in native and second-language speakers: Psycholinguistics, corpus linguistics, and TESOL [J]. *TESOL Quarterly*, 2008, 41(3): 375-396.

[8] Firth, J. A synopsis of linguistic theory, 1930-1955[C]//J. Firth et al. , *Studies in Linguistic Analysis* (Special Volume of the Philological Society). Oxford: Blackwell, 1957.

[9] Goldberg, A. Constructions: *A construction grammar approach to argument structure* [M]. Chicago, IL: University of Chicago Press, 1995.

[10] Hopper, P. Emergent Grammar[C]//M. Tomasello. *The New Psychology of Language: Cognitive and Functional Approaches to Language Structure*. Mahwah, NJ: Erlbaum, 1998: 155-175.

[11] Larsen-Freeman, D. & L. Cameron. Research methodology on language development from a complex systems perspective[J]. *The Modern Language Journal*, 2008(92): 200-213.

[12] Larsen-Freeman, D. & L. Cameron. *Complex Systems and Applied Linguistics* [M]. Shanghai: Shanghai Foreign Language Education Press, 2013.

[13] Malinowski, B. The problem of meaning in primitive language[C]//J. Maybin. *Language and Literacy in Social Practice: A Reader*. Clevedon: Multilingual Matters, 1993.

[14] Martinez, R. A framework for the inclusion of multi-word expressions in ELT [J]. *ELT Journal*, 2013(2): 184-198.

[16] Wittgenstein, L. *Philosophical Investigations* (3rd ed.) [M]. New York: Macmillan, 1953.

[16] 戴运财，王同顺．基于动态系统理论的二语习得模式研究 [J]．山东外语教学，2012(2)：36-42.

[17] 戴曼纯．语块学习、构式学习与补丁式外语教学 [J]．外语界，2012(1)：52-60.

[18] 段士平．从词块能力看词汇深度习得中的"高原现象"[J]．国外外语教学，2007(4)：27-32.

[19] 何安平．从"意义即使用"哲学观到语料库的"意义单位"探究 [J]．外语与外语教学，2013(3)：44-48.

[20] 李继民，李玲，高希霞．诠释学视域中的语块研究 [J]．外语学刊，2012(6)：74-78.

[21] 李计伟．《语言、使用与认知》介绍 [J]．当代语言学，2013(4)：496-499.

[22] 李兰霞．动态系统理论与第二语言发展 [J]．外语教学与研究，2011(3)：409-421.

[23] 刘正光，冯玉娟，曹剑．二语习得的社会认知理论及其理论基础 [J]．外国语，2013(6)：42-52.

[24] 王初明．基于使用的语言习得观 [J]．中国外语，2011(5)：1.

[25] 张建琴．中国英语学习者公式化语言加工心理机制研究 [J]．外语界，2013(5)：78-87.

（作者：段士平，中原工学院）

二语写作句法表现的动态发展*

1 引言

20世纪80年代以来，复杂度、准确度、流利度（complexity, accuracy, fluency; CAF）已成为广大二语习得（SLA）研究的热点之一。研究者多通过复杂度考察学习者的二语知识及水平、复杂度与其他两变量的关系，尤其是与准确度的关系（如 Skehan（1998）的"抵消效应"）。复杂度往往从词汇和句法方面来进行考察，其中，对词汇复杂度的考察较为深入并达成了一定共识；而对句法复杂度的考察则显得较为混乱。

近年来，学者纷纷呼吁需突破静态或简化的视角，以多维度和动态变化为切入点探究 CAF 及其子成分，重视各变量内部结构特征及关联以及隐藏在长期变化发展之中的重要信息。然而，深入考察 CAF 中某个变量的研究非常匮乏，对相关方面语言学习的描述相对不足，尤其是句法复杂度方面（见 Norris & Ortega, 2009）。以此出发，本文尝试在动态系统理论（Dynamic Systems Theory（DST））及方法论框架下，跟踪 2 位中国学习者二语作文句法方面的长期表现，通过探究他们句法知识的内在变化机制，以期对学习者句法知识习得和发展过程有更全面的理解。

* 本研究为教育部人文社科研究规划项目"基于 RT 和 EEG 证据的汉英双语者运动事件认知研究"（14YJA740054）和山东省高等学校人文社科研究项目"复杂系统理论框架下的二语学习者个体差异研究"（J13WD61）的研究成果。

2 理论框架

2.1 句法复杂度及相关研究

根据有关二语句法知识的定义(Bulté & Housen, 2012),从构念上来看,句法复杂度指语言表层输出中句式结构变化范围或广度、类型数量及丰富度;从观察角度来讲,则指从不同长度单位或结构对目标语进行划分,如句子长度、T结构(t-unit)等;操作方面,研究者往往通过一些分析指标量化句法表现,以便更客观地分析和比较不同文本的句法复杂度,如某结构长度(句长)、比例(如从句比例)或某些具体指标等。

可见,句法复杂度概念繁杂,其定义涉及理论和实际测量等方面。而目前有关句法复杂度的研究却恰恰忽视了这一点。据笔者所知,目前的句法测量研究有以下3个特点:(1)纵观已有研究的测量方法,其中不乏考察句法复杂度的各类指标,如长度、频率、比例等(详见 Ortega, 2003);(2)大部分研究仅用一个指标来代替或衡量句法整体表现(用从句比例、平均长度来衡量的研究尤多),如 Ishikawa(1995)仅考察了T结构长度,而未详尽考察其他句式结构(如短语使用情况);(3)研究者忽视了指标的冗余性(Norris & Ortega, 2009: 560)和相似性间的区别,导致了研究指标的误用而影响了研究信度。不难看出,相关研究过于简化句法复杂度,存在"以偏概全"甚至误用指标现象。而仅靠单项指标或共时研究中的均值比较等范式会遗漏一些重要信息,且片面理解学习者的句式复杂表现很可能导致误读某指标值所代表的实际意义。为避免该问题,应从多层面衡量和判断学习者句法知识的结构和储存情况。Norris & Ortega(2009)认为研究者还应考虑子成分之间可能的"曲线关联"(curvilinear),即发展的不平衡性。而目前有关子成分的观点仅停留在主观推测层面,具体研究基本为空白。因此,本文拟考察学习者语言表现中句法复杂度子成分,在DST框架下探究其长期发展过程及内在交互机制。

2.2 DST视角下的二语学习研究

DST用以研究动态系统的行为和发展,而SLA研究者认为也可将二语学习视为动态系统(如 de Bot *et al.*, 2005),即二语知识由不同成分(子系统)构成,且二语发展也是充满起伏的动态过程。因此，相关研究主要从变化性（variability）和子系统之间的交互性展开。

DST 视角一改传统 SLA 研究中视变化性为“噪音”的观点，认为隐藏在平均数据中的个体差异和变化细节蕴含了语言学习的重要信息。因而研究者记录了这些独特的发展节奏和表现形式，刷新了对二语学习过程的认识。其中，Verspoor et al.（2008）和 Spoelman & Verspoor（2010）采用 DST 特定绘图技术将个体变化过程图像化，通过跳跃、峰谷等形式展现了动态系统变化过程。由此可见，个体变化性是动态系统发展过程的固有特征，其具体形式（如在不同时段的不同强弱程度）代表了特有的发展信息。因此，个体内、个体间差异都不应忽视，而应将其视为研究数据加以分析。

关于各成分的交互性，研究者认为系统整体状态正是子系统交互的结果，研究结果多展示了文本中 CAF 之间的竞争和支持交互，如复杂度与准确度、名词短语与句法之间的竞争型交互（Larsen-Freeman，2006）；及词汇复杂度与名词短语、与句法复杂度的支持型交互（Spoelman & Verspoor，2010）。研究者认为正是这些变化模式构成了发展细节，揭示了实际发展过程。而在阐述为何会出现这些交互效应时，研究者多从认知资源的有限性来解释，认为因共享有限的资源而产生了子系统之间不同形式的相互关联，表现出“全面关联”（complete connectedness; van Geert，1994：50）特征，而非二语知识子系统的简单累加。

DST 方法使用数学模型解释语言发展过程，通过计算机建模表述语言子系统的发展及其与关联子系统的交互，并模拟该过程。数学公式将可能影响学习发展的所有内部和外部因素及影响力都归纳到“认知资源”中，在认知资源充足的情况下，知识增长将达到最高水平，即“最大承载力”（carrying capacity; van Geert，1994）。而公式表达的增长过程受认知资源的影响和制约，非线性发展及语言变量间的动态交互也因此浮现，亦即，最大承载力概念中蕴含认知资源总量及变化与变量当前状态的对应关系。目前仅有 Caspi & Lowie（2013）通过数学建模拟合了二语学习者词汇内部知识结构的前导－竞争发展过程，证实了他们对语言子系统交互性的假设。

总的来说，DST 及方法论符合从多视角考察句法发展的主张，是完善有关句法知识研究范式的理论和方法框架。本研究以句法复杂度相关文献为理论平台，基于 DST，探究个体学习者句法子系统变化过程及子系统间的动态交互，并通过数学建模来模拟该过程，以更精确地描述发展变化的内在机制。

3 研究方法

3.1 研究问题

本研究通过历时性个案研究，分析学生英语作文中句式特点，采用动态建模模拟和解释句法各维度交互的内在机制，回答以下问题：(1) 学习者二语写作中句法各复杂维度的变化发展是否存在交互关联？具体模式如何？(2) 是否可通过动态系统建模模拟问题(1)中的发展和交互过程？

3.2 研究对象

研究对象是两名中国重点大学英语专业本科二年级学生（学生A、学生B）。他们二语学习背景基本相似：来自相同班级，平时在课堂中接受的语言输入相似，英语学习的整体进度相同，在班级中属于英语水平较高的学生。

3.3 数据收集

两位学生在一学年完成20篇作文，作文之间间隔为两周左右。作文体裁为记叙文或议论文，要求学生在文中记叙某事或就某问题表述观点，篇幅要求为400字以上①。

3.4 数据分析

数据分析分三步进行。首先，对2位学生的40篇作文进行编码，提取句法方面具体表现②。基于句法测量指标应全面但不重复的原则（Norris & Ortega, 2009），本研究从小句间、小句内、短语、及特定复杂结构四个维度定义句法复杂度。其中，小句间和小句内层面能够反映学习者多重命题意义内嵌策略；短语

① 本研究主要记录和考察学习者在不受严格控制的写作情境下作文中句法表现长期发展过程，因此，学生在课余时间完成作文，可查字典，不设时间限制。

② 由于本研究主要考察句法复杂度表现，因此对所有的（包括有词汇、语法错误）语言输出进行分析。

复杂度则可用于表明语言发展和成熟度(Norris & Ortega, 2009)。基于相关研究对被动态习得重要性的论述(如 Hinkel, 2004; Xiao *et al.*, 2006)及前人研究所用指标(见 Bulté & Housen, 2012),我们选用被动态结构作为反映句法成熟度的特定结构。鉴于小句相关指标测量纯粹的小句内复杂情况,长度增加仅能通过形容词、副词、动词非限定性形式等方式实现,本研究以小句为长度单位。小句指包含一个限定性谓语动词结构的句子(Ishikawa, 1995),包括独立小句和从句。除了人工分析部分测量指标,本文采用 Coh-Metrix 2.0 软件统计短语复杂度。共两位研究者独立进行编码工作,结果一致度为 86%,有分歧则讨论解决。句法各维度、测量指标及计算见表 1。

表 1 测量指标

句法复杂维度	测量指标	计算方法
小句间	从句比例	从句 / 主句百分比
小句内	小句平均长度	全文字数 / 小句数量
短语	短语平均长度	Coh-Metrix2.0
	非限定性从句	动词非限定形式 / 动词总数百分比
特定结构	被动态	被动态 / 动词总数百分比

第二步是描述句法各维度的变化过程及维度间的交互,将句法表现图像化,以直观展示各维度的发展轨迹(van Geert & van Dijk, 2002)。轨迹图中 X 轴表示时间节点,即 20 篇作文的采集点;Y 轴数字表示发展水平值,即编码所得数值。

第三步用动态耦合增长模型[①] (coupled growth model)模拟两个句法维度(关联增长点;van Geert, 1994)之间的交互效应,以揭示变化和交互的内在机制。耦合增长模型表示知识的增长以当前状态为基础,决定发展过程的主要参数是增长速度、知识的当前状态及知识水平可能达到的最高程度、以及相关增长点的相互作用力。

① 因篇幅限制,模型公式备索。

4 结果

4.1 变化过程分析

第一个问题探讨句法维度发展过程及交互模式。通过相关分析，我们得出维度间的相关矩阵（表2）。从相关系数发现，句法维度间交互在两位学生写作中表现不尽一致，如，有的在学生A写作中呈负相关，而在B写作中则呈正相关（从句－短语复杂度）。但大部分交互在两者文中表现一致，然而具体维度间交互程度又有所不同。如，从句与小句长度间竞争性非常显著，而小句长度与被动态间呈弱支持型交互。可见，相关性反映出维度间交互的整体模式，但无法提供更具体的信息，因此需详细探讨变化过程以了解动态性（Spoelman & Verspoor, 2010）。深入考察的交互变量基于以下几点考虑：(1) 从句比例与小句长度反映出学习者写作中的内嵌策略；(2) 非限定从句是完整从句的简化形式，考察简化与完整从句的交互能更直接地反映学习者该方面句式使用习惯；(3) 短语长度与被动态结构的对比能够详细描述其间相互支持、共同发展的情况，且先前研究中尚无涉及从这两方面共同解读句法表现的例子；(4) 某些指标之间可能存在一定构念重叠，如小句平均句长包含了短语长度；非限定从句比例越高，小句长度则相应增加。据此，我们主要考察了从句－小句长度、从句－非限定从句、短语长度－被动态三对变量。

表2 句法各维度间相关系数

	从句比例		小句平均句长		短语长度		非限定从句	
	A	B	A	B	A	B	A	B
小句平均句长	−0.7508**	−0.4949*						
短语长度	−0.4828*	0.3206	0.7501**	0.3822				
非限定从句	−0.5429*	−0.1753	0.6739*	0.5544*	0.2734	0.0138		
被动态	−0.0892	0.3801	0.1897	0.1983	0.3042	0.3997	−0.1199	0.0634

注：A＝学生A；B＝学生B；** $p < 0.01$；* $p < 0.05$

4.1.1 从句和小句长度

通过编码而得出从句比例和小句平均长度水平值，交互轨迹图（图 1）清晰地展示了其交互模式。

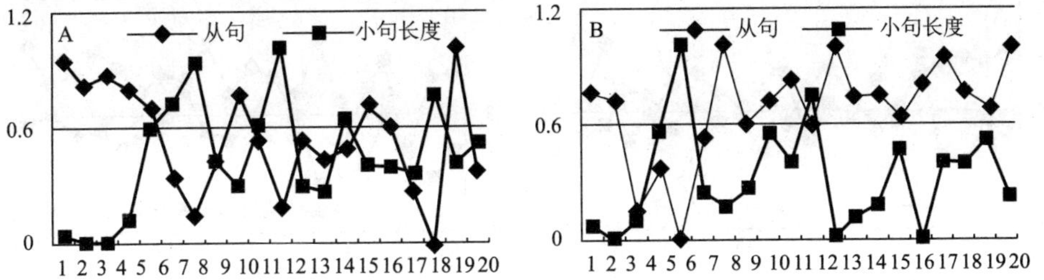

图 1 从句比例与小句平均长度交互轨迹图[①]

从图 1 可看出，两维度在两位学生写作中表现出明显的相悖交互，这呼应了强负相关系数（表 2）。学生 A 的前 5 篇写作中，从句比例居高但下降趋势明显，小句长度则显现出从低谷中的突升，而从句比例此时已降至最低水平值区域。该升降对应的交替发展贯穿研究始终。学生 B 作文中这两个维度也表现出明显的竞争模式，两条轨迹线峰谷对应（如第 4 ～ 6 篇、11 ～ 15 篇）。然而，学生 A 的从句比例在波动中下降、小句长度则在变化中上升，而学生 B 的表现恰好相反，表明两位学生在写作中句式使用的侧重点相反。

4.1.2 从句与非限定从句

相关系数显示学生 A 的从句比例和非限定性从句之间竞争较学生 B 更突出（表 2），可从交互轨迹图（图 2）中看出学生 A 两条曲线的交替变化的确更显著。A 图中，非限定从句的跳跃性上升都对应着从句的下降（如第 5、11 篇）；而当从句比例较高时，非限定从句则有所减少（如第 1 ～ 4 篇、12 ～ 16 篇）。整个研究期间两条曲线峰谷对应。学生 B 写作中，两个指标在研究前半段竞争较强，而从第 11 篇作文起，竞争减弱，可见，交互模式会发生变化。

4.1.3 短语长度与被动态

交互轨迹图（图 3）显示，短语长度与被动态在两位学生作文中呈相似发展

---

① 此处展示基于原始数据的标准化数据，以便对比观察。

模式。尽管升降程度不同，短语长度与被动态指标值在大部分作文中都呈现一致的变化趋势，如学生 A 第 1 ～ 7 篇，两者都表现出下降→上升→下降的过程，而学生 B 前 12 篇作文中，两指标展现出同样的局部波动趋势。

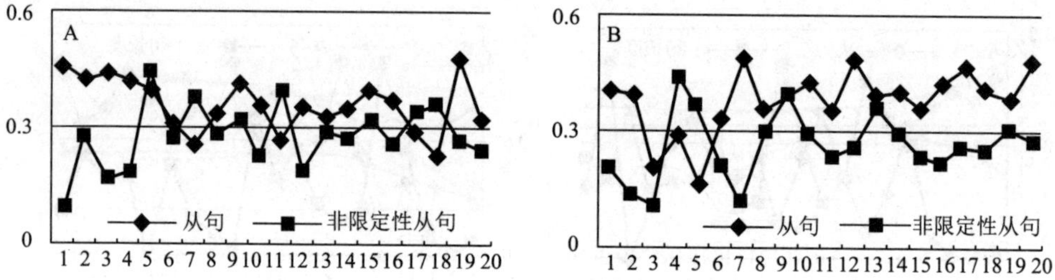

图 2　从句比例和

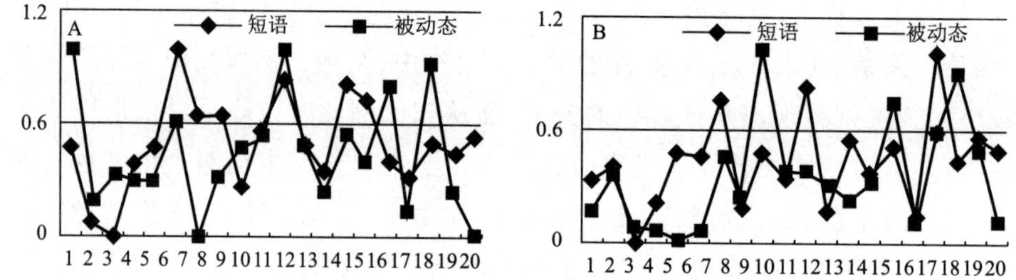

图 3　短语长度与被动态交互轨迹图

综上可见，句法各维度的发展非单独发生，而是与其他维度相互影响，共同形成写作中语句使用的整体表现。为进一步了解句法维度间内在交互机制，我们采用动态建模拟合展示交互发展过程。

4.2　拟合结果

动态建模拟合旨在描述和证实维度间的交互发展。我们根据上述分析结果设置参数估计值（增长率、初始水平值、最大水平值、维度交互值（支持与竞争交互分别由正负数表示）），再通过优化算法计算优化参数值，最后得出配对维度的模型结果（见 Robinson & Mervis，1998）。衡量模拟结果的标准之一是模型与实际数据间的平方差和（sum of square differences），该值越小，模型结果越接近观察数据。本研究所得平方差和为 0. 0030 和 0. 2029 之间，说明拟合结果理想。另一衡量标准是直接观察模型曲线与原始曲线的吻合度。由于公式本身性质，模型数据主要反映增长点增长过程和交互特征(Schmidt, 2000)。因此,我们将模型数据与经平滑处理的原始数据对照观察(见 Caspi & Lowie, 2013)。图 4 展示了从句比例与小句平均句长及其与非限定性从句的模型结果和平滑轨迹线。

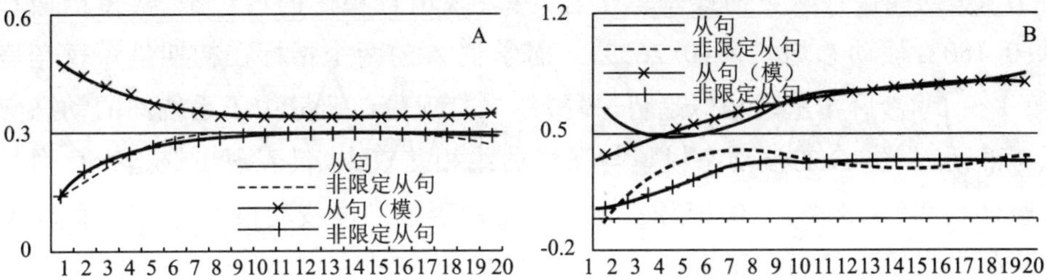

图 4　竞争型交互轨迹图[①]

模型很好地拟合了学生 A 的两组维度增长过程及其竞争模式。如图 4A 所示,从句模型与平滑线吻合,非限定从句的模型曲线也很好地捕捉到发展趋势。优化参数准确地表现了变量增长和变量间的竞争交互(从句增长率[②] −0. 3671; −0. 4945; 小句长度增长率: 0. 9728; 非限定从句增长率: 0. 8999; 从句 - 小句长度交互值: −0. 4182; 从句 - 非限定从句交互值: −0. 0699)。而耦合模型仅描绘出学生 B 两维度部分增长特征,未捕捉到第 1 ～ 4 篇中的短时下降(图 4B),但仍准确计算了竞争模式(从句 - 小句长度交互值: −0. 0492; 从句 - 非限定从句交互值: −0. 0130)。这可能是因为学生 B 写作中,尽管两组维度呈竞争交互,但各维度都呈正增长,而模型主要描述了其大致增长过程。

我们通过耦合模型展示了短语长度与被动态的交互轨迹(图 5)。

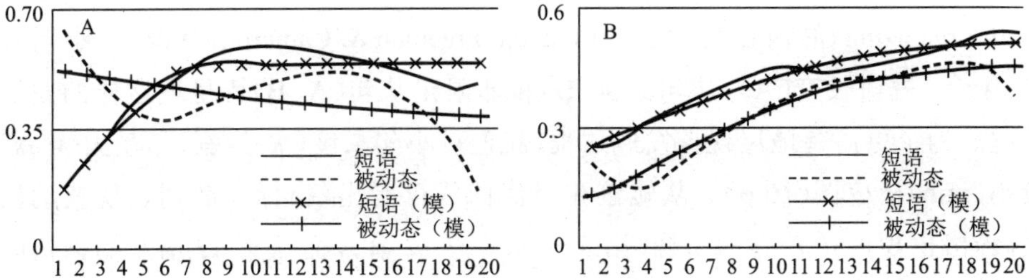

图 5　支持型交互轨迹图

① 由于篇幅所限,此处各展示两位学生的一组变量交互图。

② 两个数值分别表示从句比例与不同相关联增长点(小句平均句长、非限定性从句)交互中的增长率。

如图 5 所示，模型捕捉到两维度整体发展情况，优化交互参数也证实了其间的支持交互（A：0.0061；B：0.0019）。从平滑和模型曲线可看出，呈支持交互的维度展现出基本相似的发展过程。其中，短语长度与被动态的支持交互在学生 B 文中更明显，两条曲线基本平行，并表现出较稳健的增长态势（短语增长率：0.1802；被动态增长率：0.2625）。而学生 A 的两个指标在初期呈短暂竞争（第 1 ～ 6 篇）后才呈现相似趋势，模拟结果呈现先前研究中子系统间的动态交互。然而，学生 A 的被动态模型与平滑曲线相差较大，仅表现出该指标负增长的整体趋势（增长率：－0.0559），这可能是由于该维度波动很大（图 3），而模型仅复制出最基本的内在机制。

5 讨论

5.1 变化发展过程

本研究描述并模拟了学习者作文中句法各维度发展过程及其动态交互。通过观察轨迹图，未发现句法知识线性、逐级的发展，而多现充满波动的不规则轨迹，且各维度发展各异。据此，我们归纳出三种典型发展路径。第一种为传统意义上的进步，即在变化中增长，且该方面前期作文中变化性相对较大，随后变化幅度逐渐减小，后期表现趋稳，亦即进入了 DST 意义上的吸引区状态（attractor state；de Bot *et al.*，2005；郑咏滟，2011）。然而变化并未完全消失，在使用中常呈现稳定和变化的反复（Casti，1994），反映了动态变化是自组织系统（self-organizing）的内在特质之一（Larsen-Freeman & Cameron，2008）。小句长度（A）[①]、短语长度（A）、从句比例（B）和非限定从句（A、B）皆呈现这样的发展过程。为了更清楚地展现该发展过程，我们以小句长度（A）为例，作最大（max）最小（min）极值图（图 6）。从轨迹和极值曲线可看出，指标在前期表现波动较大，连续出现两个较高的山峰（第 5 ～ 8、8 ～ 12 篇），而从第 13 篇开始振荡幅度减小，山峰高度明显降低，而最后 5 篇的表现相对较平稳。

① 为节省篇幅，以此表示学生 A 或 B 写作中的该项指标。

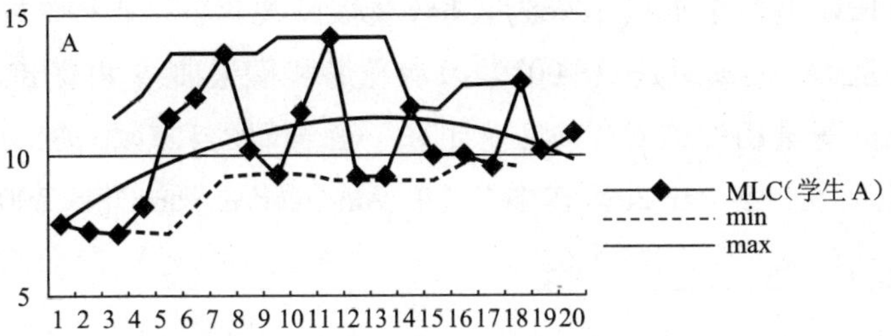

图 6　小句平均长度发展极值图

第二种为非传统意义上的“增长”，即在变化中的下降，如从句比例(A)、小句长度(B)(图 1A、1B)。值得注意的是，与呈上升趋势的句法维度相似，该轨迹在研究前期也呈大幅波动，而后期总体较平稳，同样经历了重构和自组织过程，并浮现出惯常使用形式。可见，知识发展不仅表现为进步，倒退也是其中一部分(Larsen-Freeman, 2006)，变化方向及过程都不可预测。而第三种路径主要表现为贯穿始终的变化性，某项知识未在使用中逐渐稳定或形成使用习惯。如被动语态(A、B)(图 5)。这可能是由于被动态属二语学习中较难习得的语法点，与接触频率、显著性、及汉语中被动态的意义和使用习惯等有关，因而尽管两位学习者二语水平较高，大多数作文中被动语态频次仍很有限(见 Hinkel, 2004)。

结合轨迹图可归纳出两位学生句法知识子系统的发展特点和标志。学生A句法成熟度表现在使用短语、修饰语等来表达更多命题意义，小句内 / 短语维度指标增长明显(图 4A)。该发现与有关句法发展标志的观点一致，即小句内短语结构越多，句法成熟度越高(如 Shaw & Liu, 1998)。而学生 B 的句法成熟度体现在大量使用各类从句，其他维度发展较有限，后期作文中不同句式结构的分布不均匀，从句比例明显高于小句 / 短语结构(见图 1B、图 4B)。

5.2　句法维度间动态交互

关于维度间交互情况，数据分析展现了它们之间明显的交互效应。其中，从句比例与小句长度、与非限定从句呈强竞争交互，而短语长度与被动态呈支持交互。

5.2.1　竞争交互

小句间与小句 / 短语维度反映了不同句式内嵌策略，而它们的竞争说明一个维度的增长以另一个维度下降为代价。然而，该竞争是否因“非此即彼”的语言内在特征而产生，还是反映了学习者相关知识及意义内嵌策略的发展特点？为了分析变量的交互细节，我们计算了变量间的移动相关，以每5篇为1个窗口(1-5，2-6，…，16-20)，作图7（见 van Geert & van Dijk，2002）[①]。

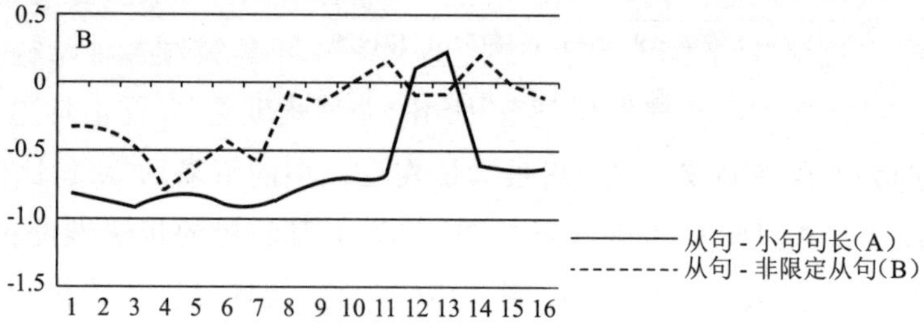

图7　移动相关滑窗图

如图所示，在学生A作文中，从句和小句长度从研究初始便呈强竞争，随时间发展，相关曲线逐渐上升，而竞争模式在第12、13个窗口短暂消失，且之后的竞争强度不如前期显著，表明后期水平较高的作文中，小句间与小句内复杂度呈现的强竞争有所减弱。结合上述各维度发展特点，学生A写作中小句内到此时已表现出较高复杂度，因而各句法维度使用分布较均匀。学生B作文中从句与非限定从句的长期交互也呈现由强竞争渐变为较弱相关甚至短时正相关(11、14窗口)的过程，从句与非限定从句截然不同的发展路径转变为研究后期作文中的同时增长，因而竞争关系变弱。拟合图中的平滑和模型曲线都显示了该变化过程(图4B)。

综上可见，尽管水平相当的学习者所用内嵌策略相反，但后期作文中都呈弱竞争交互，反映了相关知识点的自组织过程，其重构结果为句式使用习惯的形成。竞争交互并非由于语言本质特征而产生，而是反映了学习者相关知识点及使用习惯的发展过程，也证明了句法结构复杂化并不仅仅表现在从属结构层面，短语维度增长也是句法知识发展的一个重要标志(如 Norris & Ortega，2009)。

竞争反映出写作过程中有限的注意力在不同语言子系统上分配不均

① 由于两组变量的交互在两位学生作文中具有一定相似性，因此我们选取更具代表性的关联增长点具体讨论。

(Skehan, 1998)，而使得维度间呈现此消彼长的模式。从长期表现来看，在认知资源充足的情况下，学习者小句内句法知识逐步积累，直至达到一定水平临界值时，不再需要大量资源来维持其较好表现(Johnson *et al.*, 2012)，而闲置的资源则可分配给其关联增长点。因此，当学生 A 的小句长度达到最大值时(第 11 篇)，也就是从句使用由下降转为持平或上升的转折点。而具体到每篇作文，认知资源的有限性意味着学习者句式的处理过程中不能兼顾多种结构形式。句法处理的神经认知方面研究发现复杂从句的处理难度更高，需消耗更多认知资源(如 Caplan *et al.*, 2006)，而一些短语结构也需调动较多认知资源(如小句主动词前的短语结构; McNamara *et al.*, 2005)，学习者因此不能兼顾两种形式，出现“顾此失彼”的现象，当小句内/短语复杂度较高时，从句比例则较低，反之亦然(图 1A、B)。

5.2.2 支持交互

两位学生的短语维度与被动态呈相辅相成的变化过程，说明这两个层面的发展过程、及其代表的句法知识增长过程相似，亦即，当短语使用较为丰富时，被动态的使用频率也有所提高，反之亦然。动态建模证实了该支持交互的显著性，参数值表现出两者间的相互支持，未见任何程度的竞争关系(短语→被动态(A): 0.0009; 被动态→短语(A): 0.0052; 短语→被动态(B): 0.00024; 被动态→短语(B): 0.0017); 所建模型也展现出共同发展过程(图 5)。这可能是由于被动态和短语的学习/使用为基于规则生成法和基于范例的程式化语言，在处理过程中对工作记忆等认知资源需求相对较低(Skehan, 1998)。此外，我们发现，学生使用被动态时，经常同时使用一些语法语义上常用的搭配词汇，如“it is widely spread”。这可能说明学生在使用被动结构时，这类惯用、常见搭配形式被激活，从而增加这类结构在写作中共选、共现的频率。在使用被动结构时同时插入修饰动作的副词则增加了短语维度复杂度，表现出它们之间的支持交互及共同增长。与本研究发现相似，Bell(2009)也发现了某些词汇特定语法使用特征与语法复杂度之间的支持交互，如 it seems 与 that 从句的高频共现，并将其定义为 DST 意义上的关联增长点。

6 结语

本研究在 DST 框架下，探究了学习者二语写作句法知识发展过程，变化分析显示其为不平衡、无法预测的动态过程。通过对两位学习者写作中句法复杂度的考察可见，DST 研究框架与传统 SLA 方法互补，耦合模型表达了二语发展过程的认知机制，用数字表述了发展特点，通过计算机模拟检验对语言发展过程直觉上的认识。这样，我们对二语习得的理解不再停留在简化论的认识层面，而是深入到表象背后的深层机制和根源，考察动态系统不同方面的内部机制与具体发展变化过程的关联。这也再次证明在探究二语发展时，不能忽视全局而仅探讨某一方面知识，或是割舍各方面知识的联系，这样无法正确认识语言习得全貌。

参考文献

[1] Bulté, B. & A. Housen. *Defining and operationalising L2 complexity*[A]. In A. Housen, F. Kuiken & I. Vedder(eds.). Dimensions of L2 Performance and Proficiency: Complexity, Accuracy and Fluency in SLA[C]. Amsterdam/ Philedalphia: John Benjamins Publishing Company, 2012, 21-46.

[2] Caplan, D. , G. DeDe & J. Michaud. Task-independent and task-specific deficits in aphasia comprehension[J]. *Aphasiology*, 2006, 9/10/11, 893-920.

[3] Casti, J. L. *Complexification: Explaining a Paradoxical World through the Science of Surprise*[M]. New York: Harper Collins, 1994.

[4] Caspi, T. & W. Lowie. The dynamics of L2 vocabulary development: A case study of receptive and productive knowledge[J]. *Revista Brasileira de Linguística Aplicada* 2. 2013.

[5] Cumming, A. Goal theory and second-language writing development, two ways[A]. In R. M. Manchón(ed.). *L2 Writing Development: Multiple Perspective*[C]. Boston/ Berlin: Walter de Gruyter, 2012, 135-164.

[6] de Bot, K. , W. Lowie & M. Verspoor. *Second Language Acquisition: An Advanced Resource Book*[M]. London: Routledge, 2005.

[7] Hinkel, E. Tense, aspect and the passive voice in L1 and L2 academic texts[J]. *Language Teaching Research*, 2004, 8(1): 5-29.

[8] Ishikawa, S. Objective measurement of low-proficiency EFL narrative writing[J]. *Journal of Second Language Writing*, 1995, 4(1): 51-69.

[9] Johnson, M. D. , L. Mercado & A. Acevedo. The effect of planning sub-processes on L2

writing fluency, grammatical complexity, and lexical complexity[J]. *Journal of Second Language Writing*, 2012, 21(3): 264-282.

[10] Larsen-Freeman, D. The emergence of complexity, fluency and accuracy in the oral and written production of five Chinese learners of English[J]. *Applied Linguistics*, 2006, (24): 590-619.

[11] Larsen-Freeman, D. & L. Cameron. *Complexity Theory and Applied Linguistics*[M]. Oxford: Oxford University Press, 2008.

[12] McNamara, D. S., M. M. Louwerse, Z. Cai & A. Graesser. Coh-Metrix version 2.0[CP]. Retrieved[201206], from http//: cohmetrix. memphis. edu. 2005.

[13] Norris, J. & L. Ortega. Towards an organic approach to investigating CAF in instructed SLA: The case study of complexity[J]. *Applied Linguistics*, 2009, 30(4): 555-578.

[14] Ortega, L. Syntactic complexity measures and their relationship to L2 proficiency: A research synthesis of college-level L2 writing[J]. *Applied Linguistics*, 2003, 24(4): 492-518.

[15] Schmidt, B. *The Modeling of Human Behaviour*[M]. Gent: SCS-Europe BVBA, 2000.

[16] Shaw, P. & E. T-K. Liu. What develops in the development of second language writing?[J]. *Applied Linguistics*, 2003, 19(2): 225-254.

[17] Skehan, P. *A Cognitive Approach to Language Learning*[M]. Oxford: Oxford University Press, 1998.

[18] Spoelman, M. & M. Verspoor. Dynamic patterns in development of accuracy and complexity: A longitudinal case study in the acquisition of Finnish[J]. *Applied Linguistics*, 2010, 31(4): 532-553.

[19] van Geert, P. Dynamic Systems of Development: Change Between Complexity and Chaos[M]. Hertfordshire: Harvester Wheatsheaf, 1994.

[20] Verspoor, M., W. Lowie & M. van Dijk. Variability in L2 development from a dynamic systems perspective[J]. *Modern Language Journal*, 2008, 92(2): 214-231.

[21] Xiao, R., T. McEnery & Y. Qian. Passive constructions in English and Chinese: A corpus-based contrastive study[J]. *Languages in Contrast*, 2006, 6(1): 109-149.

[22] 郑咏滟. 动态系统理论在二语习得研究中的应用—以二语词汇发展研究为例 [J]. 现代外语, 2011(3): 303-309.

(作者：江韦姗，王同顺，上海交通大学)

中国英语学习者书面语水平发展个案动态研究*

1 引言

写作水平是考核外语学习者语言能力的重要指标。语言的复杂性、准确性和流利性是衡量学习者语言水平发展的标准(Skehan, 1998; ELLis & Barkhuizen, 2005)。近年来,越来越多的研究者(如 Yuan & ELLis, 2003; Larsen-Freeman, 2006; Verspoor *et al.* , 2008; Verspoor *et al.* , 2012; 徐晓燕等, 2013)从不同角度对学习者语言复杂性、准确性及流利性进行了研究。要全面了解学习者语言变化的特点,研究者应该对学习者进行跟踪,做微变化研究。本研究对某大学四名非英语专业学生进行了为期 48 周(三个学期)的跟踪考察,旨在发现四名学生书面语复杂性、准确性和流利性的发展特点并探讨其影响因素,为提高学生英语写作水平及英语教学提供指导依据。

2 文献回顾

动态系统理论(Dynamic Systems Theory, 以下简称 DST)是语言学界新兴的理论流派。该理论认为,语言系统具有自组织、自适应、复杂和开放的特点(Thelen & Smith, 1994; van Geert, 1994; Herdina & Jessner, 2002; Larsen-

* 本研究为辽宁省社科规划基金项目"大学生英语词汇能力发展动态研究"(L12DYY027)以及辽宁省教改研究项目"大学外语教师职业能力发展及团队建设行动研究"(UPRP20140874)的阶段性成果。《外语教学与研究》编辑部和匿名审稿人对本文的修改提出了宝贵意见,范凤祥教授对数据处理提供了帮助,谨致谢忱。

Freeman, 2002)，语言发展是动态、非线性、混沌和不可预测的过程(Port & van Gelder, 1995; Steenbeek & van Geert, 2007; de Bot, 2008; Larsen-Freeman & Cameron, 2008)。DST为语言学习和语言发展过程的研究提供了理论支持，DST的方法在解释二语发展方面起着重要作用(徐丽华、蔡金亭 2014)。

Larsen-Freeman(2006)基于DST对五名中国英语学习者在六个月间的语言(包括书面语和口语)复杂性、流利性和准确性进行了研究。通过定量分析，她发现：(1) 学习者的语言复杂性、流利性和准确性的发展总体呈上升趋势，而个体之间都呈现出不同的发展轨迹；(2) 个体内部在三方面的发展呈非线性，无明显相关性，且伴随着较大的波动和回归现象。通过定性分析，Larsen-Freeman发现：个体发展存在着不同特点，学习者动机和个人经历对其发展有着很大影响。Verspoor等学者(2008)追踪了一名荷兰英语专业学生在三年内写出的18篇作文，对其语言在词汇多样性和句子复杂性方面的变化特征进行了研究，从DST的角度解读了该学习者语言的变化特点。研究结果表明：(1) 该受试写作水平是一直变化的，且呈非线性发展的态势，进步与退步相互交替；(2) 非线性发展与学习者个体内部(如初始阶段、学习策略、智商等)变化相关。

从上述研究我们可以看出，DST强调在对学习者语言发展的研究中进行个案历时研究。分析个体模式，理解个体层面的可变性程度十分重要。因此，本研究对四名学生的英语书面语水平发展进行了48周的动态跟踪考察，以发现英语学习者语言发展的路径特点。

3 研究设计

3.1 研究问题

本研究旨在回答以下三个问题：

(1) 在48周内，四名学生的英语书面语语言有什么变化特征？

(2) 在48周内，每个个体的英语书面语语言有什么变化特征？

(3) 影响其书面语语言变化的因素有哪些？

3.2 受试

本研究的受试为某大学四名非英语专业学生，分别命名为B、H、Y和C。他们来自不同省市，于2011年9月入学，有着不同的学习环境和背景。B，20岁，来自安徽省，英语学习始于小学四年级。H，20岁，来自河南省，从初中一年级开始学习英语。Y，20岁，来自河北省，从小学四年级开始学习英语。C，19岁，来自云南省，从小学三年级开始学习英语。这四名受试是第一作者所教班级的学生，他们均自愿参与本研究，并在研究过程中积极配合。

3.3 数据收集与研究工具

本研究历时三个学期，即从学生入学后第一学期第二周（2011年10月）到第三学期末（2012年12月），共收集了52篇作文，其中两篇是同题作文。每次作文提交后，研究者将其原封不动地输入电脑，并记录相关信息，包括学生姓名、作文题目和提交日期（见表1）。同时由三位经验丰富的教师对作文中出现的词汇错误和语法错误进行标注，以研究语言的准确性。为研究语法复杂性，我们手动对数据进行了语法标注。

表1 作文信息描述

题　目	日　期
1. The Expectations of College Life	10/22/2011
2. The Way to Learn English Well	11/07/2011
3. Friendship	03/20/2012
4. Online Shopping	04/16/2012
5. Set Your Watch Five Minutes Ahead	04/28/2012
6. Should Tutoring be Encouraged ?	05/30/2012
7. What Do You Think of the Practice of Putting the Top Students in a Special Class ?	06/09/2012
8. The Way To Learn English Well	07/04/2012
9. Living a Harmonious Dormitory Life	07/16/2012
10. What I Owe to My Parents	10/25/2012
11. Wealth and Education	11/19/2012
12. How to Protect the Environment	12/09/2012
13. Should Chinese Universities Allow Students to Choose Their Majors After The First Year ?	12/30/2012

我们使用 Perl 计算语言的准确性、流利性、语法复杂性以及词汇复杂性，使用 SPSS 计算 Z 值。计算语言准确性的方法是无错的 T 单位与 T 单位的比值。T 单位是指“包含有一个主句，以及附加和嵌入的所有从句和非从句结构的不可分割的最小单位”（秦晓晴、文秋芳，2007：16）。语言的流利性是指每个 T 单位的平均词数。衡量语法复杂性的方法是每个 T 单位从句的平均数。为了避免文本长度对测量结果的影响，我们使用经过标准化处理的词目与形符之比值来计算词汇复杂性。这些测量指标能衡量学习者书面语言的发展状况（Larsen-Freeman & Strom，1977；Wolfe-Quintero *et al.*，1998；Ellis & Barkhuizen，2005；Larsen-Freeman，2006）。

此外，在写完每篇作文后我们对四名受试进行了开放式访谈，并对访谈内容进行了录音。

4 结果与讨论

4.1 群体变化特点

首先，我们对四名学生书面语数据的语言准确性、语法复杂性、词汇复杂性和流利性进行研究，群体平均值能体现受试语言总体的变化趋势。从图 1 可以看出，学生在这四个方面发展的轨迹呈非线性，并且伴随着很多波动。总体说来，学生最后一次作文的准确性、流利性和词汇复杂性均高于第一次，语法复杂性略低于第一次。

图 1 显示，受试语言准确性发展的平均值轨迹呈非线性，并且伴随着很多波动。语言准确性于第四次作文达到最高值 0.77，原因是 Online Shopping 这类话题在生活中十分常见，学生对此话题相对熟悉，背景知识较为丰富，而且学生都有网购的经历。其写作时间为 2012 年 4 月，此时学生的学习状态进入佳境。第 8 次作文时，语言准确性降到了最低值。根据访谈我们得知，由于该题目与第二篇相同，四名学生写作时都有不同程度的厌烦情绪。同时该作文在期末考试期间完成，学生把主要精力投入到了考试科目的复习中，写作时不认真的态度导致了错误的增加。

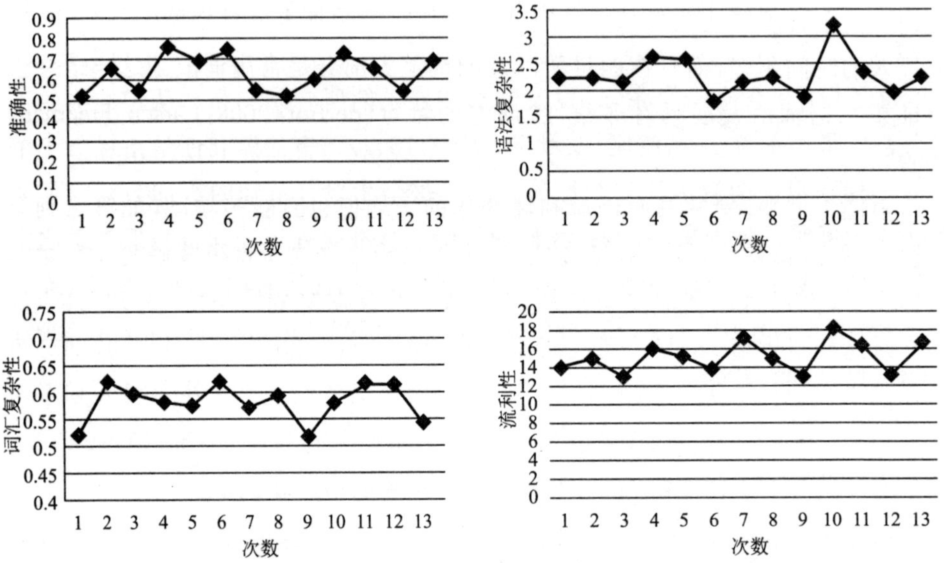

图 1　书面语语言准确性、复杂性、流利性变化的群体平均值

经过三个学期的学习，学习者语法复杂性的平均值发生了变化。前三次作文（从 2011 年 10 月到 2012 年 3 月）的语法复杂性持续小幅度下降，其值分别为 2. 30、2. 24、2. 21。在访谈过程中四名学生告诉我们，高考过后他们有三个月处于完全放松的状态，英语水平比高考前有所下降，而且他们为了给教师留下较好的印象，对一些使用起来没有把握的语言采取了“回避策略”，使用了更多自己有把握的语言。第三次写作时间是新学期开学的第二周，四名学生都说到他们还没有进入最佳的学习状态。在第十次作文时，语法复杂性达到最高值 3. 14。这是由于该作文题目为 What I Owe to My Parents，学生为表达对父母的感恩之情，在写作时引用了具体的事例，使用了较多复杂结构，而且在课堂教学中教师给学生相关的语言输入较多。

词汇复杂性平均值在 0. 52 与 0. 62 之间上下波动，各次作文词汇复杂性的值相差不大。第二和第六次作文时词汇复杂性达到最高值 0. 62，这两篇作文均在学期中期（2011 年 11 月和 2012 年 5 月）完成。词汇复杂性群体平均值于第九次作文时降至最低 0. 52。第三到第五次、第七到第八次作文词汇复杂性变化相对较小，第十一到第十二次无变化。这七次作文的写作时间处于学期中期，就词汇学习而言，四名学生处于相对稳定的状态。但到了第九次作文时，学生的词汇复杂程度降到最低点。这篇作文写作时间是期末考试期间,学生在写作上投入的时间不多,而且该题目所涉及的词汇大部分是常用词汇。这一结果也验证了二语词汇发展具有非线性、动态的特点(de Bot, 2008; Larsen-Freeman, 2009)。

由图1可知,受试书面语流利性变化的平均值也有较多波动,如第二到第三次、第四到第六次、第七到第九次、第十到第十二次均呈现下降趋势。在第六次作文后,其语言流利性波动较大,于第九次作文时降到最小值13.29,第十次作文时达到最大值18.13。第九次作文的交稿日期为2012年7月中旬,部分科目期末考试已经开始。在访谈中四名学生均表示他们把主要精力投入到了考试科目上,所以写出的句子都比较短。第十次作文题目是"What I Owe to My Parents",如前文所言,该话题学生熟悉而且相关的语言输入多。

从以上数据我们发现,学生的社会生活背景、兴趣、语言输入、注意力分配及写作的时间节点对写作质量都有影响。如学生在写第二次作文("The Way to Learn English Well")时,除语法复杂性外,其他三个方面都在上升;在写第四次作文("Online Shopping")时,除词汇复杂性外,其他三个方面在上升。第十次作文("What I Owe to My Parents")的语言准确性、复杂性和流利性均有所上升;第十三次作文("Should Chinese Universities Allow Students to Choose Their Majors After The First Year?")的词汇复杂性下降,但其他方面均有明显上升。学生对这类话题熟悉、感兴趣,且在课堂上相关的语言输入较多,大量的语言输入有利于高质量的语言输出。因此,四名受试的总体写作质量较好。另外,学生在第一次作文(2011年10月)时,除语法复杂性略高外,其他方面都较低;第三次作文(2012年3月)的语言准确性、复杂性和流利性均在下降;第九次作文(2012年7月)只有准确性在上升。这三篇作文的写作时间为开学初或期末考试期间,这验证了写作时间和注意力的转移会影响学习者的写作质量。第四到第八次、第十一到第十二次的数据在某一方面处于相对稳定状态,这段时间是每学期的中期,我们可以视为学生的学习进入吸态(attractor states),即相对稳定的状态,语言习得过程被某种因素吸引,表面上呈停滞状态(de Bot, Verspoor & Lowie, 2005; 郑咏滟, 2011)。语言发展是从一个吸态到另一个吸态的过程,该过程呈非线性变化,在每个层面都有增长和磨蚀,但不存在最终状态,因为虽然某一方面看似非常牢固,但可能由于停用或未激活而丧失(de Bot, Lowie & Verspoor, 2005; 李兰霞, 2011),这一点可以通过其后来的变化得到验证。

4.2 个体变化特点

4.2.1 个体间的变化特点

图2反映了学生个体间书面语语言在准确性、复杂性、流利性方面的变化特点。学习者个体的发展趋势与群体平均值的发展轨迹并不相同，且均有较大波动，这与 Larsen-Freeman（2006）的研究结果一致。

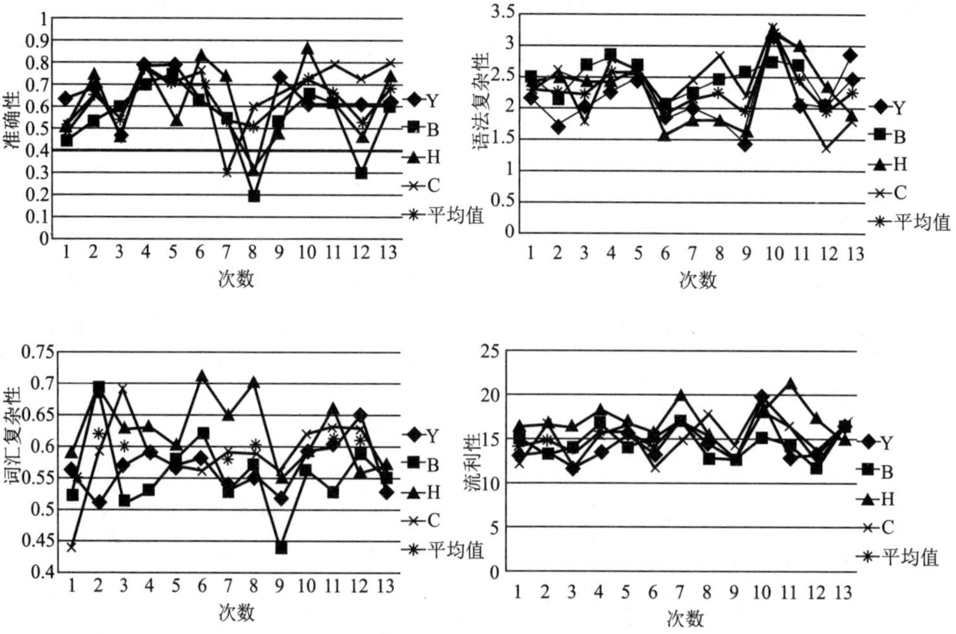

图2 书面语语言准确性、复杂性、流利性的个体变化（续）

图2中数据显示，四名学生的语言准确性变化轨迹各不相同。Y、B、H的语言准确性在第八次作文时降到最低，这与群体变化中的现象一致，同时也与图1中的数据分析相吻合。C的语言准确性在第七次作文时降到最低。通过对他的访谈我们知道，C在高中时代对于尖子生班非常抵触，该话题使他产生了较大的情绪波动，因此在写作过程中宣泄了自己的不满，语言上受母语负迁移影响较大，错误较多，导致了语言准确性降低。在第十二次作文时，B、C、H的语言准确性下降，而Y则相对稳定。这说明个体之间有时可能会呈现相似的发展特征，但却不可能一直保持下去。这与 Larsen-Freeman（2006）以及 Verspoor 等（2008）的研究结果相吻合。即使外界环境（如教师、教材）相同，学习者不同

的个人经历或情感反应可能造成其不同的发展特点。

四名学生在第五次作文后语法复杂性均有较大波动。前四次作文期间，学生处于大学英语学习的早期阶段，语言输入有限。随着学生学习的深入和自身学习策略的调整以及语言系统自组织与自适应的交替作用，在随后的作文中语法复杂性发展轨迹发生较大波动。Y、B、C、H 在第十二次作文中语法复杂性均有所降低，因为这次作文临近期末考试，他们将更多的时间用来复习相关考试科目，在写作文时只是使用自己较熟悉的词句，没有十分认真对待该次写作任务。在访谈过程中，学生们都表示对此话题不感兴趣。正如 Verspoor 等（2008）的研究发现，学习者的学习策略、兴趣与资源分配会影响个体语言的发展。

词汇复杂性的个体变化如同图 1 的群体平均值，具有非线性的特点，但波动幅度并不十分明显（在 0. 44 至 0. 71 之间），发展相对稳定。根据访谈和课堂观察我们发现，这四名学生在英语课堂上听课认真，积极参与课堂活动，对教师所讲的语言点瞬时记忆比较好，因此更愿意将其运用到写作任务中。而由于一些复杂程度较高的词汇并不常用，且学生不注重课后复习，过不了多久就会被遗忘，学习者又重新运用较为熟悉的高频词汇，如在第八到第九次作文时，四名学生的词汇复杂性及其均值呈下降趋势。这一现象表明，在语言学习过程中存在着磨蚀现象（de Bot, Verspoor & Lowie, 2005）。第九到第十次作文的词汇复杂性全部呈上升的势态，正如前文（4. 1）所述，感兴趣的话题和合适的写作时间节点会提升词汇的复杂度。

四名学生流利性的个体变化也呈非线性发展，且围绕均值上下波动。Y、B、C 语言流利性与均值差距较小，而 H 的流利性大部分高于平均值。在课堂教学和访谈过程中我们发现，H 英语动机很强，平时经常阅读《21 世纪》英语报纸。在课堂上他认真听讲、认真做笔记，并会尝试把所学语言运用到写作任务中。

为进一步了解个体之间的变化特点，本研究还对四名学生的语言准确性、复杂性和流利性的变化进行了相互比较，以探索他们在衡量语言发展指标的四个维度上的发展模式。图 3、4、5、6 分别展现了四名学生词汇复杂性与语法复杂性、准确性与流利性、复杂性与准确性、复杂性与流利性之间的变化特点。由此我们可以看出，四名受试书面语语言发展轨迹是非线性的，无明显规律可循，这一现象说明了二语发展过程的动态性、变异性和不可预知性。

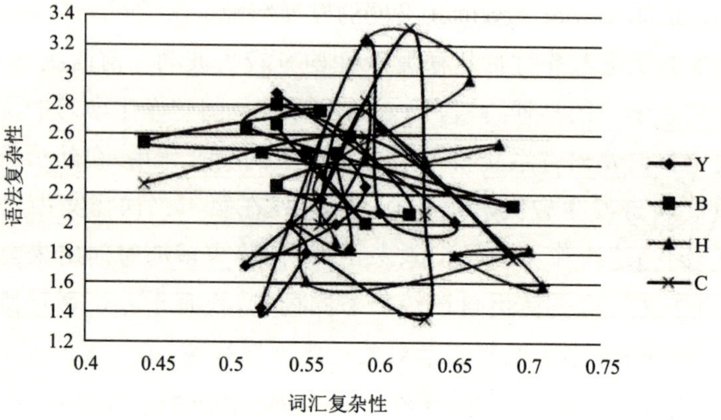

图3 四名学生词汇复杂性与语法复杂性之间的变化

从图3可以看出，Y、B的语法复杂性变化较小，但词汇复杂性却有较大变化，如Y(0.54，2.00)（第七次）与Y(0.65，2.02)（第十二次）、B(0.58，2.58)（第五次）与B(0.44，2.54)（第九次）等。而H、C在两方面均有较大变化，如H(0.71，1.59)（第六次）与H(0.59，3.24)（第十次）、C(0.44，2.24)（第一次）与C(0.63，1.37)（第十二次）等。这些数据也证实了语言发展过程中子系统发展的不平衡性和变异性。

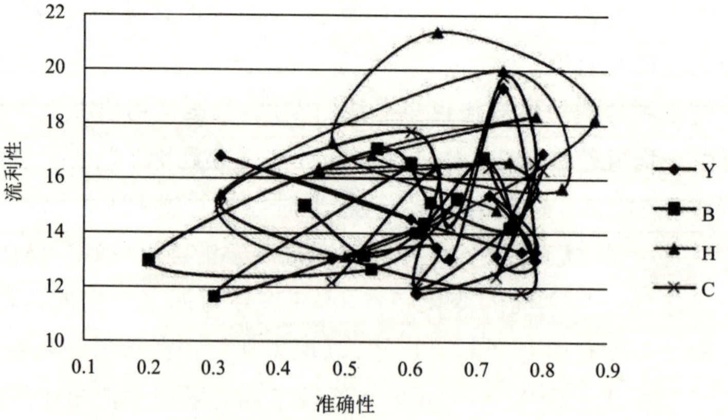

图4 四名学生语言准确性与流利性之间的变化

图4显示，Y、B、C的准确性和流利性的波动范围相近，而H的准确性或流利性大部分比其他受试高，如H(0.88，18.19)（第十次）与H(0.64，21.38)

（第十一次）。正如 Larsen-Freeman（2006）和 Verspoor 等（2008）的研究发现，每个学习者个体都呈现出不同的发展轨迹和特点。

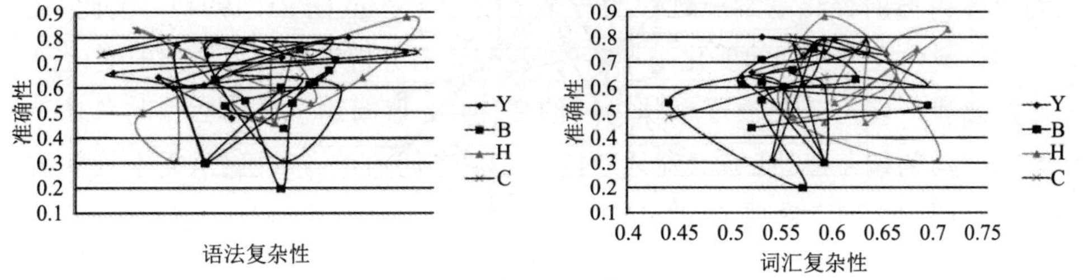

图 5　四名学生复杂性与准确性之间的变化

图 5 表明，相对于词汇复杂性与准确性的变化，学生的语言在语法复杂性与准确性之间的变化幅度较大。其中，H 在语法复杂性与准确性方面均有很大波动，其次为 C、Y；B 在准确性方面变化幅度大于其在语法复杂性方面的变化。从图中也可看出，B 的词汇复杂性与准确性均有较大波动，H 和 C 的词汇复杂性多数高于其他受试，Y 的词汇复杂性和准确性多数时候无明显变化，但有时会发生骤降，如 Y（0. 54，0. 31）（第七次）。图 5 中的数据也再次验证了语言子系统之间发展具有不平衡性、不可知性及动态的特点，各语言子系统发展过程中有时也会产生磨蚀和回归现象（Larsen-Freeman，2006；Verspoor *et al.*，2008）。

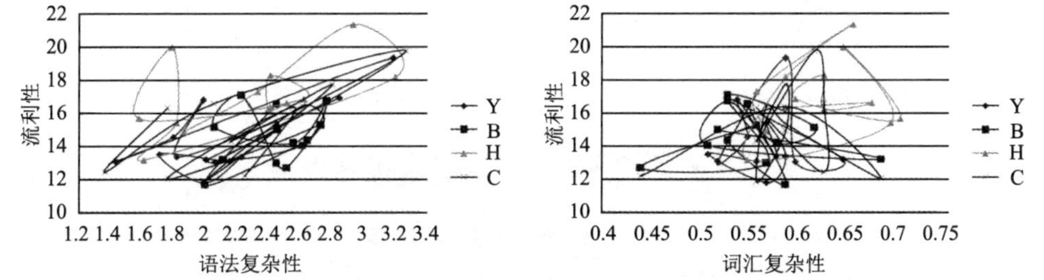

图 6　四名学生复杂性与流利性之间的变化

图 6 可见，四名学生词汇复杂性变化较小，语法复杂性变化较大，这说明流利性与语法复杂性的相关度比流利性与词汇复杂性高。Y、C 的词汇复杂性和流利性发展相对集中，但二者的语法复杂性和流利性发展相对分散。H 的语法复杂性和词汇复杂性均有较大波动。B 的语法复杂性相对其他受试变化较小，其词汇复杂性除最大值 0. 69（第二次）和最小值 0. 44（第九次）外，无很大变化。

4.2.2 个体内部的变化特点

从传统角度看，研究语言发展特点时常忽略个体内部的变化。然而，DST认为个体内部的变化是发展过程的一个重要标志（van Greet, 1994）。因此，只分析群体变化及个体间的变化是不够的，我们还需分析学生个体内部的变化。

在此我们使用Z值展现个体内部的变化。Z值阐述了原始数据与总体平均数据之间的偏差度，能够清晰地对四名学生之间的语言准确性、复杂性和流利性进行比较。图7展现了Y、B、H、C个体内部在语言准确性、复杂性和流利性方面的变化特点与轨迹。

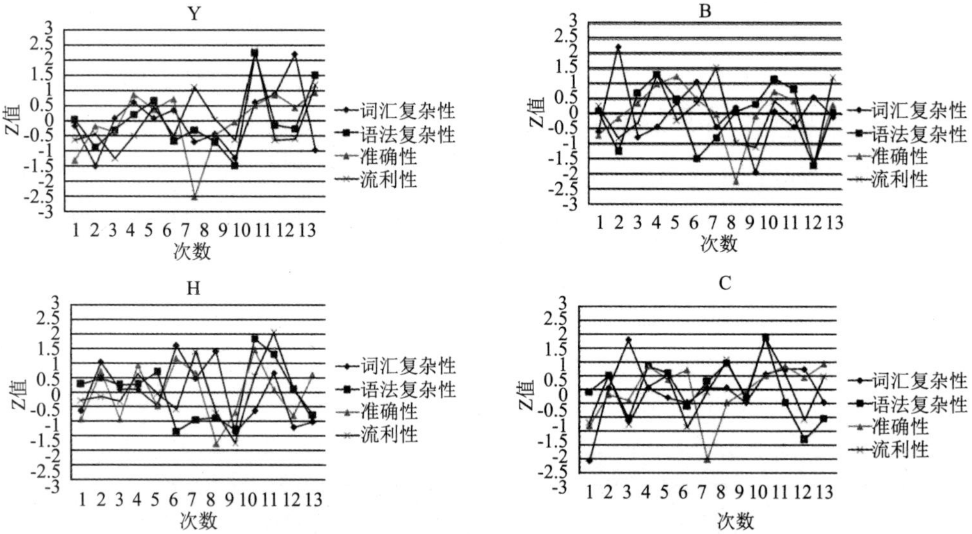

图7 书面语语言准确性、复杂性、流利性的Z值

图7数据显示，Y的语言准确性、流利性、词汇复杂性和语法复杂性均在不断变化。语言准确性Z值的上升经常伴随着词汇或语法复杂性Z值的降低，反之亦然（如第一到第二次、第八到第九次作文等），这与图2中的数据分析吻合。这就表明Y书面语言的复杂性和准确性的动态变化之间存在竞争关系。在对其访谈时我们发现，有限的资源导致了这种现象的出现，Y在写作过程中很难将精力平均分配到这两方面。考虑语言准确性时，他倾向于使用熟悉的词汇和句子，从而导致了复杂性降低。追求句子和词语的多样性和复杂性导致了语言准确性的降低。当学习者试图获得新的知识、语言和技能或者解决问题、完

成任务时，内在资源和外在资源是有限的，例如，注意力、时间、记忆力、学习环境、社会环境等。因此，在一定时间内，他们在语言准确性方面展现出的高水平可能会导致复杂性或流利性降低（van Geert, 1994; Macwhinney, 1998）。此外，Y的流利性与准确性以及复杂性之间时而出现同时上升或下降，时而呈现负相关，表现出语言发展的非线性和复杂性特点。

B的词汇复杂性、语法复杂性、准确性与流利性有较大波动。其语言准确性Z值从第一到第五次作文持续上升，于第五次作文时达到最高值1.28，随后又逐渐下降，于第八次作文时降到最低值—2.23。对比第一和最后一次作文，B最后一次作文的准确性、流利性和词汇复杂性的Z值均比第一次有所提高，在语法复杂性方面无明显变化。第二次作文的词汇复杂性高于均值，而在其他方面均低于均值；第四次作文的词汇复杂性低于均值，但其他三方面均高于均值，这也验证了学生在语言子系统发展上的不平衡性。部分作文的准确性和语法复杂性的Z值是同时上升和下降的，例如第二到第四次，第九到第十三次。该学生的语法复杂性多数高于平均值。在访谈过程中，B告诉我们他在写作中愿意使用复杂句式，因为这样可以让同学和老师觉得其英语水平高。虽然如此，由于B的词汇量小，以致他在写作文时重视了语法复杂性却忽略了词汇复杂性。

H在准确性、复杂性和流利性方面的变化呈现出非线性特点，尤其是在第五次作文后。例如，在语法复杂性方面，前期（第一到第五次）都高于均值，中期（第六到第九次）低于均值，随后在第十到第十二次作文时语法复杂性又高于均值，第十三次作文时有所下降。这说明学生的语言发展并非一成不变，而是具有动态性和不可知性。当H的语法复杂性Z值发生较小变化时，其准确性和流利性的Z值却有较大变化（如第三到四次、第七到八次）。H英语基础不是太好，语言天赋不高，但他是位踏实认真的学生。在课堂上他会详细记录教师讲解的语言点，每次写作前，他会参考这些内容并尝试运用到作文中，这使得他的词汇复杂性和语法复杂性大部分高于平均值。但在批改作文时，我们发现他对教师课堂上所讲的部分语言点并未真正掌握，导致其部分作文的语言准确性受到影响。

C在语言准确性、复杂性和流利性方面的变化也具有复杂性的特点，准确性、词汇复杂性和流利性多数高于均值，只有语法复杂性多数低于均值。当准确性高于均值时，语法复杂性和词汇复杂性大部分会低于均值，反之亦然，显现出明显负相关。通过在平时教学中对该学生的了解和访谈我们发现，C比较有语言天赋，喜欢英语，在课余时间经常阅读英文报纸并上网浏览英语新闻。因此C在写作时会把看到的一些程序化的语言用到作文中，这使得其在词汇复杂性及流利性两个方面相对稳定，并在四个学生中是最好的。在课堂教学中，他这两点表现得也很突出。在课堂上他积极发言，口语也很流利，词汇量也大于班级的大部分同学。

为了更详细观察分析学生个体在四个维度上的变化特点，我们对他们在语言准确性、词汇复杂性、语法复杂性和流利性方面的变化率进行研究。本研究将第一次作文的相关数据作为基准，设其值为0。将下一次作文的数据与上一次作文的相应数据相减，再除以上一次作文的相关数据，得出的比率即为变化率。例如在图2中，B在第一次作文时的语言准确性值为0. 44，第二次为0. 53，其第二次作文的变化率为(0. 53 − 0. 44)/0. 44 = 0. 20。

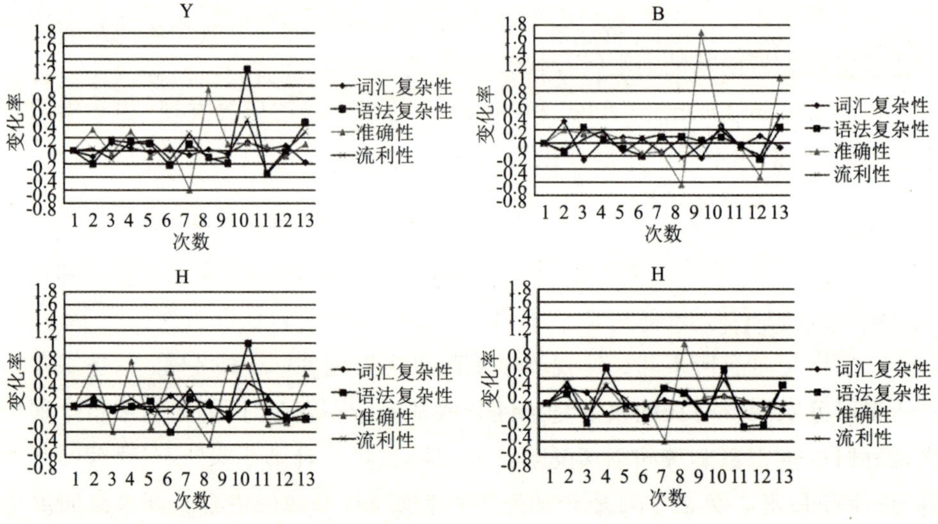

图8　四名学生在语言准确性、复杂性、流利性方面的变化率

图8数据表明，Y变化率波动最大的是语法复杂性，在第九次作文后尤为明显，其次为语言准确性，词汇复杂性和流利性的变化率较为平稳。这也照应了图7中Y在准确性、复杂性和准确性方面的Z值变化特点。B的语法复杂性、词汇复杂性和流利性在整个过程中的变化率均无较大波动；前七次作文期间，语言准确性变化率无明显波动，在第八次作文之后语言准确性变化率波动较

大。H 的语法复杂性与语言准确性变化率均有较大波动。与 Y、B、C 相比，其语言准确性变化率波动幅度最大，在词汇复杂性、流利性方面波动相对较小。C 的语法复杂性变化率波动最大，而词汇复杂性、流利性变化率波动相对较小，但词汇复杂性变化率在第三到第四次作文时出现骤降，随后呈现上升趋势。语言准确性的变化率除了在第七到第八次作文时显著上升外，其他各次均无较大波动。

上述数据与图 7 中的数据并不完全一致。四名受试在语言准确性、词汇复杂性、语法复杂性和流利性方面变化率各不相同。但同时我们也发现他们的共性：相对于语法复杂性、语言准确性而言，词汇复杂性和流利性变化波动较小，这说明了个体内部发展的不平衡性。通过访谈可知，造成这一结果的原因是多方面的，与学习者的学习动机、学习信念、学习策略及生活经历等有密切关系。这与 Larsen-Freeman（2006）研究中的定量分析结果一致。词汇复杂性变化率波动小主要是由于学习者的词汇输入大多为基础词汇或高频词，学生在书面语中往往使用大量的基础词汇（王海华、周祥 2012）。

正如 Larsen-Freeman（2006）和 Verspoor 等（2008）的研究发现，由于学习者个性不同，他们在不同阶段展现出不同的发展模式。“语言的发展过程是动态、非线性、混沌、不可预测的”（李兰霞，2011：412）。

5 结语

本研究发现，经过 48 周（三个学期）的学习，四名学生的书面语语言在准确性、流利性、词汇复杂性和语法复杂性方面的变化轨迹呈非线性，存在波峰和波谷、进步和后滑。英语学习是个动态的发展过程，书面语语言发展具有明显的变异性。不仅个体之间存在着明显差异，而且同一个体在不同学习阶段表现出了不同的发展特点。群体数据反映出的变化是个较缓慢的过程。但不同个体在不同时间出现了突变，有些表面相同的变化下有着不同的原因。个体差异受到诸多因素影响，如学习者的生活经历、情感因素、学习策略、注意力及语言输入等。不同的写作时间节点对学习者的写作质量也有直接影响。如在学期初和期末期间学生的语言水平有不同程度的下降，在学期中期水平相对稳定。因此，在教学过程中，教师要抓住学生发展变化最为集中、快速的时间段（如每学期中期），在以输出为驱动的前提下，增加恰当的语言输入，设计符合学生水平的语言输出任务，促成接受性知识的运用。同时，教师应注重学生的个体差异，记录他们语言发展变化的特点，及时调节教学策略，并培养学生有效的学习策略，提高英语学习动机，激活他们在过去学习过程中所积累的知识，使其语言发展成为一个持续的过程，最终提高英语学习者的语言准确性、流利性和复杂性。

参考文献

[1] de Bot, K. Introduction: Second language development as a dynamic process[J]. *The modern Language Journal*, 2008(92): 166–178.

[2] de Bot, K., W. Lowie & M. Verspoor. *Second Language Acquisition: An Advanced Resource Book*[M]. London: Routledge, 2005.

[3] de Bot, K., M. Verspoor & W. Lowie. Dynamic systems theory and applied linguistics: The ultimate "so what"?[J]. *International Journal of Applied Linguistics*, 2005(15): 116–118.

[4] Ellis, R. & G. Barkhuizen. *Analysing Learner Language*[M]. Oxford: OUP, 2005.

[5] Herdina, P. & U. Jessner. *A Dynamic Model of Multilingualism: Perspectives of Change in Psycholinguistics*[M]. Clevedon: Multilingual Matters, 2002.

[6] Larsen-Freeman, D. Language acquisition and language use from a chaos/complexity theory perspective[A]. In C. Kramsch (ed.). *Language Acquisition and Language Socialization*[C]. London: Continuum, 2002, 33–46.

[7] Larsen-Freeman, D. The emergence of complexity, fluency, and accuracy in the oral and written production of five Chinese learners of English[J]. *Applied Linguistics*, 2006(27): 590–619.

[8] Larsen-Freeman, D. Adjusting expectations: The study of complexity, accuracy, and fluency in second language acquisition[J]. *Applied Linguistics*, 2009(30): 579–589.

[9] Larsen-Freeman, D. & L. Cameron. *Complex Systems and Applied Linguistics*[M]. Oxford: OUP, 2008.

[10] Larsen-Freeman, D. & V. Strom. The construction of a second language acquisition index of development[J]. *Language Learning*, 1977(27): 123–134.

[11] MacWhinney, B. Models of the emergence of language[J]. *Annual Review of Psychology*, 1998(49): 199–227.

[12] Port, R. & T. van Gelder. *Mind as Motion: Explorations in the Dynamics of Cognition*[M]. Cambridge, MA.: The MIT Press, 1995.

[13] Skehan, P. *A Cognitive Approach to Language Learning*[M]. Oxford: OUP, 1998.

[14] Steenbeek, H. & P. van Geert. A theory and dynamic model of dyadic interaction: Concerns, appraisals, and contagiousness in a developmental context[J]. *Developmental Review*, 2007(27): 1-40.

[15] Thelen, E. & L. Smith. *A Dynamic Systems Approach to the Development of Cognition and Action*[M]. Cambridge, MA.: The MIT Press, 1994.

[16] van Geert, P. *Dynamic Systems of Development: Change between Complexity and Chaos*[M]. New York: Harvester Wheatsheaf, 1994.

[17] Verspoor, M., M. Lowie & M. van Dijk. Variability in second language development from a Dynamic Systems perspective[J]. *The Modern Language Journal*, 2008(92): 214-231.

[18] Verspoor, M., M. Schmid & X. Xu. A dynamic usage based perspective on L2 Writing[J]. *Journal of Second Language Writing*, 2012(21): 239-263.

[19] Wolfe-Quintero, K., S. Inagaki & H. Kim. 1998. *Second Language Development in Writing: Measures of Fluency, Accuracy, & Complexity*[M]. Hawaii: University of Hawaii Press.

[20] Yuan, F. & R. Ellis. The effects of pre-task planning and on-line planning on fluency, complexity and accuracy in L2 monologic and oral production[J]. *Applied Linguistics*, 2003(24): 1-27.

[21] 李兰霞．动态系统理论与第二语言发展 [J]. 外语教学与研究，2011(3)：409-421.

[22] 秦晓晴，文秋芳．中国大学生英语写作能力发展规律与特点研究 [M]. 北京：中国社会科学出版社，2007.

[23] 王海华，周祥．非英语专业大学生写作中词汇丰富性变化的历时研究 [J]. 外语与外语教学，2012(2)：40-44.

[24] 徐丽华，蔡金亭．《二语发展的动态路径：方法与技术》述评 [J]. 外语教学与研究，2014(1)：144-148.

[25] 徐晓燕，王维民，熊燕宇，蒋婧，潘小燕，孙念红．中国英语专业学生英语议论文句法复杂性研究 [J]. 外语教学与研究，2013(2)：264-275.

[26] 郑咏滟．动态系统理论在二语习得研究中的应用——以二语词汇发展研究为例 [J]. 现代外语，2011(3)：303-309.

（作者：王海华，李贝贝，许琳，大连海事大学）

基于动态系统理论的同伴反馈实证研究

——社会文化观视角

1 研究背景

我国传统的外语写作教学中有一个值得注意的现象：师生多把改错当作外语学习进步的阶梯。教师视改错为己任，改得越细视为责任心越强；同时，学生期盼教师多为自己纠错，以为错误改得越多，学到的东西越多（王初明，2010）。但是，写作在本质上是一种对话交流，其对象不应是纯粹的评者（教师），要实现写作的价值需要"阅者"、"欣赏者"的参与交流。传统的写作反馈方式恰恰忽视了语言互动交流的本质。同伴反馈（peer feedback）为单一的教师反馈带来曙光，但结果并不令人满意。研究发现东方学生偏爱教师反馈（杨苗，2006；孟晓，2009）；许悦婷和刘骏（2010）排除文化因素干扰，通过网络匿名评阅发现学生对两种反馈的采纳程度相当；也有研究发现同伴反馈的效果甚至可与教师反馈相媲美（Matsuno，2009；邵名莉，2009），但是其研究焦点过于偏重于对比，Jacobs 等（1998）认为迫使学生在二者中选择是对学生的误导，尽管肯定了同伴反馈，但未免有代替教师反馈之嫌。根据社会文化理论，教师和同伴均在"最近发展区"（Zone of Proximal Development，以下简称 ZPD）中扮演"脚手架"（scaffolding）的重要角色，理应相辅相成，但迄今为止，以社会文化理论为基础的书面反馈研究几近空白（Sheen，2010：174），调查两种反馈结合效果及具体操作方法的实证研究更是匮乏。从研究方法来看，以往研究多为同伴对子组织形式，对话交流限于两人或两文之间，容易受学习者自身水平所限而提高幅度不大，并且通常为集中短训（1月左右或1～2次同伴反馈培训），在短时间内观察新的学习的发生、发展，尤为困难。

鉴于此，本文试图以社会文化理论为基础，通过小组同伴、教师等搭建“脚手架”，促进写作能力的提高。在实验方法上，以同伴小组（4人）为组织形式，包含高、中、低水平的学习者，以促发多方位的对话交流。实验目的并非将教师反馈与同伴反馈进行对比，而是将同伴反馈置于教师反馈之前，称“前导性同伴小组反馈”，与传统的教师反馈模式对比。本研究实验时间较长，为一个自然学期（约21周），先后进行了五次九稿作文共876份文稿，以揭示同伴小组反馈中学习者写作能力在实验初期与实验后期所呈现的动态复杂变化。

2 理论基础

2.1 对话交流的力量抗衡

社会文化观认为个体的学习是在一定的历史、社会、文化背景下进行的，个体参与社会活动系统中，通过外部交流、内部交流实现意义的内化（Vygotsky，1981）。人类使用语言最自然最基本的方式是对话（Pickering & Garrod，2004），对话是促成发展的重要工具，在交流中，社会文化历史背景如知识、经验、力量的非对称性使“脚手架”得以搭建，辅导者与学习者交换意见，就问题的目标、结构达成共识，引起个体认知的变化。认知发展的潜力依赖于其ZPD，ZPD指学习者现有水平与即将取得的潜在发展水平之间的距离，包括学习者不能独立处理但只需一些相关的“脚手架式”的帮助就能获得的知识和技能。通过结构性对话（Constructed Dialogue），能力较强者为较弱者搭建起从现有能力至稍高能力所需的触手可及的脚手架。正如Vygotsky（1978：87）所说，学习者今天只需一点帮助就能做到的事情，明天就能独立去做，此时逐渐撤离脚手架，该ZPD相应关闭。

但Vygotsky并未对ZPD中的对话作详细阐述，Cheyne和Tarulli（2005）运用Bakhtin的对话理论将其进行扩展，认为ZPD中有三种对话：专家式对话、质疑式对话、嘲讽式对话，它们分别处在ZPD的不同阶段。其中，专家式对话（Magistral Dialogue）是ZPD中最典型的、“官方的”对话类型，对话的基础是双方文化、知识、力量的不均衡性，譬如父母与儿童之间，师生、师徒之间等；质疑式对话，也称苏格拉底式对话（Socratic Dialogue），指的是，新手主动地参与教育过程，对歧义比较敏感、开放，不易沉默于专家的权威，容易抵制脚手架的束缚，在这种情况下，如果新手的变化（顺从变为质疑）被强行遏制，辅导者不进行合理引导，新手则可能由真诚的质疑变为辛辣的嘲讽，“脚手架”不再是“帮助”反成“束缚”，从而演变为第三种对话：嘲讽式对话（Menippean Dialogue）。理想状态下 ZPD 内理应是专家式对话占主导地位，后两种对话实际上是对话双方非对称性力量逐步变异的反映，这种力量的抗衡与发展需要教师和同伴与学习者之间进行合理的对话交流来引导。

外语教学应该充分利用语言使用的合作特征，在学习活动中创造协同条件，让学生积极参与合作互动（王初明，2010）。在同伴小组反馈中，同伴之间的“阅 - 赏 - 评”中的口头交流、书面交流，合作对话也可能包含这三种对话。学习者在阅读、理解的同时进行思想交流，由个体内部（intrapsychological）的隐蔽言语实现。从发展的角度来说，个体的内部言语来自于社会交流，内部言语具有与社会言语相似的功能，内部言语的简洁性是熟悉度增加的结果，即使在隐蔽层面（private sphere），仍然保留着社会交流的功能（Vygotsky, 1981）。

2.2 语言学习的动态发展

对话交流中力量的不均衡性及其抗衡发展，决定了语言学习的动态复杂变化。“动态系统理论”（Dynamic Systems Theory）解释了其复杂性。语言是一个复杂的动态的系统，语言学习发展具有非线性（non-linearity in development）特征，学习者在接受一定的训练（treatment）后，未必就会产生效果（effect），效果的产生也未必由训练引起，而可能是由于先前的经历或环境因素（de Bot & Larsen-Freeman, 2011: 19）。换言之，非线性变化是一条曲线，即语言学习有进步，也有后退，有高峰，也有低谷，原因与结果不成正比。动态系统中不可预测的行为以其初始状态而定，开始阶段的微弱变化可能会在后来引起急剧的变化，这就是“蝴蝶效应”（de Bot & Larsen-Freeman, 2011: 10）。动态系统内变量之间不断地相互影响，并随时间变化而变化。

因此，本文将社会文化理论应用到二语写作课堂，通过不同水平的同伴之间的交流合作，观察写作能力的发展。由于语言学习的非线性及动态复杂性，变量之间不但相互影响，而且随时间呈动态曲折变化，因而将实验时间设为一个自然学期。在具体教学操作中，由任课教师和研究者根据学习者上一学期的平时成绩及高考英语入学成绩，将不同写作水平的同伴结成4人小组，每组都有高、中、低三种层次，由于小组不同水平学习者之间的评、阅、讨论，促成脚手架式的对话交流的不断发生。

本研究试图回答以下问题：(1) 前导性同伴小组反馈是否对写作水平产生显著影响？(2) 该影响如何随时间呈动态变化？

3 实验设计

3.1 实验对象

某工科大学一年级98名学生自愿参加了本研究，分属两个自然教学班，其中实验班学生40名，控制班58名。两班性别均衡，年龄18～19岁，同一教师任教。实验前测试发现两班英语写作成绩无显著差异($p = 0.08$)，问卷调查显示学生以前未接触过同伴反馈方式。

3.2 实验时间

研究持续一个自然学期，写作进行5次9稿，前四次均实施两稿制，共876份文稿，每篇字数120～150字。两组作文修改时间均衡，实验班花费约45分钟完成同伴反馈以及二稿写作（自习时间），控制班实施传统的教师反馈模式，再稿写作约45分钟（自习时间），作文话题与单元内容相关。

3.3 实验步骤

首先实验班进行分组，每组均有高、中、低三种写作水平的学生（4人一组）；然后进行前导性同伴小组反馈培训，教师演示同伴反馈的方式与技巧，下发包括结构、内容、形式等各方面要求的评阅单，每人4份评阅单，小组成员传阅作文手稿进行书面反馈（包括自己的作文），若需向作者询问，可随时口头交流。小组作文评阅约25分钟，可能平均分配到每篇作文的时间不多，但由于作文题目相同，且篇幅较短，评阅者也完成同样题目作文，加之在培训中已熟悉评阅标准，因此，虽是阅读 4 篇文稿，但相当于读同一主题的一篇文章，4 篇文稿讨论时间累计比较多，实际操作和采访发现学生能够比较从容地完成任务。培训不仅限于教师演示，还增加了同伴小组反馈训练，教师及时分析点评写作、反馈情况，培训穿插在正常的课堂授课中，前后延续了一月有余，培训流程循环（见图 1）。控制班实施传统的教师反馈方式，作文由教师全批全改，并进行全班讲评和个别学生的面批。

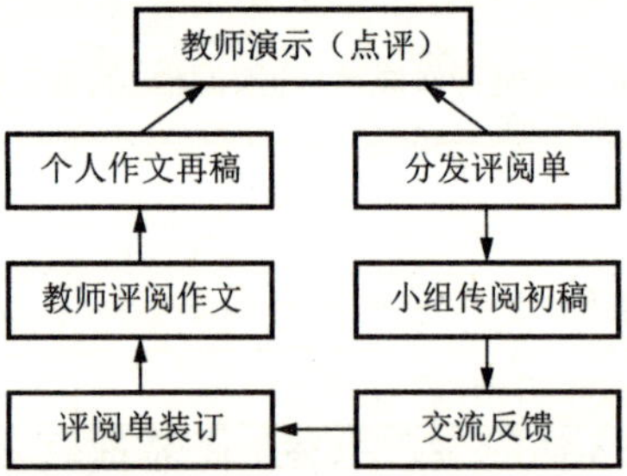

图 1　同伴小组反馈流程图

3.4　调查工具

作文评分标准与大学英语四级考试标准一致。为避免评分员误差（任课教师评分）影响实验结果，本研究利用多层面 Rasch 模型进行验证，发现评分员的内部、外部一致性较好。由于全部文稿近千份，工作量较大，研究者邀请该校同年级的教龄十年左右的两位教师都评阅 100 份文稿（随机抽自 876 份文稿），独立评阅并无相互讨论，文稿匿名且未注明初稿或再稿，最后连同任课教师的评分（100 份文稿每份三个评分）一起，运用多层面 Rasch 模型验证。

社会科学统计软件包 SPSS 15.0 用于对比分析实验班和控制班的作文成绩；学习日志和半结构化访谈、课堂观察、教师访谈等用于分析同伴小组反馈 ZPD 中的脚手架性帮助和发展。

4　结果与讨论

由于实验时间较长，在实验中发现了反馈对写作水平的动态影响特点，写作水平呈现非线性曲折变化。我们分析和讨论两个研究问题时，以时间阶段为主线，运用量化数据为主、质化数据为补充，来分析结果，并加以讨论。

4.1 实验初期，对话交流的碰撞使写作水平不升反降

令人意外的是，最初的同伴反馈培训中的两次作文，作文的题目分别是"On Environmental Protection"（环境保护）、"On Failure"（关于失败），实验班平均成绩甚至低于控制班（见表 1），尽管没有显著差异。

表 1 培训中两班写作成绩（两次四稿）的独立样本 t 检验

作文题	组别	人数	平均数	标准差	平均标准误	T值	自由度	显著性（双尾）	差别的平均数	差别的标准误
Protection1	实验班	40	8.95	1.71	0.27	−0.14	96	0.89	−0.05	0.36
	控制班	58	9.00	1.77	0.23					
Protection2	实验班	39	9.92	1.51	0.24	−0.17	94	0.87	−0.06	0.35
	控制班	57	9.98	1.83	0.24					
Failure1	实验班	40	8.95	1.15	0.18	−0.98	96	0.33	−0.29	0.29
	控制班	58	9.24	1.63	0.21					
Failure2	实验班	39	10.26	1.63	0.26	−1.63	94	0.11	−0.53	0.33
	控制班	57	10.79	1.53	0.20					

注：作文题一栏中 1 和 2 分别代表该作文的第一稿和第二稿。

Vygotsky 认为人类行为非常复杂，必须在相应社会、历史、文化背景下进行研究（Vygotsky, 1978; 1981）。中国两千多年的儒家文化传统赋予了教师很高的地位，教师具有特殊的权威性。大多数学生对于在同辈反馈中扮演教师的角色表现出自卫的情绪，并伴有不安和不适，他们更喜欢由教师完成修改的任务。学习者对同伴反馈的效果尚未体验，他者在质疑式的对话中不是绝对的专家或者能力更强者，对话是不同声音之间的碰撞，尚未呈现出专家式对话占主导地位的理想状态。因此，参与对话的各方都可能变化，这种理解过程的协商性，不能保证解决方案和共识的最终达成。例如，学生在同伴反馈结束后的访谈认为"同学的水平不一样，有的错误指得不一定对"，"起初觉得（同伴反馈）占用时间"，学习者的心理安全性和支持性影响了脚手架帮助的效果，这在一定程度上解释了实验班成绩没有显著提升反而下降的原因。

不少研究也证明：进行数周甚至数月同伴反馈之后，学生的态度依然倾向于教师反馈。譬如，戚焱(2004)进行了5周实验，发现学生更加重视教师反馈，并且希望教师评改他们的作文，教师反馈效果好于同伴反馈；无独有偶，杨苗(2006)的实验进行了16周，发现同伴反馈的利用率只有50.8%，而教师反馈利用率为90.0%，学生认为教师反馈更加权威。以上研究发现也促成了我们对同伴反馈做历时研究的必要性，以进一步了解国内英语学习者对同伴反馈的动态变化反应。

培训结束后，实验班又进行了两次写作，作文的题目分别是"College Graduates Have Difficulty Finding Jobs"(大学生找工作难)、"The Traffic in the City Is Getting Worse"(城市交通越来越差)。其平均成绩虽然略高于控制班，但仍然没有显著差异(见表2)。综合表1、2说明，最初两个月，同伴反馈尚未对写作水平产生显著影响，甚至在第一个月的培训中(表1)实验班的作文平均成绩还略有下降。但培训结束后实验班的成绩有所好转，从平均分低于控制班变为高于控制班。说明经过一段时间的培训，参与者的态度基本达成一致，教师和学生拥有良好的信任基础，质疑式对话没有偏离轨道而成为嘲讽式对话。学生认为："同学交流时，不管有什么问题，他都会指出来"。在同伴提供支架帮助的过程中，学习者在"作者-读者-评阅者"之间的角色互换，在不同的角色中进行结构性对话，进行多面的对话交流。

表2　培训后两班写作成绩(两次四稿)的独立样本t检验

作文题	组　别	人　数	平均数	标准差	平均标准误	T　值	自由度	显著性(双尾)	差别的平均数	差别的标准误
Job 1	实验班	40	8.68	1.73	0.27	−0.25	96	0.80	−0.08	0.33
	控制班	58	8.76	1.54	0.20					
Job 2	实验班	40	10.03	1.59	0.25	0.73	96	0.47	0.21	0.29
	控制班	58	9.81	1.32	0.17					
Traffic 1	实验班	40	9.03	1.56	0.25	0.23	96	0.82	0.07	0.33
	控制班	58	8.98	1.63	0.21					
Traffic 2	实验班	39	10.46	1.68	0.27	1.10	94	0.27	0.36	0.32
	控制班	57	10.11	1.46	0.19					

语言学习的非线性决定了它有进步、退步，原因与结果不一定成正比。但根据动态系统理论，开始阶段的微弱变化可能会在后来引起急剧的变化(de Bot

& Larsen-Freeman, 2011:10)。期末英语测试，作文题目是“My Opinions on Workaholics”(对于工作狂的观点)，写作成绩差异非常显著($p < 0.01$)(见表3)。

表3　期末考试两班写作成绩的独立样本t检验

组别	人数	平均数	标准差	平均标准误	T值	自由度	显著性(双尾)	差别的平均数	差别的标准误
实验班	40	11.93	1.07	0.17	6.87	96	0.000**	1.79	0.26
控制班	58	10.14	1.38	0.18	6.87	96	0.000**	1.79	0.26

注：** $p \leqslant 0.01$

4.2　实验后期，对话交流的协同促成写作水平的显著提高

在实验即将结束时，学生参加了期末英语考试，作文成绩出现了显著差异(见表3)，前导性同伴小组反馈对写作水平产生了显著影响，实验班的学习者写作水平的差距缩小。

参与者之间文化、知识、力量的不均衡性、同伴之间写作水平多样性等个体差异是发展的基础。学习者与同伴交互批阅作文时，小组评阅，题目相同，各人遣词造句、结构论证不同，评阅交流，易于激活相应的ZPD，多个同伴的对话交流促成了多面对话，也引起更多的ZPD的发展，学生认为：“从同学作文中能看到自己的不足，也能学习到很多方面的东西。比方说，在用词和句型(如定语从句)方面，其他同学用的比较好，自己就没想到这样用”。这种理解是个体之间通过书面言语进行的隐蔽层面的社会言语的表现，不同理解的碰撞促成新的认识。同时，实验班的作文说理充分、论证全面、思路开阔，40篇学生作文中涉及的要点是控制班58名学生的1.5倍。高歌(2010)研究也发现不同的分组会影响写作质量的提高，混合小组效果最佳。

实验班内部的差距缩小。表3的标准差很低，说明学习者的分数相差不大，即趋同性较高：一方面因为作文总分为15分，分值小，不易拉开距离；另一方面，对比实验前测的标准差发现，实验前测实验班的标准差为11.3，说明实验班个体差异较大，第一次作文(满分15分)实验班的标准差1.71，后来的写作练习中实验班的标准差也大多高于控制班，而到期末考试其标准差为1.07，实验班标准差逐渐变小，说明水平较低的学生与水平较高的学生差距变小，证明同伴反馈中学习者的相互影响带来了积极的趋同效应(实验班平均分11.9)。

事实上，我们还需进一步从具体的、微观的对话情景中，来理解对话在 ZPD 发展中的作用。在实验后期，通过参与共同的活动，学习者在社会对话交流中构建、内化对知识的理解，带来一定的正面的趋同性，在被学习者“有目的地使用”之后，概念的意义和用法从外部的（社会的）阶段转向了内部的（个人的）阶段，完成了相应 ZPD 的发展。学习者通过与评判标准及同伴作文的“对话”，不断构筑对“结构清晰”的理解，并且由于有再稿写作的要求，这种理解在使用中逐步内化。以作文结构为例，实验班学生的作文结构清楚，富有逻辑；而控制班许多学生的作文逻辑不清，结构混乱，该班任课教师教学经验丰富，逐一批改，并加以面批，学生的结构标准依然停留在表面层次。这也与 Lee（2008）的研究相吻合，学生希望得到更多的教师反馈，但却不能完全理解、吸收教师反馈。知识被内化而成为个人理解后，则存于个人的心理图式中，与共同构建的表面理解会有所差别，后续的相互交流使这种差别逐渐显露、趋于一致。从表 3 也可以看出同伴评阅使实验班学生差别不大（标准差 1. 07），因对话交流的影响是双向的，会带来正面趋同性。正如学生在反思日志中写道：“（在同伴评阅中）能够更加认真地去学习他人之长，从而对自己的作文有一种新认识。”这种“新认识”通过社会交流构建并内化。实验中比较直观的例子是：实验班学生的作文卷面外观很相似，篇幅长短相当，字迹均工整清晰；而控制班没有类似趋同性。实验班学生在评阅过程中不断接触他人的作文，篇幅、字体等为第一印象，易于共享而达成一致，并进一步内化为个人的理解。

写作水平的动态变化伴随着学习者态度的动态变化。实验初期有学生认为在教师反馈之前进行同伴反馈，浪费时间，但逐渐发现评阅别人作文、给予意见时，作为给予者的收获甚至大于反馈意见的接受者，个体学习者不再是被动的接受反馈者，更重要的是积极评阅并给出反馈，后者带来了更深远的影响，这与 Lundstrom 和 Baker（2009）的研究相呼应（To give is better than to receive. ）。实验中，多半学生（62%）喜欢同伴反馈，觉得同伴能够发现问题，在作文内容（观点）帮助更大，而教师反馈在语言形式帮助更大；但教师反馈具有绝对权威，所有学生都愿意认真阅读教师的评语，并对照修改，38% 的学生认为同伴评语有对有错。最后，学习者对先导性同伴小组评阅模式非常认可，97. 5% 的学生希望下学期继续进行。

5 结语

本研究的实验周期较长，采用同伴4人小组反馈模式，发现前导性同伴小组反馈对写作有显著影响；同时通过结合量化与质化的数据，发现同伴反馈的动态变化过程，实验初期学习者的写作水平不升反降，经过一定时期的整理、磨合、适应、内化，写作水平显著提高；学习者通过小组内的对话交流构建、创造、内化新的知识，对评阅的体验有助于"理解"标准，作文再稿促其"有目的使用"而内化，小组内不同层次的多面对话缩小了个体差异，带来了正面趋同效应。

需要指出的是，强调学习者自己对知识的建构，并不意味着教师不再发挥作用，运用同伴反馈的目的并非减轻教师的工作负担，对教师的要求反而更高。同伴互评是一个综合的、复杂的过程，成功的运用需要精细的培训，教师对同伴反馈的理解和操作指导、教师反馈的及时性与针对性都至关重要（以往研究结果的不一致与上述因素不无关系），教师的教学反思能力、组织调动能力等也都是有效的同伴反馈的重要因素。在运用同伴小组反馈时，分组的合理性也会影响学习者 ZPD 的确立，自由组合往往难以保证小组水平的层次性，因此建议教师根据学生水平搭配，使学生获得多维的 ZPD。

另外，虽然本文以量化数据为主，结合了质化数据为补充，但是从同伴反馈的动态变化特点来看，建议未来的研究采用微变化起源研究，并进行社会交流的线上思维（on-line encoding）分析，聚焦"脚手架性"帮助的即时发生及引起的微观变化，透析学习者在 ZPD 内质的飞跃，以深化并丰富该领域的研究。

参考文献

[1] Cheyne J. & D. Tarulli. Dialogue, difference, and voice in the zone of proximal development[A]. In H. Daniels (ed.). *An Introduction to Vygotsky* (2nd edition) [C]. London: Routledge, 2005.

[2] de Bot, K. & D. Larsen-Freeman. Researching second language development from a dynamic systems theory perspective[A]. In M. Verspoor, K. de Bot & W. Lowie (eds.). *A Dynamic Approach to Second Language Development: Methods and Techniques*[C]. Amsterdam: John Benjamins Publishing Company, 2011.

[3] Jacobs, G. , A. Curtis, G. Braine & S. Huang. Feedback on student writing: taking the middle path[J]. *Journal of Second Language Writing*, 1998, 7(3): 307-317.

[4] Lee, I. Student reactions to teacher feedback in two Hong Kong secondary classrooms[J]. *Journal of Second Language Writing*, 2008, 17(3): 144-164.

[5] Lundstrom K. & W. Baker. To give is better than to receive: The benefits of peer review to the reviewer's own writing[J]. *Journal of Second Language Writing*, 2009, 18(1): 30-43.

[6] Matsuno, S. Self-, peer-, and teacher-assessments in Japanese university EFL writing classrooms[J]. *Language Testing*, 2009, 26(1): 75-100.

[7] Pickering, M. & S. Garrod. Toward a mechanistic psychology of dialogue[J]. *Behavioral and Brain Sciences*, 2004, 27(2): 169-226.

[8] Sheen, Y. The role of oral and written corrective feedback in SLA[J]. *Studies in Second Language Acquisition*, 2010, 32(2): 169-179.

[9] Vygotsky, L. Mind in Society: *The Development of Higher Psychological Processes*[M]. Cambridge: Harvard University Press, 1978.

[10] Vygotsky, L. The genesis of higher mental functions[A]. In J. Wersch(ed. & trans.). *The Concept of Activity in Soviet Psychology* [C]. Armonk: M. E. Sharpe, 1981.

[11] 高歌．不同分组条件下同侪反馈对学生英语写作的影响 [J]．外语学刊，2010(6): 93-97.

[12] 孟晓．同伴反馈在英语写作教学中的应用研究 [J]．山东外语教学，2009(4): 59-62.

[13] 戚焱．反馈在英语写作教学中的作用——英语专业议论文写作研究 [J]．国外外语教学，2004(1): 47-53.

[14] 邵名莉．同伴评价在英语专业写作教学中的运用研究 [J]．外语教学理论与实践，2009(2): 47-53.

[15] 许悦婷，刘骏．基于匿名写作反馈的二语写作反馈研究 [J]．外语教学理论与实践，2010(3): 44-48.

[16] 王初明．互动协同与外语教学 [J]．外语教学与研究，2010(4): 297- 299.

[17] 杨苗．中国英语写作课教师反馈和同侪反馈对比研究 [J]．现代外语，2006(3): 293-301.

（作者：盖淑华，北京外国语大学；周小春，装甲兵工程学院）

基于动态系统理论的网络英语阅读模式*

1 引言

网络外语教学研究始于20世纪60年代中期。在将近几十年的发展过程中，网络外语阅读教学在计算机和多媒体技术的帮助下，为传统的课堂教学带来了福音。研究者和教师把计算机多媒体技术应用于外语阅读和词汇教学。例如，使用在线词典注释、视频录像等帮助学习者提高阅读理解水平；通过计算机技术控制学习者的阅读速度；还可以实现分级阅读，学习者只有顺利完成一个语篇的理解并做对全部题目才能进入下一阶段学习；通过人机互动进行网络阅读策略培训等。本文分析了国内网络英语阅读研究的现状，尝试将动态系统理论应用于网络英语阅读教学，并提出基于动态系统理论的网络英语阅读模式。

2 国内网络英语阅读研究现状

为确切了解国内网络英语阅读研究现状，本文选取了 1999 ～ 2009 年间刊登于国内 10 种主要外语教学核心期刊上的相关文章，这 10 种期刊分别是《外语教学与研究》《外国语》《现代外语》《外语界》《外语学刊》《外语教学》《外语与外语教学》《外语研究》《外语教学理论与实践》及《外语电化教学》。《中

* 本文为国家留学基金委“青年骨干教师出国培训”项目成果之一，上海外国语大学规划基金项目（KX171080）的阶段性成果。

国外语》由于在2004年创刊发行，因此不在本调查范围之内。我们首先以上述期刊名为检索词对中国期刊全文数据库进行检索，然后以“计算机英语阅读”、“网络英语阅读”、“多媒体英语阅读”为关键词进行二次检索，并通过人工检查剔除与本研究不相关的文章，再人工检索近两年没有收入中国期刊全文数据库的期刊。我们共检索出和本研究相关的文章共计10篇，其研究内容可以分为4个类别。

（1）网络英语学习的可行性研究。

此类研究将可理解性输入和网络技术运用相结合，指出基于网络资源的可理解性自主阅读的可行性。邓跃平（2009）认为可理解性自主阅读不仅可以提高学习者的词汇量和阅读能力，还可以提高学习者已知词汇和语法的运用能力，深入了解英语国家文化，增强语感。他（2009：132）指出“大学英语习得模式应该是课堂教学结合以获取信息为目的的课后自主阅读”。

（2）词汇和阅读研究。

高照（2008）基于韦斯特利－麦克莱恩网络传播模式、Day和Bamford的十大泛读教学原则，提出英语词汇习得的网络自主泛读模式。该模式虽然主要关注词汇习得，但由于词汇和阅读紧密相连，因此对网络英语阅读教学也有一定指导意义。

（3）课程设计研究。

基于皮亚杰和维果茨基的认知发展理论，郑玉琪（2005：15）提出《英语阅读网络课程》的设计原则，其核心是更新教学理念以及学习观念，以学生为中心，扩大学生的阅读量，鼓励其对知识的主动探索、主动发现和对所学知识意义的主动建构。李绍宠（2001）、潘志宇（2001）、康晓秋等（2002）、张华（2003）和张少雄等（2004）也提出相关的阅读课程设计以提高学习者阅读量，为学习者创造真实的语言环境，培养学习者自主学习的能力，使学习者在教师的引导下重组和构建知识结构。

（4）理论应用研究。

国内有关语言学或跨学科理论在网络英语阅读教学中的应用研究比较匮乏。杨志忠（2005）根据加德纳的多元智力理论，结合多媒体技术说明了该理论在多媒体外语阅读教学中的应用情况，认为在多媒体教学环境中要“努力使教学设计呈现多维性、多向性特征，使学生实现真正意义上的全面发展”。

从目前国内网络英语阅读教学研究的内容不难看出，有关计算机网络辅助英语阅读的研究还停留在探讨计算机网络等技术的可行性及其应用于语言教学的优势等层面（李绍宠，2001；张海峰等，2005；邓跃平，2009）。虽然有研究者（郑玉琪，2005；李绍宠，2001；潘志宇，2001；康晓秋等，2002；张华，2003；张少雄，2004；杨志忠，2005 等）将语言学相关理论或跨学科理论，如建构主义和第二语言习得理论应用于网络英语阅读教学研究，但是把语言学新理论以及跨学科新理论应用于网络英语阅读教学的研究几乎没有。如果我们比较传统课堂中的阅读教学和网络英语阅读，不难看出教师通过课堂活动（诸如提供阅读资料背景信息、热身问答、问题导入等）也是在帮助学习者构建知识和意义。网络英语阅读环境下学习者的学习过程却被多数研究者忽略了。谈言玲、严华（2007）曾经统计了 1996 ～ 2006 年 10 年间国内计算机辅助英语教学研究的状况，通过对 239 篇相关论文的研究方法和研究内容进行分类，发现国内计算机辅助英语教学研究呈上升趋势，但是研究课题滞后、有重复性，“有关计算机多媒体网络英语教学的理论探讨占了将近三分之一”。

此外，这 10 篇文章没有涉及如何利用网络资源和计算机技术对学习者进行阅读策略培训。不管是英语精读还是英语泛读，阅读策略都至关重要。阅读策略运用是指“学习者为解决阅读中的困难而采取的行为过程”（Johnson & Johnson，1998：333），在阅读过程中为解决阅读理解问题和帮助记忆文章内容而进行的思维活动。网络英语阅读中，教师要明确哪些策略是学习者需要但不善于使用的，并采取诸如视频演示等有效手段对学习者进行阅读策略培训。网络英语阅读学习过程还不能忽略评估和反馈学习效果。虽然高照（2008）提到了网络阅读中的反馈，但她所指的学习者之间的交流和反馈仅仅局限于词汇推荐和阅读文章推荐，似乎对学习者之间的互动和影响的力量认识不足。如何在充分利用网络上真实语料的同时，让学习者发挥自身的语言创造性以及互相激励、反馈，也是网络英语阅读课程设计需要考虑的问题。监控反馈可以让学习者了解到他们学习的效果和程度，让学习者思考自己的错误并自行修正。Murphy（2007）在日本某大学进行的第二语言阅读习得研究中发现，学生之间在线交互活动可以促进阅读理解：被试被分为两组，一组两两搭档学习，另外一组独自学习，定量统计结果显示两两学习而且进行复杂反馈的学生在后续理解练习中表现得更好，学习者的文本交互定性分析结果表明复杂反馈有助于提高交互质量。

3 基于动态系统理论的网络英语阅读模式

从最普遍的意义上来说，阅读是指理解文本信息。进一步来讲，阅读是一个利用文字提示和背景知识领会文章意义的过程（Nunan, 1967）。读者不仅要利用上下文的线索，还必须运用自己的背景知识。Goodman（1996）认为阅读是心理语言的猜测游戏。Anderson（1999）指出阅读是二语或者外语学习者的一个重要技巧。如果学习者有较高的阅读技巧，就会在很大程度上帮助他们通过阅读获取新信息。

网络阅读教学是基于互联网和计算机多媒体技术的教学活动。在这种教学活动中，学习者在教师的指导下激活背景知识，借助计算机、网络技术获取知识和信息，完成意义的构建。同时，开展网络阅读教学还应该提高学习者的阅读技巧和有效阅读策略运用能力，丰富其词汇知识，提高其阅读水平。此外，网络教学平台还应有助于学习者做好自我监控和进行师生、生生之间的有效反馈。

3.1 动态系统观的基本特征

动态系统理论（Dynamic Systems Theory，以下简称 DST）源自数学，其主要观点是动态系统中的主要性能随时间改变，通常用等式“$x(t+1)=f(x(t))$”来表达 x 在时间 t 的状态如何转化到时间 $t+1$ 的状态。动态系统理论又称为复杂理论、混沌理论、协作理论或无秩序的、非线形的自组织系统理论。“混沌理论已经成功解释了各种各样的自然现象和人类行为，如癫痫发作预测、金融市场预测、生产系统建模和天气预报等。该理论还被应用于商业或企业战略、社会科学、组织行为和组织变革等领域”[①]。Larsen-Freeman（1997，2007）率先将该理论引入第二语言习得研究。她指出动态的系统是变化的，语言也时刻在

① 参见 http://baike.baidu.com/view/38935.htm。

变化，诸如词汇的内涵意义发生改变或者词性的改变都说明语言是在变化中的。例如，英语中的动词“google”的意思是使用google搜索引擎在互联网上进行搜索（冀小婷 2008：377）。这种词汇意义和用法的改变说明了语言一直在变化。从动态系统理论出发，语言不再是一个静止的系统。人们通过语法、词汇、句子建构有意义的语言交流模式，“是一相互的因果关系过程。语言的出现、发展、变化、使用以及被学习者学得和习得都是一个动态的过程”（冀小婷，2008：377）。随后，研究者们（Herdina & Jessner, 2002; Verspoor, de Bot & Lowie, 2004; de Bot *et al.*, 2005, 2007）纷纷对DST产生了浓厚的兴趣。其中，Herdina和Jessner（2002）还将DST引入多语现象，提出了多语模型（Dynamic Model of Multilingualism），认为动态系统是一个根据变化的环境和内在调节进行持续调整的过程，在此过程中系统保持动态平衡。该理论模式认为语言的发展有6个特点，分别为：非线性、逆转性、稳定性、相互独立性、复杂性和质量的变化。DST认为，语言使用者拥有一个动态系统，系统之中有独立的子系统，在子系统之中是个体独特的语言系统，相互之间进行持续互动和交流。系统内没有一个发展状态或阶段是静止的，比如词汇知识的增加和减少、语法知识的发展变化等，这些都随着时间的推移发生变化。当子系统中的一个变量发生变化时，其他变量也会受到影响。DST认为语言发展是非线性、自适应性、互动性、资源依附性和自我组织性的，是认知环境和内部组织互动的结果（Thelen & Smith, 1994）。在语言学习中，有进步也有退步，有波峰也有波谷。在习得一种新的语言过程中，语言发展像一条正弦曲线而非直线。语言发展变化的顺序由自我重组和调整所决定。语言学习者根据输入的语言信息发展自己独特的语言系统，形成中介语，表现出语言系统的自我重组性（de Bot, 2008）。总之，动态系统观认为语言学习是一个反复过程，目前的学习系统状态是之前反复的结果。在语言学习过程中，语言系统当前的状态是之前所有状态的积累。

3.2 基于动态系统观的网络英语阅读模式

与现有网络英语阅读研究不同的是，我们把网络阅读的优势和动态系统理论相结合，尝试提出网络英语阅读动态教学模式，具体见图1。

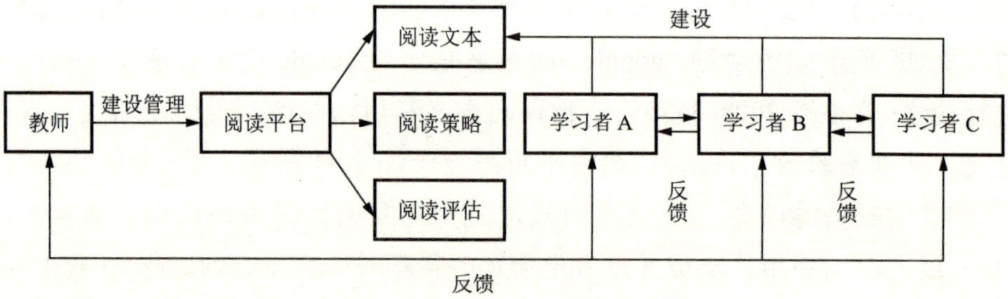

图1　网络英语阅读动态系统教学模式

为详细说明网络英语阅读动态系统教学模式的运作，我们从教师角色、学习者角色和学习过程三个方面进行阐述。图1的阅读模式界定了教师和学习者在网络英语阅读动态系统教学模式中应扮演的角色。

（1）教师角色。

在网络英语阅读动态系统教学模式中，教师是网络阅读平台的建设管理者。教师从知识的传授者转变为学习促进者，帮助学习者确立学习目标、主动进行意义构建、完成自主学习，充分发挥其主导作用。阅读文本的选择基于难度等级，以便学习者可以轻松完成难度低的阅读，进入下一级难度稍高的阅读语料库。在完成阅读平台构建和管理、促进学习者自主学习的基础上，教师可以采用收发电子邮件、论坛发布信息或者在线聊天等方式实现师生之间的互动和及时反馈。在网络环境下，教师充分利用开放的学习空间呈现教学信息，进行信息的传播交流，以实现教学互动、人机互动、师生互动和生生互动。

上文已经指出现有英语阅读网络课程忽视阅读策略培训。在本动态系统模式中，教师还以阅读策略培训者的身份出现。善于阅读者可以通过有意识和无意识地使用策略来理解阅读材料，提高和监控理解能力。善于阅读者除了需要具有解码和识别单词的能力、必要的语法知识以及相关背景知识之外，还需要掌握大量的阅读策略，并且能够根据自己的阅读目的采取相应的阅读策略。在本阅读模式中，阅读策略培训的主要内容包括如何概括文章的主旨，如何从句子层面和段落层面猜测生词的意义，如何判断作者的态度以及文章的基调等。这几个方面也是教师在传统课堂中发现学习者需要提高的地方。教师开始阅读策略培训之前，需要了解学习者现有的阅读策略和他们的学习风格。目前评估阅读策略的工具还不是很多，教师可以参考 Sheorey 和 Mohktari（2001）、

Flavell(1979)的元认知阅读策略表对学习者进行阅读策略教学之前的评估,以了解学习者的策略掌握情况。阅读策略教学分为初、中、高3个等级:初级和中级的教学目的以学习者掌握有效策略为主;高级教学目的是帮助学习者对阅读文本进行批判性评估,实现以阅读带写作、以写作促阅读的最终目的。

(2)学习者角色。

第一,学习者是自主学习者。以学习者为中心的网络教学突出学习者的主体地位。网络自主学习是指学习者自行利用网络媒体,主动运用和调控自己的元认知、动机和行为进行网络课程学习。自主学习包括多方面:自己独立选择学习时间、地点、内容和方式(网上点播课件、选择文字教材、做作业等),自主决定如何与教师和同学进行问题探讨和观点交流,自主决定所有与学习有关的主要方面。

与传统课堂教学相比,网络阅读教学中学习者可以根据自己的现有水平选择自己感兴趣的文本,掌控自己的学习进度和步骤,不必被迫放慢或者加快学习速度,可以相应避免在传统课堂中的注意力不集中或焦虑现象。学习者可以不受时间、地点的限制进行自主阅读,随意选择他们喜欢的主题或者他们认为合适的阅读速度。学习者可以根据学习计划从分级阅读语料库中选择自己感兴趣的文本进行学习。语料库中的文本体裁众多,包括记叙文、议论文、说明文等,文本的题材也包括科技、经济、金融、法律、哲学、政治等,应有尽有。

第二,学习者是协作学习的伙伴。在传统课堂教学中,由于课时所限,阅读多数情况下是个人行为。通常是教师引出话题,让学习者思考,然后就其对问题的回答作出反馈。在网络英语阅读教学平台中,两个或者多个学习者可以形成协作伙伴,就词汇、句子、篇章进行讨论,互相提供反馈。教师可以根据学习者的水平帮助他们寻找适合自己的学习伙伴,并定期更换学习伙伴。以动态系统理论为基础的网络英语阅读教学更尊重学习者的个性发展,关注学习者的差异。

第三,学习者是语言的输入和输出者。对于把英语作为外语的中国学习者来说,阅读是获取语言输入的最重要手段。通过网络阅读平台学习者可以自由选择教师提供的各种阅读文本。同时,学习者也可以把自己发现的阅读资源上传到平台。在动态系统阅读模式中,学习者以网络阅读平台建设者的身份出现。教师应该激发学习者的积极性和创造性。教师不能仅仅从自己的兴趣和观念出发选择阅读文本,应该鼓励学习者贡献自己感兴趣的文本,让学习者主动参与学习活动。而且,由于学习者的加入能够保证阅读文本资源持续更新,满足了年轻人求新求变的心理特征。学习者一方面可以作为接受语言的输入者,通过分析理解可理解输入，并对那些引起自身注意的语言现象进行分析整合，然后输出。输出的语言又可以成为其他学习者的语言输入。特别是在中高级阅读策略的培训过程中，以读带写、以写促读的方式恰恰可以作为学习者之间进行交互反馈的一个方式。在这个动态学习过程中，学习者同时扮演了语言输入者和输出者两个角色，进行互动反馈式学习活动。这样，反复输入、输出，学习者每个人都可以从这个互动的学习模式中获益。

（3）学习过程。

图2描述的是在网络阅读教学中学习者的语言系统发展过程。进入阅读平台之后，学习者需要进行测试评估现有学习水平和阅读策略，以便教师了解他们目前所处的初始学习状态，而学习者也可以对自己的阅读水平有一个全面认识。通过进行阅读策略培训以及处理各种阅读文本，学习者给予阅读文本注意，有些语言要素被摄入和组织，进而被纳入语言系统。此时，学习者的语言系统发展到不同于其初始状态的语言系统。每个人的语言系统都由语音、词法、句法、篇章等子系统组成（de Bot *et al.*，2005），而在网络阅读平台中其他学习者的语言系统又构成了一个更大的语言系统。经过自行组织的语言要素被学习者输出，这部分输出又成为网络阅读平台其他学习者的语言输入，如学习者用英语分享阅读心得、阅读策略使用的体会，通过写作和其他学习伙伴及教师进行互动反馈。学习者的学习者状态可以从一个阶段发展到下一个阶段，每个阶段的学习状态都建立在前一个学习状态的基础之上。

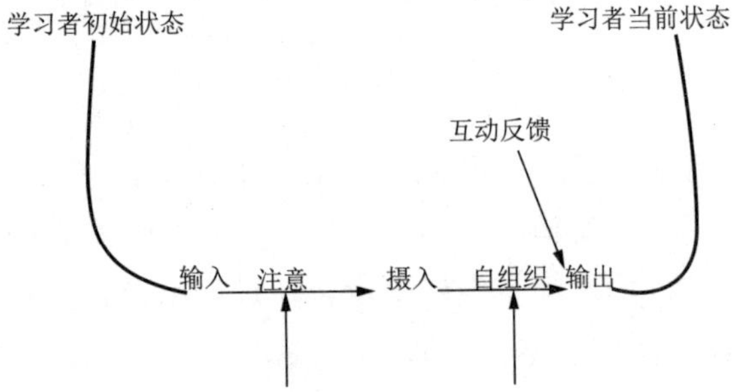

图2　学习过程示意图

当然，和我们传统的语言系统发展观念不同，动态的语言系统发展有可能表现为学习者的进步或倒退，而不是一个线性的发展过程，也不是一直从低水平发展到高水平。

语言习得过程中,学习目标是不断变化的。教师应该及时对学习者的学习状态进行评估。这样,学习者的语言系统可以就评估、反馈作出相应调节。如果学习者通过了先前阶段的阅读学习,就可以进入到下一阶段比较高水平的学习。学习者语言系统的局部调节会影响整个语言系统的发展,使得整个语言系统都处于一个自我调整的状态,从无序状态进入有序状态,从而达到动态的平衡。通过教学平台教师能够充分管理学习者的学习过程,明确教和学之间的关系,注意到学习者之间的差异。另一方面,学习者也要做好自我评估。如果没有完成现有的学习任务,他们应重复这一学习过程。

4 结论

将动态系统理论引入网络英语阅读是一个新的尝试,在一定程度上丰富了当前网络英语阅读教学研究以及课程设计的理论基础。我们应从全新的视角审视和开展网络阅读教学,明确学习者在使用网络阅读资源过程中所扮演的角色及其语言系统的发展趋势。语言是一个开放的、复杂的非线性系统。动态系统理论认为语言系统及其众多子系统是处于变化之中的,学习者通过对语言的重组和调整发展具有个性的语言系统。在自组织语言输入的过程中,学习者的语言系统及其与协作伙伴互动反馈过程中产生的差异会对学习者产生不同的效果。学习者在输入、互动、输出、反馈这个循环中,不断接近语言习得的理想状态,同时也有可能发生退步。这个学习过程是一个无限循环的过程,今天的学习影响到明天的状态。

在本网络英语阅读模式中,测试以及评估非常重要。教师和学习伙伴需要及时提供新的学习资源和建议,及时向学习者提供评估和反馈。本阅读模式也强调阅读策略的培训。教师应该顾及学习者需要掌握的基本阅读策略以及被学习者忽视的策略,并进行策略培训加以巩固。以动态系统理论为基础的网络英语阅读模式体现了语言习得过程中诸要素的协作性、互助性、自组织性。学习者的阅读能力发展是一个动态的平衡过程。

综上所述,网络英语阅读研究要采用一个新的模式,才能进一步推进英语阅读教学实践和网络英语阅读教学设计发展。

参考文献

[1] Anderson N J. *Exploring Second Language Reading: Issues and Strategies*[M]. Canada: Heinle & Heinle Publishes, 1999.

[2] de Bot K. Introduction: Second language development as a dynamic process[J]. *The Modern Language Journal*, 2008(92): 166-178.

[3] de Bot K, Lowie W & Verspoor M. *Second Language Acquisition: An Advanced Resource Book*[M]. London, New York: Taylor & Francis Routledge, 2005.

[4] de Bot K, Lowie W & Verspoor M. A Dynamic Systems Theory approach to second language acquisition[J]. Bilingualism: *Language and Cognition*, 2007, (10): 7-21.

[5] Flavell J. Metacognition and cognitive monitoring: A new area of cognitive-developmental inquiry[J]. *American Psychologist*, 1979, (34): 906-911.

[6] Goodman K S. Reading: A psycholinguistic guessing game[J]. *Journal of the Reading Specialist*, 1967, (6): 126-135.

[7] Herdina P & Jessner U. *A Dynamic Model of Multilingualism: Perspectives of Change in Psycholinguistics*[M]. Clevedon: Multilingual Matters, 2002.

[8] Johnson K & Johnson H(eds.). *The Encyclopedic Dictionary of Applied Linguistics: AH and book for Language Teaching*[C]. Oxford: Blackwell, 1998.

[9] Larseen-Freeman D. Chaos/complexity science and second language acquisition[J]. *Applied Linguistics*, 1997, 18(2): 141-165.

[10] Larseen-Freeman D. On the complementarity of Chaos/Complexity Theory and Dynamic Systems Theory in understanding the second language acquisition process[J]. *Bilingualism: Language and Cognition*, 2007, 10(1): 35-37.

[11] Murphy P. Reading comprehension exercises on line: The effects of feedback, proficiency and interaction[J]. *Language, Learning & Technology*, 2007, 11(3): 107-129.

[12] Nunan D. *Language Teaching Methodology*[M]. New York: Prentice Hall, 1991.

[13] Sheorey R & Mokhtari K. Differences in the metacognitive awareness of reading strategies among native & non-native readers[J]. *System*, 2001, (29): 431-449.

[14] Thelen E & Smith L. *A Dynamic Systems Approach to the Development of Cognition and Action*[M]. Cambridge, MA: The MIT Press, 1994.

[15] Verspoor M, de Bot K & Lowie W. Dynamic Systems theory and variation: A case study in L2 writing[A]. In Aertsen H, Hannay M & Lyall R(eds.). *Words in Their Places: A Festschrift for J. Lachlan Mackenzie*[C]. Amsterdam: Free University Press, 2004: 407-421.

[16] 邓跃平. 基于网络资源的自主阅读与大学英语习得可行性研究 [J]. 外语学刊, 2009(2): 130-132.

[17] 高照. 构建英语词汇习得的网络阅读模式 [J]. 外语电化教学, 2008(5): 18-22.

[18] 冀小婷．关于复杂系统与应用语言学——拉尔森•弗里曼访谈 [J]. 外语教学与研究，2008(9)：376-379.
[19] 康晓秋，程幼强．高校英语教学改革与 CAI 的应用 —— 浅谈“网络英语阅读与写作” [J]. 外语电化教学，2002(2)：26-29.
[20] 李绍宠．外国报刊选读课因特网辅助教学 [J]. 外语电化教学，2001(3)：9-13.
[21] 潘志宇．中学英语阅读课的多媒体网络教学模式初探 [J]. 外语电化教学，2001(9)：47-49.
[22] 谈言玲，严华．计算机辅助英语教学研究 10 年：回顾与思考 [J]. 外语电化教学，2007(10)：37-42.
[23] 杨志忠．多元智力理论及其在多媒体外语阅读教学中的应用 [J]. 外语电化教学，2005(8)：42-45.
[24] 张海峰，江帆．利用网络资源进行英语阅读教学的探索 [J]. 外语电化教学，2005(4)：28-31.
[25] 张华．基于网络的英语阅读课教学——研究性学习初探 [J]. 外语电化教学，2003(12)：61-64.
[26] 张少雄，刘可红．网络文化与网上阅读课程述议 [J]. 外语电化教学，2004(4)：17-21.
[27] 郑玉琪．《英语阅读网络课程》的设计、实践与评估——东南大学英语专业阅读课程改革实践个案研究 [J]. 外语电化教学，2005(2)：14-17.

（作者：王森，上海外国语大学）

动态系统理论视域下的学习者个体差异研究：理论构建与研究方法 *

1 引言

二语学习者个体差异研究在二语习得领域日趋成熟。然而，传统认知视角将学习者个体差异(Individual Differences)视为"背景噪音"(Dörnyei, 2009c, 2010; Verspoor, Lowie & van Dijk, 2008)，在研究中(尤其是关注组间趋势的定量研究)常作为极端值或测量误差忽略不计。个体差异通常被视为稳定、固化的学习者个人特点，不会随时间或环境而改变(Dörnyei, 2009b, 2009c, 2010)，这与近年研究结果相悖。再者，传统的认知视角采用模块化的观点看待学习者个体差异，将其分为外语学能、语言学习动机、语言学习策略、学习风格、学习者信念五个方面(Dörnyei & Skehan, 2003; 李荼、隋铭才，2012)，各领域旗帜鲜明、相互独立。但 Dörnyei(2009c, 2010)多次指出，个体差异应属于高级的大脑功能，由各种相互连接、复杂动态的内部过程组成，孤立看待个体差异的某个部分，如外语学能或动机，只会令个体差异研究陷入困境。

可见，传统的认知视角已无法解释新近涌现的个体差异种种特性。近年来二语习得领域兴起的动态系统理论视角(Dynamic Systems Theory, DST)[①]或可为学界开拓新思路。语言发展是一个复杂、动态的过程，DST 视角下的二语发

---

* 本文为教育部人文社会科学研究青年基金项目"外语词汇能力与动机自我意识的动态发展研究"(12YJC740150)与上海市浦江人才计划"全球化语境下上海学生外语动机自我意识的发展研究"(12PJC097)的阶段性成果。

① 动态系统与复杂自适应系统实际指向的是同一个动态、复杂的系统行为，本文使用动态系统(DST)的提法以突出语言发展的过程性与动态性。

展研究在国内外逐渐成为热点(de Bot, Lowie & Verspoor, 2007; Larsen-Freeman & Cameron, 2008; 李兰霞, 2011; 郑咏滟, 2011)。鉴于学习者个体差异中外语学能与学习动机对学习轨迹的影响最为显著(Dörnyei & Skehan, 2003)，本文旨在立足这两大关键点探讨从DST视角重构个体差异这一概念的可能性及其对学界产生的理论与实践意义。

2 DST理论基本概念简述

DST语言发展观认为，语言发展既不是单纯的认知心理过程，也不能完全归于社会文化过程，而是多重环境、多重资源在多层次不断互动的动态过程，所以其发展轨迹呈非线性，具有不可预测性(de Bot, Lowie & Verspoor, 2007; Larsen-Freeman & Cameron, 2008)。DST理论中四个基本概念与语言发展最相关(de Bot *et al.*, 2007)：第一，系统全面连接。一个动态系统由多种变量或参数构成，这些变量相互联系，处在恒动之中。语言学习“产生于个体之内，同时产生于个体与社会的交往之中”(de Bot *et al.*, 2007: 11)。某个变量细微的变化不仅会引起其他变量的变化，甚至会引发整个系统的变化，即通常所说的“蝴蝶效应”。第二，系统的发展呈非线性。由于各变量不断变化，外加变量间复杂互动，系统行为变得不可预测，输入和输出不再具有恒定的比例关系。第三，系统内部的各种因素具有自组性(self-organization)。通过自组，系统易进入“吸引状态”(attractor state)，表面上处于停滞，但若出现某种强有力的控制参数则可推动系统重组，突破吸引状态。第四，系统的个体差异。由于系统的多种成分在多层面上复杂互动，每个系统均遵循自身的轨迹自组发展，个体差异不可避免。可见，学习者个体差异绝非“噪音”，而是不同学习者自身作为动态系统在发展过程自然涌现的结果、是认知与环境互动的结果(Verspoor *et al.*, 2008)。动态、复杂的语言系统应被视为一个“主体为本的框架”(Dörnyei, 2009c)，突显出语言学习过程中语言使用主体—即学习者个体的重要作用，亦为采取DST视角研究个体差异提供了理据。以下，我们将分别从理论与实践层面详细诠释外语学能与二语学习动机的DST特征。

3 DST 与外语学能

外语学能(foreign language aptitude)指的是语言学习者能够顺利适应无论是正规的课堂教学或是其他非正式的语言学习环境、并能充分利用现有学习条件成功习得一门外语(或第二语言)的能力(Robinson, 2012: 57)。现代意义上的外语学能研究主要由美国教育心理学家 Carroll 在 20 世纪 50、60 年代展开。Carroll 通过大量实证测试与严谨的统计学因子分析法归纳出最能预测外语学习最终结果的四种基本能力(对输入语音进行编码的能力、对语法的敏感程度、对语言材料的归纳分析能力以及关联记忆能力),成为外语学能四大构成要素,奠定了外语学能研究的理论基础(Skehan, 2012)。经过 20 世纪 70、80 年代外语学能研究的停滞,学界在 20 世纪 90 年代重新认识到外语学能作为二语学习者最重要的个体差异因素之一,能在不同的学习环境(课堂教学、自学)和各种学习条件(显性学习、隐性学习、或然学习等)中对二语学习产生重要影响(Robinson, 2002),外语学能再次成为研究焦点。学者纷纷结合不同理论视角构建外语学能这一概念,包括基于"学习障碍"理论的 LCDH 模式(Sparks & Ganschow, 2001),基于信息加工理论的工作记忆外语学能模式(温植胜, 2007a; Wen, 2012b; Wen & Skehan, 2011),基于教育心理学"心态"(mindset)理论的外语学能模式(Dweck, 2006; Mercer, 2012),及基于学能综合体理论的外语学能模型等(Robinson, 2005, 2007, 2012)(详见 Wen, 2012a)。新成果很大程度上突破了传统的外语学能研究,在外语学能的理论构念诠释、研究取向方面均取得重大进展(温植胜, 2007b)。其中 Robinson 倡导的基于"学能综合体"(aptitude complexes)模型充分体现外语学能的系统性、动态性以及复杂性的 DST 特质。

Robinson 将外语学能理论模型勾勒成一个由四个层次圈所形成的圆形图表(参见 Robinson, 2005: 52; Robinson, 2012: 69)。四个层次圈分别为基本认知能力层、学能组合体层、任务学能层以及语用 / 交互能力 / 特质层,且每一个层次圈均由多种能力构成。例如,第一个层次圈(即最中心的一层)显示的是人类最基本的十种认知能力,包括认知速度(PS)、结构辨认(PR)、言语工作记忆容量(VWMC)、语音工作记忆速度(PWM)、语义启动(SP)、词义推断(LI)、语篇工作记忆容量(TWMC)、语篇工作记忆速度(TWMS)、语法敏感度(GS)、机械记忆（RM）等。这里所描述的十种能力，正是外语学能构成要素的初始状态。其次，各能力本身又具有动态系统的自组性和涌现性，因而呈现出个体差异性。这十种基本能力在自身发展中互相交融、结合，逐步形成更高一级的能力组合，即第二个层次圈所描述的学能综合体（aptitude complexes）。例如，感知速度和结构辨认两种基本能力构成了对差别的注意（noticing the gap）学能综合体，而言语工作记忆容量和语音工作记忆速度又构成随机言语记忆（memory for contingent speech）学能综合体。其余的认知能力则分别构成深层语义加工（deep semantic processing），临时语篇记忆（memory for contingent text）和元语言规则演练（metalinguistic rule rehearsal）等另外三个学能综合体。

第一、第二个层次圈描述的是基于二语学习者对语言输入的学习情况，而第三、第四个层次圈描绘的则是学习者根据学习任务的复杂程度（基于教学条件或学习条件等因素，包括有构思时间“PT”，背景知识“BK”，此时此地“H & N”，等等）在进行该特定任务时表现出的不同能力体现，即所谓的任务学能。最后，二语学习者的任务学能又与外部的语用 / 交互能力 / 特性（即第四层次圈的能力组合，如交际智力“II”，语用能力“PA”等）相交织，继而作用于实际的交际活动。

综合来讲，Robinson 提出的外语学能综合体模型充分揭示了外语学能组成因素间相互连接、层层递进、交相互动的特质，突显其种种 DST 特征。首先，该模型突破了以往简单因素组合的思路，再次向学界阐明外语学能是由多种因素构成的复杂系统概念，充分体现了系统的全面连接性。第二，该模型所采用的轮状圆形结构充分显示了基本认知能力、外语学能综合体、外语学习环境和学习条件、语言外部发展四者之间的动态交互关系，体现了认知与环境的互动，同时表明外语学能是动态发展而非固定不变的，对长期以来针对外语学能是否可以训练的争议做出回答。第三，该模型将学能理论研究嵌入二语习得研究多年的发展成果，使今后外语学能研究能站到更高层次持续发展。当然，我们也应意识到，该模型描绘的仅是一张发展蓝图，其中最迫切是探讨如何测试各个层次的组合，并如何捕捉各个学能组合之间的互动等（Robinson，2012；Skehan，2012）。如后文所示，结合使用 DST 的研究方法或可使这些议题取得新进展。

4 DST 与二语学习动机

相对于外语学能偏向认知功能，二语学习动机与情感更相关，指的是学习者选择某一个特定行为、行为的强度与以及付出的努力（Dörnyei & Skehan, 2003）。二语学习动机研究起源于20世纪70、80年代加拿大，以Gardner与Lambert为首的社会心理学家提出“融合型”与“工具型”两类语言学习动机。然而，该概念更强调社会宏观层面上学习者对言语社区的认同，并将动机视为较稳定的心理特征，忽视了动机会随时间波动。当动机研究从较宏观、稳定的社会层面下沉到微观的课堂或具体任务层面，我们不可避免地注意到动机强度会随时间变化。例如针对我国大学生群体的宏观跟踪调查表明（高一虹、周燕，2008；周燕、高一虹，2009；周燕、高一虹、臧青，2011），英语动机水平随年级增长波动，大学四年的动机强度呈现先降后略升再趋平稳的趋势。最近几例国外研究则另辟蹊径，聚焦更微观的时间维度。Waninge（2011）使用一种称为转数计（motometer）的工具测量出更小时间单位内（如每隔五分钟）的动机波动。MacIntyre与Legatto（2011）则使用一种称为“个人动态法”的新方法测量在执行一系列任务期间学习者交流意愿在线实时变化，发现WTC在几分钟内也会波动。可见，动机的发展并非如想象中稳定一致，而是复杂、不可预测的。当然，动机在某一阶段会表现出稳定、一致的发展轨迹。如一个人一直都动力十足，他可能在很长时间内都会表现得干劲高昂。我们认为，以往宏观定量研究中动机水平与语言成绩呈中到高度正相关或许并不是动机与语言成绩具有因果关系，而是动机作为一种控制参数影响了学习者利用各项环境资源的效率与效果，从而使语言发展进入相对稳定的吸引状态（Zheng, 2012b）。如想进一步深入动机研究，我们必须纳入时间维度才能妥善处理动机的流变性。

“动机”的多元互动性体现在诸多学者从不同角度对动机概念的构建。如Noels（2001）从自我决定论入手将语言学习动机分为内在原因、外在原因与融合倾向，Ushioda（2001）发现动机概念的八个维度可归纳为实际的学习过程、外在压力、融合目标三大类。我国学者（如秦晓晴，2003；周燕等，2011；周颂波、何莲珍、闵尚超，2011）也将中国学生的英语学习动机分为七到八类，充分照顾了动机的多元性。尤其是Dörnyei（2005, 2009a）最近提出的二语动机自我系统（L2

Motivational Self System)更充分体现出动机系统内部成分的相互连接、互相影响。该理论模型立足于心理学中的“可能自我”(possible self)概念，提出动机系统的三元架构——理想二语自我、应该二语自我与二语学习经验[①]。理想二语自我与应该二语自我会相互遏制，也能通过学习者自身的学习体验互相转化、互相促进。

同时，动机与学习者外在环境间存在复杂互动关系。Dörnyei(2005)指出学界应拒绝接受将学习者心理特征视为独立于环境的绝对观点，因此他将“二语学习经验”纳入他提出的二语动机自我系统的三元架构内。Ushioda(2009)也质疑传统动机研究遵循的笛卡尔认知－环境二元对立观，并提出“个人处于情境之中”(person-in-context)的动机观，认为动机源于个人、特定的社会身份以及文化情境之间的种种关系。实证研究表明当学习者的学习环境发生变化(如阅读了更多的英文文献)，动机强度与类型也产生了变化(如出国动机上升)(周燕、高一虹，2009；周燕等，2011)。任何将环境从动机研究中割裂开的研究思路只会将动机视为一尘不变的个人特质，而无法全面揭露动机的复杂性。

综上所述，二语学习动机在宏观与微观层面均处于不断波动变化中，亦会成为一种控制参数使语言学习进入较为稳定的状态；动机由多种成分组成，且互相影响；动机水平与学习者所处的环境息息相关。学习者动机具有 DST 基本特征，如何使用 DST 方法进一步开展研究则是学界需要攻克的难关。

5 展望与结语

尽管出于文章结构安排本文分别回顾了外语学能与二语学习动机的最新研究进展，但并不意味这两大主要个体差异因素相互孤立；将其分割讨论的模块化观点并不符合 DST 倡导的整体观。事实上，研究表明外语学能与动机相互影响、相互弥补。一项长期追踪研究发现，如果学习者融入目标语社区的动

① 完美二语自我(Ideal L2 Self)指学习者理想状态中自己熟练使用二语的形象，应该二语自我(Ought-to L2 Self)指学习者心目中认为自己应该具有的二语使用形象，二语学习经验(L2 learning experience)指学习者在具体情境中各类学习体验。二语学习经验能够自下而上地影响学习者的动机自我形象。

机强烈，能弥补偏低的外语学能，成功习得二语词块知识（Dörnyei, Durow & Zahran, 2004）。相反，若学生学习动机缺失，则很难充分利用环境提供的资源，大量的阅读输入或写作输出往往沦为机械练习，二语发展仍会停滞（Zheng, 2012a）。从更高层次说，外语学能所属的认知范畴与动机所属的情感范畴在语言学习过程中无法割裂。有研究表明，学习者选择使用的元认知策略与其动机水平联系紧密，如何实现动机自我也有赖于有效使用认知策略（Dörnyei, 2009a; Dörnyei & Ushioda, 2011；刘艳菊，2010）；有学者利用结构方程模型分析法发现认知、情感与社会因素相互交织，影响动机水平（Kormos, Kiddle & Csizér, 2011）。可见，外语学能与动机，认知、动机与情感均互为影响；动机程度高低会影响学习者的认知效度及其对多重环境资源的利用效果，最终影响语言发展轨迹。

从理论上讲，我们认为使用 DST 理论研究个体差异有利于进一步推动本领域的系统发展。传统上将动机与认知分割讨论的倾向并不可取。学习者个体因素相互连接，分别考察之并不能取得预期效果。所以我们应摈弃现有的模块化观点，打破传统个体差异研究壁垒分明的现状，采用更高层次的综合概念进行统领研究（Dörnyei, 2010; Dörnyei & Ushioda, 2011）。我们认为比较具有研究价值及应用前景的综合概念包括上文详述的 Robinson 外语学能综合体模型与 Dörnyei 的二语动机自我系统。这两个综合概念均涵盖了动态系统的基本观点——系统的波动发展、全面连接、复杂互动，并兼顾人类固有的认知—动机—情感的三元结构①，以“全人”视角考察二语学习者的发展，符合我国当今外语教学兼具“人文性”与“工具性”的趋势（如张绍杰，2010）。以这类综合概念指导未来研究，我们能更系统全面地考察对学习轨迹产生影响的多个因素，并通过确认认知与动机因素的最佳组合，发现有力的控制参数以推动语言发展，使其趋于平稳，使本不可预测的二语系统变得可预测、可研究。

就研究方法而言，使用 DST 视角研究个体差异要求我们不能单一沿用传统的定量研究范式。诚然，定量研究能突显组间趋势，从宏观层面刻画语言发展过程。但该范式建立在极简论（reductionism）观点上，倾向将复杂的现象分

① 认知—动机—情感的三元结构最早可追溯到亚里士多德的相关论述。Dörnyei（2009b）沿用该概念描述人类的心理特征，认为该三元结构符合人们的普遍心理经验且具有可操作性。

割成单个参数分别研究（Dörnyei in press; Larsen-Freeman & Cameron, 2008），导致缺乏对多重互动因素的掌控、对个体的关注及对环境的敏感度，在处理动态系统问题时往往无法捕捉个体学习者认知或动机方面的细微变化，也无法深入考察多重因素的互动。因此，DST 视角研究个体差异可使用定性方法或定量-定性结合的混合法。Larsen-Freeman 与 Cameron（2008）提出 DST 五步建模法：找出系统组成成分、找出系统运行的时间维度与社会维度、描述系统内部成分关系、描述系统与环境的互相适应、描述系统的动态发展。Dörnyei（in press）进一步明确 DST 研究三大原则：聚焦语言系统发展的吸引状态、找出典型的吸引因素组合、找出并分析典型的动态发展模式。为此我们可以使用"反溯法"（Retrodictive qualitative modelling）（Dörnyei in press; Verspoor, de Bot & Lowie, 2011）。相异于通常向前指向、以预测（prediction）为目的的研究策略，反溯法提出以系统的现有状态为出发点逆向反溯（retrodiction），找出导致系统演变成这个结果的各类因素组合，从而建立质性模型。

诚然，本文提出使用 DST 视角重构个体差异研究仍停留在理论探讨，但也指出了应用 DST 框架于个体差异研究领域的广阔前景。作为源于自然科学领域的理论，如何在我国应用语言学语境中具化，仍需从多方面、多维度展开大量探讨与实证研究。

参考文献

[1] de Bot, K., Lowie, W., & Verspoor, M. A dynamic systems theory approach to second language acquisition[J]. *Bilingualism: Language and Cognition*, 2007, 10(1): 7-21.

[2] Dörnyei, Z. *The Psychology of the Language Learner: Individual Differences in Second Language Acquisition*[M]. Mahwah, NJ: Lawrence Erlbaum, 2005.

[3] Dörnyei, Z. The L2 motivational self system[A]. In Z. Dörnyei & E. Ushioda (eds.). *Motivation, Language Identity and the L2 Self*[C]. Bristol, England: Multilingual Matters, 2009a: 9-42.

[4] Dörnyei, Z. *The Psychology of Second Language Acquisition*[M]. Oxford: Oxford University Press, 2009b.

[5] Dörnyei, Z. Individual differences: Interplay of learner characteristics and learning environment[J]. *Language Learning*, 2009c, 59(1): 230-248.

[6] Dörnyei, Z. The relationship between language aptitude and language learning motivation: Individual differences from a dynamic systems perspective[A]. In E. Macaro (ed.).

Continuum Companion to Second Language Acquisition[C]. London: Continuum, 2010: 247-267.

[7] Dörnyei, Z. Researching complex dynamic systems: "Retrodictive qualitative modeling" in the language classroom[J /OL]. *Language Teaching*, in press. doi: 10. 1017 /S0261444811000516.

[8] Dörnyei, Z. , Durow, V. , & Zahran, K. Individual differences and their effects on formulaic sequence acquisition[A]. In N. Schmitt(ed.). *Formulaic Sequences: Acquisition, Processing and Use*[C]. Amsterdam: John Benjamins, 2004: 87-106.

[9] Dörnyei, Z. , & Skehan, P. Individual differences in second language learning[A]. In C. Doughty & M. H. Long(eds.). *The Handbook of Second Language Acquisition*[C]. Oxford: Blackwell, 2003: 589-630.

[10] Dörnyei, Z. , & Ushioda, E. *Teaching and Researching Motivation*(2nd ed.) [M]. Edinburgh Gate, UK: Pearson Education Limited, 2011.

[11] Dweck C. S. *Mindset: The New Psychology of Success*[M]. New York, NY: Random House, 2006.

[12] Kormos, J. , Kiddle, T. , & Csizér, K. Systems of goals, attitudes, and self-related beliefs in second-langage-learning motivation[J]. *Applied Linguistics*, 2011, 32(5): 495-516.

[13] Larsen-Freeman, D. , & Cameron, L. *Complex Systems and Applied Linguistics*[M]. Oxford, UK: Oxford University Press, 2008.

[14] MacIntyre, P. D. , & Legatto, J. J. A dynamic system approach to willingness to communicate: Developing an idiodynamic method to capture rapidly changing affect[J]. *Applied Linguistics*, 2011, 32(2): 149-171.

[15] Mercer, S. Dispelling the myth of the natural-born linguist[J]. *ELT Journal*, 2012, 66(1): 22-29.

[16] Noels, K. A. New orientations in language learning motivation: Towards a model of intrinsic, extrinsic and integrative orientations and motivation[A]. In Z. Dörnyei & R. Schmidt(eds.). *Motivation and Second Language Acquisition*[C]. Honolulu: University of Hawaii Press, 2001: 43-68.

[17] Robinson P. *Individual Differences and Instructed Language Learning*[M]. Amsterdam: John Benjamins, 2002.

[18] Robinson, P. Aptitude and second language acquisition[J]. *Annual Review of Applied Linguistics*, 2005(25): 46-73.

[19] Robinson, P. Aptitudes, abilities, contexts, and practice[A]. In R. Dekeyser(ed.). *Practice in a Second Language: Perspectives from Applied Linguistics and Cognitive Psychology*[C]. Cambridge University Press, 2007: 256-286.

[20] Robinson, P. Individual differences, aptitude complexes, SLA processes, and aptitude test development[A]. In M. Pawlak(ed.). *New Perspectives on Individual Differences in*

Language Learning and Teaching[C]. Berlin Heidelberg: Springer-Verlag, 2012: 57-75.

[21] Skehan, P. Language aptitude[A]. In Gass, S and A. Mackey (eds.). *Routledge Handbook of Second Language Acquisition*[C]. New York: Roultledge, 2012: 381-395.

[22] Sparks R. & L. Ganschow. Aptitude for learning a foreign language[J]. *Annual Review of Applied Linguistics*, 2001(21): 90-111.

[23] Ushioda, E. Language learning at university: Exploring the role of motivational thinking[A]. In Z. Dörnyei & R. Schmidt (eds.). *Motivation and Second Language Learning*[C]. Honolulu, HI: University of Hawaii Press, 2001: 91-124.

[24] Ushioda, E. A person-in-context relational view of emergent motivation, self and identity[A]. In Z. Dörnyei & E. Ushioda (eds.). *Motivation, Language Identity and the L2 Self*[C]. Bristol: Multilingual Matters, 2009: 215-228.

[25] Verspoor, M. , Lowie, W. , & van Dijk, M. Variability in second language development from a Dynamic Systems perspective[J]. *Modern Language Journal*, 2008, 92(2): 214-231.

[26] Verspoor, M. H. , K. de Bot & W. Lowie. *A Dynamic Approach to Second Language Development*[M]. Amsterdam: John Benjamins, 2011.

[27] Waninge, F. The elusive motivation: The development of motivation in real time[D]. Unpublished M. A. Thesis, University of Groningen, 2011.

[28] Wen, Z. Foreign language aptitude[J]. *ELT Journal*, 2012a, 66(2): 233-235.

[29] Wen, Z. Working memory and second language learning[J]. *International Journal of Applied Linguistics*, 2012b(22): 1-22.

[30] Wen, Z. & P. Skehan. A new perspective on foreign language aptitude: Building and supporting a case for "working memory as language aptitude" [J]. *Ilha Do Desterro: A Journal of English Language, Literatures and Cultural Studies*, 2011(60): 15-44.

[31] Zheng, Y. Exploring long-term productive vocabulary development in an EFL context: The role of motivation[J]. *System*, 2012a, 40(1): 104-119.

[32] Zheng, Y. *Dynamic Vocabulary Development in a Foreign Language*[M]. Switzerland: Peter Lang, 2012b.

[33] 高一虹，周燕．英语学习与学习者的认同发展——五所高校基础阶段跟踪研究 [J]. 外语教学，2008(6)：51-55.

[34] 李茶，隋铭才．二语学习者个体差异研究：由简单趋向复杂 [J]. 中国外语，2012(1)：47-59.

[35] 李兰霞．动态系统理论与第二语言发展 [J]. 外语教学与研究，2011(3)：409-421.

[36] 刘艳菊．大学英语学习者的学习观念、自我效能与学习策略相关性的量化研究与分析 [J]. 外语教学，2010(4)：65-69.

[37] 秦晓晴．第二语言学习动机研究及其存在的问题 [J]. 外语教学，2003(3)：16-19.

[38] 温植胜．外语学能研究新视角——工作记忆效应 [J]. 现代外语，2007a(1)：87-95.

[39] 温植胜．外语学能研究的新趋势 [J]．华南师范大学学报（社会科学版），2007b（1）：148-150.

[40] 张绍杰．全球化背景下的外语教学——行动与反思 [J]．外语与外语教学，2010（1）：9-12.

[41] 郑咏滟．动态系统理论在二语习得研究中的应用——以二语词汇发展研究为例 [J]．现代外语，2011（3）：303-309.

[42] 周燕，高一虹．大学基础阶段英语学习动机的发展 [J]．外语教学与研究，2009（2）：113-118.

[43] 周燕，高一虹，臧青．大学高年级阶段英语学习动机的发展——对五所高校学生的跟踪调研 [J]．外语教学与研究，2011（2）：251-260.

[44] 周颂波，何莲珍，闵尚超．教育环境下非英语专业大学生英语学习动机结构的建模与验证 [J]．现代外语，2011（3）：287-295.

（作者：郑咏滟，复旦大学；温植胜，香港树仁大学）

语言学习者个体差异研究的新阶段 *

1 引言

个体差异是指语言学习者个体所具有的区别于他人的稳定性特征(Dörnyei, 2005),包括语言学能、学习动机、学习策略、认知方式、性格和学习观念等。从20世纪70年代开始,学习者个体差异的研究受到了广泛的关注,并逐步发展成为二语习得和外语学习研究中的重要课题。纵观国内外的相关研究,我们可以发现,在过去40多年的时间内,学习者个体差异研究大体可以分为三种主要的类型。第一种类型为单变量研究,研究者主要关注某个单一的个体差异变量与学习成就之间的关系。第二种类型为多变量研究,研究者关注两个或两个以上变量的交互作用对于学习成就的影响。最近几年,研究者又开始把动态系统理论引入到语言学习者个体差异的研究之中,把学习者视为一个完整的个体,同时对所有的个体差异变量进行整合,进而探讨个体差异变量之间的内部互动以及与学习环境和成就的关系,从而使得该领域的研究进入了一个新的阶段,我们可以将此类研究称之为综合性研究。在本文中,我们将在梳理与总结前面两种类型研究的基础上,讨论在动态系统理论视角下,学习者个体差异综合性研究的特点以及我国在该领域今后的研究方向。

2 单变量研究

20世纪70年代初,西方学者开始了针对成功语言学习者的研究(例如,

* 本文是教育部人文社会科学研究项目"动态系统理论视角下的英语学习者个体差异研究"(12YJA740009)的阶段性成果。

Rubin，1975；Stern，1975；Naiman 等，1978），调查并总结了他们所共有的特征。但是到了上世纪 80 年代，人们开始意识到单纯研究成功者不足以证明这些特质专属于他们所有，而不成功的语言学习者也有可能具有同样的特征。于是，该领域研究的范围又扩展至成功学习者与不成功学习者个体差异的比较研究。最初的研究仍然围绕学习策略展开，此后又逐渐扩展至性格、语言学能、认知风格、焦虑、学习信念等多种因素。国内的学习者个体差异研究要晚于西方，开始于 20 世纪 90 年代的中后期（例如，文秋芳，1995；马广惠，1997；秦晓晴，1998），但是其研究的范围很快就达到了与国外研究同等的水平。

从 20 世纪 70 年代到 90 年代，语言学习者个体差异的研究多属于单变量研究，在此之后，此类研究也不少见。单变量研究探讨某一个体差异因素与学习成就之间的关系，而且其研究的结果呈现出诸多的不一致甚至相互矛盾。例如，Chamot 等（1988）研究了初、中、高三级语言学习者学习策略的使用情况，并对成功与不成功学习者进行了比较，结果发现成功者所使用学习策略的数量和类型更多。而 Abraham & Vann（1987）的研究则发现两者在使用的策略方面并无显著差异，两者的差别仅表现在选择使用策略的灵活性和得当性上。还有一项研究（Chen Si-Qing，1990）的结果与上述研究则截然相反，发现成绩低的英语学习者所使用策略的数量要明显多于成绩高的学习者。国内有关中国英语学习成功者和不成功者学习策略的比较研究也呈现出结论多样化、不统一的特点。例如，秦晓晴（1998）发现两者之间在功能操练策略和依赖母语策略上存在显著差异。马广惠（1997）的研究则发现他们之间仅在机械记忆策略上存在显著差异。从 20 世纪 90 年代开始，研究者开始对学习观念进行研究（例如，文秋芳，1995；Huang & Tsai，2003；刘润清、戴曼纯，2004；周艳艳，2006），他们大都发现学习观念和学习成绩之间具有显著的相关性，但是对于不同学习观念对学习成绩的影响却看法不一。例如，文秋芳（1995）针对成功学习者和不成功学习者的个案分析表明，两者在管理观念和母语依赖观念上存在明显的差异。而刘润清和戴曼纯（2004）的研究结论则截然相反。他们从 165 名被试中选出大学英语四级考试成绩排名在前 30 名和后 30 名的学生进行比较研究，得出的结论是两组学生在文化学习、英语学习和专业课学习的关系、语言的形式与功能、对英语水平的自我评估这四个方面的观念上存在显著差异，而在自我管理和母语依赖观念上没有显著性差别。另外还有一些研究（例如，Tanaka & Ellis，2003）则发现学习观念和学习成绩之间没有直接的关系。在焦虑方面，许多研究（例如，Batumlu & Erden, 2007；都宁、刘梅华，2009）表明语言水平高的学习者比水平低的学习者焦虑水平低。但是也有许多研究（例如，Saito & Samimy, 1996；Kimura, 2000；Kitano, 2001；Marcos-Llinás & Garau, 2009）得出了相反的结论，认为高水平学习者要比低水平学习者的焦虑程度更高。还有一些研究（例如，Onwuegbuzie *et al.*, 1999；Liu, 2006；Pichette, 2009）则发现焦虑与英语水平没有关系。

造成这种结论不统一、甚至相互矛盾的现象的原因是多方面的，其中包括研究对象和测量工具的差异以及对同一概念的不同界定与分类，更为重要的是，这些研究都基于一个错误的假设：个体差异变量与学习成绩之间具有线性的因果关系。因此，它们大都把一个变量作为可以独立于其他变量和学习环境的实体，而没有考虑变量之间的互动关系（Ellis, 2004）。在国内，文秋芳和王立非（2004）就曾对学习策略和学习成绩之间的线性关系提出过质疑，他们在全面综述相关研究的基础上指出："事实上，我们无法从上述结论直接推断出相关策略和成绩的因果关系，也无法推断其他策略就与成绩没有因果关系"（p. 5）。而它们"都是以同一个错误假设为前提：策略使用的频率、种类与成绩的关系是线型关系。这就是说，使用策略的频率越高，种类越多，学习者的外语成绩可能越好。事实上，策略与成绩的关系比较复杂。有些策略是把双刃剑，使用的适度决定着策略是否对语言学习产生积极的影响。就这些研究的本质而言，目前还没有一项能够观察到策略对外语学习的直接作用"（p. 6）。而在国外，也有许多学者（例如，Gardner et al., 1997；Gan et al., 2004）认为学习者的表现并非是由某一项个体差异因素的单独作用而产生的，而是诸多因素交互作用的结果。在单独考察某一个变量和学习成绩之间的关系时，只有将其他所有变量加以控制，所得出的结论才有说服力，然而要做到这一点完全是不可能的。因此，单变量研究具有难以回避的致命缺陷，这一缺陷的根源在于将个体差异因素视为互不相连的孤立模块，忽视了变量互动的重要作用。

3 多变量研究

鉴于上述问题，从20世纪90年代末，研究者开始从多变量互动的视角来解释语言学习者成就的差异。一些学者（例如，Lee, 1999；文秋芳，1995；

Albert，2006；Zhang & Cui，2010）开始研究两个变量之间的互动对于学习成绩的影响。例如，Lee（1999）分析了香港小学学习成功者和不成功者在学习动机和策略方面的差异，并考察了两个变量之间的互动关系，发现两组学生的学习策略和学习动机之间存在着一定的相关性。文秋芳（1995）通过对比英语学习快进步组和慢进步组，发现学习者的观念对于策略的选择有明显影响。Zhang & Cui（2010）还对远程教育学习者学习信念和其他因素之间的关系研究发现，学生的自主学习意识与学习焦虑之间具有密切关系。还有一些学者（例如，Wen & Johnson，1997；Gardner *et al.*，1997；Ghavamnia *et al.*，2011；Sioson，2011）研究了三项及以上变量之间的互动关系。其中，Gardner 等（1997）建立了一个体现学能、策略、焦虑、学习动机、学习风格、学习态度、自信心等相互作用的二语学习模型，这是目前为止最为完整的变量互动模型，但是该模型以法语作为第二语言的学习者为对象，我们尚不清楚它是否适合英语学习者。另外，该模型也主要是局限于理论的探讨，还缺乏后续的实证性研究。Wen & Johnson（1997）通过路径分析建立了一个包括性别、归因观念、管理观念／策略、形式操练观念／策略、意义操练观念／策略、回避母语观念／策略、词汇策略、容忍含混语言策略、学习目标（动机）、努力程度、一语水平和二语水平这些变量在内的个体差异因果模型，发现只有性别、一语和二语水平、词汇策略、容忍含混语言、回避母语策略对学习成绩有直接影响，管理策略对英语成绩的间接影响最大。该研究通过定性分析比较了高分学生和低分学生，发现两组学生在自发阅读、字典使用、猜测、容忍含混语言、计划与评估管理策略方面有差异，高分学生更善于使用计划策略，进行自我评价的频率和准确度更高，对语言错误的监控意识强。

多变量研究在单变量研究的基础上将语言学习者个体差异研究的深度和广度向前推进了一步，有效避免了单变量研究线性假设的误区，研究者开始运用非线性思维重新思考学习者个体差异和学习成就之间的关系。但是，多变量研究也存在着一定的局限性。首先，学习者作为一个整体，其学习成绩的高低是所有变量同时起作用的结果，而多变量研究只是考察了其中的某些因素，无法解释个体差异内部各种纷繁复杂的作用关系，很难对个体差异和学习成绩之间的关系做出全面和深入的解释。其次，大多数多变量研究都忽视了学习者个体差异的动态性以及它们对于学习环境依赖性，它们主要集中在共时的研究上，把个体差异视为孤立于环境之外的静止因素，而很少考虑时间因素对于它的影响。这一理想化的静止状态有悖于语言学习的现实。Halliday（2007）指出，将一种现象作为某个特定时间点上的静止实体来研究是有用的，但是解释这一现象的动态发展过程更有价值。学习者是现实生活中的人，对环境具有高度的依存性。学习者的认知、情感和社会性会随着环境的变化而处在不断的变化过程之中。因此，如果把学习者看作僵化不变的实体，忽视学习者的动态发展特点，对于语言学习者研究的结论就会大打折扣。

4 综合性研究

从 20 世纪末开始，动态系统理论（Dynamic System Theory，DST）被应用于二语习得领域的研究之中，其动态性、综合性和互动性的思想和理念恰好可以解决原来个体差异研究中存在的问题，这使得一些学者开始重新审视学习者个体差异的研究，并使之发展到综合研究的新阶段。动态系统理论又称复杂动力学（Complex Dynamics），是指按照特定的规律随着时间不断发展变化的复杂系统。该理论起源于 17 世纪牛顿提出的动力学理论和数学中非线性原理。作为一种研究范式，动态系统理论着眼于系统各部分之间的关系，强调系统内部要素的完全相关性和系统行为的变异性和非线性。该理论认为，系统的各个部分互相影响，互相依存，而系统的整体状态是各部分相互作用的最终结果。动态系统通过与外部环境的互动以及系统内部自我组织的不断发展，不断实践从无序到有序的周期性调整。动态系统理论超越了传统理论所奉行的线性行为和单纯的因果关系论，直面审视环境系统的复杂性和变异性（李兰霞，2011）。Larsen-Freeman（1997）首先提出将动态系统理论作为二语习得研究的统摄性理论。她从混沌理论出发，全面讨论了语言作为一种复杂自适应系统的特点，认为动态系统理论与二语习得之间具有许多明显的共性。在 Larsen-Freeman（1997）的倡导下，运用动态系统理论进行二语习得和外语学习研究已经发展成为应用语言学研究的一种新趋势。国际应用语言学界的三大期刊相继推出了三期专刊：2006 年 *Applied Linguistics* 第四期的涌现主义（*emergentism*）专刊，2008 年 *The Modern Language Journal* 第二期的动态系统理论专刊和 2009 年 *Language Learning* 的复杂自适应系统增刊。这三期专刊虽然使用的名称各异，但是都聚焦于动态系统理论这一理论流派。除此之外，还有许多部论文集出版（例如，Larsen-Freeman & Cameron, 2008; Ellis & Larsen-Freeman, 2009）。上述研究大都关注如何动态、系统地研究语言的发展，而对于运用动态系统理论进行学习者个体差异研究则鲜有涉及。Dörnyei（2009, 2010）率先运用这一理论来阐释学习者个体差异变量之间的关系，是目前该领域最为重要的研究者。Dörnyei（2009）以动态系统理论为基础重新界定了个体差异的概念以及个体差异与环境之间的关系。他（2010）还通过探讨语言学能和学习动机之间的关系提出要改变原来的个体差异分类标准，建立一个更具层次性、更加稳定和更具概括性的分类系统。他从动态系统理论的视角出发，建立了一个由认知、情感和动机三个部分组成的人类心智框架，并识别出学能 / 特征组合、兴趣和可能的自我这三个融动机和学能为一体的复合变量。Dörnyei（2009, 2010）的研究突破了关于学习者特征的传统模块化思维方式，开创性地提出了运用动态系统理论解决个体差异问题的理论假设，为今后学习者个体差异的研究奠定了一定的理论基础，标志着学习者个体差异研究进入了在动态系统理论指导下的综合性研究阶段。

动态系统理论所倡导的整合性思维方式为语言学习者个体差异研究提供了一个新的视角，开拓了该领域研究的思路，其影响主要表现在以下四个方面：(1) 系统性。动态系统理论认为系统由数量繁多的要素构成，它们之间相互影响、互相依存，是不可分割的。系统是内部各要素及其相互关系之和，两者缺一不可。从系统性的角度出发，学习者个体差异的诸多要素，包括语言学能、性格、学习策略、学习观念等，以学习者为中心构成一个复杂的动态系统。在该系统内，这些要素之间具有完全的相关性，需要作为一个不可分割的整体进行研究与分析。(2) 非线性。非线性是一个来自于数学领域的术语，指与输入不成比例的变化（Larsen-Freeman & Cameron, 2008: 31）。非线性是系统内部各要素之间关系随着时间而不断变化的结果。在系统内部，各个要素之间以非线性的方式发生联系，相互的原因和结果关系是不成比例的。根据动态系统理论，学习者个体差异系统中的各个要素不是孤立的，它们之间的因果关系也不是恒定不变的，而是存在多种可能的作用途径。外界环境的影响经常会导致个体差异的变异性发展。因此，学习成绩是各个因素相互作用合力的结果，其中一个因素的变化有可能会导致整个系统的变化，从而会对学习成绩产生影响。

而学习成绩的变化也会反过来影响该系统中的某个或者某几个因素。(3) 动态性。一个动态系统总是处于不断的变化之中,其中包括系统内部的要素、各要素之间的关系以及系统的整体状态。Larsen-Freeman(2012)认为,动态性是一切系统的基本特征,这主要来自于系统本身持续不断的自我组织。从动态系统理论的角度来看,个体差异系统中的各个因素以及因素之间的关系不是一成不变的,例如,语言学能的高低会因为学习任务和学习环境的变化而变化(Robinson, 2007),而同一个学习者的学习动机也会在不同的时间表现出很大的差异(Dörnyei, 2000)。因此,个体差异系统总是处于从一个状态到另一个状态的持续流动和转化过程之中。(4) 情景性。动态系统具有很强的开放性,不能独立于外部环境而存在,系统内部和外部之间并不存在严格的界限。Larsen-Freeman & Cameron(2008)指出,情景与系统不可分离,情景是系统的重要组成部分。系统不断根据外部环境的变化而做出自身的调整,它不仅依赖于环境,也会建构与改变环境。动态系统理论强调学习者个体差异与学习环境的互动关系,认为个体差异通过与环境因素的相互作用以及自我组织来提高个体对于外界环境的适应性,因此,Dörnyei(2009)指出,学习者个体差异对于学习成绩的影响必须要结合具体的学习环境和时间因素来衡量。对于外语学习而言,环境因素大致可以分为教学环境和社会环境两大类。教学环境包括教师、教学方法、教材、教学大纲等;社会环境包括学习者身份、文化、传统、风俗习惯、社会需求等诸多因素。这些因素都有可能对学习者产生影响,从而引起他们个体差异的变化。个体差异系统与外界环境之间的互动是持续的,系统的变化会改变环境,而环境的变化又会引起系统的自我组织与调整,如此循环往复。

5 我国今后的学习者个体差异研究

动态系统理论为语言学习者个体差异研究提供了一个全新的视角,同时也产生的众多的研究问题。我们认为,我国今后的学习者个体差异研究可以在建立学习者个体差异理论框架体系、学习环境与系统内部诸要素的互动以及对外语教学的指导意义三个方面多下工夫。

学习者个体差异理论框架体系的建立可以为有关的实证性研究提供理论基础。动态系统理论强调系统内部诸要素之间以及与外界环境的互动关系,将学习者个体差异的研究置于学习的环境之中。因此，该理论框架体系的构建包括两个核心的内容。第一，学习者个体差异要素的确定。以往的学习者个体差异研究包括性别、性格、语言学能、学习风格、认知方式、焦虑、学习观念和动机等。但是，有些要素的表现并不稳定，而是随着时间的变化而呈现出不断变化的趋势。Ellis & Larsen-Freeman（2009：563）就明确指出："把学习的成败简单地归因于某一变量（即使是几个变量的结合）而不考虑环境和时间因素是具有误导性质的。"鉴于此，我们需要在动态系统理论的指导下，在充分考虑学习者环境和时间要素的前提下，对原有的学习者个体差异因素进行重新的整合与分类，建立一个更加稳定的学习者个体差异系统。在这一方面，Dörnyei（2009，2010）已经进行了一定的工作，值得我们借鉴。第二，确定学习者的环境因素。语言是一种社会文化现象，同时也是一种认知与心理现象，语言学习环境所涉及的因素众多，目前又有多种理论来分析解释学习的环境，其中包括课堂人类学（Harklau，2005；Toohey，2008）、课堂话语的微观分析（Zuengler & Mori，2002）、互动假说（Gass & Mackey，2007；Mackey & Polio，2009）、语言教学的群体动力理论（Dörnyei & Murphey，2003）、社会文化理论（Lantolf & Thorne，2006）以及语言社会化理论（Watson-Gegeo，2004；Zuengler & Cole，2005）等。我们可以在借鉴这些理论的基础上，结合我国外语教学的实际情况，总结出影响学习者个体差异以及学习成绩的环境因素。目前，已有多位学者通过实证研究识别出了多个影响个体差异的环境因素，其中包括，文化因素（Dhanapala，2007）、社会需求（Liu，2009）、社会政治因素（Norton，2001）等。这些研究可以为我们提供很好的借鉴。

学习环境与个体差异系统诸要素的关系研究主要包括两个方面的内容。第一，学习者环境因素与个体差异系统之间的互动关系。在确定了环境因素的各个变量之后，我们可以通过跟踪研究的方法探讨学习环境对个体差异的影响，重点研究哪个环境因素的变化会导致哪一项或者哪几项个体差异的变化，确定影响的程度以及这一影响随着时间的变化而变化的情况。第二，个体差异系统内部各个变量之间的深层互动机制，即它们如何互相作用，互相制约，从而直接或间接对学习者的学习行为（即他们是如何进行外语学习的）以及学习结果（包括听、说、读、写各项机能）所产生的影响，总结出变量的互动规律与特点，并在此基础上建立起一个个体差异的立体化模型。个体差异的变量众多，它们之间的关系也错综复杂。要找出它们之间的关系，就要贯彻层次性的原则。例如，学习策略是学习者根据自身特点而形成的外语学习解决方案，它与学习行为直接相关，因此对学习结果的影响也更为直接。而性格、学习动机、学习观念等对于学习结果的影响则是间接的。因此，我们需要在全面分析综合的基础上，归纳出学习者个体差异中诸多变量的层级结构，这样才能深入地把握各种因素之间相互作用的规律。

学习者个体差异研究的最终目标是为了更好地提高外语学习的效果，因此对于学习者个体差异研究的问题既来自于外语教与学的实践，又要服务于这一目的。正如 Lightbown & Spada（2006: 45）所指出的那样："个体差异研究对于研究者和教育者都至关重要。为了更加深入地了解人类学习的过程，研究者要努力探索认知变量和性格变量如何联系以及如何与学习者经历互相作用。"另外，在从事该领域研究的过程中要时刻注意与外语教学实践的结合。这对于我国的外语教学具有特殊的意义，尤其是在我国教育领域倡导以人为本，尊重学生主体性的背景之下。在国内普遍采用班级授课制的教学组织形式下，教师要面对的通常是几十个甚至几百个个体差异迥然各异的学生，如何更好地把握学生的个体差异，实施因材施教已经成为教师亟待解决的问题。因此，我们应认真考虑如何把个体差异研究的成果应用于外语教学实践，探讨教师应如何利用不同层次学生的认知特点进行教学环节的设计和实施，从单纯的适应和顺从个体差异转变为主动超越，从而帮助教师识别出影响学生学习成绩差异的最核心个体差异因素，增进他们对个体差异形成和发展规律的认识，使教师能够从错综复杂的差异变量中抓住核心要素，并有的放矢地加以引导和控制，做到统一要求与因材施教相结合，打破外语教学实践中因材施教和提高教学效率不相容的局面。

6 结语

纵观语言学习者个体差异研究三种类型的演变过程，从单变量到多变量，个体差异研究已经呈现出小范围的整合趋势。随着这种颇具前瞻性的思想将个体差异研究领域的不断扩展与延伸，动态系统理论也就自然地被引入其中，并且成为个体差异研究的指导性思想和理论基础。动态系统理论要求我们将学习者个体差异视为一个动态的、非线性的复杂系统，以整体为单位来考察系统与外部环境以及内部相关变量的互动关系，关注各变量的动态发展与变化，揭示变量之间的层次关系，最终对复杂的系统行为做出合理的解释。这一新阶段的语言学习者个体差异研究打破了传统的该领域横断研究的局面，重心转向历时的研究，实现从静态到动态，从线性到非线性，从孤立到互动的关键性转变。目前，个体差异的研究更多地还处于理论假设的层面，真正的实证性研究还为数不多，但是综合性研究必将是未来该领域研究的发展趋势。我国的个体差异研究应该顺应这一趋势，使得我们自身的研究取得更具说服力和应用价值的成果。

参考文献

[1] Abraham, R. & Vann, R. Strategies of two language learners: A case study[A]. In A. Wenden and J. Rubin(eds). *Learner Strategies in Language Learning*[C]. Englewood Cliffs, N. J.: Prentice Hall, 1987.

[2] Batumlu D. Z., Erden M. The Relationship between foreign language anxiety and English achievement of Yildiz Technical University School of Foreign Languages Preparatory Students[J]. *Journal of Theory and Practice in Education*, 2007(1): 24-38.

[3] Chamot, A. U., Küpper, L., & Impink-Hernandez, M. V. *A Study of Learning Strategies in Foreign Language Instruction: The Third Year and Final Report*[R]. Interstate Research Associates, Inc. Rosslyn, VA, 1988.

[4] Chen, Si-Qing. A study of communication strategies in interlanguage production by Chinese EFL learners[J]. *Language Learning*, 1990(2): 155-187.

[5] Dhanapala, K. V. Focus on language learning strategies of advanced learners in Japan and Sri Lanka[J]. *Journal of International Development and Cooperation*, 2007(1): 153-164.

[6] Dörnyei, Z. Individual differences: Interplay of learner characteristics and learning environment. [J]. *Language Learning*, 2009, Supplement 1: 237-255.

[7] Dörnyei, Z. Motivation in action: Towards a process-oriented conceptualization of student motivation[J]. *British Journal of Educational Psychology*, 2000(4): 519-538.

[8] Dörnyei, Z. *The Psychology of the Language Learner: Individual Differences in Second Language Acquisition*[M]. Mahwah, N. J.: Lawrence Erlbaum Associates, 2005.

[9] Dörnyei, Z. The relationship between language aptitude and language learning motivation: individual differences from a dynamic system perspective[A]. In Macaro, E. (ed). *Continuum Companion to SLA*[C]. London: Continuum International Publishing Group, 2010.

[10] Ellis, N. C. & Larsen-Freeman, D. *Language as a Complex Adaptive System*[M]. Oxford: Wiley-Blackwell, 2009.

[11] Ellis, R. Individual differences in second language learning[A]. In A. Davies & C. Elder(eds). *The Handbook of Applied Linguistics*[C]. Malden, Mass. : Blackwell, 2004.

[12] Gan, Z. , Humphreys, G. & Hamp-Lyons, L. Understanding successful and unsuccessful EFL students in Chinese universities[J]. *Modern Language Journal*, 2004(2): 229-244.

[13] Gardner, R. C. , Tremblay, P. F. & Masgoret, A. M. Toward a full model of second language learning: An empirical investigation[J]. *Modern Language Journal*, 1997(3): 344-362.

[14] Gass, S. M. , & Mackey, A. Input, interaction, and output in second language acquisition[A]. In B. VanPatten & J. Williams(eds). *Theories in Second Language Acquisition: An Introduction*[C]. Mahwah, N. J. : Lawrence Erlbaum, 2007.

[15] Ghavamnia, M. , Kassaian, Z. & Dabaghi, A. The relationship between language learning strategies, language learning beliefs, motivation, and proficiency: A study of EFL learners in Iran. [J]. *Journal of Language Teaching And Research*, 2011(5): 1156-1161.

[16] Halliday, M. A. K. On the concept of educational linguistics[A]. In J. Webster(ed). *The Collected Works of M. A. K. Halliday, Volume 9: Language and Education*[C]. London: Continuum, 2007.

[17] Harklau, L. Ethnography and ethnographic research on second language teaching and learning[A]. In E. Hinkel(ed). *Handbook of Research in Second Language Teaching and Learning*[C]. Mahwah, N. J. : Lawrence Erlbaum, 2005.

[18] Huang, S. C. & Tsai, R. R. A comparison between high and low English profi ciency learners' beliefs[R]. ERIC Document, ED482579, 2003.

[19] Kimura, M. Affective factors of Japanese EFL learners at junior college in the oral communication tasks[J]. *The Society of English Studies*, 2000(3): 5-19.

[20] Kitano, K. Anxiety in the college Japanese language classroom[J]. *The Modern Language Journal*, 2001(4): 549-566.

[21] Lantolf, J. P. , & Thorne, S. L. *Sociocultural Theory and the Genesis of Second Language Development*[M]. Oxford: Oxford University Press, 2006.

[22] Larsen-Freeman, D. & Cameron, L. *Complex Systems and Applied Linguistics*[M]. Oxford: Oxford University Press, 2008.

[23] Larsen-Freeman, D. Chaos/complexity science and second language acquisition[J]. *Applied Linguistics*, 1997(2): 141-165.

[24] Larsen-Freeman, D. Complex, dynamic systems: A new transdisciplinary theme for applied linguistics?[J]. *Language Teaching*, 2012(2): 202-214.

[25] Lee, C. W. *Motivation and Learning Strategies of Successful and Unsuccessful EFL Learners*

in Hong Kong Primary Schools[D]. Hong Kong Baptist University, 1999.

[26] Lightbown, P. M. & Spada, N. *How Languages Are Learned*[M]. Oxford: Oxford University Press, 2006.

[27] Liu, M. Anxiety in Chinese EFL students at different proficiency levels[J]. *System*, 2006(3): 301-316.

[28] Liu, P. Case study of factors affecting Chinese students' English communication performance [J]. *Canadian Social Science*, 2009(5): 70-88.

[29] Mackey, A. & Polio, C. *Multiple Perspectives on Interaction: Second Language Research in Honor of Susan M. Gass*[M]. Mahwah, N. J.: Lawrence Erlbaum, 2009.

[30] Marcos-Llinás, M. & Garau, M. J. Effects of language anxiety on three proficiency-level courses of Spanish as a foreign language[J]. *Foreign Language Annals*, 2009(1): 94-111.

[31] Naiman, N. M., Stern, F. H. & Todesco, A. *The Good Language Learner*(Research in Education Series No. 7) [M]. Toronto: The Ontario Institute for Studies in Education, 1978.

[32] Norton, B., Non-participation, imagined communities, and the language classroom[A]. In Breen, M. (ed). *Learner Contributions to Language Learning: New Directions in Research*[C]. London: Longman, 2001.

[33] Onwuegbuzie, A. J., Bailey, P. & Daley, C. E. Factors associated with foreign language anxiety[J]. *Applied Psycholinguistics*, 1999(2): 217-239.

[34] Pichette, F. Second language anxiety and distance language learning[J]. *Foreign Language Annals*, 2009(1): 77-93.

[35] Robinson, K. Configuring virtual learning environments to support diversity and intercultural learning[A]. Paper presented at Education in a Changing Environment Conference, Manchester, 2007.

[36] Rubin, J. What the "good language learner" can teach us[J]. *TESOL Quarterly*, 1975(1): 41-51.

[37] Saito, Y. & Samimy, K. K. Foreign language anxiety and language performance: A study of learning anxiety in beginning, intermediate, and advanced-level college students of Japanese[J]. *Foreign Language Annals*, 1996(2): 239-251.

[38] Sioson, I. C. Language learning strategies, beliefs and anxiety in academic speaking task[J]. *Philippines ESL Journal*, 2011(7): 3-27.

[39] Stern, H. H. What can we learn from the good language learner?[J]. *Canadian Modern Language Review*, 1975(4): 304-318.

[40] Tanaka, K. & Ellis, R. Study abroad, language proficiency, and learner beliefs about language learning[J]. *JALT Journal*, 2003(1): 63-85.

[41] Toohey, K. Ethnography and language education[A]. In K. King & N. Hornberger(eds). *Encyclopedia of Language and Education: Vol. 10. Research Methods*[C]. New York:

Springer, 2008.

[42] Watson-Gegeo, K. A. Mind, language, and epistemology: Toward a language socialization paradigm for SLA[J]. *Modern Language Journal*, 2004(3): 331-350.

[43] Wen, Q. & Johnson, R. K. L2 learner variables and English achievement: A study of tertiary-level English majors in China[J]. *Applied Linguistics*, 1997(1): 27-48.

[44] Zhang, X. & Cui, G. Learning beliefs of distance foreign language learners in China: A survey study[J]. *System*, 2010(1): 30-40.

[45] Zuengler, J. & Cole, K. Language socialization and second language learning[A]. In E. Hinkel(ed). *Handbook of Research in Second Language Teaching and Learning*[C]. Mahwah, N. J.: Lawrence Erlbaum, 2005.

[46] Zuengler, J. & Mori, J. Microanalyses of classroom discourse: A critical consideration of method: Introduction to the special issue[J]. *Applied Linguistics*, 2002(3): 283-288.

[47] 都宁，刘梅华．不同英语水平大学生之间的焦虑差异研究 [J]. 教育与职业，2009(12): 172-174.

[48] 李兰霞．动态系统理论与第二语言发展 [J]. 外语教学与研究，2011(5): 409-421.

[49] 刘润清，戴曼纯．中国高校外语教学改革现状与发展策略研究 [M]. 北京：外语教学与研究出版社，2004.

[50] 马广惠．高分组与低分组在学习策略上的差异研究 [J]. 外语界，1997(2): 38-40.

[51] 秦晓晴．硕士研究生使用英语学习策略特点的实证研究 [J]. 外语教学，1998(1): 53-57.

[52] 文秋芳，王立非．对外语学习策略有效性研究的质疑 [J]. 外语界，2004(2): 2-8.

[53] 文秋芳．英语成功者与不成功者在学习方法上的差异 [J]. 外语教学与研究，1995(3): 61-66.

[54] 周艳艳．非英语专业高分组学生与低分组学生在语言学习观念上的差异 [J]. 江苏教育学院学报(社会科学版)，2006(4): 101-104.

（作者：崔刚，清华大学；柳鑫淼，中国劳动关系学院）

动态系统理论视角下的认知—动机交互研究

1 引言

当今二语习得研究已逐步转向二语发展的研究，从静态观点发展到动态观点。传统的学习者个体差异因素（如学能、动机、学习策略）的单一化、模块化研究虽解释了某个体属性变量在语言习得中的作用，但未能有效说明语言发展的本质问题。由于学习者个体属性变量不是静态的，将各个变量模块化的研究忽视了动态的、不断变化的学习者的个体特征，已经不能全面阐述二语发展的本质。作为解释语言发展的一种新理论，动态系统理论（Dynamic Systems Theory, DST）为二语发展研究注入新的活力，推动二语发展向更深、更广领域拓展，从新的角度考察第二语言发展的变异性和复杂性。动态系统理论更加重视认知因素和社会因素对语言发展的影响，强调语言的多变量间多层次、多维度的动态交互作用。要想研究第二语言学习这一复杂过程，就必须阐释所有变量之间的相互依存性及交互动态性。动态系统理论采用动态互动的研究方法，将影响第二语言学习的所有因素视为一个整体的动态系统，研究该动态系统下的属下动态子系统间是如何交互的。同时，个体学习者可以看作是一个包含诸多动态子系统的动态系统。个体学习者作为二语习得研究的重要因素，我们有必要在动态系统理论范式下研究清楚个体学习者这一动态系统内各子系统是如何交互作用的。以二语学习者个体的认知和动机子系统为例，动态系统理论反对把认知和动机看作两个完全分离的系统，认为两者动态交互，相互关联，相互依存。本文打破传统的学习动机及学习者认知因素的单一化研究，在动态系统理论下考察个体学习者这一动态系统内的认知—动机子系统是如何交互影响并作用于语言学习的，以期深化对二语发展复杂性与动态性的认识。

2 动态系统理论

近年来，动态系统理论被广泛应用于认知科学与应用语言学的研究领域。Larsen-Freeman（1997）最早使用了复杂自适应系统（complex adaptive systems）作为二语发展模型的设想，基本上奠定了动态系统理论的基本框架。在此基础上，Larsen-Freeman（2002）对动态系统理论做了重大推进，认为语言的社会维度和认知维度是语言发展的一体两面，两者密不可分，是合二为一的关系。与二语习得研究的静态观点相反，动态系统理论直面复杂的、动态的第二语言学习过程，通过反映语言发展的真实情景的互动变量、非线性行为结果来说明语言的变异与发展问题，为全面研究和合理解释语言学习提供了新的理论框架。动态系统理论认为在第二语言学习过程中，语言系统是动态的、复杂的、非线性的、开放性的。语言是动态的，随时间发生共时和历时变化；语言是复杂的，其复杂性特征主要反映在其流动性（flux）及变异性之中，语言由多种嵌套子系统组成，如语音、形态、句法、语义、语用等（Larsen-Freeman & Cameron, 2008）；语言是非线性的，语言发展具有不稳定性和不可预测性，由于语言系统的多种成分在多个层面上相互联结，交互变化，某个变量细微的变化不仅会引起其他变量的变化，甚至会引发整个系统的变化，这就是常说的“蝴蝶效应”（de Bot *et al.*, 2007: 7-21; 郑咏滟，2011）；语言是开放性的，意味着这个系统对新的事物和能量的输入是开放的，它通过吸收环境中的能量而增加秩序和复杂性（Larsen-Freeman, 1997; 李兰霞，2011）。同时，语言系统是高度互动的，语言发展是个体使用语言的行为，是认知、社会、心理及外在环境共同作用的结果。

在动态系统中，每一个系统总是另一个系统的一部分，成为动态子系统，均呈动态特征（王初明，2008）。在动态系统理论范式中，语言学习者是社会系统中的一个子动态系统，该子系统包含许多相互影响的次一级子动态系统。学习者本身包括认知环境（如记忆能力、智力、母语和二语知识、动机及意图等）、社会环境（如对二语的接触、受教育程度、与老师和同学的社会交往）、教学环境（如课程、教材、教法）以及客观物质环境等（de Bot *et al.*, 2007; Larsen-Freeman & Cameron, 2008）。这些变量的集合共同构成了复杂的、动态的、适应性的系统。

系统内的每个子系统或要素都与其他所有子系统或要素相互影响、相互作用，呈交互动态变化的复杂关系，贯穿于语言发展的各个阶段。

动态系统理论融合了语言发展的认知观和社会观，对语言发展的线性模式提出了质疑。动态系统理论充分考虑到影响语言发展的各种因素，弥补了传统理论在诸多现象解释上的不足，提供了一种在复杂背景中研究语言发展现象的方法。动态系统理论将二语习得研究纳入复杂生动的实践与理论系统中，必将对二语习得的研究方法，教学模式，二语习得过程中的个体差异性，二语学习者与社会情境的互动研究等产生深远影响。

3 动态系统理论下的认知 - 动机交互

在动态系统理论范式下，个体学习者这一动态系统包含许多属下动态子系统，由认知、智力、母语、二语知识背景、动机和意图等构成。各子系统之间永不间歇的变化，体现了主动生成性、适应性及互动性。在学习者这一动态系统内，认知与动机这两个子系统以竞争或合作的方式相互联系、相互影响、相互补充，构成了语言的动态变化。动态系统理论视角下，认知或动机任何一个属下子系统的自组发展都足以影响整个动态系统的行为方向、强度和持久度，但认知和动机两个子系统的和谐互动可产生累积效应，共同促进语言发展。认知与动机两个子系统作为关联性生长因子（connected growers）可以相互取长补短，例如学能较低的学习者可以通过较强的动机加以弥补，反之亦然。Schumann（2004：1-6）认为动机不是独立于认知的，而是认知的一部分，因此不包含动机的二语习得的认知研究是不存在的；高层次的个体差异变量如认知与动机的互动会产生混合属性，为动态系统的发展提供动力。总之，认知与动机两个子系统动态交互，连环相套，共同作用于学习者这一动态系统。本文从动态系统理论的角度出发，探究学习者个体这一动态系统内的认知与动机两个子系统间是如何动态互动的，并从心流，动机任务处理和理想二语自我这三个方面予以具体阐释，以期了解二语发展的动态过程。

3.1 心流（flow）

心流是当人们全力投入某种活动时可能获得的一种独特的巅峰体验。美国心理学家 Csikszentmihalyi 于 1975 年提出心流理论：当人们积极参与活动并全情投入时，获得的一种贯穿全身的感觉，在这种状态下，动作与动作间似乎受到一种内在逻辑的指引，而无须行为主体进行有意识的干预。他过滤掉所有不相关的知觉并进入高度兴奋及充实感的状态（Csikszentmihalyi, 1975: 72），此时，心流体验（flow experience）便会产生。Csikszentmihalyi 等（1989）、Novak 等（2000）归纳了心流体验的核心要素，包括目标定向，挑战与能力结合，过程控制，思维过滤，时间感消失，防卫撤离，自我肯定，正面情绪，高峰体验和高度欣喜。并且，在此基础上，他们重新定义了心流体验，即学习者在进行活动时全神贯注地投入到情境中，过滤掉不相关的思维，并且自我肯定，使潜能得到激发，最终达到高峰体验和深度喜悦的状态。

某种程度上，心流可以看作一种强化了的动机任务投入。在心流体验产生的过程中，学习者能感受到感情与思想的形成及交流，达到意识与活动合一的状态。当心理层面上的投入达到一定程度时，学习者就会产生自我目标定向与控制的需求，然后通过亲身体验和思维观察，产生学习知识的动力并调整学习策略，最后进入抽象概念和主动实践阶段，此时学习者会产生学得的满足感和成就感从而进入高峰体验和深度喜悦阶段。心流体验会促进学习者的学习，增强学习者的认知能力和创造能力，激发和维持学习动机，使学习者向更高层次的目标奋进。

现有的二语习得研究常在内在动机的框架下讨论心流，因为心流体验所体现的特征正好与内在动机的特征相符，其重要特征就是愉悦感与充实感。研究心流在二语习得中的作用时，Egbert（2003）得出心流体验的产生所需的任务条件有：（1）任务挑战和应对挑战的技巧间相平衡；（2）参与者要全神贯注并专注于明晰的任务目标；（3）参与者发现活动本身有趣或真实；（4）参与者对任务过程及结果具有掌控的感觉。在产生心流体验的四个任务条件中，活动性质（有趣或真实）可以激发任务参与者的内在动机，为心流体验的产生奠定情感基础。同时，心流产生的部分条件是由认知心理过程决定的，比如对活动本身挑战性的评估，对个人技能的自我评价，具有明确的任务目标，全神贯注的投入以及对完成任务的掌控等。当这些任务条件都满足时，心流体验便会产生，这也极好地证明了参与者的认知能力与情感动机的相互合作促进了任务的完成。心流体验产生所需的任务条件呈现了认知和动机两个子系统持续不断的动态互动。

3.2 动机任务处理(motivational task processing)

学习任务的动机动态性取决于学习者如何处理各种动机刺激及如何激活相关特定的动机策略(Dörnyei, 2010)。动机的动态性体现在第二语言学习过程中,学习者的动机不断发生变化;同时,学习者的认知和动机因素在二语学习过程中也会持续不断的相互作用并共同作用于学习结果。例如,在处理某任务的过程中,在认知和动机变量的共同作用下,二语学习者会不断的监测评价自己在任务过程中的表现并做出回应,在出错的地方作出可能性的修改。这一评价-回应过程可以通过动态任务处理系统呈现出来(Dörnyei, 2003)。该动态任务处理系统包括三个互为关联的机制,即任务执行,任务评价及行动控制。同时,这三个互为关联的机制组成了体现认知与动机两个子系统间动态交互的理论模型,如图1所示:

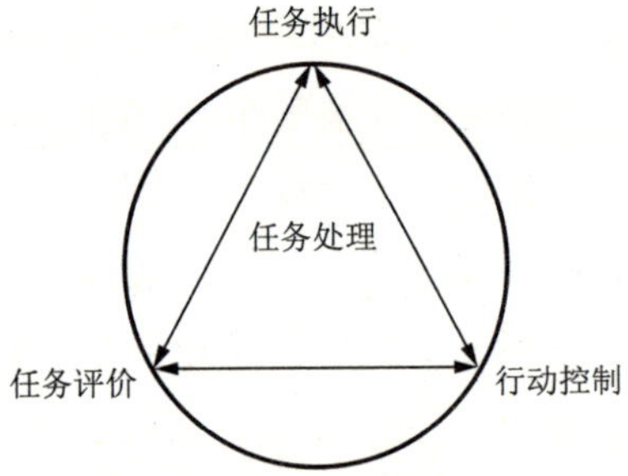

图1 动机任务处理系统机制

下面首先介绍一下这三个互为关联机制的各自定义。任务执行(task execution)是根据老师、学生个人或任务小组制订的任务要求,学习者投入到任务型学习中。换句话说,任务执行也就是真正的"学习"层面,学习者根据目标要求完成学习任务。任务评价(task appraisal)是学习者处理遇到的多种刺激,这种刺激来于在通向任务结果时所取得的进步,是将实际取得成绩与预期成绩或通过其他行为方式所取得的成绩做比较。行动控制(action control)即用来支撑保护特定学习行为并产生效力的自我调节机制。当学习者监测到自己的行为过程变慢、停止或出现倒退时,积极使用自我调节机制就可以挽救并维持自己的行动(Dörnyei, 2010)。

Dörnyei 和 Tseng(2009)对动机任务处理系统这一建构做了检验研究。

两人的检验研究包含了对所提建构的结构相等建模分析(structural equation modeling, SEM),并证实了动机任务处理系统中的三个互为关联机制间(任务执行,任务评价及行动控制)的循环关系,见图2(Dörnyei & Tseng, 2009):

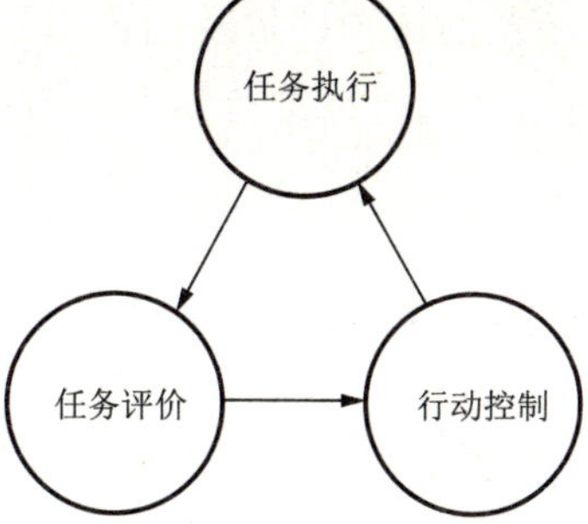

图2 动机任务处理的结构相等建模图

该结构相等建模图表明,任务执行,任务评价及行动控制间的互动决定着任务结果的质和量。当学习者开始执行任务后,涉及任务执行的评价系统就会触发并激活相关的行动控制策略,一旦得到合适的图式,学习者就会做出相应的心理或行为调整,并且维持行为的所需动机也会随之自动恢复。与此同时,这种过程反过来又进一步促进任务的执行。因此,实质上是动机主导的过程在很大程度上需要依赖认知评价。在整个动机任务处理过程中,认知与动机的选择和实施结果是相互作用的。认知与动机两个子系统间保持相当的灵活性,两者有时相互合作,有时相互竞争,共同保证学习者顺利完成任务。因此,动机任务处理系统的正常运转有赖于认知及动机两个子系统间的互动作用。例如,Ben,作为一名已具有良好任务处理机制的高级语言学习者,正在参加二语辩论赛。Ben很清楚自己的行为进程,意识到自己注意力分散后,开始运用相关的行为控制或自我激励策略来解决该问题。当Ben找到让自己重新集中精力的方法时(如提醒自己要更好的掌握二语或完成任务的重要性),他就会执行该策略来集中注意力。在这一过程中,Ben的情感动机选择和实施的结果作用于认知,进而影响自己的学习行为。在整个任务持续的时间里,Ben出现过倦怠状态,其内部动机水平降低,但是动机任务处理系统的正常运行维持了对Ben的行为的建设性控制(Dörnyei & Tseng, 2009: 118-120)。在很大程度上,Ben的认知能力重新激发了自己的动机,并以此来维持动机任务处理系统的运行。

尽管学习者的认知与动机两个子系统是相互作用的，但是这两个子系统间的关系并不是对称的，可能一方面的发展比另一方面更有竞争性。因此，在任务处理过程中，动机难免出现波动，甚至出现动机缺乏或降低的情况，但是要确保任务的顺利进行就必须依靠学习者的认知评价策略来激发并调动学习者的动机。任务处理过程中所涉及的认知评价及动机相互支持与合作，共同维持动机任务处理系统的正常运行，从而得以维持学习者的行为顺利进行。综上表明，动机任务处理系统强调了个体学习者的认知和动机的融合性运转。

3.3 理想二语自我(the ideal L2 self)

作为二语动机的一个新构想，二语动机自我系统符合目前多变的语言学习环境(Dörnyei, 2005)，主要由理想二语自我(ideal L2 self)、应该二语自我(ought-to L2 self)及二语学习经历(L2 learning experience)组成。二语自我系统的基本假设是，如果熟练使用目标语已成为学习者理想/应该自我的组成部分，那么该学习者就会具有学习目标语的强烈动机，因为学习者具有消除现实自我与理想自我间的差距的心理愿望(Ushioda & Dörnyei, 2009)。作为二语动机自我系统的一个核心成份，理想二语自我是指二语学习者在二语学习某一特定的方面，达到理想的自我，拥有理想的属性特征，如希望、愿望或向往等。应该二语自我指由外在条件决定的学习者应具有的品质，如义务、职责、责任等。融入性动机和内化了的工具性动机都可以用理想自我来涵盖，而未内化的工具性动机则可以用应该自我来解释(Dörnyei, 2009: 27-28)。

在动态系统理论范式下，理想二语自我被看作认知与动机交互的综合混合物。根据二语动机自我系统理论我们得知，如果学习者想要成为一个熟练的二语讲话者，那么理想二语自我就会充当一个强有力的行为动力来督促学习者的学习。为了缩小现实自我与理想自我间的差距，学习者就会积极主动得投入学习中。因此，在某种意义上讲，理想二语自我充当了一个未来自我向导，为学习者的行为提供动力与方向。但是理想二语自我这种自我向导的激励作用并不是自发的，而是依据一定的条件：

(1) 学习者建构理想二语自我；

(2) 理想二语自我形象生动具体；

(3) 理想二语自我具有现实可行性，至少符合学习者家庭，同龄者及其他社会环境的期望，或与社会环境因素一致和谐；

（4）理想二语自我概念可以被定期激活；

（5）伴随相关有效的程序性策略（该策略作为实现目标的路线图，roadmap）；

（6）包含没有达到理想状态的消极影响的具体信息（Dörnyei，2010：257）。

理想二语自我作为有效的学习动力条件，需要情感动机和认知的共同作用。一方面，学习者要在情感动机方面建构、承认并激活理想二语自我这一概念。当学生对某些知识或技能产生迫切的学习需求时，就会激发学习内驱力并唤起内心的激动，从而产生焦急、渴求等心理体验，生动形象的理想二语自我只有在此状态下才能得以建构。另一方面，理想二语自我要发挥作用也离不开认知的支持与合作。理想二语自我的有效作用要依赖某些认知因素，特别是学习者的自我评估能力，对个人情况做出适应性评价的能力以及对自己合理定位的认知能力。学习者需要大量的由理想自我启动激活的与任务相关的策略。有效的将来自我向导是"程序包"的一部分，包括愿景组件和合适的计划，脚本（script）及自我调节策略（Dörnyei，2009）。在认知，动机及行为的关系研究中，Locke（2000）将提高理想二语自我的策略性知识称作任务知识，并认为这种任务知识阐述了认知与动机的相互依赖性（interdependence）。Cross 与 Markus（1994）清楚地表述了认知与动机的整合性运转：可能自我或许充当了经验、策略和自我认识这一关联网络中的交点；可能自我这一结构也动态地解释了思想，感受及行为间的交互。这样，可能自我就将有效的策略方法与信念连接起来。综上所述，理想二语自我也为解释认知 - 动机交互提供了有力的理论支撑。

在动态系统理论的框架下，认知与动机两个变量间的微妙关系是在处理学习任务或学习语言的过程中不断发生变化的。对心流，动机任务处理及理想二语自我的具体阐述，可有效地解释二语学习中认知与动机这两个子变量间的互动关系以及它们对语言学习的影响，同时也揭示了认知资源的分配与行为动机的方向，强度及持续性的密切关系。心流，动机任务处理以及理想二语自我的有效运转都离不开认知与动机的互动与合作。在这不间断的系统变化中，动机既是认知评价的结果，也是认知行为变化的起因，即，特定的认知评价引起动机策略的变化，同时变化了的动机也会作用于认知行为从而影响人的思维过程。因此，在动态系统理论内，认知与动机两个子系统是高度动态互动的，两者在多层次上的动态互动共同促进了语言学习。

4 结语

本文从动态系统理论的框架出发，从心流、动机任务处理和理想二语自我三个方面对认知 - 动机的交互研究进行了阐述，摒弃了单一模块化的研究模式，为研究二语发展提供了全新的视角。但是，本文对认知 - 动机交互研究仅是管中窥豹，认知与动机两个子系统间的复杂交互关系仍需进一步研究，这就需要我们在动态系统理论范式下，采用一种全新的，整合的方式来考察认知与动机两个子系统间相互交织的流动性。

动态系统理论视角下的语言研究能够全面体现语言发展的复杂性与动态性，为二语发展研究提供了全新的思维框架。因此，今后二语习得与发展研究应在动态系统理论框架内展开，采用多层次、多维度的动态交互性的、非线性的观点来考察语言发展的复杂动态过程。微观上，以“全人”的视角研究个体学习者，既要关注他们的认知心理过程，也要关注他们的情感、动机、目标等参数以及多个变量间的互动。宏观上，内在认知过程与外在环境（社会环境、课程设置、课堂教学等微观环境）的多层互动，一语与二语的关系，语言动态发展的非线性特征与石化等重要议题还需要研究者在理论和实证上进行进一步的探索。将动态系统理论实际应用到外语教学与学习研究中可以帮助我们更好地探究二语发展的复杂本质。

参考文献

[1] Cross, S. E. & Markus, H. R. Self-schemas, possible selves, and competent performance[J]. *Journal of Educational Psychology*, 1994, 86(3): 423-438.

[2] Csikszentmihalyi, M. *Beyond Boredom and Anxiety*[M]. San Francisco: Jossey-Bass, 1975.

[3] Csikszentmihalyi, M. & LeFevre, J. Optimal experience in work and leisure[J]. *Journal of Personality and Social Psychology*, 1989(5): 815-822.

[4] de Bot, K., W. Lowie & M. Verspoor. A dynamic systems theory approach to second language acquisition[J]. *Bilingualism: Language and Cognition*, 2007, 10(1): 7-21.

[5] Dörnyei, Z. Attitudes, Orientations, and motivations in language learning: Advances in theory, research, and applications. [A]. In Z. Dörnyei (ed.). *Attitudes, Orientations, and*

Motivations in Language Learning[C]. Oxford: Blackwell, 2003.

[6] Dörnyei, Z. *The Psychology of the Language Learner*. Lawrence Erlbaum Associates, Hillsdale, NJ, 2005.

[7] Dörnyei, Z. Individual differences: interplay of learner characteristics and learning environment [J]. *Language Learning*, 2009, 59(1): 27-28.

[8] Dörnyei, Z. The relationship between language aptitude and language learning motivation: Individual differences from a dynamic systems perspective[A]. In E. Macaro(ed.). *Continuum companion to second language acquisition*[C]. London: Continuum, 2010: 247-267.

[9] Dörnyei, Z. & Tseng, W. T. Motivational processing in interactional tasks[A]. In A. Mackey and C. Polio(eds.). *Multiple perspectives on interaction: Second language research in honor of Susan M. Gass*[C]. Mahwah, NJ: Lawrence, Erlbaum, 2009: 118-120.

[10] Egbert, J. A study of flow theory in the foreign language classroom[J]. *Modern Language Journal*, 2003, 87: 499-518.

[11] Larsen Freeman, D. Chaos/complexity science and second language acquisition[J]. *Applied Linguistics*, 1997, 18.

[12] Larsen Freeman, D. "Language acquisition and language use from a chaos/complexity theory perspective" [A]. In C. Kramsch(ed.). *Language acquisition and language socialization: Ecological perspectives*[C]. London: Continuum, 2002.

[13] Larsen-Freeman, D. & L. Cameron. *Complex Systems and Applied Linguistics*[M]. Oxford: Oxford University Press, 2008.

[14] Locke, E. A. Motivation, cognition, and action: An analysis of studies of task goals and knowledge[J]. *Applied Psychology: An International Review*, 2000(49): 408-429.

[15] Novak, T. P., Hoffman, D. L. & Yung, Y. F. Measuring the customer experience in online environments: A structural modeling approach[J]. *Marketing Science*, 2000(1): 22-42.

[16] Schumann, J. H. Introduction. In J. H. Schumann, S. E. Crowell, N. E. Jones, N. Lee, S. A. Schuchert and L. A. Wood(eds.). *The neurobiology of learning: Perspectives from second language acquisition*[C]. Mahwah, NJ: Lawrence Erlbaum, 2004: 1-6.

[17] Ushioda, E. & Dörnyei, Z. Motivation, language identity and the L2 self: a theoretical overview[A]. In Dörnyei, Z. & Ushioda(eds.). *Motivation, Language Identity and the L2 Self*[C]. Bristol Multilingual Matters, 2009.

[18] 李兰霞．动态系统理论与第二语言发展 [J]．外语教学与研究，2011(3)：409-421.

[19] 王初明．语言学习与交互 [J]．外国语，2008(6)：53-60.

[20] 郑咏滟．动态系统理论在二语习得研究中的应用——以二语词汇发展研究为例 [J]．现代外语，2011，34(3)：303-309.

（作者：杨连瑞，赵昌芝，中国海洋大学）

社会动态视角的二语动机研究

1 引言

动机是影响二语或外语学习能否成功的关键因素（赵娜，王俊菊，2010：47）。二语动机理论研究兴起于上个世纪50年代的欧美，相继经历了“社会心理阶段”、“认知－情境取向阶段”和“过程取向阶段”的发展变化。传统的动机研究采用简化理论的观点，注重探寻变量之间的线性因果关系，使得本来复杂的研究简单化。自从20世纪80年代末以来，二语学习动机研究逐渐进入一个多元化时代，动机研究不再局限于从社会环境角度着手，国内外学者从社会心理学、生理学、行为主义、认知心理学、社会学等多个视角，对二语学习动机这一重要因素进行了多元化探讨（李绍鹏，杨连瑞，2012：43），构建了一系列的动机研究的线性模式。但是它们所具有的一个共同特点是对动机和相关因素的交互性考虑不足。动机的复杂性决定了传统动机研究模式的不足。未来的动机研究应该充分体现动机的社会性、动态性和复杂性，充分考虑动机和认知、情感、时间和情境等因素的复杂交互关系。本研究基于现有的动机研究成果，从动机的复杂性出发，并依据社会文化理论和动态系统理论，论述了动机研究的关联视角和动态系统视角，以动机和认知、情感、时间、情境等变量的动态交互为核心来阐释从社会动态视角进行动机研究的可能性和必要性。

2 动机的复杂性

动机并非独立存在于个体意识中，动机是一个包含认知、情感、时间、情境因素的复杂系统。早期的动机理论受弗洛伊德思想的影响专注于深层的潜意识驱动力、情感和本能对人类行为的影响。20世纪后半期逐渐转向了认知过程对行为的影响研究，比如目标和期望理论，自我效能信念理论等。虽然在有些研究中我们要区别对待认知和情感，但认知和情感从来都不是两个独立的系统(Lewis, 2005)。认知、情感和动机作为人类心智的三个子系统具有动态的互动关系，对任何一个子系统的研究都不能抛开其他两个子系统而独立进行。

传统的动机研究采用简化理论的观点，认为“最有价值的解释采取的是因果关系联接的形式”(Larsen-Freeman, 1997)，即原因 x 产生结果 y。研究者寻找一个决定因素，“它从因果链中的移除会改变结果”(Gaddis, 2002: 54)，将动机看作原因或结果，即行为导致动机或动机导致行为，动机和行为之间是线性关系，因而产生了动机和行为关系的正循环和负循环模式：强动机→高成就→强动机；弱动机→低成就→弱动机。但是现实中的动机和行为关系要比这种单纯的线性因果模式复杂得多。某种行为的动机往往要经历一个复杂的心理变化过程，比如计划、目标设定、意向形成、任务生成、行动执行、行动控制和结果评论等。这些动机过程的不同阶段均和不同类型的动机相关，因此，动机研究不能忽视时间因素。当我们研究一些持续时间较长的行为活动比如外语学习时，动机在一定时间范围内并不是恒定不变的，学生学习外语的动机可能在一年之内、一个月之内甚至一节课之内都会发生不同程度的变化，动机会因受到不同类型内部或外部因素的影响而以复杂的方式流动，即衰减或增强。但长期以来，包含时间因素的动机发展研究并没有受到重视。

行为主义学习理论认为，外部学习环境如奖励和惩罚等对学习者的动机产生重要影响。但是 20 世纪 70 年代以来，随着认知科学的兴起，人们似乎越来越关注人脑内部的认知机制对行为的影响，而忽略了环境因素的重要性。但人是社会中的人，人的活动无法脱离特定的社会、文化和心理环境，环境会影响人的认知和行为。近年来，社会文化环境和个体之间的动态互动研究正在受到重视，这也被称为心理理论的第二次认知革命(Harré & Gillett, 1994: 18-36)。认知或动机并非独立存在于人的个体意识中，而是在特定的社会文化环境中，在个体与个体、个体与环境之间的动态交互中构建起来的。人类活动总是离不开特定的物理和心理环境，动机研究也开始关注环境维度，并认为所有的环境因素均会对个体的认知、动机和成就造成不同程度的影响。因而，最新的动机模式和心理模式(如自我效能)将环境因素作为独立的变量加入到了研究模式中去(Salili *et al.*, 2001; McInerney, 2008)。但是，这种变化并非单纯地将环境因素概念化为影响个体动机的孤立变量，而是将环境中的动机看做个体和社会现象的统一体，将动机和环境进行了动态的整合。

3 传统动机模式的不足

二语动机研究起源于确定语言学习中能力之外对学习结果造成影响的因素，如 Gardner（1985）的研究要解决的问题就是：同样条件下为什么有的人可以成功习得第二语言而其他人却不行。Dörnyei（2005）将动机研究分成了几个阶段，即："社会心理阶段"、"认知－情境取向阶段"和"过程取向阶段"等，并认为目前正在从过程取向阶段向一个新的阶段过渡，即"社会动态阶段"。传统的动机理论为线性模式，即便更具动态特征的"过程倾向模式"也是如此，均认为动机和二语习得效果之间是单纯的线性因果关系，通过动机理论线性模型的建立即可预测什么样的动机可以导致什么样的学习行为，进而可以确定教学活动应该如何介入学生的学习过程，改变不适合的动机模式以提高学习效果。这种线性模式在一定范围内对二语习得动机有一定的解释力，但学者们都遵循了传统科学的简化思路，即"通过分解并考察它的部分，可以最好地了解一个物体"（Larsen-Freeman & Camera，2008），忽视了包括学习者内部和外部环境的复杂多样性因素可能对个体动机造成的影响，因而对现实中的动机问题缺乏足够的解释力。例如，Dörnyei 认为"过程倾向模式"存在以下两点不足：首先是行为过程的确定问题。在现实课堂中很难去准确地确定学习活动什么时候开始，什么时候结束，或几个学习过程是否同时进行，相互重合，相互作用；其次，过程模式认为行为过程相对独立，不会受到其他同时进行的行为过程的影响，行动过程内部各要素也相互独立，而实际上行为过程之间和内部各要素都是互相联系的，而非相互独立。Dörnyei（2009）进一步指出，二语动机过程模式虽然体现了学习者个体内部动机的动态性，但是它仍旧是一种以因果关系为特征的线性模式。由于动机的复杂性，这种模式无法解决所有的动机问题，全面描述其动态发展特征，因此"动机理论模型的重构势在必行"（Dörnyei，2009：197）。该理论重构的结果就是将社会文化理论和复杂动态系统理论引入动机研究。

4 社会动态视角的二语动机研究

主流动机心理学用情境化视角将自我(self)和情境整合为一个动态的整体,揭示动机如何在自我和情境的复杂交互中产生和发展的。20世纪90年代以来,新兴的社会文化学派借鉴教育学,心理学等多学科理论,以社会建构主义为理论取向,关注学习者在具体的社会文化环境中如何发挥主观能动性,利用或回避情境以达到各自的目的。学习者与社会情境的相互“建构”过程成为关注的焦点(Johnson, 2006)。Norton(1995)对心理学派的“动机”概念提出质疑,指出这一概念将视点集中于稳定不变的个人心理特质,忽略了社会环境的影响。她用“投资”(investment)来描述考察人们对语言学习的投入,以扩展和取代“动机”概念。Norton对于动机和语言的社会情境过程观和二语习得领域的社会转向说(social turn)是一致的。Block(2003)将社会环境对语言学习的冲击称为“社会转向”。根据“社会转向说”,我们应该将语言学习看做一个社会文化和社会历史过程,而不是单纯的认知心理过程(Lafford, 2007)。这也为我们处理动机和社会环境之间的关系提供了理论基础,预示着传统线性模式向社会动态视角的转变。这种转变也和整个二语习得研究领域更倾向于从社会动态视角研究二语发展过程的趋势是一致的(Larsen-Freeman & Camera, 2008)。

4.1 关联视角二语动机研究

为了弥补传统动机模式的不足,Ushidota(2009)提出了动机研究的关联视角(a relational perspective),来研究动机、学习者自我和情境的组织性、发展性交互过程。她的这一视角被称作“情境中人的关联视角”(Person-in-context relational view of motivation)。关联视角和线性模式之间最大的区别在于关联视角并非通过确认“变量”来确定原因和结果之间的线性关系,而是关注相关特征、现象和过程之间关系的动态系统。这些关联是复杂的、不可预测的、非线性的,也是唯一的,因为个体和情境都具有唯一性。关联视角下,动机不是一个可以量化的变量或者个体差异特征,而是从人的意向性和社会环境的交互作用中浮现出来的(Sealey & Carter, 2004),这和浮现主义(Emergenism)的观点是一致的。

与传统研究模式将学习者看做概念化的抽象的人不同,关联视角研究现实世界中复杂的真实的个体。正如Ushidota(2009)所说,对于任何学习语言的人来说“语言学习者”只是其社会身份的一个方面，学习者的其他身份比如作为一个中国人、一位母亲、一位医生、一个球迷、一位旅行者等均会对其动机过程和语言学习经历产生影响。Ushidota（2009）认为，要研究二语动机，我们应当把二语学习者看做处于特定社会文化环境中的真实的人（person-in-context），人和环境无法彼此独立存在，他们的动机和身份受环境的影响同时也影响着环境，其关系是双向的、动态的、复杂的。

新的考察角度需要新的研究方法。关联视角的动机研究在方法论上提出了更高的要求，因为研究对象已经超越了学习者个体范畴，而是涵盖了个体和动态环境之间的复杂交互。作为动态系统的动机过程不考察单个变量，而是研究包括自组织和浮现在内的系统变化模式（Larsen-Freeman & Camera，2008），几个因素之间不是不是简单的 x 原因导致 y 结果，而是 x 和 y 以多种方式相互影响，相互适应（李兰霞，2011）。比如课堂上，教师和学生就是一种相互适应关系，而不仅是教师主导或学生主导的关系。Ushidota（2009）建议使用微分析（micro-analysis）的方法来研究复杂的动机系统，比如通过分析教师和学生之间的对话来考察学生的学习动机随着师生之间话语的交互而不断变化发展的轨迹。

4.2 动态系统视角的二语动机研究

作为复杂理论（Complexity Theory）的一个重要分支，动态系统理论（Dynamic System Theory）被用来描述复杂的、动态的系统变化过程。动态系统具有自组织、自适应性，系统内部要素之间以及系统外部因素和内部因素之间的交互作用均可能引起系统重组或非线性的系统变化的浮现。传统观点将动机看做学习者个体差异之一，认为动机是学习者个体特质（attribute）的一个方面，具有稳定性。但 Dörnyei（2009）认为这是对动机一种理想化的描述，问题在于如果我们从情境和过程取向视角来看待二语习得，我们不难发现学习者个体特质也会因时间和情境的不同体现一定程度的变异性。一方面，学习者个体特征不能独立于环境而存在，个体差异特征和环境因素有交互作用；另一方面，个体特征内部包含不同要素，各要素之间也相互作用。如前文所述，情境和过程倾向的动机模式包含了情感、认知、时间和情境等因素，因而动机也是一个包含学习者、学习任务和学习环境等子系统的复杂系统。动态系统理论视角下，个体学习者这一动态系统包含很多子系统，如认知、情感、动机等。在这一动态系统内，动机和认知、情感等相互作用、相互影响，构成了语言的动态变化和学习者的二语动态发展 Dörnyei(2009)。根据 Plato 的观点将心智的三维(认知、情感、动机)作为三个子系统来对待,并且认为这三个子系统之间处于一种动态的互动,彼此难以割裂开来。他还主张,学习者特征研究应该尝试采取一种系统化的方法来找出认知、情感和动机的更高层次的组合,作为一个整体来发挥作用(戴运财,王同顺,2012)。Dörnyei(2011)从动态系统理论出发提出了包含认知和情感因素在内的动机组合体(motivational conglomerates)这一概念。动机组合体包括兴趣(interest)、动机流(motivational flow)、动机任务处理(motivational task process)、和未来自我导向(future self-guides)四个方面。

4.2.1 兴趣(interest)

在 Gardner(1985)的动机理论中,兴趣是外语学习"融合性动机"的重要组成部分。从心理学角度看,兴趣是个体以特定的事物、活动及人为对象,所产生的积极的和带有倾向性、选择性的态度和情绪。兴趣不只是对事物的表面的关心,任何一种兴趣都是由于获得这方面的知识或参与这种活动而使人体验到情绪上的满足而产生的,兴趣是个体积极探究某种事物并带有情绪色彩的认知倾向。因此从动态系统的视角看,兴趣是动机组合体的组成部分:一方面,兴趣具有鲜明的动机内涵;另一方面,兴趣还包含明显的认知因素和情感因素。正如 Hidi 与 Renninger(2006:112)所说,"兴趣包括情感和认知两个相互作用的不同成分"。他们认为,兴趣的情感成分描述了个体参与活动的情绪满足感,而认知成分是指和参与活动有关的感知(perceptual)和表征(representational)活动。兴趣的动态特征在其发展过程中体现的更为明显:兴趣是在个体和特定内容(知识和活动)的交互中产生的,兴趣存在于个体内部但内容和环境决定兴趣的方向和促进兴趣的发展。因此,其他个体、环境组织、和个体自己的努力比如自我监控都会促进兴趣的发展。

4.2.2 动机流(motivational flow)

心理学家 Csikszentmihalyi(1990)将心流(flow)定义为一种将个人精神力完全投注在某种活动上的感觉;心流产生时同时会有高度的兴奋及充实感。Csikszentmihalyi(1990)认为,使心流发生的活动有以下特征:(1) 我们倾向去从事的活动;(2) 我们会专注一致的活动;(3) 有清楚目标的活动;(4) 有立即回馈的活动;(5) 我们对这项活动有主控感;(6) 在从事活动时我们的忧虑感消失;(7) 主观的时间感改变,例如可以从事很长的时间而不感觉时间的消逝。

心流并不是一种被动的心理体验，而是个体在主动参与活动的创造性过程中的心理感受。因此，心流伴随强动机的任务处理，是一种理想的任务过程。

关于心流在二语习得中的作用，Egbert（2003）发现心流体验的产生要满足以下四个条件：(1) 任务挑战和任务参与者技巧间的平衡；(2) 任务具有被聚焦的可能性，参与者专注于明晰的任务目标；(3) 参与者发现活动本身具有趣味性或真实性；(4) 参与者对任务过程及结果具有掌控的感觉。这些条件体现了动机、认知和情感因素之间的平衡（Guastello *et al.*，1999）。心流常被作为一种特殊的内部动机，Dörnyei（2011）将其称之为动机流（motivational flow）。动机流产生的部分条件是由认知心理过程决定的，比如对活动本身挑战性的评估、对任务所需的个人技能水平的自我评价、具有明确的任务目标、对完成任务的掌控和全神贯注的投入等。当这些任务条件都满足时，动机流体验便会产生，这也证明了参与者的认知能力与情感动机的相互合作促进了任务的完成，也体现了动机、认知和情感之间的动态互动过程。

4.2.3 动机任务处理（motivation task processing）

二语动机的动态性取决于学习者如何处理各种动机刺激以及如何激活相关特定的动机策略（Dörnyei，2010：255）。Dörnyei（2003）提出用一个简单的模型来描绘二语学习者不断监测评价自己在任务过程中的表现并做出回应，在出错的地方做出可能性的修改这一动态过程。这个任务处理系统包括三个相互联系的成分，即任务执行（task execution）、评估（appraisal）和行为控制（action control）（图 1）。

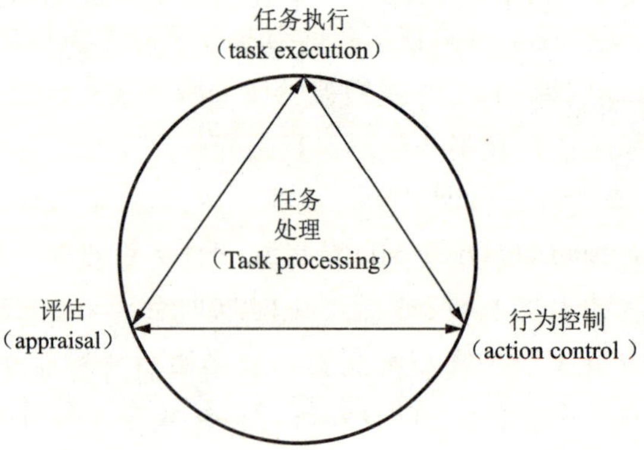

图 1　动机任务处理系统模型（Dörnyei，2003）

任务执行是指学习者根据目标要求参与学习任务并完成学习任务。任务评估是指对来源于环境的大量刺激的连续处理，通过将实际表现和预设的或希望的或不同行为序列可能引发的行为进行对比以保证向着行为结果方向前进。行为控制指的是自我调控机制，用来提高、支撑和保护具体的学习行为。当监控表明学习过程变慢、停止或倒退时，自我调节机制就会发生作用。Dörnyei与Tseng（2009）用结构方程模型验证了动机任务处理系统，并证实了该系统三个机制之间的循环关系：对任务执行的评估信号激活相应行为控制策略，行为控制策略进一步促进任务执行过程。因此，动机过程在很大程度上要依靠认知评估，评估会引发个体的情感反应，该系统也体现动机、认知和情感的动态、复杂交互。

4.2.4 未来自我导向（future self-guides）

作为二语动机的一个新构想，二语动机自我系统符合目前多变的语言学习环境（Dörnyei, 2005）。二语动机自我系统以"自我导向"理论为基础，主要包括三个层面的内容：理想二语自我（ideal L2 self）、应该二语自我（ought-to L2 self）和二语学习经历（L2 learning experience）。理想自我代表我们希望拥有的理想特征，即重要他人为我们设定的或我们为自己设定的特征，与正面的结果和情感有关；应该自我指我们感到我们应该达到的特征，即他人为我们设定的或我们为自己设定的责任、职责和义务，与负面的结果和情感有关。理想自我和应该自我是两种未来自我导向，为学习者提供学习动力和方向。

自我差异（self-discrepancy）理论认为，自我导向代表要达到的标准，是影响个体信息加工的认知结构。有两种重要的自我导向对个体特别重要：理想自我和应该自我。Higgins（1987）认为，我们被驱使去减少现实自我和理想自我不一致，以及现实自我和应该自我不一致。自我差异就是个体把现实自我与应该或渴望达到的内化标准进行比较之后所形成的矛盾，也就是现实自我与理想自我之间的差异、现实自我与应该自我之间的差异。理想自我和应该自我是引导现实自我的标准，当现实自我与这些标准有差异时，就会产生要减少这种差异的动机，这种动机推动着人们以达到现实自我与相关的自我标准相匹配的状况。未来自我导向的实现一方面离不开认知因素比如学习者对学习能力的自我评估和个体所处环境的评价，另一方面还需要能被理想二语自我所激活的任务策略。因此，有效的未来自我向导是“程序包”的一部分，包括能够激活适度情感的愿望、合理的计划和自我调节策略（Dörnyei, 2009），这种动机－认知－情感混合体可以被看作最终的动机组合体。

5 结语

当前的二语动机研究正在从“过程取向阶段”向“社会动态阶段”过渡，社会动态视角的动机研究摒弃了传统动机研究的线性模式，为二语动机研究提供了全新的视角。因此，今后的二语动机研究应该充分考虑动机和认知、情感、时间、情境等变量的动态交互关系，采用多维度、多层次、交互性、非线性的观点来考察特定情境下动机的动态发展过程。但是社会动态视角的动机研究目前主要处于理论探讨的阶段，还需方法论研究的支撑，相关的实证研究也不多见，这也是二语动机研究未来应该努力的方向。

参考文献

[1] Block, D. *The Social Turn in Second Language Acquisition*[M]. Edinburgh: Edinburgh University Press, 2003.

[2] Csikszentmihalyi, M. Flow: *The Psychology of Optimal Experience*[M]. New York: Harper & Row, 1990.

[3] Dörnyei, Z. (ed.). *Attitudes, Orientations, and Motivations in Language Learning*[C]. A Supplement to Language Learning 53. Oxford: Blackwell, 2003.

[4] Dörnyei, Z. *The Psychology of the Language Learner: Individual Differences in Second Language Acquisition*[M]. Mahwah: Lawrence Erlbaum, 2005.

[5] Dörnyei, Z. *The Psychology of Second Language Acquisition*[M]. Oxford: Oxford University Press, 2009.

[6] Dörnyei, Z. & W. T. Tseng. Motivational processing in interactional tasks[A]. In A. Mackey & C. Polio (eds.). *Multiple Perspectives on Interaction: Second Language Research in Honor of Susan M. Gass*[C]. Mahwah: Lawrence, Erlbaum, 2009: 118-120.

[7] Dörnyei, Z. The relationship between language aptitude and language learning motivation: Individual differences from a dynamic systems perspective[A]. In E. Macaro (ed.) *Continuum Companion to Second Language Acquisition*[C]. London: Continuum, 2010: 135-140.

[8] Dörnyei, Z. *Teaching and Researching Motivation* (2nd edition) [M]. London: Pearson,

2011.

[9] Egbert, J. A study of flow theory in the foreign language classroom[J]. *Modern Language Journal*, 2003, 87: 499-518.

[10] Gaddis, J. *The Landscape of History*[M]. Oxford: Oxford University Press, 2002.

[11] Gardner, R. C. *Social Psychology and Second Language Learning: The Role of Attitudes and Motivation*[M]. London: Edward Arnold, 1985.

[12] Guastello, S. J., E. A. Johnson & M. L. Rieke. Nonlinear dynamics of motivational flow[J]. *Nonlinear Dynamics, Psychology, and Life Sciences*, 1999, 3: 259-273.

[13] Harré, R. & G. Gillett. *The Discursive Mind*[M]. Thousand Oaks, CA: Sage, 1994.

[14] Hidi, S. & K. A. Renninger. The four-phase model of interest development [J]. *Educational Psychologist*, 2006, 41: 111-127.

[15] Higgins, E. T. Self-discrepancy: A theory relating self and affect[J]. *Psychological Review*, 1987, 94: 319-340.

[16] Johnson, K. The Socio-cultural turn and its challenges for second language teacher education[J]. *TESOL Quarterly*, 2006, 40: 18-28.

[17] Lafford, B. A. Second language acquisition reconceptualized: The impact of Firth and Wagner (1997) [J]. *Modern Language Journal*, 2007, 91: 130-138.

[18] Larsen-Freeman, D. Chaos/Complexity science and second language acquisition[J]. *Applied Linguistics*, 1997, 18: 141-165.

[19] Larsen-Freeman, D. & L. Cameron. *Complex Systems and Applied Linguistics* [M]. Oxford: Oxford University Press, 2008.

[20] Lewis, M. D. Bridging emotion theory and neurobiology through dynamic systems modeling[J]. *Behavioral and Brain Science*, 2005, 28: 169-245.

[21] McInerney, D. M. The motivational role of cultural differences and cultural identity in self-regulated learning[A]. In D. H. Schunk& B. J. Zimmerman (eds), *Motivation and Self-Regulated Learning: Theory, Research and Applications*[C]. New York: Lawrence Erlbaum, 2008. 173-189.

[22] Salili, F., C-Y. Chiu. & Y-Y. Hong (eds.). Student Motivation: *The Culture and Context of Learning*[M]. New York: Kluwer Academic, 2001.

[23] Sealey, A. & B. Carter. *Applied Linguistics as Social Science*[M]. London: Continuum, 2004.

[24] Ushioda, E. A person-in-context relational view of emergent motivation, self and identity[A]. In Z. Dörnyei & E. Ushoda (eds), *Motivation, Language Identity and the L2 Self*[C]. Bristol: Multilingual Matters, 2009. 202-251.

[25] 戴运财，王同顺．基于动态系统理论的二语习得模式研究 [J]. 山东外语教学，2012 (5): 36-42.

[26] 李兰霞．动态系统理论与第二语言发展 [J]. 外语教学与研究，2011(3): 409-421.

[27] 李绍鹏,杨连瑞．二语习得动机理论研究新进展 [J]. 当代外语研究,2012(5):43-47.
[28] 赵娜,王俊菊．中学英语教师课堂动机策略研究 [J]. 外语教学理论与实践,2010(1):47-54.

(作者:李绍鹏,杨连瑞,中国海洋大学)

动态系统理论视角下非英语专业学生英语课堂焦虑实证研究

1 引言

20世纪70年代以来，英语教学的重心从教师转向学习者，学习者情感因素中的焦虑逐渐成为研究热点。1986年，Horwitz等学者最早提出“外语焦虑”（Foreign Language Anxiety）的概念，并定义为与课堂语言学习有关的，在该门语言的学习过程中产生的显著的自我知觉、信念和情感的复合体。外语课堂焦虑为特定情景焦虑，而非特质焦虑（trait anxiety）或状态焦虑（state anxiety）。

目前国内外对英语课堂焦虑的研究主要集中在整体状况、与成绩的相关性、原因及对策方面。尽管国内外在研究非英语专业学生英语课堂焦虑这一领域已经取得丰硕成果，但都是从传统线性视角进行的，动态系统理论非线性视角下的焦虑研究几乎没有。在方法上，以前的英语课堂焦虑研究或采用问卷调查等定量法，或采用访谈等定性法，但都是研究某一特定时间点上的焦虑情况。然而，英语课堂焦虑也有动态的一面，诸多因素会在短时间内对其产生影响（Ellis，2007）。在英语课堂情景下，随着二语任务的难易变化，非英语专业学生的英语课堂焦虑会相应变化，动态系统理论及其研究方法的出现为研究课堂焦虑动态属性提供了可能。因此本研究拟从这一动态视角出发，采用个人动态法（the idiodynamic method），考察非英语专业学生英语课堂焦虑随时间变化的情况。在理论上，本研究不仅有助于探究中国非英语专业学生英语课堂焦虑即时变化的规律；同时也可以进一步验证动态系统理论的普遍性。在实践上，本研究丰富了英语课堂焦虑的实证研究，从而对我国大学英语教学及焦虑干预提供重要启示。

2 英语课堂焦虑研究视角概述

至目前为止，过去30多年的外语课堂焦虑研究几乎都是从静态视角开展的。Spielberger（1983）区分了特质焦虑和状态焦虑。Horwitz（1986）等认为外语焦虑可分为交际焦虑、考试焦虑及负面评价焦虑。随着“外语焦虑”概念的提出，国外许多学者对一般课堂语言焦虑和具体的听、说、读、写焦虑进行了大量研究，取得了丰硕成果（如 Horwitz *et al.*，1986；Hilleson，1996；Elkhafaifi，2005；Kitano，2001；Saito *et al.*，1999；Cheng，2004）。受国外影响，我国学者主要在测量工具、焦虑原因和听、说、读、写等方面进行了研究（如王才康，2003；周丹丹，2003；吕红艳，2010；石运章，刘振前，2006；周保国，唐军俊，2010）。综观国内外外语课堂焦虑研究，尽管已在焦虑的定义、分类、测量工具、相关性、原因等方面取得系列成果，研究视角也已经从听、说、读、写多方面展开，但从动态系统理论视角对英语课堂焦虑动态变化进行的研究仍未发现。因此，有必要从该视角对英语课堂焦虑进行重新考察。

动态系统理论主要由4个方面组成（de Bot *et al.*，2007）：初始状态（initial state）、吸态（attractor state）、变异（variation）以及非线性（non-linearity）。de Bot et al.（2007）认为，动态系统有4个主要特征：（1）动态系统随时间变化而改变，当前状态是从上一个状态转化而来的。（2）动态系统具有内部联系性，即系统内部各变量相互联系，相互影响，构成一个完整的整体。（3）动态系统在各个层次分布有多个吸态和斥态（repeller states）。吸态指在时间流逝中，某个动态子系统可能会停留的某个优先状态；而那些明显的非优先状态则称为斥态。语言发展即是从一个吸态到另一个吸态变化的过程。（4）动态系统是非线性的，即蝴蝶效应。系统一部分的细微变化可能对整个系统产生巨大影响，反过来，巨大的干扰也可能对整个系统产生微小的影响。Larsen-Freeman（1997）最早倡导把动态系统理论应用于二语习得研究，提出用动态的方法研究语言及其发展，关注学习者语言中随时间变化的真实过程。在国外，动态系统理论在二语习得的研究包括个人动态法与情感研究（MacIntyre & Legattoa，2011）、初始状态和蝴蝶效应（Stanovich，1998；Sparks *et al.*，2000）、石化现象与非重建平衡态（Selinker，1972，1992；Larsen-Freeman，2005）、变异和语素习得顺序研究

(Hirsch-Pasek *et al.*, 1999)及非线性观与语言损耗(Meara, 2004)等方面。国内理论介绍(如王涛,2012)较多,实证研究(如裴月英,2012)较少,实证研究中定性研究较多,定量研究较少。尽管国内外从动态系统理论视角出发的研究取得了一定成果,但在方法上的研究刚刚起步。随着动态系统理论的发展,迫切需要有配套的、不同于传统静态视角的实证研究方法。

MacIntyre 与 Legattoa(2011)以动态系统理论为基础,以个人动态法为指导,通过以下 4 个步骤研究了 6 名女大学生二语交际意愿的动态变化状况。首先,录制 6 名女大学生二语交际任务的完成情况,并在 Anion Variable Tester(AVT)软件播放窗口立即回放;其次,让受试观看录像,利用 AVT 软件标注任务过程中交际意愿值的变化,并进行归因;再次,借助刺激性回忆(Gass & Mackey, 2000)访谈受试,归纳出交际意愿产生变化的根源;最后,转写访谈录音。同时,在实际研究中还辅之以调查问卷,这样既对受试的共性进行了横向考察,也对受试独一无二的特征进行了纵向研究。结果显示:尽管其他因素会影响交际意愿,但词汇是最主要的影响因素。MacIntyre 与 Legattoa 对交际意愿的这一动态研究为研究二语习得个体差异中的情感因素,尤其是为研究焦虑提供了方法上的可能。

3 研究设计

3.1 研究问题

基于动态系统理论,本研究探究英语课堂焦虑的动态属性,具体问题为:非英语专业大学生英语课堂焦虑是如何伴随任务难易度的变化而发生改变的?

3.2 受试

本研究重点考察英语课堂焦虑的动态变化情况,需要排除年龄、英语水平、受教育程度等静态因素的干扰,使受试的特质焦虑同质化。为此,笔者依据学生的平时课堂表现和 2012 ~ 2013 学年第一学期英语期末考试成绩,选取某省属重点大学资源与环境学院环境科学专业 2012 级 2 男 2 女作为研究对象,年龄在 18 ~ 20 岁之间,母语均为汉语,英语水平相当,具体情况见表 1:

表 1 受试具体情况

姓 名	性 别	年 龄	英语期末成绩	英语学习年限	生源地
S1	女	19	76	12	城市
S2	女	19	74	10	农村
S3	男	18	74	10	城市
S4	男	20	77	10	农村

同时，为进一步检验 4 名受试的静态焦虑状况和英语课堂焦虑状况是否具有一致性，笔者利用中文版焦虑状态 / 特质问卷（State-Trait Anxiety Inventory，STAI）和王才康翻译的中文版外语课堂焦虑量表对其进行调查，具体结果见表 2：

表 2 受试静态焦虑状况描述性统计

	状态焦虑（S-AI）			特质焦虑（T-AI）			英语课堂焦虑		
	总 分	平均分	标准差	总 分	平均分	标准差	总 分	平均分	标准差
S1	29	1.45	0.497	36	1.8	0.678	90	2.727	0.862
S2	30	1.5	0.671	31	1.55	0.497	81	2.455	1.047
S3	43	2.15	1.014	36	1.8	0.510	83	2.515	1.104
S4	42	2.1	0.436	46	2.3	0.714	114	3.455	0.891
平均分	36	1.8	0.655	37.25	1.86	0.600	92	2.788	0.976

从表 2 可见，状态焦虑方面，4 名受试的焦虑值分别为 29、30、43、42，平均分为 36，可见受试的状态焦虑均处于较低水平（量表总分均在 20 ～ 80 之间）；特质焦虑方面，4 名受试的焦虑值分别为 36、31、36、46，平均分为 37.25，说明 4 名受试的特质焦虑均处于较低水平（量表总分均在 20 ～ 80 之间）。对于英语课堂焦虑值，S1、S2 和 S3 分别为 90、81 和 83，均在 66 ～ 99 之间，处于低水平焦虑；只有 S4 一人的焦虑值是 114，属于中等水平；总分平均分为 92，表明 4 名受试的英语课堂焦虑总体处于较低水平。综上所述，4 名受试的静态焦虑均处于较低水平。

3.3 研究工具

根据个人动态法，本研究所用工具如下：焦虑问卷、课堂观察与录像、课堂任务以及 Anion Variable Tester 软件。

3.3.1 焦虑问卷

为提前检验4名受试的静态焦虑水平，了解其外语课堂焦虑情况，笔者首先采用中文版焦虑状态/特质问卷和王才康翻译的中文版外语课堂焦虑量表对其进行调查。

中文版焦虑状态/特质问卷(STAI)含状态焦虑问卷(S-AI)和特质焦虑问卷(T-AI)两个分量表，各20项。S-AI(第1～20项)半数描述负性情绪，半数描述正性情绪，用于评定受试即刻的或某一特定时间或情景的焦虑程度。T-AI(第21～40项)11项描述负性情绪，9项描述正性情绪，用于评定受试一贯或平时的焦虑情况。STAI的1～4级分别表示"完全没有"，"有些"，"中等程度"，"非常明显"。T-AI的1～4级分别表示"几乎没有"，"有些"，"经常"，"几乎总是如此"。两个量表总分均在20～80之间。

中文版外语课堂焦虑量表共33题，是针对外语学习者在课堂情景下的心理感受设计的，采用李克特五级量表，1～5分别表示"完全不同意"，"基本不同意"，"不确定"，"基本同意"，"完全同意"。相反情况的题目颠倒计分。根据以往英语焦虑等级划分(陈思本，2008)，受试的焦虑可分为无外语课堂焦虑(＜66)、低水平焦虑(66～99)、中等水平焦虑(99～132)和高水平焦虑(＞132)4个层次。

3.3.2 课堂观察与录像

课堂观察与录像是在真实的英语课上对受试完成课堂任务的表现进行有目的、有计划的系统观察和记录。观察的主要目的是注意、发现受试在完成不同课堂任务时的表情及心理反应，并借此推断其焦虑程度以及产生焦虑的原因。录像的目的主要是将受试在6个课堂任务上焦虑的变化情况准确真实地记录下来，以便辅助研究。

3.3.3 课堂任务

结合实际教学情况，设置以下6个课堂任务：(T1)诵读名人名言；(T2)用英语表达对名人名言的理解；(T3)回答听力问题；(T4)听力填空；(T5)填写关于段落中心思想的表格；(T6)诵读课文。其中，(T1)、(T4)、(T6)偏易，(T2)、(T3)、(T5)偏难。

3.3.4 AVT 软件

Anion Variable Tester 软件由 MacIntyre 的学生研发，以供受试标注研究变量的动态变化。软件界面左边为视频播放窗口，左下角有"＋""－"两个按钮，右边为变量值窗口，范围在"－5至＋5"之间，右下角为"结束"按钮。受试观看视频，同时根据当时变量值的增减不断点击"＋""－"按钮，右边窗口会自动标注出研究变量的数值；受试没有点击时，右边窗口值为0。视频播放结束后，受试点击"结束"按钮。软件导出研究变量随时间变化的曲线图以及变量值的 Excel 表。

3.4 数据收集与研究程序

观察与录像只是从研究者的角度了解和记录受试的课堂焦虑变化情况，并从旁观者的角度对焦虑变化进行归因，这种单方面的归因显然不具备整体说服力，因此，还需要从受试获取更直接的信息反馈和主观感受。为此，笔者采用刺激性回忆(Gass & Mackey, 2000)收集数据资料，即以课堂录像为刺激物，请受试观看录像，并说出完成每一个课堂任务过程中的想法，研究者对受试的回忆报告进行录音、转写和分析，从中归纳出受试的焦虑根源。具体研究程序如下：

3.4.1 完成焦虑问卷

为提前检验4名受试的焦虑水平，了解其外语课堂焦虑的一般情况，课前请4名受试统一完成调查问卷。统一收回后，所有数据输入计算机，并用 SPSS 11.5 进行处理和分析。

3.4.2 观察课堂并录像

所研究的课堂为2013年5月24日的大学英语课，在多媒体录播教室进行，时长90分钟(两课时)。6个课堂任务依次进行，对于每个任务，教师按随机顺序请4名受试一一完成。笔者观察受试完成不同课堂任务时的表情。同时，多媒体摄像机记录下4名受试的整个课堂表现。需要指出的是，为避免出现由于录像及观察者在场学生表现不自然的现象，在正式录制前于17日和23日提前在多媒体录播教室进行了两次试录。

3.4.3 绘制焦虑曲线

课后立即将4名受试完成6个任务的片段剪辑出来，分别合成4段视频。

利用AVT软件回放剪辑视频，每名受试观看界面左边窗口自己完成6个任务的情况，同时，根据当时焦虑程度的增减不断点击“＋”“－”按钮。AVT软件随之在界面右边窗口标注出焦虑数值。最后导出焦虑曲线图和焦虑值Excel表。

3.4.4 完成刺激性回忆

导出焦虑曲线图后，笔者分别与4名受试单独进行刺激性回忆。回放其剪辑视频，在曲线图出现明显变化的时刻暂停，请受试解释焦虑变化的原因，并对整个过程进行录音。

4 研究结果

本部分利用个人动态法对4名受试英语课堂焦虑的动态状况分别进行分析，主要关注其焦虑随课堂任务难易不同的动态变化情况。

S1在刚被点名完成T1（诵读名人名言）时，没有听懂老师要求，只是看着老师，没有作答，焦虑值有所上升，明白要求后，顺利完成任务，焦虑值迅速下降。完成T2（用英语表达对名人名言的理解）时，S1首先把名人名言译成汉语，当老师打断并要求用英语解释时，她思考了5秒，用英语说了半句，老师提示时，她咬了下手指，最后老师允许她用汉语作答，顺利完成任务。在这期间，其焦虑值升到最高。完成T3（回答听力问题）时，S1表情轻松，用流利的英语作答，并辅之以手势。其焦虑值处于负值，但有所波动。对于T4（听力填空）的两个空，S1只完成一个空，焦虑值逐渐上升，并有所波动。完成T5（填关于段落中心思想的表格）时，S1低头看了下手机，小声试图说出答案，最后在老师的帮助下，给出答案的正确发音。焦虑值均处于正值，相对处于高焦虑期间，答完坐下后，焦虑值直线下降。完成T6（诵读课文）期间，S1停顿了3次，相应地，焦虑值也出现3次正值。

S2完成T1（诵读名人名言）时，表情轻松，口语流利，其焦虑值一直处于负值，并呈下降趋势。接到T2（用英语表达对名人名言的理解）时，S2捋了下刘海，随后出现抿嘴、耸肩等动作，看书思考将近10秒后，仍未作答，老师开始以提问方式提示，S2说出了几个关键词，老师继续提示，但她只是看着老师或低头看书，没有作答。这一阶段，其焦虑值大多为正值，并有较大起伏波动。对于T3（回答听力问题)，S2很自然地说没听懂，焦虑值较之前有所下降，但仍处于较高水平。完成T4（听力填空)时，S2口语流利，给出了正确答案，焦虑值整体上处于最低水平。对于T5（填关于段落中心思想的表格)，她同样轻松给出正确答案，焦虑值逐渐下降。完成T6（诵读课文)时，S2口语流利，只是在遇到一些生词或难词时有所停顿，在老师的帮助下，完成任务。焦虑值整体处于负值，但出现较大波动。

对于T1（诵读名人名言)，S3发音标准，顺利完成。焦虑值在最初升高后逐渐下降。完成T2（用英语表达对名人名言的理解)时，S3稍有停顿，随后阐述时辅之以手势语，但有时会捂鼻子，略显不自信。老师阐释时，他出现了拽衣角、指鼻子等小动作。焦虑曲线刚开始平稳，随后出现两次高峰，最后回落到最低点。对于T3（回答听力问题)，S3顺利答出一部分，得到老师肯定后继续说第二点，说完后不好意思地笑了。焦虑曲线刚开始升到最高，后有所下降，并伴有波动。完成T4（听力填空)时，S3给出一个空的答案后开始挠耳朵，回答其他两个空时声音明显降低，老师提示时他又拽了两次衣角，最终给出了正确答案。其间其焦虑值一直处于正值，并有较大起伏。被老师点到完成T5（填关于段落中心思想的表格)时，S3不断挠头和拽衣服，在老师的帮助下逐渐进入思考状态，开始低头看书，但仍未作答，老师继续提示，他又不好意思地笑了，最后小声说出答案。同样，这一阶段的焦虑值全是正值，波动更大。对于T6（诵读课文)，S3表情轻松，口语流利，出色完成任务。焦虑值一直处于负值，小波动之后一直处于最低水平。

S4完成T1（诵读名人名言)时，整体流利，只是中间停顿了一下。但他在焦虑曲线上没有做出反应。对于T2（用英语表达对名人名言的理解)，S4思考10秒后，只说了一句，开始挠头，老师以举例和提问方式引导后，他又阐述了一句。焦虑整体处于正值，只有两次回落到负值。对于T3（回答听力问题)，S4轻松说出第三个要点，老师要求说前两个要点的关键词时，他立即说出。焦虑值刚开始处于较低水平，后升至最高，紧接着又降至最低，随后又出现一次升降。完成T4（听力填空)时，S4立即说出部分答案，老师要求继续后，他开始挠头，只是小声说了一些词，老师提示时，他只是倾听，没有说话。这一阶段，焦虑值开始最低，后升至最高，随后呈下降趋势。完成T5（填关于段落中心思想的表格)时，S4无法给出正确答案，随后他对老师的提示给予回应。老师阐述时，他只是倾听，没有作答。焦虑曲线开始处于最高水平，后逐渐下降，之后又升至正值。S4 完成 T6（诵读课文）时，整体顺利，只是有时有所停顿。但其焦虑值刚开始处于最高水平，之后降至负值，并上升了 3 次。

5 讨论

本动态研究中，4 名受试的焦虑随着课堂任务的难易不同呈现高低起伏的复杂变化，时而急剧上升，时而缓慢上升，时而急剧下降，时而缓慢下降，而从焦虑问卷的静态结果看，4 名受试的焦虑均处于较低水平，这正说明个人动态法能够反映出以往静态研究所不能体现出的焦虑动态变化情况，较好地体现出动态系统理论的 4 个主要特征（de Bot *et al.*，2007）。

首先，动态系统随时间变化而改变，当前状态是从上一个状态转化而来的。虽然本研究没有针对这一特征进行检验，但该特征在受试标注的焦虑曲线图上能够反映出来。焦虑值不可能从＋3 直接降至－3，也不可能从－3 直接升至＋3。虽然焦虑值有巨大变化，但某一特定时刻的焦虑值都是从上一时刻发展而来的。这也与受试对课堂任务完成情况的描述相一致，他们表示一个任务的完成情况会受到上一阶段的影响。比如，S3 解释 T3（回答听力问题）的听力问题共有 3 点原因，他本来听出了第三点原因（只有两个单词，比较简单），准备回答这一点。然而，老师先请另一名受试 S4 回答，S4 说出了第三点原因，当他被要求回答时就感到措手不及，焦虑值陡然上升。因此，假设老师改变顺序，先请 S3 回答，他的焦虑水平可能就不会突然升高。

其次，动态系统具有内部关联性，即系统内部各个变量相互联系，相互影响，构成一个完整的整体。本研究中，课堂焦虑水平与课堂任务的难易度具有明显的内部联系：课堂任务难，焦虑水平高；课堂任务易，焦虑水平低。这一点在 T2（用英语表达对名人名言的理解）和 T6（诵读课文）上表现得尤为突出。由于以前涉及名人名言时，学生形成了直接译成汉语的习惯，加之学生用英语组织语言、表达思想的能力相对欠缺，T2 对于所有受试来说属于较难任务，因此焦虑值均处于较高水平。而学生平时有诵读课文的习惯，加之自身喜欢读课文或对口语有自信，T6 属于较简单的任务，因此焦虑值均处于较低水平。

再次，动态系统在各个层次分布有多个吸态和斥态。随着时间的变化，动态系统中的变量会从一个吸态变化到另一个吸态，同时吸态也具有一致性。S2 的英语课堂焦虑体现了这一点。从表 2 可见，S2 的状态、特质焦虑和英语课堂焦虑在 4 名受试中均处于较低水平，而她标注的动态焦虑大部分为负值，整体上也处于较低水平。同时，对于每个任务，受试的英语课堂焦虑也会发生吸态和斥态的变化：任务开始时焦虑值上升，焦虑转化为斥态，任务结束时焦虑值下降，焦虑转化为吸态。4 名受试均将其归因于平时课堂上老师没有请学生站起来回答问题的习惯，因此，老师点名时，由于不习惯被老师点名或者准备不充分，焦虑值会上升，而任务结束学生坐下后恢复到平常状态，与此对应，焦虑值陡然下降。

最后，动态系统是非线性的，即门槛效应（Threshold Effect）。S1、S3 和 S4 都将 T5（填写关于段落中心思想的表格）的焦虑值标注得很高，表现出畏难情绪，处于焦虑的门槛上。同时，蝴蝶效应认为系统部分的细微变化可能对整个系统产生巨大影响，反过来，巨大的干扰可能对整个系统产生微小影响。对于 T3（回答听力问题）这一难任务的干扰，S2 的焦虑值并没有升高，在刺激性回忆中，S2 解释道："当时确实认真听了，但还是没听出来，所以没什么好紧张的。"而对于 T6（诵读课文）这一简单任务，由于新词和难词的干扰，焦虑也会突然上升。

关注时间跨度（timescale）是动态系统研究的主要优势（Larsen-Freeman，2007），本研究将时间跨度精确到秒，真实地反映出课堂焦虑的动态变化情况，这种变化是受试个性、实验环境、具体课堂任务以及当时情景（如新词、难词的干扰）多种因素综合作用的结果。基于个人动态法，受试亲自标注焦虑值、及时的刺激性回忆以及每秒的时间跨度相对于调查问卷和以往的静态研究更能真实地体现出其课堂焦虑的变化情况。

6 结语

本研究从动态系统理论的角度探究非英语专业学生英语课堂焦虑，并且依据该理论运用个人动态法关注受试在短时间内课堂焦虑的起伏变化。研究发现非英语专业学生的英语课堂焦虑体现出动态系统的特征，具体表现为：(1) 课堂焦虑会随时变化，当前状态由前一阶段转化而来；(2) 课堂焦虑和任务难易度具有内部关联性：课堂任务难，焦虑水平高；课堂任务易，焦虑水平低；(3) 每个任务开始时焦虑值上升，处于斥态；任务结束时焦虑值下降，处于吸态；(4) 新词和难词的干扰会在简单任务时产生巨大影响，导致焦虑值升高。

本研究进一步丰富了外语课堂焦虑的研究成果，但也存在一定的局限性。首先，受试仅为4名学生，应在更大范围内进行全面调查。其次，本研究仅为定性研究，今后应结合定量法进行更深入的研究，以进一步提高本研究的信度和效度。

参考文献

[1] Cheng, Y. A measure of second language writing anxiety: Scale development and preliminary validation[J]. *Journal of Second Language Writing*, 2004, 13(4): 313-335.

[2] de Bot, K., W. Lowie & M. Verspoor. Dynamic Systems Theory approach to second language acquisition[J]. *Bilingualism: Language and Cognition*, 2007, 10(1): 7-21.

[3] Elkhafaifi, H. Listening comprehension and anxiety in the Arabic language classroom[J]. *The Modern Language Journal*, 2005, 89(2): 206-222.

[4] Ellis, N. C. Dynamic systems and SLA: The wood and the trees[J]. *Bilingualism: Language and Cognition*, 2007, 10(2): 3-5.

[5] Gass, S. M. & A. Mackey. *Stimulated Recall Methodology in Second Language Research*[M]. Mahwah, NJ: Lawrence Erlbaum Associates, 2000.

[6] Hilleson, M. I want to talk with them, but I don't want them to hear: An introspective study of second language anxiety in an English-medium school[C] //K. M. Bailey & D. *Nunan. Voices from the Language Classroom.* Cambridge: Cambridge University Press, 1996: 248-282.

[7] Hirsch-Pasek, K., R. Golinkoff & G. Hollich. Trends and transitions in language development: Looking for the missing piece[J]. *Developmental Psychology*, 1999, 16(2): 139-162.

[8] Horwitz, E. K., M. B. Horwitz & J. Cope. Foreign language classroom anxiety[J]. *The Modern Language Journal*, 1986, 70(2): 125-132.

[9] Horwitz, E. K. Preliminary evidence for the reliability and validity of a foreign language anxiety scale[J]. *TESOL Quarterly*, 1986, 20(3): 559-562.

[10] Kitano, K. Anxiety in the college Japanese language classroom[J]. *The Modern Language Journal*, 2001, 85(4): 549-566.

[11] Larsen-Freeman, D. On the complementarity of Chaos/Complexity Theory and Dynamic Systems Theory in understanding the second language acquisition process[J]. *Bilingualism*, 2007, (10): 35-37.

[12] Larsen-Freeman, D. Chaos/Complexity science and second language acquisition[J]. *Applied Linguistics*, 1997, 18(2): 141-165.

[13] Larsen-Freeman, D. Second language acquisition and the issue of fossilization: There is no end and there is no state[C] //M. Z. Han & T. Odlin. *Studies of Fossilization in Second Language Acquisition.* Clevedon: Multilingual Matters, 2005: 189-200.

[14] MacIntyre, P. D. & J. J. Legattoa. Dynamic systems approach to willingness to communicate: Developing an idiodynamic method to capture rapidly changing affect[J]. *Applied Linguistics*, 2011, 32(2): 149-171.

[15] Meara, P. Modeling vocabulary loss[J]. *Applied Linguistics*, 2004, 25(2): 137- 155.

[16] Saito, Y. , E. Horwitz & T. Garza. Foreign language reading anxiety[J]. *The Modern Language Journal*, 1999, 83(2): 202-218.

[17] Selinker, L. Interlanguage[J]. *International Review of Applied Linguistics*, 1972, 10(3): 209-231.

[18] Selinker, L. *Rediscovering Interlanguage*[M]. London: Longman, 1992.

[19] Sparks, R. , L. Ganshow & J. Javorsky. Déjà vu all over again: A response to Saitu, Horwitz and Garza[J]. *The Modern Language Journal*, 2000, 84(2): 251-255.

[20] Spielberger, C. D. *Manual for the State-Trait Anxiety Inventory*(*Form Y*) [M]. Polo Alto, California: Consulting Psychologists Press, 1983.

[21] Stanovich, K. Twenty-five years of research on the reading process: The grand synthesis and what it means for our field[C] //M. T. Shanahan & F. Rodriguez-Brown. *Forty-seventh Yearbook of the National Reading Conference*. Chicago: National Reading Conference, 1998: 44-58.

[22] 陈思本．理工科学生对外语课堂焦虑的感知——对一所理工类大学低水平外语学习者的调查 [J]. 西安外国语大学学报，2008 (1): 67-69.

[23] 吕红艳．非英语专业大学生英语口语焦虑与口语学习策略的相关性 [J]. 外语研究，2010(5): 65-71.

[24] 裴月英．动态系统理论下同伴反馈对大学生英语口语能力的影响 [D]. 重庆：四川外语学院硕士学位论文，2012.

[25] 石运章，刘振前．外语阅读焦虑与英语成绩及性别的关系 [J]. 解放军外国语学院学报，2006(2): 59-64.

[26] 王才康．外语焦虑量表(FLCAS)在大学生中的测试报告 [J]. 心理科学，2003(2): 281-284.

[27] 王涛．从普遍语法到动态语法：一个范式的转换 [J]. 东南大学学报(哲学社会科版)，2012(6): 112-115.

[28] 郑咏滟．动态系统理论在二语习得研究中的应用——以二语词汇发展研究为例 [J]. 现代外语，2011(3) 303-309.

[29] 周保国，唐军俊．二语写作焦虑对写作过程影响的实证研究 [J]. 外语教学，2010(1): 64-68.

[30] 周丹丹．二语课堂中的听力焦虑感和情感策略 [J]. 国外外语教学，2003(3): 22-29.

（作者：关晶，石运章，山东农业大学）

从动态系统理论视角看语言测试的反拨效应*

1 引言

在当今语言测评界，考试对教学的影响（即反拨效应）备受关注，被视为研发考试的首要考量（Bachman & Palmer, 2010）。对于任何大规模高风险考试或测评系统，因其牵涉面广，影响力大，反拨效应研究都是不可或缺的。按其性质划分，反拨效应可分为两类：一类是促进或引导教学的正面反拨效应，另一类是阻碍或误导教学的负面反拨效应。如何弘扬前者而抑制后者，一直是考试设计者和研究者关注的重大问题。在过去 20 多年里，学者们针对考试反拨效应开展了大量研究，一方面加深了我们对考教关系的认识，另一方面也暴露出研究存在的一些问题。例如，研究虽然揭示了反拨效应现象的复杂性，却一直未能明确考试与各利益攸关群体之间的关系。研究者们倾向于简化问题，试图建立考试与教学两者之间的直接因果关系，而将其他因素视为干扰，另行描述。这样的研究结果往往难以充分解释反拨效应的复杂表现，面对包括应试在内的负面反拨效应，未能提供有效的应对之策。为此，本文尝试借鉴动态系统理论（Dynamic System Theory，简称 DST）的一些基本观点，反思和剖析反拨效应现象和主要研究结果，进一步探究反拨效应产生的机理，为深化反拨效应研究提供新的研究方向和动力。

---

* 本文获得国家社科基金项目（12 & ZD224）资助。

2 DST 简介

上世纪中期以来，科学研究领域经历了一次思维范式转变。经典科学研究范式通常把事物进行分解，针对剥离出来的个体开展研究；而新的范式则着眼于事物的整体，将其视为复杂的动态系统，探究系统各要素之间及其与环境的交互动态关系，从而认识系统的特征与规律，以求达到管理、改造、调整、优化系统的目的。这种新思维范式集中反映在一组理论之中（如复杂科学、混沌理论、全息论等），其中就包括本文关注的动态系统理论。DST 的应用最初出现在物理、数学、气象等科学领域，现已推广到社会学、教育学、心理学、第二语言学习研究等人文学科。而将此理论应用于语言考试反拨效应的研究，迄今尚未见有报道，却是值得探讨的课题。为了此应用，我们先简单介绍 DST 的一些基本理念。①

DST 的一个主要观点是，世间万物由大大小小的系统构成，系统具有复杂性、开放性和动态性特征。在 DST 的视角下，系统是一个复杂体，也被称为复杂系统，系统内部呈复杂的网状结构，大系统中嵌套着子系统，子系统又包含下一层级的子系统，一个系统相对上一层是子系统，对应下一层是母系统。系统的各个组成部分（要素和子系统）交互连接，相互依存。以语言为例，任何一种语言均可视为一个系统，其下包含语音、词汇、句法等相互关联的子系统。系统总是在发展变化。随着时间的推移，系统内部各要素与各子系统之间相互作用，并且与所处环境（即外部因素）发生交互和资源置换，获得发展动力，这体现了系统的开放性和动态性特征。de Bot & Larsen-Freeman（2011）用海滩上堆砌的沙堡来比喻这些特征。沙堡完成之初，适当的沙粒湿度和黏着度使其暂时保持形状。这是系统的平衡状态，外观上看似毫无变化，实则不然。在沙堡内部，沙粒的干湿与黏着度始终在变化着，这是内部力量。在沙堡外部，裹挟着细粒的海风冲击着沙堡，而路人的脚步也会振动沙堡的基础。在内外合力的作用下，沙堡系统的变化最终跨越临界点，一部分跟着另一部分坍塌，然后沙粒停止流动，系统呈现另一个形状，进入新的暂时平衡状态。

---

① 本文作者参考了相近学科（如二语习得研究、教育学）的相关文献（如 Larsen-Freeman, 1997; de Bot *et al.*, 2007; de Bot & Larsen-Freeman, 2011; Verspoor *et al.*, 2011; 周志平, 2005; 冯永刚, 2007; 李兰霞, 2011）。

非线性因果关系是动态系统的又一重要特征。在系统的演变过程中，促变因素与结果之间的关系通常是非线性的（non-linear）。输入与输出往往不成正比，大输入或许导致小产出，而小输入也可能促成大产出（Dörnyei, 2014）。在特定的时间和条件下，一个小触动有可能给系统带来巨大震动，使之陷入无序状态甚至崩溃，如一枚滚落的卵石可能导致一场雪崩。这种现象被称为蝴蝶效应。蝴蝶效应的存在表明，复杂系统各要素之间或与环境之间的交互作用具有放大效应（Larsen-Freeman, 1997），还具有不确定性（non-deterministic）和不可预测性（non-predictable）等特征，它们之间的联系通常不是单向的因果关系，而是双向甚至多向的。

复杂系统的特征告诉我们，从 DST 角度开展科学研究，需要遵循下面的思路。首先，研究要从事物的整体着眼，探究系统各部分或各变量之间的互动关系，以及由此产生的格局（pattern）。研究重点可以放在系统的某个层面，同时兼顾其他因素，因为系统结构是层层嵌套的（nested levels）。"认识部分和整体构成了一种环路：通过整体认识部分，通过部分认识整体"（周志平，2005：2）。其次，研究要描述系统的相互适应性（co-adaptation），即描述系统各部分之间的双向甚至多向联系，因为系统各部分以及系统与环境交互关联，互为因果。例如，本族语者与非本族语者交流时，双方都会调整语速、语调、词汇、语法等以促进交流，外语学习者的中介语便是在这样的交流中演变发展的。正如 Larsen-Freeman 与 Cameron（2008）、de Bot 等人（2007）所指出的那样，DST 的研究思路有别于传统研究理念，经典研究的任务是描述、解释和预测，而 DST 则通过描述以了解系统的结构、发展轨迹以及可能浮现的新状态和新格局，并非预测具体结果；基于 DST 的研究结果仅用于解释在相同时空条件下所发生的同类现象，不做出普适的概论（universal generalization）。这样的研究理念给我们探究反拨效应带来什么启示呢？这是下面要讨论的问题。

3 反拨效应：考试与教学和社会互动的格局

教育界通常认为，在考与教之间起主导作用的是考试，考试搞好了，对教学自然产生正面反拨效应。在美国，普遍以考试评估教学，问责学校与教师，以求教学得到改进，此做法始于上世纪70年代并延续至今（Amrein & Berliner, 2002; Frederiksen & Collins, 1988; Popham *et al.*, 1985; Strauss, 2013）。我国的高考英语和大学英语四、六级考试也多少承载着促进教学改革的重任（桂诗春等，1988; Li, 1990; 杨惠中，Weir, 1989）。从DST的角度看，反拨效应不由考试单独引发，而由社会、各教育部门和教学环节等多重子系统互动产生的，考试仅为反拨效应的源头。因此，研究反拨效应，需将考试置于更大的动态系统中去考察，探究各相关子系统的作用及其联系，不宜狭隘地强调考试的主导作用，接受教学的所谓"被动性"，而忽略促成反拨效应的非考试因素。

以DST整体观来审视考试反拨效应，我们不妨从教学和考试这两个子系统入手，探讨它们与其他相关子系统的联系。教学是教育系统中的一个子系统，有其自身独立性与完整性。此系统牵涉到家长及行政管理人员（校长、教务处长、教辅人员等），还包括其他要素，如教室、教学设备、教材、教学时间等，但主体是教师和学生。从时间角度看，教学可分为课堂教学和课外教学，教师布置的课外作业是课堂教学的延伸，而学生周日和假期参加培训班是学校教育的补充。所有相关人员和要素形成网络结构，通达关联，并与社会中的其他系统发生交互，共同促进学生的成长变化。

考试种类繁多，每一种可视为一个子系统。不同的考试具有不同的功能，发挥不同的作用，且与社会因素交互，动态演变而呈现不同的格局。以校本考试为例，此类考试属于教学系统中的子系统，用于满足教学需要。教师要了解教学效果，学生和家长想了解学习情况，均可借助考试所提供的信息。校本考试多由教师自行设计并实施，结构比较简单，功能相对单一。相比之下，校外的大规模考试就复杂许多，属于社会巨系统中的子系统，如我国的英语等级证书考试（PETS）和高考。这类考试的结构往往比较复杂，与社会大环境因素及其他子系统互动活跃，累积起多种功能。以我国高考为例，该系统包括语文、数学、英语等各个学科的考试，每个考试又自成子系统，拥有不同的版本，如自命题省市的版本和全国统考版本，后者还包括新课标省市的版本、少数民族地区的版本等。具体到一个科目的考试，子系统要素包括考试内容、结构、题型、分值等。高考除了结构复杂之外，功能也呈多样化。高考成绩不仅决定考生能否上大学，上什么样的大学，还被学校用来评价教师，被上级教育部门和社会用来评价学校。

考试的多功能意味着，考试能将教学、教育、社会等子系统关联起来，成为教育系统与社会各子系统之间的一根纽带。早在上世纪，美国各州的教育部门就采用大规模标准化考试来评价教师、课程和学校，并决定教育经费的配置（Linn, 2000; Nolen *et al.*, 1992）。于是，考试使得学校与政府财务部门发生联系。我国的大学英语四、六级考试成绩被社会上一些单位用于招工，使得学校与社会关联起来。世界经济合作与发展组织（OECD）实施学生能力国际评价项目（PISA），通过考试和问卷形式评估各国教育水平，并将结果向全球公布，使得世界上数十个国家的教育子系统发生关联。由此可见，考试是维系人类社会网络关系的一环，其存在由社会需求决定，必要的考试不能随意取消。这类考试一旦取消其他考试也会发展起来，填补空缺。例如，为了减负，教育部下令取消了小学毕业统一考试，斩断了小学与初中原有的一条纽带。于是，其他各种考试乘机上位，一些民办中学实施联考（张晓婷，2014），一些公办中学根据学生的社会考试成绩（如剑桥少儿英语考试）录取学生，还有一些学校在录取学生时参照各种竞赛成绩和证书，如奥数分数、乐器演奏等级证书、书法证书等。有家长在自己的孩子进入初中后感叹道，“现在好了，只需瞄准中考，不必为了备考各种考试和证书而疲于奔命”。众所周知，有关高考改革的争议从未间断，有人甚至建议“取消全国统一考试，代之以各高校完全的自主招生”（参阅戴家干，2011）。该建议显然未被采纳，因为大规模考试涉及多方利益诉求，是社会大系统网络结构中不可或缺的一环。

由考试这条纽带关联起来的各方进行博弈，便形成一种利益诉求格局，这便是考试的反拨效应或后效（washback or impact）。博弈会持续动态发展，当各方利益诉求得到关照时，各子系统相对平衡稳定。当利益发生冲突时，问题就会出现，引发各子系统进行调整或重组，以便相互适应，从而出现新的格局。例如，中学课程标准从未将高考和中考成绩设为教学目标，而初三和高三的应试教学却十分严重。这便是教学系统与考试和社会系统交互作用的结果。学校要适应学生和社会的需求，帮助学生获取高分考上大学，而大学也需要根据分数录取合格的学生。此外如果考试对教学产生负面效应，遭到学校质疑和社会诟病，相关部门也会对考试进行调整以适应当下利益格局，争取考试的长期合理存在和顺利发展。因此，虽然反拨效应的源头在考试，其演变却牵涉到考试、教学、教育、社会各个子系统，所形成的格局随着各子系统的互动而发生变化。换言之，考试与教学之间并非简单的线性因果关系。

4 考试与教学的非线性关系

考教之间的非线性因果关系符合动态系统的特征，体现在教学和考试中。例如，表面上看，高风险考试具有强大的导向作用，考什么学校就教什么，怎样考就怎样教，这折射出一种线性因果关系。但有研究发现，决策者所期望的反拨效应难以实现（Wall & Alderson, 1993; Cheng, 2005），且与实际反拨效应相去甚远，并非考试怎样考学校就一定怎样教（亓鲁霞，2007）。为了有效提高考试分数，教师会根据自己对考试的理解去制定教学计划和调整教学方法，其做法不一定反映考试所承载的期望教学理念。显然，考教之间并非线性相关。

值得注意的是，以往的反拨效应研究多半停留在线性思维上，而研究结果却印证了反拨效应的非线性特征。一个典型的例子是 Alderson 与 Wall（1993）的研究。他们在 1993 年发表了两篇学术影响颇大的反拨效应研究论文，提出了关于反拨效应的 15 个假设，涉及考试影响教学的各个层面。这些假设均建立在考试直接影响教学的因果关系之上，并在这样的思路引导下，Wall 与 Alderson（1993）开展了一项实证研究，检测考试决策者的意图，勾勒出期望反拨效应（即正面效应），同时预测潜在的负面效应。结果发现，在教学内容与校本测评层面，正、负面反拨效应兼而有之，在教学方法层面，反拨效应并未显现。据此，Wall 和 Alderson（1993: 68）指出 15 个假设“过于简单化，需要进一步讨论、修正、研究”。

其他反拨效应研究设计也不同程度地遵循简单的线性思维。这些研究大多采用对比分析方法，试图揭示考试与教学的直接联系，如比较考试前后的教学状况（Cheng, 2005），比较不同考试对教学的影响（Shohamy *et al.*, 1996），比较期望反拨效应与实际反拨效应（亓鲁霞，2004），比较备考与常规教学（Alderson & Hamp-Lyons, 1996; Green, 2006）。然而，研究结果却无一例外地表明，反拨效应是一个极其复杂的现象，与教育环境中诸多因素有关（Alderson & Hamp-Lyons, 1996; Cheng, 2005; Green, 2006; Shih, 2010; Xie, 2010; Wall, 1996）。由于这些发现，研究者们已充分认识到反拨效应的复杂性，但多半仍因受线性思维的支配，对反拨效应的解释还停留在对各种相关因素的列举上，难以厘清各因素之间以及它们与考试之间的互动关系。所列举的因素包括教学环境，教师、学生、甚至家长对考试的了解与认同，教师的学历、水平、教学经验，学生对待考试的态度，他们的学习动机和策略等（Alderson & Hamp-Lyons, 1996; Cheng, 2005; Cheng *et al.*, 2011; Green, 2007, Gosa, 2009; Xie, 2010; Watanabe, 1996; 亓鲁霞，2004），而这些因素与考试发生多重交互，并非各自与考试线性相关。

正确认识考教之间的非线性因果关系十分必要，有助于解释因考试而发生的一些现象，如"蝴蝶效应"。在复杂系统中，由于促变原因与后续结果的关系通常是非线性的，在各个子系统内部及外部因素的互动过程中，一个小事件有可能引发反拨效应成倍放大，引发蝴蝶效应。以高考英语中单句语法多选题为例，此类试题在整份试卷中连续多年仅占10%，但在社会各方利益的驱动下，高三学生在备考时却要做几千道这样的选择题，教师反复讲解各种语法规则和易犯错误（亓鲁霞，2004）。Xie（2010）也发现许多学生采用题海战术备考大学英语四级考试。考试的蝴蝶效应可见一斑。

考教之间存在蝴蝶效应意味着，反拨效应的强度具有不可预测性，反拨效应格局也并非一成不变，而是随着时间的推移而持续变化，体现了复杂系统的动态特征。例如，1985年高考英语改革初期，试卷增加了读写技能考试，带来较好的正面反拨效应，高中英语教学中出现了一些接近语言真实使用的活动，如读英文报，听英语广播等（Li, 1990）。但是，该效应未见延续，后来的阅读和听力训练完全效仿考题，采用清一色的多项选择题，甚至有学校取消了英语课本中原有的阅读简答题和讨论题，为每一篇课文配上多项选择题进行训练（亓鲁霞，2004）。由此可见，在应试大潮冲击下，一旦找到备考方法，考试原本产生的正面效应可能变成无益于学习的负面效应。这种变化与下面讨论的考试风险不无关系。

5 反拨效应与考试风险的动态变化

考试的风险由教育系统和社会巨系统中各利益群体的交互作用决定，处于不断变化之中，由此引发的反拨效应也波动不断。在考生、教师、学校、家长眼中，那些用于做出重大决定的考试属于高风险考试（Madaus, 1988）。一个考试的风险越高，其反拨效应就越强，反之亦然。考试用途可分为两类，一是原本用途，一是附加用途。原本用途与考试设计的初衷和目的一致，附加用途则偏离甚至违背考试的原本目的，有学者称之为考试滥用或误用（杨惠中、桂诗春，2007）。考试用途直接影响到核心涉考群体的利益（亓鲁霞，2011）。以高考为例，考试结果若仅用于高校招生，核心涉考群体就是考生和家长，如果还用于评价教师和学校，教师和学校管理人员也成为核心涉考群体。一个考试的用途越多，核心涉考群体越大，其风险就越高，反拨效应也越强。

考试用途、核心涉考群体、考试风险以及反拨效应之间的关系可在大学英语四、六级考试的发展过程中得到印证。该考试实施之初，考分不针对任何涉考者做出重要决定，考试风险自然很低。因为考试的初衷是促教促学英语，所以考分仅限于为教学提供反馈信息，供师生参考，这是考试的原本用途。随着时间的推移，考试衍生出各种附加用途。大学管理层利用考分管理学生，将英语四、六级考试成绩与毕业证书和学位颁发挂钩。此举引起应试教学，教学秩序受到影响，负面反拨效应显现，以至于教育部明确叫停挂钩（吴启迪，2005）。此外，四、六级英语成绩还被推广到社会上用于招聘员工，进一步推高了考试的风险，引来社会对此考试的诸多争议。由此可见，在教育系统非考试因素和社会大环境因素的共同作用下，四、六级考试从低风险考试逐渐向高风险考试转变，此演变过程佐证了 DST 的动态观。

考试风险的动态特征还有一种表现：同一考试的风险因涉考群体和个体的差异而有所不同。以 PISA 为例，考试成绩既不向参加考试的学生报告，也无评教功能，因此，学生、教师、学校管理人员都不是核心涉考群体。在他们看来，PISA 应属低风险考试。然而，对于各国领导人，PISA 却是高风险考试，因为每次考试结果的排名与公布，都把他们推向了基础教育质量比拼的前台，成为世界各国公众关注的焦点。例如，2000 年的 PISA 结果显示，在参加测评的国家当中，挪威的人均教育投入最高，但学生成绩却低于平均分，这在挪威国内引起震动（称为 PISA Shock），成为反对党手中的“武器”，德国和丹麦也有类似情况发生（Stobart & Eggen, 2012; Baird *et al.*, 2011）。这种现象表明，同一考试给不同的涉考群体带来不同的风险。

对于同一涉考群体中的不同个体，同一考试的风险也可能不一样。以大学的期末考试为例，在大多数学校，期末考试分数通常计入学生的总成绩，决定学生能否毕业。我国大学一般都严进宽出，校内考试要求不高，极少学生不及格，对于多数学生来说，期末考试算是低风险考试。但是，一些成绩拔尖的学生特别重视此类考试，力争每次考分名列前茅，因为考试成绩可能用于评优发奖，还有利于将来申请国外留学。对于他们，校内的每次考试都可能是高风险考试。高考也存在类似情况。由于保送生制度的存在，在高考之前，一些高三优秀生通过保送便确定了要上的大学，参加高考通常是听从学校安排，取得好成绩只是为学校争光。对于他们，在备考多年之后，高考突然变成了低风险考试，因为成绩不再决定他们的前途。由此可见，考试风险取决于考试结果的用途，而反拨效应与考试风险紧密相关。

6 对未来研究的建议

前面的分析表明，反拨效应产生的过程具有动态系统的主要特征，将 DST 引入考试反拨效应研究是必要和理性的，能为深化反拨效应研究打开新的空间，未来的反拨效应研究不妨参照 DST 理论和方法进行。DST 研究方法可在文献中找到，如 Larsen-Freeman & Cameron（2008）介绍时间序列个案法中（longitudinal, case-study, time-series approach），历时研究受到推崇。此法强调在较长的一段时间内观察研究对象，发现和确定时间序列，抓住收集数据的最佳时机。动态系统有变化周期，捕捉到变化的时间节点很重要，有助于决定数据样本采集的时间间隔（sampling intervals），从而获得可靠有效的数据。反拨效应研究的一些重要时间节点包括考试建立之前、开考之初以及实施改革之时。在这些节点首次收集到的数据，可跟后续多次收集到的数据进行纵向比较，有助于准确勾勒反拨效应的演变轨迹，供相关考试决策机构调整和优化考试系统，弘扬正面反拨效应，消弭负面反拨效应。

迄今，绝大多数外语测试反拨效应研究采用一次性收集数据的方法，虽有不少发现，但缺乏系统深入的探讨。例如，文献中有大量针对大学英语四、六级考试开展的反拨效应研究，多是各自为战，数据收集一次过，难以获得反拨效应演变的概貌。高考和中考英语的反拨效应研究也存在同样的问题。而有“中文托福”之称的汉语二语考试 HSK 却鲜见反拨效应研究（黄春霞，2013）。针对这些大规模语言考试开展反拨效应研究，需要多方合作，特别需要相关考试机构牵头策划，将反拨效应研究纳入考试的常规工作，设立科研项目，聘用内行的研究者，定期收集数据，长期跟踪调查。如此方能把握大规模高风险考试与教学等多因素的互动演变，及时发现并最大限度地消除考试给教学带来的负面效应，为考试的持续开展或改革提供有用的反馈信息，不断开创考试研究的新局面。

参考文献

[1] Alderson, C. & D. Wall. Does washbackexit?[J]. *Applied Linguistics*, 1993, 2: 115-129.

[2] Alderson, J. C. & L. Hamp-Lyons. TOEFL1 Preparation Courses: A Study of Washback[J]. *Language Testing*, 1996, 3: 280-297.

[3] Amrein, A. & D. Berliner. High-stakes testing, uncertainty, and student learning[J]. *Education Policy Analysis Archives*, 2002, 18 : 1-74.

[4] Bachman, L. & A. Palmer. *Language Assessment in the Real World: Developing Language Tests and Justifying Their Use*[M]. Oxford: Oxford University Press, 2010.

[5] Baird, J. , T. Isaacs, S. Johnson, Stobart, G. Yu, G. , Sprague, T. & Daugherty, R. *Policy Effects of PISA*[M]. Oxford University Centre for Educational Assessment, 2011.

[6] Cheng, L. *Changing Language Teaching Through Language Testing: A Washback Study* [M]. Cambridge: Cambridge University Press, 2005.

[7] Cheng, L. , S. Andrews & Yu, Y. Impact and consequences of school-based assessment (SBA) : Students' and parents' views of SBA in Hong Kong[J]. *Language Testing*, 2011, 2: 221-249.

[8] de Bot, K. & D. Larsen-Freeman. Researching second language development from a dynamic system theory perspective[A]. In M. H. Verspoor, K. de Bot, and W. Lowie (eds.). *A dynamic approach to second language development*[C]. Amsterdam: John Benjamins, 2011: 5-23.

[9] de Bot, K. , W. Lowie & M. Verspoor. Dynamic Systems Theory and approach to second language acquisition[J]. *Bilingualism: Language and Cognition*, 2007, 1: 7-21.

[10] Dörnyei, Z. Researching complex dynamic systems: "Retrodictive qualitative modelling" in the language classroom[J]. *Language Teaching*, 2011, 1: 80-91.

[11] Frederiksen, J. R. & A. Collins. A systems approach to educational testing[J]. *Educational Researcher*, 1989, 9: 27-32.

[12] Gosa, C. M. C. *Investigating Washback: A Case Study Using Student Diaries*[M]. Saarbrücken: VDM Verlag Dr. Muller, 2009.

[13] Green, A. Watching for washback: observing the influence of the international English language testing system academic writing test in the classroom[J]. *Language Assessment Quarterly*, 2006, 3: 333-368.

[14] Green, A. *IELTS Washback in Context: Preparation for Academic Writing in Higher Education*[M]. Cambridge: Cambridge University Press, 2007.

[15] Larsen-Freeman, D. Chaos/Complexity science and second language acquisition[J]. *Applied Linguistics*, 1997, 2: 141-165.

[16] Larsen-Freeman, D. & L. Cameron. Research methodology on language development from a Complex Systems perspective[J]. *The Modern Language Journal*, 2008, 2: 200-213.

[17] Li, X. How powerful can a language test be? The MET in China[J]. *Journal of Multilingual and Multicultural Development*, 1990, 5: 393-404.

[18] Linn, R. L. Assessments and accountability[J]. *Educational Researcher*, 2000, 2: 4-16.

[19] Madaus, G. F. The influence of testing on the curriculum[A]. In Tanner, L. N. (ed.) *Critical Issues in Curriculum: Eighty-seventh Yearbook of the National Society for the Study of Education*[C]. Chicago: University of Chicago Press, 1988. 83-121.

[20] Nolen, S. B., T. M. Haladyna & N. S. Haas. Uses and abuses of achievement test scores[J]. *Educational Measurement: Issues and Practice*, 1992, 2: 9-15.

[21] Popham, W. J., K. L. Cruse, S. C. Rankin, P. D. Sandifer, & P. L. Williams. Measurement-Driven Instruction: It's on the road[J]. *Phi Delta Kappan*, 1985, 9: 628-634.

[22] Shih, C. The washback of the General English Proficiency Test on university policies: A Taiwan case study[J]. *Language Assessment Quarterly*, 2010, 3: 234-254. .

[23] Shohamy, E., S. Donitsa-Schmidt & I. Ferman, I. Test impact revisited: Washback effect over time[J]. *Language Testing*, 1996, 3: 299-317.

[24] Stobart, G., & T. Eggen. High-stakes testing-value, fairness and consequences[J]. *Assessment in Education: Principles, Policy & Practice*, 2012, 1: 1-6.

[25] Strauss, V. 50 ways adults in schools "cheat" on standardized tests. Retrieved at http://www.washingtonpost.com/blogs/answer-sheet/wp/2013/03/31/50-ways-adults-in-schools-cheat-on-standardized-tests/. [2014-02-25]

[26] Verspoor, M. H., de Bot, K, & Lowie, W. (eds). *A Dynamic Approach to Second Language Development: Methods and techniques*[M]. Amsterdam: John Benjamins, 2011.

[27] Wall, D. Introducing new tests into traditional systems: Insights from general education and from innovation theory[J]. *Language Testing*, 1996, 3: 334-354.

[28] Wall, D. & J. C. Alderson. Examining washback: The Sri Lankan impact study[J]. *Language Testing*, 1993, 1: 41-69.

[29] Watanabe, Y. Does grammar translation come from the entrance examination? Preliminary findings from classroom-based research[J]. *Language Testing*, 1996, 3: 318-333.

[30] Xie, Q. *Test Design and Use, Preparation, and Performance: A Structural Equation*

Modeling Study of Consequential Validity[D]. Phd Dissertation, The University of Hong Kong, 2010.

[31] 戴家干．坚持公平公正,深化高考改革 [J]. 求是, 2011(2): 57-59.

[32] 冯永刚．复杂科学视域下的德育评价 [J]. 外国教育研究, 2007(11): 40-43.

[33] 桂诗春,李筱菊,李崴．英语标准化考试试验的回顾与总结 [A]. 肖惠云主编: 英语标准化考试与中学英语教学 [C]. 广州: 广东教育出版社, 1988: 37-63.

[34] 黄春霞．HSK 对汉语作为第二语言教学中学习行为的反拨效应 [J]. 云南师范大学学报(对外汉语教学与研究版), 2013(1): 10-17.

[35] 李兰霞．动态系统理论与第二语言发展 [J]. 外语教学与研究, 2011(3): 409-421.

[36] 亓鲁霞．意愿与现实: 中国高等院校统一招生英语考试的反拨作用研究 [M]. 北京: 外语教学与研究出版社, 2004.

[37] 亓鲁霞．高考英语的期望后效与实际后效—基于短文改错题的调查 [J]. 课程·教材·教法, 2007(10): 43-46.

[38] 亓鲁霞．语言测试的反拨效应理论与实证研究 [J]. 外语教学理论与实践, 2011(4): 23-28.

[39] 吴启迪．教育部副部长吴启迪同志在大学英语四、六级考试改革新闻发布会上的讲话 [J]. 外语界, 2005(2): 2-4.

[40] 杨惠中,桂诗春．语言测试的社会学思考 [J]. 现代外语, 2007(4): 368-374.

[41] 杨惠中, Weir C. 大学英语四、六级考试效度研究报告 [M]. 上海: 上海外语教育出版社, 1998.

[42] 张晓婷．广州中小学毕业考试、民办初中联考时间表敲定 6 月 26 日、27 号．下载于 http://www.gdzsxx.com/zxx/zkdt/35731.html. [2014-12-22].

[43] 周志平．复杂科学在教育研究中的方法论意义 [J]. 教育理论与实践, 2005(4): 1-5.

(作者: 王初明, 亓鲁霞, 广东外语外贸大学)

从动态系统理论看语言能力综合性研究趋势*

1 引言

“语言能力”内涵的解读一直是语言学界争论的话题。国民语言能力高低已经提到国家语言战略高度。作为提高语言能力的主要途径——语言教学，语言能力是其重要培养目标，也是各国外语或二语培养政策与实施方案中设定的重要指标。为此，美国、加拿大以及欧洲都制定了语言能力量表和语言能力标准，将语言能力分层分级。我国语言能力量表的研究也从理论和实证两方面有所进展（方绪军等，2008；杨惠中等，2011）。

但对语言能力条分缕析是否合适是值得商榷的。从 Humboldt、Saussure、Chomsky，再到 Hymes，他们对语言能力的理解都各执一词。具有代表性的争议是对 Chomsky“语言能力”（或“语言官能” Faculty of Language）的论辩（张翼，2009；吴会芹，2009），以及石毓智提出的“语言能力合成说”争论。Larsen-Freeman 及其同事将动态系统理论（Dynamic Systems Theory，DST）引入二语习得研究，为语言能力研究提供了新视角。该理论有引领二语习得研究新方向的趋势，也引起了国内一些学者的注意（沈昌洪、吕敏，2008；李兰霞，2011；郑咏滟，2011）。为此，本文拟通过对语言能力的两场论辩以及动态系统理论相关研究成果的介绍和分析，揭示用整体、动态的视角解读语言能力综合性研究趋势，从而促进对语言能力培养的综合性认识。

* 衷心感谢北京外国语大学韩宝成教授、《现代外语》编辑部及匿名评审专家提出的宝贵意见。

2 语言能力论辩

对语言能力的不同理解，国外有 Chomsky 及其合作者——哈佛大学的 Hauser 和 Fitch——与 Pinker 和 Jackendoff 就语言能力方面的论辩，国内有“语言能力合成说”争论。尽管这两场论辩或争论都过去了一段时间，规模和层次也各不相同，但无疑说明了国内外对语言能力的解读存在激烈冲突，对其进行介绍和分析无疑可以加深我们对语言能力的理解。

2.1 Chomsky 与 Pinker 的论辩

Chomsky 与 Pinker 等人的论辩，张翼(2009)、吴会芹(2009)等有比较系统的介绍。束定芳(2002)也对 Ray Jackendoff 所著的《语言能力的结构》一书进行了评介。其论辩焦点是“核心递归运算机制”假说。

Chomsky 一方以 Hauser、Chomsky 和 Fitch 为代表。他们认为语言能力可分为广义语言能力和狭义语言能力。广义语言能力包括感觉驱动系统、概念-意图系统和计算递归机制。计算递归机制可以把有限的因素生成无限的表达方式；狭义语言能力只包括抽象递归机制，即核心语法计算系统，是由理智而不是语言演变而来的人类独有的系统(Hauser *et al.*, 2002)。广义语言能力体现了人类进化适应特征，而狭义语言能力则体现了人类和动物之间、语言能力和认知能力之间的差异(张翼，2009)。他们把语言研究与生物学研究结合起来，按照语言演化的要求把语言切分为成分机制和界面。Fitch 等(2005)对语言演化理论进一步拓展，澄清了一些有疑问的特征，认为演化理论将来需要更多的实证研究和跨学科合作，最简方案与递归性无关。

Pinker 一方以 Pinker 和 Jackendoff 为代表。他们赞成话语基因是人类所独有，但不仅限于递归性。例如语法的许多方面就没有递归性，如语音、词法、格、主谓一致等，其结论也与声带解剖学和神经控制的研究结果不符(Pinker & Jackendoff, 2005)。递归性的观点不足以用来解释语言的进化。语言是适应交际而不断演化的复杂系统，语言能力演化是一个历史适应过程。将认知能力二分为人类独有的能力和非语言或非人类独有的能力割裂了人类与动物的联系，从而抹杀了共同功能相似性以及共同祖先遗传而来的相似性，忽视了人类进化过程中发展起来的大量其他能力。虽然现有研究没有发现动物交际系统中存在递归性，但已有研究发现动物的视觉认知存在递归性，因此不能说递归性是人类语言进化的唯一专利。

Jackendoff和Pinker认为，Fitch等人对广义/狭义语言能力区分的根源可以从以下言论中看出："对于许多语言学家来说，'语言'计算操作系统所描绘的是抽象的语言核心，或许为人类所独有；而对于许多生物学家和心理学家来说，'语言'有许多共性和多种意义，可以被'人类交际系统'所掌握"(2005：219)。"语言"的前一个意义与狭义语言能力一致，后一个意义与广义语言能力一致。

由此可见，Chomsky一派与Pinker等人就语言能力的论辩其实没有脱离Chomsky"语言习得机制"范畴，对这个"机制"Chomsky一派试图通过生物学和计算机科学进行解读，而Pinker等人更注重语言能力的社会性。

2.2 "语言能力合成说"争论

石毓智(2005)认为，Chomsky学说的建立与演化主要是通过逻辑和类比、尤其是通过与自然科学进行类比，而不是基于对语言的观察分析得来的。由于其类比所依据的是与语言极不相同的事物，因此造成许多扭曲语言本质的结果。它的形式化手段只是一种科学的表象，并不符合普通科学对理论形式化的要求。因此，他认为Chomsky理论不但违背科学理论建设的基本逻辑原则，也严重脱离语言实际，在总体上是失败的。石毓智还引用Langacker对语言研究中"形式化主义"的批评，说形式语言学中的"普遍语法"高度抽象，严重脱离语言实际，既无法证实，也无法证伪，更没有可预测性。通过对形式语言学和功能语言学的分析，借用认知语言学的观点，他认为"人的语言能力是各种更基本的认知能力协同作用的结果"，从而提出"语言能力合成说"，即语言能力是由六种或七种基本的认知能力协同合作的结果：(1) 第二信号系统的认知能力；(2) 对量的认知能力；(3) 概括、分类能力；(4) 记忆、预见能力；(5) 联想、推理能力；(6) 声音、形状的辨别能力(*ibid.*)。石毓智(2007)将"第二信号系统的认知能力"修改为"符号表征能力"，并增加了"空间、时间的辨认能力"。

为了和Chomsky的二元语言观，即"语言能力"与"语言行为"或"人的大脑"与"现实语言"的二元论相区别，石毓智提出语言的"三元观"，即"现实规则——认知能力——语言系统”。石毓智的文章发表后，遇到不少质疑和批评（王强，2006；杨烈祥、阳志清，2008；刘利民，2009）。石毓智（2006，2007）也回应过几次。石毓智以认知心理学为理论基础，探讨语言能力的多因素构成，由语言二元观向语言三元观演进，无疑是对语言能力综合性认识的一大进步。但其语言能力的三元观能否反映语言能力构成的全貌仍然是值得怀疑的，同时其理论也没有对语言能力各要素之间相互关系作深入研究。

以上争议源于各方“审视问题的角度不同”（吴会芹，2009），对“语言能力研究的基本问题”（张冀，2009）：先天与后天、线性与系统、静态与动态等相互关系问题缺乏共识。其争议焦点集中在语言能力作为具有能动作用的人的生物机能与环境的关系问题。单独某个理论不能全面回答所有问题。Larsen-Freeman 等学者将动态系统理论引入二语习得研究，运用动态系统综合性理论框架从更广的多维视角阐释语言能力的基本问题。

3 动态系统理论的语言能力观

动态系统理论原是数学理论的一个分支，用于研究物理动态现象，如气象学、量子物理学、热力学等，这些系统具有动态、复杂、非线性、混沌、非预测性、对初始态敏感、开放、自组织、反馈敏感和适应性等特点。因此，通过研究局部或片段来了解全局或整体行为的传统研究方法不适合研究动态系统。这种对“动态、复杂、非线性系统的研究对二语习得也有意义”（Larsen-Freeman，1997）。Larsen-Freeman 认为语言是一个动态系统，如 Saussure 的 parole“言语”、Chomsky 的 performance“语言行为”、Humboldt 的“有机语言观”以及 Halliday 的“动态语法模型”都将语言视为一个动态的系统整体。

受 Hernin & Jessner 出版的《多语动态模型》（*A Dynamic Model of Multilingualism*）鼓舞，Larsen-Freeman 于 2002 年发表了“Language acquisition and language use from a chaos/complexity theory perspective”一文。2005 年 de Bot 等人出版专著，并发表了系列文章系统阐述了动态系统理论与二语习得之间的关系。van Geert、van Dijk 等专家也研究了动态系统理论在二语习得中的应用。该理论逐步进入理论成熟期，成为 21 世纪“二语习得研究新时期到来的标志”（Ellis，2007）。随后一系列有关动态系统理论的专题研讨会（如：AILA，2005；AAAL，

2006; TESOL, 2006;)以及 2006 年 Applied Linguistics 上的专辑都预示着该理论即将走向繁荣。

目前,二语习得研究领域处于一种“混乱状态”(a state of turmoil)(Larsen-Freeman, 2002: 33),其中主要问题是“视野狭隘”、从局部研究得出的结论往往互相矛盾,不能解决二语习得中的问题。

3.1 语言能力先天与后天问题

语言能力的生物性基础,各学派都没有否认,也得到现代科技手段如 fMIR(功能性磁共振成像)部分实验成果证实。但普遍语法理论(UG)一直面临多种挑战和争议,其原因在于 UG 将天赋视为语言能力的唯一来源,后天只需激活 UG 中的语法参数。Larsen-Freeman(2002)把 UG 视为动态系统理论发展初始态的一部分,两种观点可以互补共存。UG 中的参数似乎就是动态系统理论中语法的吸态(de Bot *et al.* , 2007b)。Verspoor(2015)将初始态定义为各次系统开始计量(measuring)的状态。初始态发生小的变化,长远来看,结果的差异会十分巨大,类似气象学家 Lorenz 提出的“蝴蝶效应”。动态系统理论各次系统演变的初始态原点或许是从 UG 开始演变的。关于动态系统理论、UG 和语言使用中的创造性方面, de Bot 等(2007a)借用 Shanker 和 King 的“传真机与舞蹈”两个比喻来描述交际过程:信息加工模型就像传真机,一端发出信息一端接收信息;而动态系统理论将交际视为一种“舞蹈”,两个舞蹈者协同作简单运动的时候,小的动作就会对整个舞蹈图案产生复杂的影响;随着一组舞蹈者与其他组舞蹈者在舞台上不断互动,更复杂、甚至难以预料的舞蹈图案也会浮现。信息加工模型把创造性视为语言系统本身的特征,而动态系统理论认为语言的创造性是语言主体(agents)在相互调节的互动中产生的。语言创造是迭代(iteration)、而不是天赋(innate)造成的。

动态系统理论认为孩子学习语言是参与交际和表达自己意图的手段。孩子是活跃的主体,其大脑“不是被动等着接受输入激活内部语法”(Verspoor & Behrens, 2011)。动态系统理论把语言能力发展分为不同的阶段,第一阶段产生第二阶段,第二阶段产生第三阶段,依次类推。语言学习者的先天素质、后天环境是互相关联的次系统,一些系统嵌套于另一些系统之中。一旦几个次系统相互结合就会产生更高级别的次系统,其功能不是几个次系统各部分的简单相加

(Verspoor, 2015)。系统内部高度依赖，一些小的变化会产生大的效应，而有些大的扰动也可能被系统吸收而不会发生大的变化。不管初始态如何，系统总是通过与其环境的互动和内部自组织系统而不断变化。

因此，动态系统理论把语言能力的先天因素与后天因素统一起来，互为条件、相辅相成。

3.2 语言能力是线性还是系统的问题

动态系统理论将语言、语言学习者和语言能力的习得看成一个系统，以避免"只见树木不见森林"(Ellis, 2007)。传统语言习得观，如语言输入输出模型、信息加工模型等，认为每个学习者的语言发展过程是线性的，开始和结束界限清楚。但大量语言学或语言研究表明语言学习过程和语言磨损不是线性的、而是非常复杂甚至不可预测的。认知语言学、功能语言学、浮现主义、竞争模型都承认语言系统、外部环境和学习者个体心理结构内部存在许多独立变量(de Bot *et al.*, 2007a)。学习者个体也是由许多相关变量构成的复杂系统，一个变量的变化都会对整个系统内部其他变量产生影响。各次系统呈现出"吸态"(attractor states)和"斥态"(repeller states)。"吸态"可以简单也可以复杂，或呈"混沌"(chaos)状态。相似系统对初始态的敏感度会有些不同，但处于混沌态的系统敏感度则非常相似。语言发展就像一个球滚过一个凹凸不平的表面一样呈不均衡发展轨迹(Verspoor & Behrens, 2011)。语言教育者和研究者必须了解学习者相关变量的初始态，如个性类型、二语的初始水平、学习态度和动机等，争取产生积极的吸态、避免消极的吸态。

3.3 语言能力是静态还是动态的问题

传统语言学将语言能力的静态和动态进行二分，如 Chomsky 仅将语言知识视为语言能力，而将动态的部分归入语言运用。动态系统理论将动态论视为其理论核心。不仅环境要素是动态互联的，而且语言、语言习得过程、语言学习者等内部要素也是互相联系的、动态的(Larsen-Freeman, 1997, 2007)。系统随着时间而变化，由无序变得有序，可用函数 $x(t+1)=f(x(t))$ 来描述，即时间 t 时 x 的状态如何变到 $t+1$ 时 x 的新状态(de Bot *et al.*, 2007a)。针对动态系统理论的动态性，de Bot 等人(2007b)进一步做了补充，回答了五个方面的问题：

（1）二语习得中认知与社会因素之间的关系问题；（2）天赋语言特征的作用问题；（3）重新定义的变量；（4）正式和非正式模型；（5）旧思维与新术语。作者承认社会文化理论（Social-cultural Theory, SCT）中的许多概念与动态系统理论研究二语习得是相关的，并接受了 van Geert 研究成果以作为社会文化理论和动态系统理论之间有联系的证据。但他不同意 Lantolf 的观点，认为社会文化理论在描述和解释二语习得社会和认知方面涵盖的范围是一样的，社会和认知之间存在联系。在动态系统理论看来，语言习得是在社会语境中与其他人互动中产生的。语言学习既是学习者个体反复的过程，也是社会层面个体之间互动的过程。

动态系统理论把语言、学习和运用等复杂系统中诸多因素合并考虑，有效回答了语言能力的基本问题。语言和语言能力不是规则和形式的集合体，而是“交际过程的副产品”（Ellis, 2007）。语言规则是现象的浮现，即“语法即用法，用法即语法”。注意、工作记忆、隐含范畴化和计算（tallying）、干预、意识和外显学习是二语习得的核心（Ellis, 2002, 2005），而社会、情感、和文化动机是其灵魂（Kramsch, 2002）。先天与后天、线性与系统、静态与动态是相互辩证的统一体。

3.4 多维视角解读二语语言能力发展

动态系统理论多维视角的综合研究理论为二语习得及语言能力培养提供了宽阔的视野。动态系统理论提出“二语发展（Second Language Development, SLD）”概念，将语言视为产品或物的变化过程而不是相关或可能的过程（de Bot, 2013: 199），试图把社会、认知或语境等中间层理论连接起来，以便在多元时空获得核心原则。认知语言学、浮现主义、联结主义、语法化理论、激活理论以及基于用法的一语习得理论只反映了语言、语言变化、语言习得或语言发展过程的某些方面，都需要集于动态系统理论框架下，是动态系统理论综合理论中独立的次系统，并通过界面彼此联系，但单独任何一种理论都不能前后一致地同时描述所有层面（*ibid*: 209）。

语言能力的发展源于认知系统与社会文化环境的互动。动态系统理论不赞同“环境是发展之源”（Lantoff, 2000）的观点，认为内部知识的重组也有利于语言能力的发展。二语习得理论可以解释个体之间存在差异的规律性（Ellis, 2005）。在对待变异方面，多数二语习得理论往往把中介语看成固定不变的系统，并试图解释其错误的原因，而动态系统理论认为一个系统永远也不会固定不变，要注意的不是发生变异的原因，而是变异的程度。

动态系统理论把语言能力的增长和消退等语言演化视为学习者个体多种内部资源和外部资源共同演化的过程。学习者个体的学习能力、学习时间以及概念知识、动机等内部信息资源以及空间环境、环境允许学习者的学习时间、外部信息资源、环境所强化的动机资源以及教材电视等外部客观物质资源都是彼此相互联系的。资源有限但可以互补，如努力可以补偿时间的不足；动机可以弥补输入的不足。并不是所有的次系统都要求同等的资源量，如词汇学习发展模型可以证明学习的非线性和混沌态（de Bot *et al.*，2007a; Verspoor *et al.*，2012）。

动态系统理论运用"吸态"和"斥态"之间的转化需要足够大的外力作用解释了二语习得中"石化"和"高原"现象需要外界因素介入才能发生变化的原因，同时解释了教师教学对学生二语能力培养所起的作用。对学生语言能力的发展，又提出了一系列新的概念，如"有限资源"（limited resources）、"增长相关"（connected grower）以及承载能力（carrying capacity）等。个体者之间和个体者内部要素的变化也受到动态系统理论的重视。

由此可见，动态系统理论将二语习得和二语语言能力置于更宽广的视角，不但包括个体者心智因素，也包括外部环境与社会文化环境等多系统综合因素及其内部因素之间的互动结果，对语言、二语习得及其能力作全景式解读，反映了语言能力复杂性、综合性以及动态联系性本质特征。

4 结束语

综上所述，我们可以看出语言能力研究呈二元、三元到动态系统的综合性研究趋势。

不过，动态系统理论运用于二语习得研究也存在不同声音，如Ionin（2007）认为动态系统理论框架虽然对二语习得领域有贡献，但并没有提出具体方案来说明如何在动态系统理论框架中调查二语习得，大部分动态系统理论对现有的二语习得的批评缺乏实证依据；Pienemann（2007）就中介语变异批评 DBL & V 没有对变异进行定义，也没有参考大量文献就认为二语习得研究中对变异研究太少的观点，同时批评他们就变异和语言发展的动态性没有提供新的、可供操作的、并被广泛接受的处理办法。

但大力支持动态系统理论的人认为动态系统理论是二语习得研究中的综合性(overarching)理论，是二语习得研究未来的希望(van Geert, 2007)。该理论在理论上和应用上都有利于更完整地理解二语语言能力发展。尽管 de Bot 等人对有些未解决的问题过于乐观，但 van Geert(2007)认为动态系统的方法将成为未来人类活动、认知与语言能力研究最基本的方法。

西方历来以静止、孤立和分析的思维见长，而我国则以整体、运动、联系、辩证的思维为传统。动态、系统的观点本是东方智慧的结晶，但得到当今西方学者的日益重视，并用于多种学术领域。语言能力的多元综合性完全可以用动态系统理论来解读。语言能力离不开“人 - 大脑 - 世界”的模式，一切理论都是围绕这三者进行解剖、分析、综合等等，从而得出相对正确的结论。但能力仅有物质的条件和基础是不够的，人作为人所具有的灵气和悟性是语言能力培养中不可或缺的，也是难以从实证数据等现代研究手段中得到的。“话不投机半句多”,“好话一句三冬暖，恶语伤人六月寒”都是人作为社会人起码需要的感悟。

参考文献

[1] de Bot, K. , W. Lowie & M. Verspoor. *Second Language Acquisition: An Advanced Resource Book*[M]. New York: Routledge, 2005.

[2] de Bot, K. , W. Lowie & M. Verspoor. Dynamic Systems Theory approach to second language acquisition[J]. *Bilingualism*, 2007a, 10(1): 7-21.

[3] de Bot, K. , W. Lowie & M. Verspoor. A dynamic view as a complementary perspective[J]. *Bilingualism*, 2007b, 10(1): 51-55.

[4] de Bot, K. , W. Lowie, S. L. Thorne & M. Verspoor. Dynamic Systems Theory as a comprehensive theory of second language development[A]. In M. P. G. Mayo, M. J. G. Mangado & M. M. Adrián(eds). *Contemporary Approaches to Second Language Acquisition*[C]. Amsterdam: John Benjamins, 2013, 199-220.

[5] Ellis, N. C. Frequency effects in language processing: A review with implications for theories of implicit and explicit language acquisition[J]. *Studies in Second Language Acquisition*, 2002, 24(2): 143-188.

[6] Ellis, N. C. At the interface: Dynamic interactions of explicit and implicit language knowledge[J]. *Studies in Second Language Acquisition*, 2005, 27(2): 305-352.

[7] Ellis, N. C. Dynamic systems and SLA: The wood and the trees[J]. *Bilingualism: Language and Cognition*, 2007, 10(1): 23-25.

[8] Fitch, W., M. Hauser & N. Chomsky. The evolution of the language faculty: Clarifications and implications[J]. *Cognition*, 2005, 97(2): 179-210.

[9] Hauser, M., N. Chomsky & W. Fitch. The faculty of language: What is it, who has it and how did it evolve?[J]. *Science*, 2002, 298: 1569-79.

[10] Ionin, T. DST vs. UG: Can DST account for purely linguistic phenomena?[J]. *Bilingualism: Language and Cognition*, 2007, 10(1): 27-29.

[11] Jackendoff, R. & S. Pinker. The nature of the language faculty and its implications for evolution of language[J]. *Cognition*, 2005, 97(2): 211-25.

[12] Kramsch, C. *Language Acquisition and Language Socialization: Ecological Perspectives*[M]. London: Continuum, 2002.

[13] Lantolf, J. P. *Sociocultural Theory and Second Language Learning*[M]. Oxford: Oxford University Press, 2000.

[14] Larsen-Freeman, D. Chaos/complexity science and second language acquisition[J]. *Applied Linguistics*, 1997, 18(2): 141-165.

[15] Larsen-Freeman, D. Language acquisition and language use from a chaos/complexity theory perspective[A]. In C. Kramsch (ed). *Language Acquisition and Language Socialization: Ecological Perspectives*[C]. London: Continuum, 2002: 33-46.

[16] Larsen-Freeman, D. On the complementarity of Chaos/Complexity Theory and Dynamic Systems Theory in understanding the second language acquisition process[J]. *Bilingualism*, 2007, 10(1): 35-37.

[17] Pienemann, M. Variation and dynamic system in SLA[J]. *Bilingualism*, 2007, 10(1): 43-45.

[18] Pinker, S. & R. Jackendoff. The faculty of language: What's special about it?[J]. *Cognition*, 2005, 95(2): 201-36.

[19] van Geert, P. Dynamic systems in second language learning: Some general methodological reflection[J]. *Bilingualism*, 2007, 10(1): 47-49.

[20] Verspoor, M. & H. Behrens. Dynamic systems theory and a usage-based approach to second language development[A]. In M. Verspoor, K. de Bot & W. Lowie (eds.). *A Dynamic Approach to Second Language Development: Methods and Techniques*[C]. Amsterdam: John Benjamins, 2011: 25-38.

[21] Verspoor, M., M. S. Schmid & X. Xu. A dynamic usage based perspective on L2 writing development[J]. *Journal of Second Language Writing*, 2012, 21(3): 239-263.

[22] Verspoor, M. Initial conditions[A]. In Z. Dörnyei, P. D. MacIntyre & A. Henry (eds.). *Motivational Dynamics in Language Learning*[C]. Bristol: Multilingual Matters, 2015: 38-46.

[23] 方绪君、杨惠中、朱正才．制定全国统一的语言能力等级量表的原则与方法 [J]．现代外语，2008（4）：380-387.
[24] 李兰霞．动态系统理论与第二语言发展 [J]．外语教学与研究（3），2011：409-421.
[25] 刘利民．“语言能力合成论”的理论偏差 [J]．外国语文，2009（1）：95-99.
[26] 沈昌洪、吕敏．动态系统理论与二语习得 [J]．外语研究，2008（3）：65-68.
[27] 石毓智．乔姆斯基语言学的哲学基础及其缺陷——兼论语言能力的合成观 [J]．外国语，2005（3）：2-13.
[28] 石毓智．对乔姆斯基语言学科学性的质疑——回应王强和 Chomsky 的批评 [J]．外国语，2006（4）：47-56.
[29] 石毓智．语言能力合成说的认知心理学证据 [J]．语言研究，2007（3）：59-68.
[30] 束定芳．《语言能力的结构》述评 [J]．当代语言学，2002（1）：61-71.
[31] 王强．谈石毓智（2005）一文中的问题 [J]．外国语，2006（4）：39-46.
[32] 吴会芹．“语言官能”假说之争中的高端对决 [J]．外国语，2009（4）：63-70.
[33] 杨惠中、朱正才、方绪君．英语口语能力描述语因子分析及能力等级划分——制定语言能力等级量表实证研究 [J]．现在外语，2011（2）：151-161.
[34] 杨烈祥、阳志清．“语言能力合成观”质疑？[J]．四川外国语学院学报，2008（2）：93-97.
[35] 张翼．“语言能力”论辩述评 [J]．当代语言学，2009（4）：316-322.
[36] 郑咏滟．动态系统理论在二语习得研究中的应用——以二语词汇发展研究为例 [J]．现代外语，2011（3）：303-308.

（作者：马建俊，湖南财政经济学院；黄宏，湖南涉外经济学院）

DST视域下的EFL学习者作文语篇连贯发展个案研究

1 引言

连贯是语篇的重要纽带，更是作文质量的重要指标。徐伟成（2000）通过对EFL学习者作文进行研究发现，作文的质量与衔接手段的多少之间存在显著相关。因此，在EFL作文中，对语篇连贯性的忽略会使得思想表达条理不清、逻辑混乱和支离破碎，从而导致学生的英语作文质量低下。因此探究EFL学习者作文语篇连贯的发展对全面揭示EFL学习者写作能力的发展具有至关重要的意义。

2 研究背景

2.1 连贯

学界主要从以下三种视角对连贯进行理解：语义、语用和语篇。从语义上来看，连贯主要有线性的（linear）和层级的（hierarchical）两种（Kintsch & van Dijk, 1978）。从语用角度来说，连贯可以链接言者言外之力，影响听者的理解（陈庆海、张绍杰，2004）。从语篇上来说，连贯是语篇中不同部分之间的纽带或者联系（朱永生，1997）。这种联系表现为一种明示或者隐含的逻辑关系，使得语篇在意义维度上具有持续性和延展性。

2.2 动态系统理论与语言发展

动态系统理论（Dynamic System Theory，简称DST）源自数学领域，主要用于描述复杂的动态系统，例如卫星运行轨迹。动态系统最重要的特性是随着时间变化。动态系统的特点表现为完全互联性，即："所有的变量相互关联，因此一个变量的变化就会影响系统中的其他变量(de Bot *et al.*, 2007)"。动态系统以嵌套的方式相互关联，每个系统都常常隶属于另一系统。系统处于恒变中，通过与环境互动和自组织两种方式发展。在自然系统中，发展依靠资源。DST 强调发展的非线性，发展可能会经历引力状态(attractor state)和斥力状态(repeller state)。变异是发展的一部分。DST 认为，系统与其外部环境和内部资源处在不断的互动中。

将 DST 引入语言学研究中，为我们提供了一个全新的视角和研究模式。Ellis 与 Larsen-Freeman(2009)认为，语言是一个复杂的自适应系统。语言使用彰显了动态性模式(Larsen-Freeman & Cameron, 2008)。语言系统由众多的、多层次的子系统构成。动态的语言系统从不同时间框架和不同水平的语言使用中常常出现的模式中涌现并自行组织(Larsen-Freeman & Cameron, 2008)。因此，在 DST 视域下，语言系统具有复杂性和动态性的特性。

大多数研究者认为，语言习得，特别是二语习得，本质上是一个复杂的过程，受到多种因素(如学习者因素、环境因素和语言因素等)的影响。但是多数二语习得研究以因果模型作为典型的研究范式。他们认为，二语习得是一个线性过程。因此，学习者个体变异被认为是发展过程的"背景噪音"(Dörnyei, 2009, 2010; Verspoor, Lowie & van Dijk, 2008)。但是，从 DST 来看，变异是学习者个体语言发展的源泉和发展过程中具体时段的标志(van Dijk, 2003: 129)。DST 认为，语言学习者是身处社会系统的动态子系统。他们拥有"自己的认知生态系统(cognitive ecosystem)，包括意向性(intentionality)、认知、智力、动机、外语学能、L1、和 L2 等(Bot *et al.*, 2007)"。认知生态系统通过语言输入、教育水平和成熟度等子系统与社会生态系统(social ecosystem)相关联。这些系统及其子系统相互关联，相互作用，相互影响，处在不断的发展中。因此，语言发展是动态的非线性过程，具有不可预测性和复杂性。

随后，国内学者对动态系统理论在二语发展中的应用研究主要分为两类：宏观和微观。宏观层面的研究主要是理论探究或者引介，如沈昌洪、吕敏(2008)，李兰霞(2011)，韩大伟、邓奇(2013)。微观层面的研究主要是针对二语发展不同维度的实证研究，如词汇发展(郑咏滟，2011，2015；王小梅，2013)，认知动机(赵昌芝、杨连瑞，2012)，课堂焦虑(关晶，2014)，语块发展(段士平，

2014)，个体差异(陈晨，2013；郑咏滟、温植胜，2013)，习得模式(戴运财、王同顺，2012)，翻译能力(方红、王克非，2014)，网络阅读模式(王淼，2011)等。

2.3 DST与二语写作研究

基于DST的二语写作研究主要集中在研究语言复杂性、流利性和准确性的发展，采用纵向个案研究(longitudinal case study)的设计，研究对象包括中国英语学习者(Larsen-Freeman, 2006；王海华等，2015)、荷兰英语学习者(Verspoor *et al.*，2008)、澳大利亚英语学习者(Rosmawati, 2014)、土耳其英语学习者(Polat & Kim, 2014)、德语学习者(Vyatkina, 2012)。他们发现，学习者的语言复杂性、流利性或准确性的发展呈现动态的非线性态势，它们三者之间相互作用和影响，且个体的发展变化轨迹不同。这些研究为我们还原了学习者语言发展的真实状态——非线性、复杂性和不可预测性。此外，盖淑华、周小春(2013)从DST视角对同伴反馈进行重新阐释，认为前导性反馈机制对二语写作影响的波动性是由对话交流的协商性和二语系统的动态性相互作用造成的。

语篇连贯是作文的主要维度，对复杂性、流利性和准确性的发展有重要影响。因此，基于DST的语篇连贯的发展有助于我们更全面地勾画二语写作的发展过程。到目前为止，鲜有研究深入研究EFL学习者作文语篇连贯子系统发展变化的特点。本文对四名EFL学习者作文语篇连贯发展进行了两学期的跟踪研究，以期发现他们语言发展变化的特点。

3 研究设计

3.1 研究问题

本研究旨在探究以下问题：

(1) 在两个学期内，这几位EFL学习者的作文连贯性有什么变化特征？

(2) 影响本研究中的EFL学习者作文连贯性变化的因素有哪些？

3.2 研究对象

本研究的受试为来自S大学非英语专业随机选取的四名EFL学习者。这四名受试来自笔者任教的2012级非英语专业大学英语课程221名学生。为了保护研究对象的隐私和权益，笔者分别把他们命名为 Andy、Bobie、Linda 和 Windy。他们的情况如表 1 所示。

表 1　受试基本情况简表

	年　龄	性　别	生源地	母　语	开始学习英语时间	高考英语成绩
Andy	18	男	四川	汉语	小学六年级	87
Bobie	19	男	河北	汉语	小学四年级	85
Linda	18	女	四川	汉语	小学五年级	84
Windy	17	女	湖北	汉语	小学三年级	86

3.3　数据收集

本研究从受试入学上课的 2012 年 10 月一直持续到 2013 年 7 月，历时两个学期。笔者收集受试所在班级所有同学的英语作文习作。根据研究问题，笔者筛选出上述四名 EFL 学习者两个学期的英语作文，共 40 篇作文。为了便于数据的整理与统计，所有提交的作文均为 word 文档，所涉及的主题如表 2 所示。本研究所选的作文主题与学习者的学习、生活、工作等方面密切相关，以便他们感兴趣，有话可写。此外，笔者对四名受试用汉语进行了四次随机的开放式访谈并录音，以便深入了解他们在二语写作语篇连贯发展遇到的问题或者困惑。为了便于分析，笔者对访谈结果进行转写。转写时，笔者剔除了访谈中出现的“噪音”，如虚假启动、重复、不必要的语气词等。

表 2　作文主题

编　号	主　题	编　号	主　题
1	Succeeding in language learning	6	English learning experience
2	Body language	7	Taking notes in class
3	Housing	8	Computer
4	Beijing	9	The fight against air pollution
5	Participating in an activity	10	Chinese and American student

3.4　语篇连贯性指标与数据标注

众所周知，英语重形式逻辑。因此在语篇连贯性实现过程中，英语多采用形式上的衔接手段。英语中主要的衔接手段有连词、语法手段、词汇手段。

Vollmer(2002)连贯语篇并非只能依靠形式衔接的手段。换句话说，连句成篇除了形式衔接，还可以依靠语义手段。因此，本研究主要考察以下四个语篇连贯性的表征：连词比率、时体连贯、词汇重叠和语义连贯。连词比率主要指每千词中所有连词个数的总和，计算每篇作文中每千字连词出现的比率。时体连接主要测量语法手段，指文中所用时态与体态之间的关联性，时态重复出现的次数与体态重复出现的次数一起求平均数。词汇重叠主要测量词汇手段，计算名词、论元、词干、实义词和回指在所有句子中重叠的百分比。语义连贯主要测量语义手段，指的是潜在的语义关联性，计算所有成对句子之间 LSA 的平均余弦值。

Coh-Metrix 网络平台是美国孟菲斯大学开发的针对语篇连贯性的研究工具，可以对语篇连贯性涉及的多项指标进行详细的标注(Crossley & McNamara, 2011)。本研究借助 Coh-Metrix 网络平台对每篇作文涉及的语篇连贯性的四个表征进行标注。

4 结果与分析

4.1 个体间发展变化特点

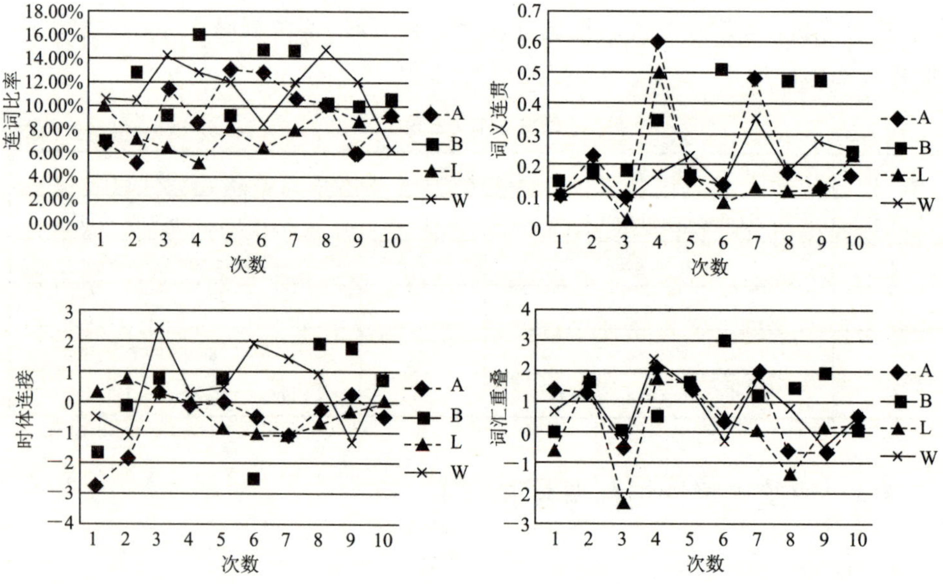

图 1 语篇连贯连词比率、语义连贯、时体连接和词汇重叠的个体发展差异

图 1 展现了四名 EFL 学习者间作文语篇连贯在连词比率、语义连贯、时体连接和词汇重叠四个维度上的发展变化特点。在上述维度上，EFL 学习者个体的发展变化并未遵循群体的发展变化趋势，并且波动较大。这种发展变化轨迹与作文的准确性、复杂性和流利度上的发展变化轨迹（Larsen-Freeman, 2006; 王海华等，2015）相一致。

从图 1 可以看出，四名 EFL 学习者作文中连词比率变化各不相同。他们的作文连词比率在 5% 到 17% 之间波动，其中 B 的波动最大，L 的波动最小。他们的英文作文连词比率都经历了一个"高原发展阶段"：A 出现在第五次和第六次作文，B 出现在第六次和第七次作文，L 和 W 都出现在第七次到第九次。这说明 EFL 学习者个体之间可能会经历类似的发展阶段，但发展阶段的持续时间并不相同。通过对他们的访谈发现，A 和 B 住在相邻的宿舍，他们经常就英语学习的问题进行交流和讨论。这可能在一定程度解释了 B 的"高原发展阶段"要晚于 A，但是早于 L 和 W。即使拥有相同的外部条件（教师、教材、学习环境等），学习者不同的英语学习经历（如与他人的互动交流）可能会导致他们进入不同发展阶段的时机不同，并且造成发展阶段时间长短的差异。

图 1 表明，四名学习者作文语义连贯发展变化轨迹各不相同。在前三次作文中，A、L 和 W 保持较为相同的发展变化趋势。这个阶段正是 EFL 学习者由高中英语学习向大学英语学习的过渡转型阶段。最初大学英语教学的重心主要在增加语言积累上，特别是词汇的储备上，并未过多地涉及语篇知识和写作技巧。但是随着大学英语教学的深入和学习者英语学习策略和方法以及语言系统的交互作用，学习者随后的作文中语义连贯的发展变化波动较大。在第四次作文中，A、B 和 L 的语义连贯都达到了峰值。这次作文主题是北京，学习者十分熟悉这个主题。通过访谈了解到，在中小学汉语作文中，他们多次碰见和写过与该主题相关的题目。他们觉得这个主题很有趣，有话可写。再者，在这次作文前，笔者在课堂上给他们提及了可以通过同义词实现语篇连贯的策略。因此，学习者的学习兴趣、写作策略以及由此引发的认知资源的分配都会对个体二语或者外语的发展产生影响。这与 Verspoor 等（2008）和王海华等（2015）的研究发现相一致。

图1中数据显示,时体连接的个体发展变化具有非线性的特点,波动幅度较为明显(Z值在-2.826至2.436之间),其中B的波动最大,L的波动最小。通过访谈发现,从开始学英语到大学学习英语,他们从来没有注意过或学习过时态和体态在语篇连贯上的作用。时态和体态通过时体标记连接语篇中点、串、块和域,实现语篇连贯(王东风,2007)。这种语篇连贯手段在汉语中几乎没有被用过,因此很少被英语老师注意到。注意的缺失和教学的忽略使得学习者作文中时体连接的发展呈现出较为明显的非线性发展轨迹。

与时体连接相比,词汇重叠的个体发展变化也呈现出非线性的特点,波动幅度也较为明显(Z值在-2.333至2.901),其中L的波动最大,W的波动最小。在前三次作文中,A、B、L和W保持较为相似的发展变化趋势,都到达了波谷,但是变化幅度不尽相同。如上所述,这个阶段是大学英语学习的转型阶段。通过访谈发现,学习者把自己在汉语作文中常用的连贯手段——词汇重复——迁移到英语作文。随着英语学习的深入,他们发现英语语法对词性有较为严格的限制和要求。再者,有限的词汇储备不能为他们运用词汇重叠提供便利。这就使得他们一度想放弃这种连贯手段。因此,此时他们的词汇重叠比率下滑到了波谷。在前六次作文中,A、L和W保持较为相似的发展变化趋势。这说明,他们经历了相似的发展路径。但是,B的词汇重叠Z值几乎都在0以上波动。这就意味着B作文中词汇重叠明显高于平均水平。B把词汇重叠作为构建语篇连贯的主要策略之一。因此,在词汇重叠发展变化轨迹中,学习者不同的知识储备、学习体验和学习策略最终导致他们经历了不同的路径。

4.2 个体内部变化

van Geert(2008)指出,从动态系统理论来看,个体内部变化是发展变化的重要标志。Verspoor等人(2008)认为,研究个体内部发展变化可以为我们更好地揭示语言发展的动态性。因此,对个体内部变化的分析是十分必要的。

在对数据进行整理和分析时,为了便于比较,我们参照王海华等(2015)的做法,将原始的数据转换成Z值。因此,四名EFL学习者内部在词汇重复、时体连接、语义连贯和连词比率四个子系统上可以进行比较(图2)。

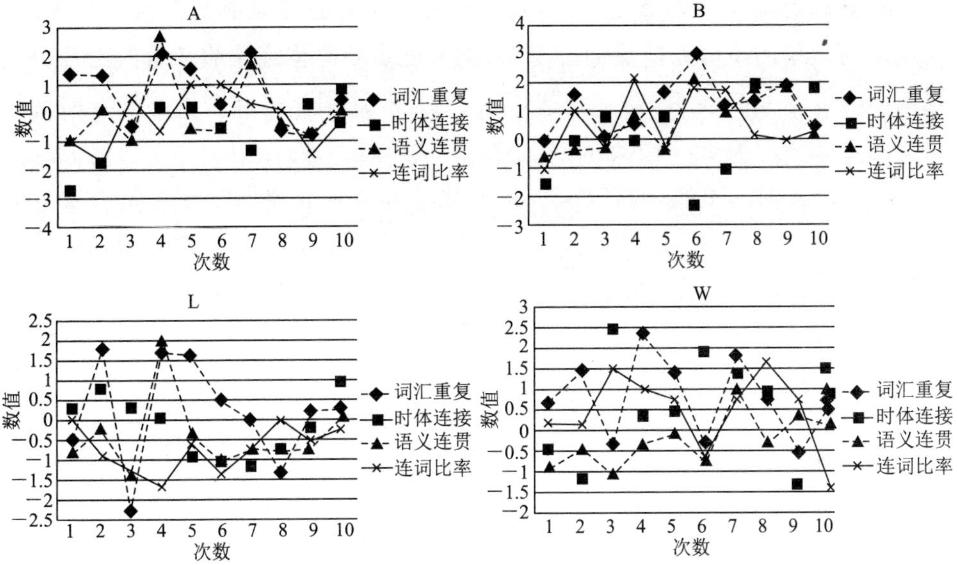

图 2　语篇连贯发展的个体内部差异

从图 2 可以看出，A 的作文在词汇重叠、时体连接、语义连贯和连词比率四个子系统上均在不断发展，增长与消退并存。整体上看，词汇重叠的 Z 值变化基本与语义连贯的 Z 值变化同步，且波动幅度较为不明显。词汇重叠 Z 值和语义连贯的 Z 值的上升常常伴随着连词比率的 Z 值的下降，反之亦然。这意味着 A 作文的词汇重叠和语义连贯的发展与连词比率的发展之间存在动态竞争关系。此外，A 的时体连接与其他系统的发展变化关联性不大，表现出非线性的特点，即在不断增长后，在平均值周围震荡。

B 的作文在词汇重叠、时体连接、语义连贯和连词比率四个子系统上都在不断波动。其词汇重叠的 Z 值除第一次作文外均在均值以上波动，在第二次作文达到一个波峰 1.579，却在第三次作文滑到了波谷 0.022，从第三到第六次作文持续上升，于第六次作文达到最高值 2.901。虽然 B 的词汇重叠有所波动，但是整体上是在均值以上波动。这说明 B 较为偏爱采用词汇重叠的策略构建作文语篇连贯。其语义连贯的 Z 值波动幅度最小（−0.576 至 2.037），有时与连词比率的 Z 值变化同步（如第三到第五次作文），有时与词汇重叠的 Z 值变化同步（如第五到第七次作文），有时与时体连接的 Z 值变化同步（如第七到第十次作文）。在第二到第七次作文中，时体连接的 Z 值上升常常伴随着词汇重叠、语义连贯和连词比率的Z值下降，反之亦然。但是在第八到第九次作文中，连词比率的Z值的下降伴随着词汇重叠、语义连贯和时体连接的Z值的上升。这说明B作文中词汇重叠、时体连接、语义连贯和连词比率四个子系统发展变化存在动态竞争的关系，揭示了语言子系统发展的复杂性。

L的作文词汇重叠、时体连接、语义连贯和连词比率四个子系统的发展呈现出非线性特点。除第九次作文外，L的词汇重叠的Z值变化常常跟语义连贯的Z值变化保持类似的发展轨迹。这意味着L的词汇重叠与语义连贯发展同步。在第一到第六次作文中，L的词汇重叠和语义连贯两个子系统经历倒W形的发展路径，均在第三次作文时达到最小值，分别为－2.23和－1.69。除第一次作文外，连词比率的Z值均在均值以下波动。这说明，同其他学习者相比，L常常使用较少连词构建作文语篇连贯。与其他学习者相比，L的时体连接的Z值波动幅度最小(－0.827至1.07)。

W的作文词汇重叠、时体连接、语义连贯和连词比率四个子系统均在发展变化，具有非线性和复杂性的特点。其作文时体连接波动幅度较为明显(－1.325至2.436)，增长与下降交替出现，沿着波浪形的轨迹发展。W的连词比率经历了上升(第一次到第三次作文)——下降(第三次到第六次)——上升(第六次到第八次)——下降(第八次到第十次)的发展轨迹，在第八次作文达到了波峰1.63，第十次滑到了波谷－1.38。这说明个体语言子系统的发展是非常复杂的，具有不可预测性。从第一到第八次作文，语义连贯的Z值随着词汇重叠的Z值的上升而上升，反之亦然。这说明W作文的词汇重叠与语义连贯两个子系统之间相互促进，同步发展变化。但是从第九次作文开始，当语义连贯的Z值上升时，词汇重叠的Z值下降。这说明W的词汇重叠与语义连贯两个子系统开始了反向发展。

综上所述，本研究发现EFL学习者作文语篇连贯发展具有以下特点：(1) EFL学习者作文语篇连贯词汇重叠、连词比率、语义连贯、时体连接四个子系统发展具有非线性的特点；(2) 每个学习者的四个子系统的发展轨迹不尽相同；(3) 学习者的四个子系统之间或者动态竞争，或者相互促进、或者竞争与促进并存，具有复杂性和不可预测性。

4.3 访谈结果分析

A的访谈结果表明，在构建作文语篇连贯时，EFL学习者可以选用不同的策略，即选用不同的子系统。通过访谈我们发现，有限的认知资源使他不能在不同的子系统之间保持有效的平衡。在第一次访谈中，他描述了如何把词汇重叠从汉语写作中迁移到英语写作中。他认为："我从来就没有注意过作文的连贯问题。中学时候英语老师并没有强调过。我发现在汉语中重复使用名词或者其他词，可以起到连贯的作用。于是我就一直在英语作文中使用。"

这说明词汇重叠是他从汉语写作迁移到英语写作来的，因此对词汇重叠的使用更为熟悉。因此，在大多数情况下他都会优先使用词汇重叠。这就解释了为什么他的词汇重叠使用率在大多数情况下都高于平均值。

第二次访谈时，他说道："我发现重复使用词汇虽然可以起到连贯的作用，但是细读起来发现很别扭。"这说明他对词汇重叠在构建语篇连贯的作用有了更加深入的认知。随着英语学习的不断深入，在接触语篇连贯的其他子系统后，他开始调整自己语篇连贯的策略。在第三次访谈时，他说："我现在开始减少重复使用词汇，把重复的词汇换成代词或者其他词。"因此，词汇重叠的Z值开始出现下滑且之后不断震荡起伏。因此，新的语言知识或者策略的获得会引发旧的语言知识或者策略的消退。

在第一次访谈中，B描述了他的同学A是如何影响他使用词汇重叠的。他告诉笔者："我的同学A告诉我在写英语作文时，可以重复使用名词或者其他词，也可以多使用连词。这样就能使作文较为连贯。我感觉这种方法很有效。"我们发现，A与B的交流直接影响了B采用语篇连贯的不同系统，如词汇重复。B对词汇重复的使用偏好主要是受到A的影响。

在第三次访谈中，B描述除了与A的经常性的交流外，他也采用其他的策略来加强其作文连贯。他这样说道："为了把英语作文写得更好，我经常向A请教。同时，我也经常到图书馆去借英语作文方面的书看。我在写作文的时候，也尝试着把书上的一些方法用上，比如多使用连词、序数词等。"

我们发现B的学习动机比其他受试高。因此，B强烈的学习动机促使其与A不断交流与互动。另外，我们还发现，随着他的英语写作能力的提升，他尝试使用其他的策略，如尝试使用作文书介绍的方法，来加强作文连贯。

在第一次访谈中，L描述了英语连词知识的匮乏如何影响她使用连词的。她承认："在英语作文中，我不知道如何用好连词。所以我老是用错。我老是觉得英语连词与汉语连词差别太大，而且数量多，我老是记不住。因此，我就干脆在英语作文尽量不使用连词。"

这表明，她的英语连词知识不够扎实，不能够灵活地使用连词。在英语写作过程中，她就采取了回避策略。为了保证语言的准确性，她尽量不使用或者只使用少量熟悉的连词。

在第二次访谈中，L描述了写后修改策略如何影响她使用时体衔接。她这样说道："高中英语老师一直要求我们在作文写完后一定检查，把作文中出现的各种语法错误一定改过来。现在每次写完作文，我都要检查一遍，把我发现的错误纠正过来，特别是时态上的错误。这种错误最容易被扣分。"

写后修改策略在很大程度上解释了为什么她作文中时体衔接的振幅最小。这说明，学习者采用的学习策略会影响个体语言子系统的发展轨迹。

在第一次访谈中，W描述了她对词汇重叠的误解。W认为："我一直以为重复使用词汇就可以使英语作文在语义上保持连贯。所以我就在写作文时，重复使用各种词汇。"这表明，在很长时间内，W认为词汇重叠和语义连贯是同一回事，没有意识到两者之间的差异。

在第二次访谈中，W告诉笔者："在重复使用词汇的过程中，我发现有时候需要一个名词，但是我只记得形容词形式。为了避免用错形容词词尾，我就选择熟悉的近义词。"由于受到英语单词和语法知识储备不足的限制，W想运用词汇重叠时，只能退而求其次，使用熟悉的近义词代替，即发展语义连贯子系统。

本研究发现，EFL学习者作文语篇连贯的发展受到他们认知生态系统的影响。DST认为，认知生态系统包括意向性、认知、智力、动机、外语学能、L1和L2等。例如，受到有限的认知资源（例如，注意）的限制和L1的影响，在构建作文语篇连贯时，A把汉语写作语篇连贯的手段——词汇重叠迁移到英语作文中，并高频率地使用。两名学习者采用了不同的解决方法来应对自身英语知识储备不足的限制：L采用了回避的策略，而W发展了另一子系统。写作主题也影响作文连贯的发展。例如，第三次作文的主题是北京，他们对这个主题熟悉并感兴趣，有话可写，他们的语义连贯系统就得到了发展。此外，EFL学习者作文语篇连贯的发展受到社会生态系统的影响。例如，A 与 B 的互动交流诱发 B 进入连词比率的稳定发展期早于 L 和 W，且造成发展阶段长短的差异。这与盖淑华、周小春（2013）的发现一致，即对话交流的协商性、二语系统的动态性之间的相互作用可以解释二语发展的波动性。此外，本研究还发现，在 EFL 学习者作文语篇连贯发展过程中，他们认知生态系统与社会生态系统具有完全关联性。例如，A 与 B 的不断互动交流源于 B 强烈的学习动机。

5 结语

本研究基于 DST，借助纵向个案的研究设计，动态地、翔实地描述了 EFL 学习者语篇连贯发展的过程，揭示了语篇连贯发展的动态性、非线性和复杂性。在发展过程中，语篇连贯四个子系统之间关系复杂，或者竞争、或者促进、或者两者并存。EFL 学习者在这四个子系统上表现出明显的个体差异，发展路径各不相同。

语篇连贯发展的个体差异受多种因素影响，如认知资源、L1、英语知识的储备、学习动机、学习策略、学习交流和作文主题等。因此在教学和练习中，教师应该正视和尊重 EFL 学习者作文语篇发展的个体差异，选择学生熟悉的、感兴趣的、与课程教学内容紧密相关的作文主题，便于他们语篇连贯能力的发展；鼓励他们多阅读，增强其英语知识的储备，增强其对语篇连贯手段的意识；帮助他们分析和认识 L1 和 L2 在语篇连贯上的显著差异，在二语写作中正确使用迁移等学习策略；鼓励他们在课堂和课外利用多种媒介进行相互交流，培养积极有效的学习策略，有效地促进语言发展。

参考文献

[1] Crossley, S. A. & D. S. McNamara. Text coherence and judgments of essay quality: Models of quality and coherence[A]. In D. S. McNamara & G. Trafton (eds.). *Proceedings of the 29th Annual Conference of the Cognitive Science Society*[C], 2011. 1236-1241.

[2] de Bot, K., W. Lowie & M. Verspoor. A dynamic systems theory approach to second language acquisition[J]. *Bilingualism: Language and Cognition*, 2007, 10(1): 7-21.

[3] Dörnyei, Z. Individual differences: Interplay of learner characteristics and learning

environment[J]. *Language Learning*, 2009, 59(1): 230-248.

[4] Dörnyei, Z. The relationship between language aptitude and language learning motivation: Individual differences from a dynamic systems perspective[A]. In E. Macaro (ed.). *Continuum Companion to Second Language Acquisition*[C]. London: Continuum, 2010: 247-267.

[5] Ellis, N. C. & D. Larsen-Freeman (eds). Language as a complex adaptive system. Special issue. *Language Learning*, 2009, 59, Supplement 1.

[6] Kintsch, W. & T. A. van Dijk. Towards a model of text comprehension and production[J]. *Psychological Review*, 1978, 85(5): 363-394.

[7] Larsen-Freeman, D. The emergence of complexity, fluency, and accuracy in the oral and written production of five Chinese learners of English[J]. *Applied Linguistics*, 2006, 27(4): 590-619.

[8] Larsen-Freeman, D. & L. Cameron. *Complex Systems and Applied Linguistics*[M]. Oxford, UK: Oxford University Press, 2008.

[9] Larsen-Freeman, D. Adjusting expectations: The study of complexity, accuracy and fluency in second language acquisition[J]. *Applied Linguistics*, 2009, 30(4): 579-589.

[10] Polat, B. & Y. Kim. Dynamics of complexity and accuracy: A longitudinal case study of advanced untutored development[J]. *Applied Linguistics*, 2014, 35(1): 1-25.

[11] Rosmawati, T. Dynamic development of complexity and accuracy: A case study in second language academic writing[J]. *Australian Review of Applied Linguistics*, 2014, 37(2): 75-100.

[12] van Dijk, M. Child language cuts paper: Variability and ambiguity in early child development[D]. Unpublished Ph. D. thesis. University of Groningen, 2003.

[13] van Geert, P. The dynamic systems approach in the study of L1 and L2 acquisition: An introduction[J]. *The Modern Language Journal*, 2008, 92(2): 179-199.

[14] Verspoor, M., W. Lowie & M. van Dijk. Variability in second language development from a Dynamic Systems perspective[J]. *The Modern Language Journal*, 2008, 92(2): 214-231.

[15] Vollmer, H. *Textual Coherence: Basics of Textlinguistics*, Seminar[D]. Ph. D. dissertation. University of Osnabrück, 2002.

[16] Vyatkina, N. The development of second language writing complexity in groups and individuals: A longitudinal learner corpus study[J]. *The Modern Language Journal*, 2012, 96(4): 576-598.

[17] 陈晨. 从动态系统理论的角度看二语习得中学习者个体差异 [D]. 博士学位论文. 天津:天津大学, 2013.

[18] 陈海庆,张绍杰. 语篇连贯:言语行为理论视角 [J],外语教学与研究, 2004(6): 420-426, 481.

[19] 戴运财,王同顺. 基于动态系统理论的二语习得模式研究——环境、学习者与语言的

互动 [J]，山东外语教学，2012(5)：36-42.
[20] 段士平．动态系统理论视域下的二语语块发展研究 [J]．外国语文，2014(4)：67-71.
[21] 方红，王克非．动态系统理论下翻译能力的构成及发展模式研究 [J]．解放军外国语学院学报，2014(5)：124-130，160.
[22] 盖淑华，周小春．基于动态系统理论的同伴反馈实证研究——社会文化观视角 [J]．外语与外语教学，2013(2)：36-40.
[23] 关晶．动态系统理论视角下非英语专业学生英语课堂焦虑个案研究 [D]．硕士学位论文．济南：山东农业大学，2014.
[24] 韩大伟，邓奇．动态抑或互动？——动态系统理论与社会文化理论在二语习得中的应用 [J]．外语电化教学，2013(3)：10-15，25.
[25] 李兰霞．动态系统理论与第二语言发展 [J]．外语教学与研究，2011(3)：409-421，480-481.
[26] 沈昌洪，吕敏．动态系统理论与二语习得 [J]．外语研究，2008(3)：65-68.
[27] 王东风．时态推进的连贯功能与英汉翻译 [J]．外语研究，2007(6)：68-74，110.
[28] 王海华、李贝贝、许琳．中国英语学习者书面语水平发展个案动态研究 [J]．外语教学与研究，2015(1)：67-80，160.
[29] 王淼．基于动态系统理论的网络英语阅读模式 [J]．外语界，2011(2)：43-49，64.
[30] 王小梅．动态系统理论视角下的高中英语词汇附带习得研究 [D]．硕士学位论文．济南：山东师范大学，2013.
[31] 徐伟成．英语作文中的衔接、连贯与质量 [J]．广州大学学报(综合版)，2000(5)：71-75.
[32] 赵昌芝，杨连瑞．动态系统理论视角下的认知动机交互研究 [J]．当代外语研究，2012(10)：48-51.
[33] 郑咏滟．动态系统理论在二语习得研究中的应用——以二语词汇发展研究为例 [J]．现代外语，2011(3)：303-309，330.
[34] 郑咏滟．基于动态系统理论的自由产出词汇历时发展研究 [J]．外语教学与研究，2015(2)：276-288，321.
[35] 郑咏滟，温植胜．动态系统理论视域下的学习者个体差异研究：理论构建与研究方法 [J]．外语教学，2013(3)：54-58.
[36] 朱永生．韩礼德的语篇连贯标准外界的误解与自身的不足 [J]．外语教学与研究，1997(1)：23-27.

（作者：张建华，四川文理学院）

动态系统理论视域下的二语习得研究：不足和对策 *

1 引言

20世纪80年代以来二语习得研究的范围不断拓展，不仅涵盖了学习者语言的语言学特征研究、学习者个体差异研究、学习环境研究，而且不断引入普遍语法理论、语言类型理论、联结主义、动态系统理论（复杂理论）、竞争模式、构式语法等语言学理论和认知理论，其中动态系统理论近年来尤其受到学界的关注，研究者们从理论和实证两方面描述和解释二语习得中该理论运用的结果。

传统的二语习得研究认为母语与目标语都是固化的不同语言；二语的发展是线性的；语言的习得是分阶段的，且是不断接近标准的目标语的过程；语言习得过程可通过语言系统各个分支的习得来进行解释；此外，语言本身是认知的一部分，它的发展也是持续进行的。因此，二语习得研究主要可分为两大类：一是理解二语学习过程，二是解释二语学习结果的差异。动态系统则认为，语言不是固定的，是一个动态系统；二语的发展可被看成是语言学习者中介语靠近目标语的变化过程，在该过程中没有分离的发展阶段；学习者在某一语言子系统方面的表现不能反映其二语的发展；并且语言不仅是认知资源也是社会资源，学习者的语言发展不是沿着发展阶段持续上升；学习者个体的发展路径各不相同，有着自身的变异。有鉴于此，本研究基于动态系统理论与二语习得研究的现有成果，从动态系统理论的基本特征入手，理清二语习得研究的不足，并试图找出应对策略。

---

* 本文为教育部规划基金项目（15YJAZH122）和重庆工商大学人才启动项目（670101370）的阶段性成果。

2 动态系统理论的基本特征

动态系统理论与复杂理论、混沌理论、涌现主义理论密切相关，这四个术语来源于不同的学科和研究传统，同属于类似的非线性系统方法，在大多数情况下，它们之间可以互换使用（Dörnyei, 2009）。在术语使用中，Larsen-Freeman（2012）将复杂理论等同于动态系统理论，Ellis（2008）将涌现主义、混沌理论、联结主义归为一体；最近，Dörnyei *et al.*（2015）采用了更具有包含性的复杂动态系统理论（complex dynamic systems theory）。

动态系统中所有的变量相互关联，即一个变量的变化会影响系统中其他变量，因此系统的基本特征是"完全相联"。并且系统是动态的，即系统中某些因素的变化或者不同因素的互动作用可导致系统本身不断地发展变化。不仅如此，系统对初始条件十分敏感，即开始的细微差别会对长远的发展产生巨大的影响。系统有时是混沌的，混沌源自多变量的交互以及初始条件的差异，但是在混沌的表象之下存在一定的秩序（参见 de Bot *et al.*, 2001; de Bot, 2008）。动态系统理论具有 8 个重要特征：对初始条件的敏感依赖、完全相联、非线性发展、变化由系统内部的重组及其与环境的互动而引起、对内部和外部资源的依赖、持续的变化中存在"吸引状态"、延续性的重复、涌现性（参见 de Bot & Larsen-Freeman, 2011）。Larsen-Freeman *et al.*（2011）特别强调其中的三个特点：（1）变化／动态性是动态系统理论关注的焦点，唯此才能描述和解释一个复杂系统的互动成分如何导致系统整体的行为以及一个系统如何与环境发生互动；（2）复杂性是涌现的。系统通过组成部分的互动和自组织涌现出具体行为。传统的科学研究方法立足于分析、分割现象和收集全部信息，不能处理复杂系统中的相互依赖。（3）系统运行的环境也是复杂系统的一部分。动态系统理论视域下的研究不再使用语言发展的层级或者线性模式，转向能够包括语言内在和外在决定因素的方案路径。

二语习得研究的不同范式之间存在根本差异，传统的二语习得研究大多表现为在范式上注重探寻变量之间的线性因果关系，在内容上关注二语习得的某些子领域，在方法上强调量化的数据分析，其结果是缩减进而简化复杂的内容变量。因为动态系统理论关注语言习得的整体变化、多因素的互动以及语言习得过程的动态性，所以运用动态系统理论的语言习得研究与运用其他理论的研究有着本质的差异，并能弥补其他研究范式的不足。语言的发展取决于内在资源与外在资源的交互，这些资源是完全相联的。语言学习成功的主要条件是，一方面记忆力、动机、输入等重要的学习资源达到最低的要求，另一方面这些不同的资源之间存在互为补偿关系，如努力程度可以补偿时间的不足，动机可以弥补偏低的学能，内在或外在资源都是互相联结系统中的一部分，任何一个因素的消长都会引起其他因素的变化。与此相对应，特定结果可通过不同路径获取，且路径取决于各种能力和环境的有机组合，例如，学习者可能借助听觉天赋或者记忆天赋取得学习成功，也可能利用环境的优势完成学习目标。再者，资源之间的关系也是动态发展的，比如学习动机强、学习态度好的学习者可能更加努力，这样更容易促进二语水平的渐进式提高，而水平的提高又能进一步调节并增强学习的动机；因此，语言学习资源与语言水平之间的关系也呈动态发展。此外，当某些因素组合在一起达到一定的规模或者程度，学习系统会发生质的变化，涌现出全新的特征。正是因为动态系统理论涵盖了二语习得多因素互动的复杂性、融合了学习者的内在和外在因素、注重对个体的研究、强调语言系统的变化和发展、消除了定性和定量研究的边界，所以它非常适合用于指导二语习得研究，事实上近年来动态系统理论视域下的研究一直是二语习得研究领域的热点。

3 动态系统理论视域下的二语习得研究的不足

虽然二语习得是一个动态系统，从动态系统的视域来研究二语习得是二语习得研究领域的重要发展方向之一，但是目前只有极少的研究能够帮助我们更好地理解多因素互动下的语言习得的过程，这主要因为运用动态系统理论检验具体语言发展的非线性特征和动态规律存在一定的困难。从理论上来看，动态系统理论无疑契合二语习得的动态发展态势，且能够解释诸多的语言习得现象（Larsen-Freeman & Cameron，2008；李兰霞，2011；许希阳、吴勇毅，2015），但是，学界在实际研究中，仍面临一系列的挑战。

首先，动态系统理论因关注“整个系统”的运作以及不同因素之间的互动，所以它的某些假设或原则无法被证伪。由于动态系统理论强调系统中各因素的“完全联结性”，而不是各个具体的因素，致使有时根本无法知晓多少因素影响了某个系统的运作或各个因素如何发生联动。de Bot & Lorsen-Freeman（2011：

18)发问道："如果所有的因素都是相联接的，怎么可能将一个因素和其他因素割裂开来研究？"。鉴于系统的因素众多，Gregg(2010)指出，若要将复杂理论用于物理系统之外的领域，必须认识到实际上在系统中起作用的变量的数量是无比巨大的。因此，厘清无限多的变量中哪些因素"完全联结"在一起，它们之间又是以何种方式进行互动和整合，是动态系统理论视域下的二语习得研究的重要挑战之一。

其次，动态系统理论视域下的二语研究以描述和解释为主，如对二语的变化及其规律性的描述(Larsen-Freeman, 2006; Meara, 2006; Baba & Nitta, 2014; 郑咏滟, 2014)，对学习者个体差异特征变化规律的描述(MacIntyre & Legatto, 2011)等，在预测语言发展上存在不足。动态系统理论认为系统的发展是非线性的，但是如何模拟非线性的变化非常困难，而且如果过程是非线性的，那么如何才能对非线性的发展做出科学合理的预测。二语习得研究的主要目的是认识语言发展的特点，探寻语言发展的共同规律。换言之，二语习得研究一方面要将研究成果用于描述与解释二语习得的个体现象，另一方面还要将研究的发现用于预测语言习得的普遍结果。因此，如何利用动态系统理论来指导语言发展的共同规律的预测对二语研究发展尤为重要。

第三，动态系统理论视域与其他视域下的二语习得研究因在语言发展观上存在根本的差异，所以它们之间难以融合。传统的二语习得研究认为，二语发展是不断接近标准的目标语的过程，但是动态系统认为目标语本身也不是固定的，单一因素不能导致语言习得的某种结果，语言领域的某一现象也不能反映语言的习得的概貌。因此，动态系统理论视域下的二语习得研究与传统的研究在本质上存在巨大差异，导致二者难以相容。

最后，由于研究目的存在差异，动态系统理论视域与其他视域下的二语习得研究在方法上存在显著的差异。其他视域下的二语习得研究多采用线性因果关系分析，而动态系统理论视域下的研究则认为，个体的语言发展不仅是非线性的，而且发展的路径存在不容忽视的差异性，因而线性因果关系分析不能准确地体现学习者的语言发展规律。此外，群体平均数方法对理解复杂系统的变化也可能毫无意义，即群体展现的趋势并不能代表每个个体。由此可见，动态系统理论视域下的研究需要抛开传统的研究方法根据自身研究需要灵活利用或者开创新的研究方法。

4 对策

4.1 确定二语习得系统中的重要因素的组合体

针对动态系统的复杂性导致开展实证研究的困难，首先要将高度相关的因素从二语习得系统的诸多因素中分离出来，降低系统的复杂性，然后再对这些因素的动态性进行调查，即从二语习得系统中找出影响二语习得效果的关键内容以及它们之间如何通过互动致使语言系统涌现出新特征。

从学习的内在和外在资源来看，语言学习的内在资源主要是学习者的认知能力、情感力量等认知资源，和语言加工的心理机制密切相关；外在资源主要是指环境资源，包括学习环境和条件、教学的方法和手段等。内在和外在资源的共同作用决定二语发展的最终水平。因此，有必要确定二语习得系统中学习者、环境和语言三个子系统所包含的重要因素，厘清因素之间的互动关系。正如Larsen-Freeman & Cameron（2008）所指出的，学习者主体的内在资源与环境的各个方面都对二语习得发展动力的复杂系统发生作用，它们之间的平衡是对环境变化不断顺应的过程。

在梳理制约系统发展的关键因素上，有两种可行的方法。其一，采用聚类分析法，在文献研究的基础上结合聚类分析，找出哪些因素通常组合在一起，它们如何共同作用导致语言发展的特定结果。比如，Piniel & Csizer（2015）采用聚类分析方法连续调查了动机、焦虑感和自我效能的动态关系及其变化特征。其二，采用回溯的定性建模法，根据系统的结果追寻为什么系统的某些成分会导致某一结果，比如从学习者的典型类别入手，回溯典型类别形成的原因。具体而言，首先识别出系统由吸引因素强烈主导时的现象，然后确定典型的吸引因素组合体，最后找出并分析导致典型动态结果的模式（Dörnyei，2014）。Chan *et al.*（2015）就曾采用该方法调查语言课堂学习者的动机类型及其典型动态性。

4.2 研究系统中重要因素之间的互动

针对动态系统中多因素互动的复杂性，研究者不仅要探讨哪些关键因素经常组合在一起，而且要重点研究它们之间如何互动。毫无疑问二语习得比母语习得更容易受多因素互动复杂性的影响，所以解释二语习得时采用动态的视角比采用线性归因的视角更加有效。van Geert（2008）也提出，为超越特征或变量之间静止的结构关系，理解个体的发展和学习机制，基于动态系统途径的理解是一个关键选择。因此，二语习得成效解释、二语习得模型构建，不仅要考虑二语习得复杂系统的多因素作用，还要考虑各子系统因素之间的动态交互。环境、学习者和语言因素的互动贯穿中介语发展的全过程，影响二语习得的输入、吸收、重构、融合、输出等，并最终决定了二语习得的结果。对二语习得系统中环境、学习者和语言三类因素的互动关系可从以下方面开展研究：（1）调查环境因素与学习者因素如何互动影响二语习得的结果，比如环境因素影响学习者的自我概念和交际意愿，学习者的价值观、目标、感知水平、同学关系、考核气氛等影响学习者的课堂表现。Ellis & Larsen-Freeman（2006：563）指出："将（习得结果的）原因归结为任何一个变量甚至一组变量，而不考虑它的时间与环境因素都是误导性的。" King（2016）主编的著作汇集了语言学习者与环境动态交互的最新研究成果。（2）调查环境因素与语言因素如何交互影响语言加工的质量，比如在高度关注语言形式的语言学习环境下，母语与目标语形式之间的差异会得到更多注意，而注意差异是帮助学习者减少语言迁移影响的有效措施之一。（3）调查学习者因素与语言因素如何交互影响二语的发展，如工作记忆、语言学能、注意等学习者因素均会影响不同难度语言任务的加工处理。

多因素互动研究主要采用定量与定性方法。定量方法中相关分析、结构方程建模等使用较多，比如 Taguchi *et al.*（2008）采用这两种方法对比分析了中国、日本和伊朗三国英语学习者的二语动机自我系统中各因素的差异。定性方法中访谈法较为常用，比如 Waninge（2015）通过两阶段的访谈来探讨学习者在课堂上的动机、情感和认知的吸引状态。

4.3 研究系统中的语言因素和学习者因素的动态变化轨迹及其规律性

动态系统理论视域下的二语习得研究虽然对语言发展的预测性不足，但能够充分描述相关习得现象，而且有助于找出其中的动态变化规律。从研究的本质来看，描述和解释也是研究，并且它们是预测的基础。动态系统理论在描述和解释系统的不可预测性、个体差异性、二语流利度方面更加成功（Segalowitz，

2010)，主要涵盖二语语言和学习者差异两个子系统的动态变化。因此将该理论运用于二语习得研究没有问题，重要的是研究者应该根据研究目的，选择合适的理论范式开展研究。

4.3.1 二语语言在时间上的动态变化

基于动态系统理论的二语习得研究不仅要考虑在特定环境下不同因素之间的交互性，还要考虑系统中各因素的发展变化性。为了研究系统中各因素的变化性，需要考虑系统的初始状态、变化的持续性和“吸引状态”、变化的反复性、变化的涌现性等。学习者的初始水平会对后续的学习产生至关重要的影响，特定语言领域的水平可能随时间的推移而得到发展，而另一些领域的语言水平可能会被磨蚀，并且语言的发展也存在“吸引状态”。不仅如此，学习者二语水平的变化与个体差异的变化发生互动作用，从而可能加速或者延缓新的变化，结果是有些变化是渐进的，即在原来的基础上发展，而有些变化是涌现的，涌现出的新样式与先前的旧样式存在本质的差异。Baba & Nitta(2014)从动态系统视角通过两个日本英语学习者在规定时间内写作的文本长度来了解其写作流利度的步骤转换(非连续性的变化)，结果发现两个学习者在流利度方面的变化是非线性的，并且写作方式的改变存在关键期，即在一年中至少经历一次步骤转换。Ellis & Larsen-Freeman(2009)采用语料库和计算机模拟的方法，研究了英语二语学习者的英语动词-谓元结构的习得情况，模拟结果与语料库调查结果一致，支持语言习得过程中的多因素交互。Larsen-Freeman(2006)详细描述了5个中国英语学习者的口语和书面语发展情况，结果发现他们产出的二语的复杂性、流利性和准确性具有涌现特征，并不是像预先安排的那样逐步呈现；相反，学习者的二语系统在变化的语境中得到调节，语言发展的每一个新状态都依赖于前一个状态，并且每个个体的语言发展路径不同，个体的语言能力通过语言使用以特有步骤发生转化。Verspoor & van Dijk(2011)也用图形展示了二语句子内部各成分的发展变化关系以及句法复杂度与词汇复杂度的互动。由此可见，二语发展中各成分呈持续发展状态，并且表现出动态系统理论的规律性特征。

4.3.2 学习者个体差异在时间上的动态变化

学习者的如学习动机、认知和情感等个体特征，会随着时间的推移而变化，如初始的二语学习动机和态度影响后续的学习兴趣、策略、方法等。到目前为止，国际上从动态系统视角考察学习者个体差异动态变化的实证研究仍然较少（戴运财，2015）。Macintyre & Legatto（2011）采用的个体动态法（idiodynamic methodology）调查了6个成年女性学习者交际意愿的快速变化，他们结果显示学习者的交际意愿既有一致性也有差异性，呈现出动态系统的主要特征：任何一个变化都取决于前一个状态，并且语言、社会、认知和情感系统都互相交织制约了交际意愿，在特定的条件下表现出吸引和抵制状态。Piniel & Csizer（2015）运用变异和相关分析，探讨了动机、焦虑和自我效能的历时变化及其关系。

通过描述二语习得系统中语言因素和学习者因素的动态变化，研究者能够发现二语变化的特征和发展轨迹，进而找出语言发展的规律，因此这些描述性研究不仅本身具有价值，而且能够作为预测性研究的基础。

4.4 创造性地运用多种新方法

关于动态系统理论视域下的二语习得研究与其他范式研究难以相容的问题，其主要原因在于传统研究将影响二语习得的因素作为自变量、产出的语言表现作为因变量的线性因果关系模型因为没有考虑多变量的交互，所以不符合动态的、以系统为基础的语言习得实际。为了获得持续性的特征，动态系统理论视域下的二语习得研究者更关注习得的过程而不是结果，倾向于对学习者个体的语言进行频繁的、历时的调查而获得密集的素材，不仅寻找语言形式的涌现性特征，而且要找出变化的动因，同时解决对样本平均数分析过度依赖的不足。与此相对应，动态系统理论视域下的二语习得研究主要采取动态描述法和定性建模法。动态描述法包括学习行为观察法、人种志法、形成性实验、设计实验和微发展法等，Baba & Nitta（2014）、Verspoor & van Dijk（2011）的研究等都采用了动态描述法。定性建模法要求研究者首先对被调查的复杂系统做出明确的假设，然后在该假设的基础上利用计算机进行编程处理，并且建构的模型可用于重复研究。例如，Meara（2006）使用动态模拟的方法描述了学习者的词汇发展特点；又如 Lowie *et al.*（2011）通过4个相关因素（积极的认知词汇、积极的回忆词汇、控制产出词汇、自由产出词汇）的变化模拟出英语二语学习者在36周内的词汇增长规律。

动态系统理论在不同语言层面和时间层面运作，该理论视域下的研究者为了超越不同层面找出动态关系，努力开创与之相适应的研究方法，比如，Verspoor *et al.*（2011）从语言发展的视角，绘制出一系列基于动态系统理论的二语习得研究新方法，新方法呈现出良好的发展态势。动态系统理论视域下的二语习得研究方法可归结为四类：第一类采用历时的动态描述法，收集密集的数据进行分析；第二类在动态描述的基础上形成比较科学的假设，然后对相关数据进行定性建模；第三类采用回溯的定性建模法，比较对历时材料的定性建模与回溯材料的定性建模之间的差异；第四类综合运用观察、访谈、问卷调查和测量等各种具体方法，进行个案研究。总之，该领域研究者已探索出多种研究方法，然而由于每种方法针对的研究目标各异，且又各有其优势和不足，所以研究者需要对现存和潜在的研究方法进行仔细甄别、调整或优化，然后创造性地加以运用，使其符合研究需要，从而科学地描述或者预测二语习得。

5 结语

相比传统的二语习得研究，动态系统理论视域下的二语习得研究采用全新的观点与方法。它抛弃传统的基于线性因果关系的二语习得研究方法，采用多因素的动态交互观，关注二语习得不同层面在不同时间段的动态发展，因而更加适合对二语习得的描述，但是，由于研究多种潜在变量动态交互的复杂性，导致有些观点或假设难以证伪，该视域下的二语习得研究有必要对语言发展的细节问题开展更多的实证调查，只有如此才能找出语言动态发展的规律，进而对二语习得的结果进行预测，并与传统的二语习得研究相容。

基于动态系统理论的二语习得研究也能为外语教学提供非常有益的参考。一方面，从二语习得的系统来看，要重视环境、学习者、语言三组要素的交互作用，根据环境、学习者与学习内容的特点，灵活配置各种资源，实现各因素和资源的最佳组合，运用各变量以及组内变量之间的补偿策略来发展学习者的中介语系统（戴运财、杨连瑞，2014）。另一方面，从二语的发展来看，各因素在时间上也存在动态性，具体包括各个因素自身的发展变化和各因素之间的动态变化，所以要充分利用不同因素在特定时间内的变化规律，因势利导，促成新特征的涌现。若能在教学中充分利用二语系统中多因素的动态交互和系统的发展变化规律，必会更有助于提升教学的效率和效果。

参考文献

[1] Baba K. & Nitta R. Phase transitions in development of writing fluency from a complex dynamic systems perspective[J]. *Language Learning*, 2014, 64(1): 1-35.

[2] Chan L., Dörnyei Z., & Henry A. Learner archetypes and signature dynamics in the language classroom: A retrodictive qualitative modeling approach to studying L2 motivation[A]. In Dörnyei Z., MacIntyre P., & Henry A. (eds.). *Motivational Dynamics in Language Learning*[C]. Bristol: Multilingual Matters, 2015: 238-259.

[3] de Bot K. Introduction: Second language development as a dynamic process[J]. *The Modern Language Journal*, 2008, 92(2): 166-178.

[4] de Bot & Larsen-Freeman D. Researchirg Second language development from a dynarnic systems theory perspective [A]. In Verspoor m, de Bot K & Lowie W(eds.). A Dynamic Approach to Second Language Development [C]. Amsterdam: John Benjamins Publishing Company, 2011: 5-25.

[5] de Bot K., Lowie W., & Verspoor M. A dynamic systems theory approach to second language acquisition[J]. *Bilingualism: Language and Cognition*, 2007, 10(1): 7-21.

[6] Dörnyei Z. *The Psychology of Second Language Acquisition*[M]. Oxford: Oxford University Press, 2009.

[7] Dörnyei Z. Researching complex dynamic systems: 'Retrodictive qualitative modeling' in the language classroom[J]. *Language Teaching*, 2014, 47(1): 80-91.

[8] Dörnyei Z., MacIntyre P., & Henry A. (eds.). *Motivational Dynamics in Language Learning*[C]. Bristol: Multilingual Matters, 2015.

[9] Ellis N. & Larsen-Freeman D. Language emergence for applied linguistics: Introduction to the special issue[J]. *Applied Linguistics*, 2006, 27(4): 558-589.

[10] Ellis N. & Larsen-Freeman D. Constructing a second language: Analyses and computational simulations of the emergence of linguistic constructions from usage[J]. *Language Learning*, 2009, 59(S1): 93-128.

[11] Ellis R. *The Study of Second Language Acquisition* (2nd Ed.)[M]. Oxford: Oxford University Press, 2008.

[12] Gregg KR. Review article: Shallow draughts—Larsen-Freeman and Cameron on complexity [J]. *Second Language Research*, 2010, 26(4): 549-560.

[13] King J. (ed.). The Dynamic Interplay Between Context and Language Learner[C]. Basingstoke: Palgrave Macmillan, 2016.

[14] Larsen-Freeman D. The emergence of complexity, fluency, and accuracy in the oral and written production of five Chinese learners of English[J]. *Applied Linguistics*, 2006, 27(4):

590-619.

[15] Larsen-Freeman D. Complexity theory[A]. In Gass S. & Mackey A. (eds.). *The Routledge Handbook of Second Language Acquisition*[C]. Abingdon, Oxon: Routledge, 2012: 73-88.

[16] Larsen-Freeman, D. & Cameron L. *Complex Systems and Applied Linguistics*[M]. Oxford: Oxford University Press, 2008.

[17] Larsen-Freeman D. , Schmid M. , & Lowie W. From structure to chaos: Twenty years of modeling bilingualism[A]. In Schmid M. & Lowie W. (eds.). *Modeling Bilingualism from Structure to Chaos: In Honor of Kees de Bot*[C]. Amsterdam: John Benjamins Publishing Co. , 2011. 1-11.

[18] Lowie W. *et al.* Modeling development and change[A]. In Verspoor M. , de Bot K. , & Lowie W. (eds.). *A Dynamic Approach to Second Language Development*[C]. Amsterdam: John Benjamins Publishing Co. , 2011: 99-121.

[19] MacIntyre P. & Legatto J. A dynamic system approach to willingness to communicate: Developing an idiodynamic method to capture rapidly changing affect[J]. *Applied Linguistics*, 2011, 32(2): 149-171.

[20] Meara P. Emergent properties of multilingual lexicons[J]. *Applied Linguistics*, 2006, 27(4): 729-740.

[21] Piniel K. & Csizer K. Changes in motivation, anxiety and self-efficacy during the course of an academic writing seminar[A]. In Dörnyei Z. , MacIntyre P. , & Henry A. (eds.). *Motivational Dynamics in Language Learning*[C]. Bristol: Multilingual Matters, 2015: 164-194.

[22] Segalowitz N. *Cognitive Bases of Second Language Fluency*[M]. New York: Routledge, 2010.

[23] TaguchiT. , Magid M. , & Papi M. The L2 Motivational self system among Japanese, Chinese and Iranian learners of English: A comparative study[A]. In Dörnyei Z. & Ushioda E. (eds.). *Motivation, Language Identity and the L2 Self*[C]. Bristol: Multilingual Matters, 2008: 66-97.

[24] van Geert P. The Dynamic Systems approach in the study of L1 and L2 acquisition: An introduction[J]. *Modern Language Journal*, 2008, 92(2): 179-199.

[25] Verspoor M. , de Bot K. , & Lowie W. *A Dynamic Approach to Second Language Development*[C]. Amsterdam: John Benjamins Publishing Co. , 2011.

[26] Verspoor M. & van Dijk M. Visualizing interaction between variables[A]. In Verspoor M. , de Bot K. , & Lowie W. (eds.). *A Dynamic Approach to Second Language Development*[C]. Amsterdam: John Benjamins Publishing Co. , 2011: 85-98.

[27] Waninge F. Motivation, emotion and cognition: Attractor states in the classroom[A]. In Dörnyei Z. , MacIntyre P. , & A. Henry (eds.). *Motivational Dynamics in Language Learning*[C]. Bristol: Multilingual Matters, 2015: 195-213.

[28] 戴运财．复杂动态系统理论视角下的二语学习动机研究［J］．外国语文研究，2015（6）：72-80.
[29] 戴运财，杨连瑞．二语习得的一体化模式及其动态性研究［J］．外语教学，2013（6）：49-53.
[30] 李兰霞．动态系统理论与第二语言发展［J］．外语教学与研究，2011（3）：409-420.
[31] 许希阳，吴勇毅．复杂动态系统理论：对二语习得研究的反思［J］．语言教学与研究，2015（2）：1-7.
[32] 郑咏滟．动态系统理论框架下的二语词汇深度发展研究［J］．中国外语教学，2014（3）：62-73.

（作者：戴运财，周琳，重庆工商大学）